国家自然科学基金政策研究重点支持项目（71742001）研究成果

中国现代能源监管体系与监管政策研究

王俊豪 等著

中国社会科学出版社

图书在版编目（CIP）数据

中国现代能源监管体系与监管政策研究/王俊豪等著. —北京：
中国社会科学出版社，2018.10（2018.12 重印）
ISBN 978 - 7 - 5203 - 3189 - 0

Ⅰ.①中…　Ⅱ.①王…　Ⅲ.①能源工业—监管制度—研究—
中国　Ⅳ.①F426.2

中国版本图书馆 CIP 数据核字（2018）第 214084 号

出 版 人	赵剑英
责任编辑	卢小生
责任校对	周晓东
责任印制	王　超
出　　版	中国社会科学出版社
社　　址	北京鼓楼西大街甲 158 号
邮　　编	100720
网　　址	http：//www.csspw.cn
发 行 部	010 - 84083685
门 市 部	010 - 84029450
经　　销	新华书店及其他书店
印刷装订	北京君升印刷有限公司
版　　次	2018 年 10 月第 1 版
印　　次	2018 年 12 月第 2 次印刷
开　　本	710 × 1000　1/16
印　　张	22.25
插　　页	2
字　　数	376 千字
定　　价	98.00 元

凡购买中国社会科学出版社图书，如有质量问题请与本社营销中心联系调换
电话：010 - 84083683

前　　言

为顺应世界能源发展趋势，从根本上解决我国能源领域长期存在的突出问题，党中央、国务院审时度势，制订并实施了一系列重大能源改革方案和战略决策。2014 年 6 月，习近平总书记在中央财经领导小组第六次会议上首次提出并论述了"四个革命、一个合作"的能源发展战略思想，对能源工作提出了推动能源消费革命、能源供给革命、能源技术革命、能源体制革命和全方位加强国际合作的五点要求。同年 11 月，国务院制订并颁布了新中国第一个《能源发展战略行动计划（2014—2020 年）》，确立了"节约、清洁、安全"的能源发展战略方针，并明确将进一步转变政府职能、健全能源监管体系作为能源发展战略的重要保障措施。随后，我国能源领域的各项重大改革政策稳步实施。作为落实"四个革命、一个合作"能源战略思想以及"节约、清洁、安全"能源发展战略方针的重要举措，2015 年 3 月，中共中央、国务院发布了《关于进一步深化电力体制改革的若干意见》（以下简称"电改 9 号文"）；11 月，国家发展和改革委员会发布了电力的六个配套改革文件。2017 年 5 月，中共中央、国务院发布了《关于深化石油天然气体制改革的若干意见》。目前，新一轮电力体制改革正在稳步推进，石油和天然气体制改革已经拉开了帷幕，中国的能源领域已经进入一个改革发展的新时代。

能源体制革命是能源生产革命、消费革命、技术革命和能源领域国际合作的制度保障，是我国整个能源革命最为关键的内容。习近平总书记在阐述能源体制革命的内涵时强调，要坚定不移推进改革，还原能源商品属性，构建有效竞争的市场结构和市场体系，形成主要由市场决定能源价格的机制，转变政府对能源的监管方式，建立健全能源法治体系。这一论述明确地指出了能源体制革命的方向就是坚定不移地走市场化改革道路，政府对能源监管方式的转变是能源体制革命的重要组成部分。而随着能源体制改革的深入，传统能源监管体制与我国现代能源市场体系建设之间的矛盾日益突出，迫切需要通过"简政放权、放管结合、优化服务"的行政体制改革，加快建立与我国能源市场化改革相适应的现代能源监管体系，创新能源监管方式，提高政府的能源监管效能。因此，建立现代能源监管体系已成为我国能源体制改革的核心内容。

针对新时代我国深化能源体制改革，加强能源有效监管的迫切需要，本书构建与中国市场经济体制相适应的现代能源监管体系框架，探索现代能源监管体系建设的基本思路和途径，并针对性地提出加强能源监管的政策建议，为政府实现有效的能源监管提供理论依据。同时，丰富新兴的管制经济学学科内容，并推动经济学、公共管理学、法学、政治学等相关学科的发展。为此，本书对建立与完善我国现代能源监管体系和主要能源监管政策优化的重要理论与实践问题，做了系统研究和积极探索，并努力在以下几个方面有所创新：

（1）论证了中国建立现代能源监管体系的必要性和紧迫性。本书运用大量的实际资料，探讨了世界能源发展变革的新趋势，分析了中国能源革命战略思想提出的背景和重大现实意义，阐述了能源体制革命是推进能源革命的关键，而建立现代能源监管体系在能源体制革命中具有核心地位，也是加快推进能源转型和高质量发展的客观要求；本书还剖析了中国现行能源监管体系存在的突出问题，从而论证了中国建立现代能源监管体系的必要性和紧迫性。

（2）探讨了能源监管的理论基础及其监管需求。本书紧密结合能源行业的技术经济特征，探讨了能源行业的自然垄断性、外部性、公共性与公益性、信息不对称性等市场失灵问题，重点分析了源于这些市场失灵问题的能源监管需求。针对这些客观存在的监管需求，本书还论证了适应中国市场经济体制和有效监管需要，有别于传统监管的最高限价监管理论、特许投标竞争监管理论和区域间比较竞争监管理论等激励性能源监管理论及其运用问题。这为能源监管提供了理论基础和理论依据。

（3）构建了中国现代能源监管体系的整体框架。本书根据中国深化能源市场化改革和实现有效监管的实际需要，构建并论证了由能源监管法规政策体系、能源监管机构体系、能源监管监督体系和能源监管绩效评价体系构成中国现代能源监管体系的整体框架。其中，能源监管法规政策体系是能源监管机构运行的依据，能源监管机构体系是监管法规政策的执行主体，能源监管监督体系是监管机构有效运行的保障，能源监管绩效评价体系是提高能源监管科学性的重要手段。它们有机联系、相互制约，形成一个整体的现代能源监管体系，为实现政府对能源行业的有效监管提供制度基础。

（4）提出并论证了中国现代能源监管体系建设的基本途径。基于对中国能源监管的现状与前瞻性分析，本书提出并论证了中国现代能源监管体系建设的基本途径是：完善能源监管法规政策体系、建立高效的能源监管机构体系、形成多元化的能源监管监督体系、构建科学的能源监管绩效评价体系，从整体上构建与中国社会主义市场经济体制相适应的现代能源监管体系。这为中国现代能源监管体系建设提供了基本思路。

（5）构建了中国能源监管法规政策体系的基本框架。本书基于法律体系构建的视角，构建了中国能源监管法规政策体系的基本框架。这个基本框架由五个内部逻辑联系紧密的层级组成：第一个层级由能源法的监管条款构成，由全国人大立法出台；第二个层级由能源行业单行法的监管章节构成，由全国人大常委会立法出台；第三个层级由能源监管行政法规构成，由国务院立法出台；第四个层级由能源监管部门规章构成，由能源监管部门制定并发布；第五个层级由能源监管规范性文件构成，由能源监管部门制定并发布。高层级法律法规是低层级法规政策的依据，低层级法律法规政策是高层级法律法规的适用。这为完善中国能源监管法规政策体系提供了理论依据。

（6）构建有序度评价模型探讨了中国能源监管组织机构优化的重要路径。本书基于信息熵理论，从信息流的时效性和准确度两个方面构建了组织结构有序度评价模型，并在此基础上对2002—2013年中国电力监管组织机构改革过程的三个阶段进行了有序度评价，研究结果表明：在中国电力监管机构改革不断推进、组织结构不断完善的同时，其组织结构有序度也在逐渐上升。并进一步探讨了有序度的优化方案以及中国能源监管组织机构优化的重要路径。

（7）提出并论证了能源监管绩效评价框架，对中国能源监管绩效进行实证研究。本书提出了用于能源监管外部绩效评价的熵权马氏距离TOPSIS法和用于能源监管内部效率评价的超效率SBM模型，以及面向大数据的能源监管公众满意度评价方法。并首次对中国能源监管绩效进行实证研究，研究结果表明：中国能源监管外部绩效总体上在震荡区间内呈稳定波动趋势；设立能源监管派出机构的省市较未设立能源监管派出机构的省市具有更高的能源监管效率，但提升幅度仍有待加强。

（8）设计了激励性能源价格监管模型及其主要参数确定方法。近年来，中国能源行业积极探索"准许成本＋合理收益"的价格监管政策，但在投资与运行成本信息不对称的状况下，仍存在准许成本难以确定、缺乏激励性等突出问题。为此，本书设计了激励性能源价格监管模型及其主要参数确定方法，综合运用价格上限、利润分享等激励机制，将能源监管价格和产品服务质量、价格指数、成本效率等因素挂钩，以实现促进社会分配效率、刺激能源企业生产效率、维护能源企业发展潜力等价格监管目标。

（9）对能源市场反垄断监管重点和监管政策优化做了前瞻性研究。能源市场化改革为中国能源市场的反垄断监管提供了现实和潜在需求。本书以反垄断监管理论为基础，参考国际能源市场反垄断的实践经验，分析了中国以市场化为导向能源体制改革后能源市场的竞争环境，对电力、石油和天然气市场中市场势力的成因以及可能发生的各类典型垄断行为进行了前瞻性的研究。并针对电力、石油和天然气市场的特点，提出了中国能源市场反垄断监管的重点和监管政策优化的途径。

（10）提出并论证了促进新能源补贴政策科学化的基本政策思路。本书在梳理新能源补贴政策成效及问题的基础上，论证了新能源补贴应根据经济发展水平和补贴资金来源，确定合理的新能源补贴能力，形成与补贴能力相适应的补贴装机容量上限等政策思路。同时，本书借鉴德国、意大利等国的新能源补贴经验，提出新能源补贴强度应和财政承受能力、新能源发展规模与成本下降率等相适应的政策思路及其政策措施，为实施合理的新能源补贴"退坡机制"政策提供理论依据。

本书是国家自然科学基金政策研究重点支持项目"中国能源监管体系与监管政策研究"（批准号：71742001）的主要研究成果。作为本项目的阶段性研究成果，本书的部分成果已在《经济研究》《中国工业经济》和 *Energy*、*Journal of Cleaner Production* 等国内外杂志上发表。同时，作为政策研究重点支持项目，本项目强调理论联系实际，为政府有关部门制定与实施能源监管政策提供理论支持。与本项目相关的5项政策研究咨询报告分别获得国家领导人批示，8项政策研究咨询报告获得国家发展和改革委员会、国家能源局、国家市场监督管理总局和浙江省等省部级领导与政府部门采纳。这些都对我国能源监管实践产生了一定的指导作用和社会经济效益，这也为本书具有较好的应用价值提供了实践基础。

本书也是浙江财经大学和中国社会科学院工业经济研究所合作项目有关成员的集体研究成果。项目主持人王俊豪负责拟定本书的基本框架和写作提纲，并负责修改定稿。参加本书撰写的作者有：浙江财经大学王俊豪教授，中国社会科学院工业经济研究所史丹研究员，浙江财经大学金通教授，中国社会科学院工业经济研究所刘戒骄研究员，浙江财经大学朱晓艳副教授、王正新副教授、田家欣博士、徐骏博士、张雷博士、陈刚副教授、郑恒副教授。文雁兵副教授也参与了部分内容的撰写工作。此外，金暄暄参加了本项目研究和全书校对工作，参加本书资料收集和书稿校对的还有陈海彬、周侠、朱一丁、朱晓玲、刘畅、赵超烽、郑凌浩、吴妍、李旭、郑弘浩、李丹丹、何凌阳等。

特别需要感谢在本项目前期研究中，国家能源局原局长、中国能源研究会理事长吴新雄，国家能源局原副局长、国务院参事室特约研究员吴吟，国家能源局原党组成员、监管总监谭荣尧，国家能源局市场监管司向海平司长、法制和体制改革司王强巡视员等领导与专家的多次指导和大力支持。当然，本书中若有不当之处，完全由作者自负。

本书汲取和引用了国内外许多学者的研究成果，并尽可能在书中做了说明和注释，在此对有关专家学者一并表示感谢。本书能在较短时间内高质量出版，还要感谢中国社会科学出版社领导，特别是卢小生先生的大力支持。

对我国能源监管体系与监管政策研究涉及面广，特别是近年来我国能源体制改革不断深化，许多研究内容具有动态性，无论在理论上还是在实践中都有大量问题需要认真研究和探索，本书只是做了初步探索，有许多问题还有待后续研究，尽管本书作者做了最大努力，但难免存在许多缺陷，敬请各位专家学者批评指正。

王俊豪

2018 年 6 月于杭州

目　录

第一章　中国建立与完善现代能源监管体系的需求分析 ·················· 1

第一节　世界能源发展趋势与中国"能源革命" ·················· 1

第二节　能源体制改革是推进"能源革命"的关键 ·········· 15

第三节　建立现代能源监管体系是能源体制改革的

　　　　核心内容 ··· 18

第四节　中国现行能源监管体系存在的突出问题分析 ·········· 20

第二章　能源监管的基本理论 ···································· 24

第一节　能源监管的自然垄断理论 ·························· 24

第二节　能源监管的外部性理论 ···························· 29

第三节　能源监管的公共性与公益性理论 ···················· 34

第四节　能源监管的信息不对称理论 ························ 36

第五节　能源监管的激励性理论 ···························· 41

第三章　中国现代能源监管体系的理论框架 ················· 59

第一节　监管体系的相关研究及其述评 ···················· 59

第二节　现代能源监管体系的构建目标与整体框架 ·········· 66

第三节　现代能源监管体系建设的基本途径 ················ 69

第四章　中国能源监管的立法导向与法规政策体系研究 ········· 74

第一节　能源监管法规政策体系研究述评 ················· 74

第二节　能源监管立法的基本导向 ························ 82

第三节　能源监管法规政策体系构建 ······················ 87

第四节　能源监管法规政策体系的建设途径 ················ 99

第五章　中国能源监管机构与职能配置优化研究 ………………… 109

　　第一节　能源监管机构和职能配置研究述评 ………………… 109

　　第二节　能源监管机构及职能配置优化导向 ………………… 113

　　第三节　中国能源监管机构有序度评价及优化 ……………… 121

　　第四节　中国能源监管职能配置及监管协调机制 …………… 137

　　第五节　中国能源监管监督机制 ……………………………… 144

第六章　中国能源监管绩效评价与应用研究 …………………… 151

　　第一节　能源监管绩效评价相关研究述评 …………………… 151

　　第二节　能源监管绩效评价框架研究 ………………………… 157

　　第三节　能源监管绩效评价指标体系 ………………………… 164

　　第四节　能源监管绩效评价技术和方法研究 ………………… 171

　　第五节　能源监管绩效评价实证研究与结果应用 …………… 198

第七章　中国能源行业主要监管政策优化研究（上） ………… 214

　　第一节　中国能源市场准入监管政策优化 …………………… 214

　　第二节　激励性价格模型与价格监管政策优化 ……………… 235

　　第三节　能源行业市场势力测定与反垄断政策优化 ………… 252

第八章　中国能源行业主要监管政策优化研究（下） ………… 278

　　第一节　能源安全生产监管政策优化 ………………………… 278

　　第二节　能源行业环境监管政策优化 ………………………… 299

　　第三节　新能源行业鼓励与监管政策优化 …………………… 313

参考文献 ……………………………………………………………… 329

Contents

**Chapter 1 The Need Analysis of Establishing and Perfecting
the Modern Energy Regulation System of China** ·············· 1

1. 1   The Development Trend of World Energy and "the Energy
Revolution" in China ··· 1

1. 2   The Reform of Energy System is the Key to Promote
"the Energy Revolution" ····································· 15

1. 3   To Establish the Modern Energy Regulation System is
the Main Topic of the whole Energy System Reform ·········· 18

1. 4   The Analysis of Obvious Issues Existed in the Current
Energy Regulation System ·································· 20

Chapter 2 Basic Theories for the Energy Regulation ·················· 24

2. 1   The Natural Monopoly Theory of Energy Regulation ··········· 24

2. 2   The Externality Theory of Energy Regulation ················ 29

2. 3   The Public Nature and the Public Welfare Theory of
Energy Regulation ·· 34

2. 4   The Information Asymmetry Theory of Energy Regulation ······ 36

2. 5   The Incentive Theory of Energy Regulation ·················· 41

**Chapter 3 The Theoretical Frame of the Modern Regulation
System in China' s Energy** ······························· 59

3. 1   A Review of the Relevant Research of Regulation System ······ 59

3. 2   The Objective and Frame of Modern Energy Regulation
System ·· 66

3. 3   The Basic Ways for Establishing Modern Energy

Regulation System ················· 69

Chapter 4   The Research for the Legislative Orientation and

the System of Laws and Policies in China' Energy

Regulation ················· 74

4. 1   A Review of the Relevant Research about Energy

Regulation System of Laws and Policies ················· 74

4. 2   Basic Orientation for the Legislation of Energy Regulation ······ 82

4. 3   The Establishment of Energy Regulation System of Laws

and Policies ················· 87

4. 4   Basic Ways for Establishing the Energy Regulation

System of Laws and Policies ················· 99

Chapter 5   The Optimizing Research of China' s Energy Regulatory

Organizations and Functions Allocation ················· 109

5. 1   A Review of the Relevant Research of Energy Regulatory

Organizations ················· 109

5. 2   The Orientation for Optimizing Energy Regulatory

Organizations and Functions Allocation ················· 113

5. 3   The Patterns for the Energy Regulatory Organizations

and Functions Allocation ················· 121

5. 4   The Coordinated Operation Mechanism for the Energy

Regulatory Organizations ················· 137

5. 5   The External Supervision System of Energy Regulatory

Organizations ················· 144

Chapter 6   The Performance Evaluation and Applied Research

for Energy Regulation ················· 151

6. 1   A Review of the Relevant Research of Performance

Evaluation for Energy Regulation ················· 151

6. 2   The Performance Evaluation Frame for Energy Regulation ··· 157

6. 3   The Performance Evaluating Indicators for Energy

Regulation ·· 164

6. 4　The Performance Evaluating Techniques and Methods
　　　for Energy Regulation ································· 171

6. 5　Case Studies and Result Applications of the Performance
　　　Evaluation for Energy Regulation ·················· 198

Chapter 7　The Optimizing Research for Main Regulatory
**　　　　　　Policies in China's Energy Industries (A)** ············ 214

7. 1　The Optimizing Research for Regulatory Policies of
　　　Energy Market Entry ································· 214

7. 2　The Incentive Price Model and the Optimizing Research
　　　for Price Regulatory Policies ······················ 235

7. 3　The Assessment of Market Power for Energy Industries and
　　　the Optimizing Research for Anti – monopoly Policies ········· 252

Chapter 8　The Optimizing Research for Main Regulatory
**　　　　　　Policies in China's Energy Industries (B)** ·············· 278

8. 1　The Optimizing Research for Regulatory Policies of the
　　　Energy Production Safety ························· 278

8. 2　The Optimizing Research for Regulatory Policies of
　　　the Environments of Energy Industries ·············· 299

8. 3　The Optimizing Research for Subsidy Policies and
　　　the Regulatory Policies of New Energy Industries ············· 313

References ·· 329

第一章 中国建立与完善现代能源监管体系的需求分析

为解决中国能源领域长期存在的深层次问题，并顺应世界能源发展变化趋势，中国能源行业正在进行一场"革命"性改革。能源体制革命是实现能源生产、能源消费和能源技术革命的基础及前提。而能源体制改革的核心是建立和完善现代能源监管体系，在能源行业转型和高质量发展过程中更有效地发挥政府的作用，为实现中国"能源革命"战略目标提供理想的制度基础。

第一节 世界能源发展趋势与中国"能源革命"

一 世界能源发展变化趋势

能源是人类社会发展的基础和动力。当前，世界能源格局不断调整，能源供求关系不断变化，能源技术快速发展，气候变化和环境保护的挑战不断加剧，能源市场化趋势不断加强，世界能源生产和消费正在经历一场深刻的结构性、技术性和体制性变革。

（一）世界能源生产与消费结构的变化趋势

1. 世界能源生产的结构性变化趋势

世界能源供给方式在技术创新的推动下正日趋多元化。虽然当前乃至今后相当长一个时期内，石油和煤炭在世界能源供给体系中的基础性地位依然不可撼动，但是，清洁能源和可再生能源的比重正在快速提高。在科技进步和环境需求的驱动下，世界能源供给在可再生能源的引导下向更清洁、更低碳的方向进行转变。[1] 图 1-1 总结了世界一次能源生产结构在 2006—2016 年的变化趋势。

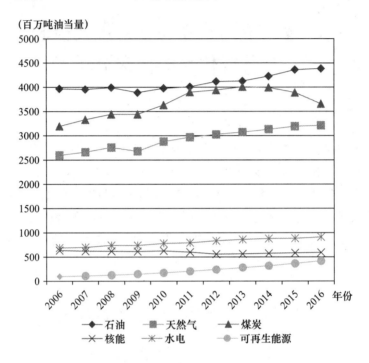

图 1-1 世界一次能源生产结构变化趋势（2006—2016 年）

资料来源：笔者根据《BP 世界能源统计年鉴（2017）》测算。

由图 1-1 可见，石油仍然是世界能源供给体系中最重要的组成部分，非常规油气开采技术取得的革命性突破，创造了世界石油的多元化供给新格局，世界石油市场正在变得更加具有竞争性。按照 2016 年的产量水平，世界已探明储量足够满足全球 50 年的石油供给。[2] 天然气不仅是一种多用途燃料，而且相比于其他化石能源更具有环境友好的特点。与石油的情况相似，天然气的已探明储量也足够满足全球 50 年的供给。[3] 在液化天然气的推动下，天然气供给变得更加具有灵活性，天然气市场也变得越来越全球化，同时也引发了世界各国对天然气供应安全的

① British Petrolum, *BP Statistical Review of World Energy* 2017, BP, London, 2017.

② Ibid. .

③ Ibid. .

关注，因为区域性的供给或需求波动比以往更有可能产生世界性的影响。

煤炭是世界能源供应体系中仅次于石油的第二大能源供应来源。世界能源的结构性调整，对煤炭业造成了深刻的影响。由于美国、中国等主要产煤国的限产措施取得了明显效果，世界煤炭产量从2014年开始连续三年下降，2016年的降幅更是达到了创纪录的6.2%。[①] 可再生能源的开发和利用，是世界能源结构向低碳和可持续发展转型的重要驱动力量，虽然在目前世界一次能源供应中的比重还比较低，但是，可再生能源的增长十分迅猛。在装备成本大幅下降和技术进步的推动下，可再生能源的经济性有了明显的提高，发展前景非常广阔。

2. 世界能源消费的结构性变化

从能源消费角度来看，世界能源消费增长整体放缓，发达国家的能源消费总量趋于稳定，甚至出现了下降的趋势。能源消费的增长主要来自中国、印度等新兴经济体，能源利用效率的提高也减缓了能源消费总量的增速。虽然传统化石能源在世界一次能源消费中的比重逐步降低，但仍然长期保持了80%以上的份额。另外，在气候变化和环境保护的压力下，世界各国为降低能源消费过程中的碳排放和污染物排放进行了持续的努力，清洁能源和可再生能源消费量的增长趋势显著。

由图1-2和图1-3可见，石油是世界能源消费组合中最重要的燃料，占世界一次能源消费总量的比重长期保持在30%以上。2014年开始的石油价格下跌，刺激了全球的石油消费，中国和印度是对全球石油消费量增长贡献最大的国家。尽管在运输燃料领域中受到电动汽车的挑战，但是，石油仍将在世界能源消费中长期保持基础地位。随着世界各国对碳排放和环境污染问题的日益关注，天然气有望在未来世界能源消费组合中进一步提高比重。相对于煤炭和石油，天然气燃烧排放的二氧化碳和污染物更少，同时燃气发电机组为更普遍地利用可再生能源发电提供了灵活性。[②] 气源的可获得性以及天然气储运基础设施的完善程度，是扩大天然气消费的主要约束。

---

① British Petroleum, *BP Statistical Review of World Energy* 2017, BP, London, 2017.

② IEA, *World Energy Outlook* 2017, Organization for Economic Cooperation and Development, OECD, 2017.

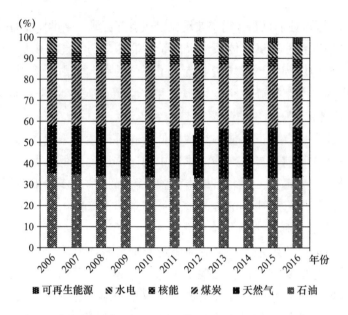

图 1-2　世界一次能源消费结构变化（2006—2016 年）

资料来源：笔者根据《世界能源统计年鉴（2017）》测算。

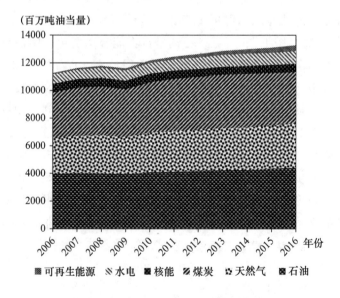

图 1-3　世界一次能源消费量变化趋势（2006—2016 年）

资料来源：笔者根据《世界能源统计年鉴（2017）》测算。

煤炭和石油占据了世界能源消费将近60%的份额。全球煤炭消费受到两方面结构性力量的叠加影响。一方面，在气候变化和环保压力下，中国、欧盟、美国等国家和地区都在采取强力措施降低煤炭消费；另一方面，印度以及东南亚地区一些发展中国家快速增长的煤炭消费需求，至少部分抵消了世界各国"去煤炭化"的努力。[①] 世界煤炭消费面临着能源消费结构转型的压力，煤炭消费量在2014年开始连续出现下降，但是，现在就预期煤炭作为主要能源即将退出历史舞台还为时尚早。

可再生能源消费的快速增长是世界能源消费结构转型的一个重要信号。虽然在能源消费结构中的占比仍然较低，但是，可再生能源在过去十年中取得了16.1%的平均增速。2016年可再生能源仅占3.2%，其增量则占据了世界一次能源消费增量的30%以上。[②] 政策、技术、成本以及配套基础设施等因素，将决定可再生能源未来的发展前景。

（二）气候变化对世界能源结构的影响

2016年4月22日，为了应对全球性气候变化对人类社会的共同挑战，全世界170多个国家在联合国总部签署了应对气候变化问题的《巴黎协定》，《巴黎协定》于2016年11月4日正式生效，全世界195个国家成为《巴黎协定》的缔约国。《巴黎协定》的各缔约方承诺采取行动应对气候变化威胁，把全球平均气温升幅控制在工业化前水平以上2℃之内，并努力将气温限制在工业化前水平以上1.5℃之内。

根据国际能源署"450情景"预测[③]，为了实现在21世纪末之前把全球平均气温升幅控制在工业化前水平以上2℃之内的目标，需要将大气中温室气体的浓度控制在450ppm二氧化碳当量。这意味着，到2050年全世界需要将能源相关的二氧化碳排放量下降到2000年的50%—85%水平。由于能源生产和使用排放的温室气体占全球温室气体排放量的2/3左右，因此，能源部门必须在全球应对气候变化的行动中发挥核心和更积极的作用。如图1-4所示，2016年全球二氧化碳排放量为

---

① IEA, *World Energy Outlook* 2017, Organization for Economic Cooperation and Development, OECD, 2017.

② British Petroleum, *BP Statistical Review of World Energy* 2017, BP, London, 2017.

③ "450情景"是国际能源署（IEA）在《世界能源展望（2008）》中设定的一种预测情景，其目标是将大气中温室气体的浓度稳定在450ppm二氧化碳当量。根据"450情景"的政策目标，国际能源署分析了国家和能源部门为达成目标所需要采取的政策和行动，并预测了2008—2030年世界能源市场的发展状况。

33432 百万吨，比上一年增加了 0.1%，2005—2015 年的十年平均增长率为 1.6%，这已经是连续第三年排放量保持平稳。

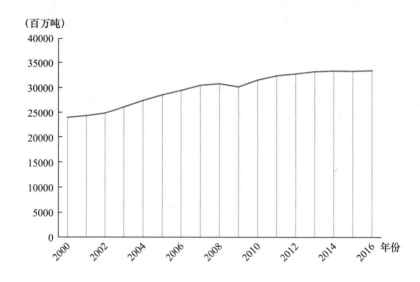

图 1 – 4　2000—2016 年世界二氧化碳排放量

资料来源：笔者根据《世界能源统计年鉴（2017）》测算。

全球二氧化碳排放量连续保持平稳释放出了审慎乐观的信号，但是，距离《巴黎协定》要求的尽早达到碳排放峰值并在此后快速下降的目标还相去甚远。国际能源署在《世界能源展望（2017）》中指出，如果没有超越现行政策和方法的进一步行动，那么，世界还没有走上实现《巴黎协定》温控目标的轨道。[1]

应对气候变化的政策和措施对世界能源转型将产生深远的影响。世界各国都在积极制定和采取更严格的政策措施，推进能源生产和消费结构向低碳化转型。发达国家放弃煤炭的进程仍在持续，新能源在中国的引领下取得快速增长，能源新技术和能源基础研究的投入力度不断加大。尽管存在许多不确定因素，转型过程也可能是曲折艰难的，但是，在世界各国的共同努力下，世界能源结构向低碳、清洁、高效方向转变

---

[1]　IEA, *World Energy Outlook* 2017, Organization for Economic Cooperation and Development, OECD, 2017.

的趋势不可逆转。

（三）能源技术发展对世界能源转型的影响

世界能源开发与利用的历史，就是一部能源技术发展史。在推动世界能源向低碳化转型发展的进程中，能源技术创新与技术进步发挥着根本性的、决定性的作用。

首先，能源技术进步从"开源"和"节流"两个方面缓解了经济增长造成的能源供需矛盾。在"开源"方面，在未来的几十年里，技术进步将为全世界提供充沛的能源供给，满足伴随全球经济增长而产生的能源需求增长。根据《世界能源技术展望》的估计，过去十年间最大的资源机会变化是页岩和致密岩石的开采，这使已发现的石油和天然气潜在可采量增加了一倍以上。其他关键的技术手段包括提高石油开采率、地下成像，以及通过采用数字技术（如传感器、机器人和数据分析超级计算机）实现作业改进。到 2050 年，利用未来的技术进步和新发现，全世界可以再增加 2.7 万亿桶油当量的技术可开采量。[①] 在"节流"方面，技术进步大幅提高了能源利用效率，降低了能源强度。自 2010 年以来，全球能源强度（每单位 GDP 的一次能源消耗）以平均 2.1% 的速度下降。能源强度的下降不仅产生了巨额的能源生产率红利，而且还抵消了经济增长对温室气体排放的影响。[②] 在工业、建筑、运输等主要能源终端使用部门普遍推广节能技术和建立能源管理体系，将为进一步改进能源效率提供新的机会。

其次，能源技术进步是推动能源生产和消费方式低碳化转型，实现全球应对气候变化目标的最重要途径与手段。《巴黎协定》设定的温控目标，对世界能源生产和消费的传统模式提出了严峻的挑战。为了实现这个温控目标，要求全世界的能源生产部门和终端使用部门采用更有效的能源技术组合。根据《世界能源技术展望（2017）》预测，在考虑世界各国当前和已经宣布的政策措施，包括《巴黎协定》中各国"国家自主贡献"中的承诺后，到 2100 年全球平均温度将上升 2.7℃。全世界需要在此基础上累计减少二氧化碳排放量约 7600 亿吨，才可能实现

[①] British Petroleum, *BP Technology Outlook*, BP, London, 2016.

[②] IEA, *Energy Efficiency*, Organization for Economic Cooperation and Development, OECD, 2017.

将全球气温升幅控制在工业化前水平以上2℃以内的目标。这需要应用一系列技术才能够实现，能源效率的提高可以贡献其中40%的减排量，可再生能源可以贡献其中35%的减排量，碳捕集与封存技术贡献其中14%左右的减排量。在政策支持和技术创新的帮助下，全球能源行业发展的轨迹有产生积极变化的早期迹象，但是，这些进展与《巴黎协定》政策目标之间的差距过大，现在必须考虑实施包含所有技术选项的综合性系统方案以加快能源转型的进度。[1]

最后，能源技术的重大创新将有可能颠覆现有的能源格局。虽然重大的能源技术突破并不多见，但是，一旦有突破就能推动能源转型并打破原有市场和商业模式。近年来发生在石油和天然气领域中最明显的例子就是生产页岩气和页岩油的定向钻井及水力压裂技术。诸如数字系统、生物科学和纳米科学领域中的某些技术具有极大的颠覆潜力。在短期内，数字技术能提供更多的机会使能源供应和消费变得更安全、更可靠和更具成本效益。先进材料的发展将能显著提高电池的性能，推进太阳能转换和氢燃料的利用。然而，由于耗资巨大，这些技术可能还需要几十年才能在全球范围内得到应用。[2]

（四）世界能源体制的发展变化趋势

由于在资源禀赋、经济发展水平、科学技术发展水平、政治制度和文化等方面存在着显著差异，世界各国采用的能源体制也不尽相同。总体上说，市场化是近几十年来世界能源体制发展的一个显著趋势。

20世纪七八十年代的"放松管制"热潮，对世界能源体制产生了深刻的影响。为了提高能源部门的经济效率，世界各国纷纷对电力、天然气等主要能源行业进行了市场化改革。各国能源体制改革的主要方法和基本途径是通过产业组织结构调整、监管体系调整和所有制改革等，在能源行业引进和建立市场竞争机制。产业组织结构调整包括逐步取消保护性补贴政策，纵向分拆原有一体化能源企业以促进自然垄断性输配环节的公平接入，以及水平分拆原有能源企业以创造足够多的竞争者。监管体系调整通常是建立独立的能源监管机构，对开放后的能源市场进

---

[1]　IEA，*World Energy Technology Outlook* 2017，Organization for Economic Cooperation and Development，OECD，2017.

[2]　British Petroleum，*BP Technology Outlook*，BP，London，2016.

行监管。所有制改革的主要内容是对原有国有能源企业实行股份制改革，同时放松进入管制，实现能源企业所有制结构多元化。[1]

从 20 世纪 80 年代电力市场化改革至今，世界范围内的能源市场化改革方兴未艾。不过，世界能源体制从 21 世纪初开始又呈现出另外一个显著趋势，各国政府在能源部门中的作用越来越突出。一方面是由于能源是现代社会生产生活的必需品，政府在追求效率目标的同时还必须保障能源资源分配的公平与公正。另一方面是因为应对气候变化和环境保护的目标难以完全通过市场机制得到落实，需要政府采取更有力的监管政策及其措施。更重要的是，能源市场本身处于不断地调整和变化之中，需要政府密切监督和控制能源市场运行，以确保能源供给安全。

二　中国"能源革命"的兴起与发展

（一）中国在世界能源体系中的地位

中国在世界能源供需体系中具有举足轻重的地位。这不仅是因为中国具有庞大的经济规模以及中国能源生产和消费在世界能源体系中占据的比重，而且是因为中国经济和社会发展模式转型以及能源政策的变化将对世界能源市场的演变产生深远的影响。更重要的是，作为一个负责任的发展中大国，中国是应对全球性气候变化的中坚力量，中国应对气候变化政策和措施的落实，对于实现《巴黎协定》确立的温控目标具有决定性的影响。

1. 中国是世界上规模最大的能源生产国与消费国

在能源消费方面，2016 年，中国的一次能源消费为 3053 百万吨油当量[2]，占世界一次能源总消费量的 23.0%，居世界第一位。其中，煤炭消费量为 1887.6 百万吨油当量，占世界煤炭消费量的 50.6%；石油消费量为 578.7 百万吨油当量，占世界石油消费量的 13.1%；天然气消费量为 189.3 百万吨油当量，占世界天然气消费量的 5.9%；可再生能源消费量为 86.1 百万吨油当量，占世界可再生能源消费量的 20.5%；核电消费量为 48.2 百万吨油当量，占世界核电消费量的 8.1%；水电消费量为 263.1 百万吨油当量，占世界水电消费量的

---

[1] Pollitt, Michael G., "The role of policy in energy transitions: Lessons from the energy liberalization era", *Energy Policy*, Vol. 50, 2012, pp. 128 – 137.

[2] 1 吨油当量约等于 1.4286 吨标准煤。

28.9%。在能源生产方面，2016 年，中国的石油产量为 199.7 百万吨，占世界石油总产量的 4.6%；煤炭产量为 1685.7 百万吨油当量，占世界煤炭产量的 46.1%；天然气产量为 124.6 百万吨油当量，占世界天然气产量的 3.9%；发电量为 6142.5 太瓦时，占世界发电量的 24.8%。[①]

根据《世界能源展望》的预测，虽然到 2035 年中国的能源需求增长减缓，但是，在全球能源消费中占 25% 以上。中国自给能源产量在消费中的占比将在 2035 年下降到 79%，仍将是世界最大的能源进口国。[②]

2. 中国是应对全球气候变化的中坚力量

中国是应对气候变化的倡导者和实践者。在致力于发展经济，提高本国人民生活水平的同时，中国还主动参与应对气候变化的全球行动，积极承担与基本国情、发展阶段和实际能力相符的国际义务，制定和实施务实有效的政策措施，促进能源结构调整，大幅降低碳排放量。特别是在美国宣布退出《巴黎协定》后，中国恪守对《巴黎协定》的有关承诺，坚定了世界各国实现全球温控目标的信心和决心。

《中华人民共和国国民经济和社会发展第十三个五年规划纲要》中明确提出，中国将坚持减缓与适应并重，主动控制碳排放，落实减排承诺，增强适应气候变化能力，深度参与全球气候治理，为应对全球气候变化做出贡献。中国共产党第十九次全国代表大会站在中国和世界的高度，对应对全球气候变化和推进低碳发展提出了更高的要求。中国将建立健全绿色低碳循环发展的经济体系，构建清洁低碳、安全高效的能源体系，倡导简约适度、绿色低碳的生活方式，助力提升发展质量，积极落实减排承诺，如期实现国家自主贡献目标。

根据中国《能源发展"十三五"规划》制定的目标，到 2020 年，中国能源消费总量将控制在 50 亿吨标准煤，煤炭消费总量控制在 41 亿吨以内。非化石能源消费比重提高到 15% 以上，天然气消费比重力争达到 10%，煤炭消费比重降低到 58% 以下，发电用煤占煤炭消费比重提高到 55% 以上。单位国内生产总值能耗比 2015 年下降 15%，单位国

---

① British Petroleum, *BP Statistical Review of World Energy* 2017, BP, London, 2017.

② British Petroleum, *BP World Energy Outlook* 2017, BP, London, 2017.

内生产总值二氧化碳排放比 2015 年下降 18%。中国计划在 2030 年左右二氧化碳排放达到峰值，并且将努力早日达峰。

可以预见，中国的低碳能源发展政策将对全球能源发展趋势产生巨大影响，并将激发世界能源结构更快地向清洁能源转型。中国的清洁能源发展、技术出口和对外投资规模，将使其成为全球能源低碳转型发展势头的关键决定因素。[①]

（二）中国能源转型面临的挑战

长期以来，伴随着国民经济的快速发展，中国的能源行业取得了举世瞩目的辉煌成就。然而，由于受到资源禀赋、经济发展模式以及能源体制机制等众多因素的影响，中国的能源体系也积累了许多深层次的矛盾和问题，能源转型面临诸多挑战。

1. 能源供给结构不合理

从资源禀赋上说，中国的能源资源具有缺油、少气、富煤的特点，以煤炭为主的一次能源供给结构在短期内难以实现根本性转变。煤炭的落后产能过剩和高质量产能不足并存，供求关系严重失衡。石油和天然气产量无法满足国内消费需求，对外依存度持续提高，油气供应安全面临更大的不确定性。国内原油一次加工产能过剩，高品质清洁油品的产能不足。煤电机组规模庞大，设备利用率低下，煤电产能过剩风险加剧。可再生能源发电装机容量增长速度很快，但是，市场竞争力不强，严重依赖国家补贴。

2. 能源基础设施建设不匹配

部分能源行业的基础设施建设滞后于能源供应结构调整的需要。中国的天然气管网密度低，储气调峰设施严重不足，天然气输配成本偏高，现有天然气基础设施难以满足大规模实施"以气代煤"的要求。电力系统调峰能力不足，并网消纳可再生能源发电的输配电网建设不同步，长距离大规模输送清洁能源比例偏低，导致部分地区弃风弃光问题严重。

3. 能源消费结构不合理，能源利用效率低

长期以来形成的粗放式经济发展模式，造成能源过度消耗、能源利

---

① IEA, *World Energy Outlook* 2017, Organization for Economic Cooperation and Development, OECD, 2017.

用效率较低，资源环境约束日益趋紧。煤炭在一次能源消费中的比重过高，以煤炭为主的能源消费结构在短期内难以转变，控制碳排放的任务十分艰巨。不合理终端能源消费需求增长较快，全社会节能减排意识有待进一步增强，绿色、节能、低碳的生活方式尚未普遍形成。

4. 能源环境保护压力大，清洁替代任务艰巨

部分地区能源生产消费的环境承载能力接近上限，大气污染形势严峻。煤炭占终端能源消费的比重远高于世界平均水平。"以气代煤"和"以电代煤"等清洁替代成本高，洁净型煤推广困难，大量煤炭在小锅炉、小窑炉及家庭生活等领域散烧使用，污染物排放严重。高品质清洁油品利用率较低，交通用油等迫切需要改造升级。

5. 适应能源转型变革的体制机制尚不完善

能源价格、税收、财政、环保等政策衔接协调不够，能源市场体系建设滞后，市场配置资源的作用没有得到充分发挥。能源价格机制不完善，能源价格没有完全反映能源的稀缺性以及能源生产和消费的负外部性，天然气、电力调峰成本补偿及相应的价格机制较为缺乏，科学灵活的价格调节机制尚未形成。

跨省区能源资源配置机制不完善。受资源禀赋等因素制约，中国重要的能源基地大都分布在西北部地区，长期以来，形成了西电东送、西气东输、北煤南运的能源格局和流向。经济发展进入新常态后，中国主要能源消费地区市场空间萎缩，对接受区外能源的积极性普遍降低，能源送受地区之间利益矛盾加剧，清洁能源在全国范围内优化配置受阻。

（三）"能源革命"战略思想的提出与发展

为了顺应世界能源发展趋势，从根本上解决长期困扰中国能源发展的深层次矛盾与问题，习近平总书记在2014年中央财经领导小组第六次工作会议上，首次提出并阐释了"四个革命，一个合作"的能源发展战略思想。

1. 中国能源革命战略思想的内涵

以"革命"来表述能源领域的改革，意味着中国的能源改革将不再是对原有能源体系的修修补补，而是对能源发展范式进行颠覆性再造，其终极目标是建立一个与中国基本国情、发展阶段和发展目标相适应的，清洁低碳、安全高效的现代能源体系。

能源革命战略思想由能源消费革命、能源生产革命、能源技术革

命、能源体制革命和全方位加强国际合作五个部分构成。一是推动能源消费革命，抑制不合理能源消费。坚决控制能源消费总量，有效落实节能优先方针，把节能贯穿于经济社会发展全过程和各领域，坚定调整产业结构，高度重视城镇化节能，树立勤俭节约的消费观，加快形成能源节约型社会。二是推动能源生产革命，建立多元供应体系。立足国内多元供应保障安全，大力推进煤炭清洁高效利用，着力发展非煤能源，形成煤、油、气、核、新能源、可再生能源多轮驱动的能源供应体系，同步加强能源输配网络和储备设施建设。三是推动能源技术革命，带动产业升级。立足中国国情，紧跟国际能源技术革命新趋势，以绿色低碳为方向，分类推动技术创新、产业创新、商业模式创新，并同其他领域高新技术紧密结合，把能源技术及其关联产业培育成带动中国产业升级的新增长点。四是推动能源体制革命，打通能源发展快车道。坚定不移地推进改革，还原能源商品属性，构建有效竞争的市场结构和市场体系，形成主要由市场决定能源价格的机制，转变政府对能源的监管方式，建立健全能源法治体系。五是全方位加强国际合作，在开放条件下实现能源安全。在主要立足国内的前提条件下，在能源生产和消费革命所涉及的各个方面加强国际合作，有效利用国际资源。

能源革命战略思想的提出，充分展示了中国全方位推进能源改革的决心，为化解能源资源和环境约束的世界性难题提供了"中国方案"。在能源革命的思想体系中，生产革命和消费革命是重点任务，技术革命对消费革命和生产革命起支撑和引领作用，体制革命是消费革命、生产革命和技术革命的制度保障，全方位加强国际合作为中国能源革命提供了广阔的、开放的国际环境。能源革命战略思想的五项基本内容相互联系、相互支撑，为中国能源的改革发展指明了方向和任务。

2. 落实能源革命战略思想的政策与行动

2014 年 6 月 7 日，国务院办公厅印发了《能源发展战略行动计划（2014—2020 年）》。该行动计划确立了"节约、清洁、安全"的中国能源发展战略方针，并提出了中国能源发展的五项战略任务：一是增强能源自主保障能力；二是推进能源消费革命；三是优化能源结构；四是拓展能源国际合作；五是推进能源科技创新。该行动计划还确定将深化能源体制改革和健全完善能源政策作为实现能源战略发展目标与任务的重要保障措施。

2015 年 3 月 15 日，中共中央、国务院印发了《关于进一步深化电力体制改革的若干意见》（中发〔2015〕9 号）；同年 11 月，国家发展和改革委员会印发了电力体制改革配套文件。从 2015 年年底开始，各项电力体制改革试点工作在全国范围内展开。

2016 年 3 月 16 日，十二届全国人大四次会议审查通过了《中华人民共和国国民经济和社会发展第十三个五年规划纲要》。"十三五"规划提出，深入推进能源革命，着力推动能源生产利用方式变革，优化能源供给结构，提高能源利用效率，建设清洁低碳、安全高效的现代能源体系，维护国家能源安全。

2016 年 4 月 7 日，国家发展和改革委员会、国家能源局印发了《能源技术革命创新行动计划（2016—2030 年)》，提出了中国能源技术创新的总体目标，到 2020 年，能源自主创新能力大幅提升，一批关键技术取得重大突破，能源技术装备、关键部件及材料对外依存度显著降低，中国能源产业国际竞争力明显提升，能源技术创新体系初步形成。到 2030 年，建成与国情相适应的完善的能源技术创新体系，能源自主创新能力全面提升，能源技术水平整体达到国际先进水平，支撑中国能源产业与生态环境协调可持续发展，进入世界能源技术强国行列。

2016 年 12 月 26 日，国家发展和改革委员会、国家能源局印发了《能源"十三五"规划》。《能源"十三五"规划》提出，到 2020 年，把能源消费总量控制在 50 亿吨标准煤以内，"十三五"期间非化石能源消费比重提高到 15% 以上，天然气比重力争达到 10%，煤炭消费比重降低到 85% 以下。

2016 年 12 月 29 日，国家发展和改革委员会、国家能源局印发了《能源生产和消费革命战略（2016—2030 年)》，设计了全面落实能源革命战略思想的路线图，确立了能源生产和消费革命的战略目标。到 2030 年，可再生能源、天然气和核能利用持续增长，高碳化石能源利用大幅减少。能源消费总量控制在 60 亿吨标准煤以内，非化石能源占能源消费总量的 20% 左右，天然气占 15% 左右，新增能源需求主要依靠清洁能源满足。单位国内生产总值二氧化碳排放比 2005 年下降 60%—65%，二氧化碳排放在 2030 年左右达到峰值并争取尽早达峰。单位国内生产总值能耗（现价）达到目前世界平均水平，主要工业产品能源效率达到国际领先水平。自主创新能力全面提升，能源科技水平位居世界前列。现代能源市场体制更加成熟完善，能源自给能力保持在较高水平，更好利用国际能源资源，初步构建现代能源体系。

第二节　能源体制改革是推进"能源革命"的关键

一　中国现行能源体制的局限性及其影响

（一）中国现行能源体制的局限性

当前，中国能源领域中存在的深层次矛盾和问题，归根结底，还是体制问题。在中国全面深化改革的大背景下，为了推进能源生产、消费和技术革命，能源体制革命必须先行一步。不彻底打破落后体制的桎梏，不打通能源发展的快车道，就无法充分释放能源生产力，能源领域中其他方面的改革也就必将受阻于体制因素而难以取得成功。中国现行能源体制的局限性，集中表现在以下几个方面。

1. 能源法规政策体系不健全

中国的能源基本法长期缺位，立法进展缓慢。在已经颁布实施的能源单行法中，有部分内容和规定已经不适应中国当前能源发展形势和改革的客观要求。能源立法缺乏统一的指导思想和基本原则，关于能源行业的具体规定分散在不同的单行法、行政性法规、地方性法规以及部门规章中，这些立法层级不同、法律效力不同的法律法规和规范性文件彼此之间缺乏有效的衔接。

2. 能源市场体系建设滞后

除煤炭行业的市场化程度较高外，石油、天然气、电力等行业的市场化程度都比较低。改革开放以来，由于过度强调能源行业的特殊性以及片面认识能源的商品属性，导致中国能源领域中的历次体制改革都没有从根本上建立起有效竞争的市场结构和市场体系，依旧存在着政企不分、行政性垄断等问题，主要是以行政手段调节供需关系，市场配置资源的作用没有得到充分发挥。

3. 能源价格形成机制不合理

在市场机制不完善、市场体系不健全的情况下，能源产品由政府定价就是一个必然的选择。政府定价的主要缺陷是既不能真实地反映能源供求关系的变化，也不能充分地反映资源的稀缺性，能源企业和消费者无法依据价格信号进行投资、生产和消费决策，导致能源生产和消费的低效率。同时，由于没有考虑能源生产和消费的环境负外部性，中国现行的能源价格机制并没有充分体现能源生产和消费的社会成本。

4. 政府管理越位和监管缺位并存

政府和市场的关系尚未理顺，政府职能转变迟缓。政府对能源行业的行政性干预过多，行业管理过于微观具体，管理手段偏重于项目审批。能源规划缺乏前瞻性和权威性，各类规划之间缺乏有效衔接，项目审批与规划落实脱节。另外，能源市场监管力量薄弱，监管法律依据不充分，监管权威性不足，监管机构的职能界面不清晰，还没有建立起职责明确、运行高效的现代能源政府监管体系。

（二）中国现行能源体制的局限性对能源生产和消费产生的消极影响

首先，能源市场体系建设滞后，能源市场存在较高的行政性进入壁垒，难以培育有竞争力的市场主体，垄断性的市场结构不利于市场竞争。市场体系不完善，缺乏公平的市场竞争规则。由于市场竞争程度低，垄断性能源企业缺乏降低成本、提高生产效率的外部刺激，能源勘探开发和技术创新的激励不足。电力、石油、天然气领域中的大型国有企业虽然在形式上实现了政企分开，但是，在实践中仍然承担了大量的政府职能和社会责任，为了实现政府的政策目标而不计成本。另外，大型国有能源企业也拥有强大的政治资源和政策资源，享受行政性垄断特权，并依赖这种垄断特权排斥和限制市场竞争，还没有成为真正的市场主体。

其次，能源价格不是由市场供需关系决定，没有反映资源稀缺性和社会成本，价格在能源投资和消费两个方面的引领作用都没有得到充分发挥。不合理的能源价格形成机制刺激了对能源的过度消耗，稀缺的能源资源没有得到高效利用，不利于中国实现经济发展模式转型升级；同时，抑制了能源供给，企业投资和生产意愿不强烈，能源供应短缺时有发生。能源价格没有充分体现能源生产和消费的环境成本，造成新能源、清洁能源与传统能源的比价关系扭曲失衡，新能源价格缺乏市场竞争力，发展严重依赖于政府补贴。

二　推进能源体制革命的重点任务

为了推动能源体制革命，中国需要从市场体系、价格机制、市场监管体系等方面全方位加强能源市场制度建设。

（一）建立健全能源市场体系

在能源市场的供给侧，要在能源行业竞争性环节制定统一的准入标准，推动能源投资主体多元化，允许不同所有制的投资主体平等地进入能源行业的竞争性环节，培育有竞争力的市场主体，形成有效竞争的市场结构。要在竞争性环节建立公平竞争的市场规则，预防并制止任何形式的垄断阻碍市场竞争。优化大型国有能源企业治理结构，提高企业经营效率，实现自主决策、自负盈亏。在能源市场的消费侧，要给予能源用户自主选择权，提高用户需求响应速度，在消费侧形成有效的竞争压力和约束机制。

不断健全能源市场体系，制定和完善能源市场基本交易制度，加快电力辅助服务市场、天然气交易中心、能源期货市场等重要能源交易市场的培育和建设。开展用能权交易试点，推动全国统一的碳排放交易市场建设。

（二）完善能源价格形成机制

按照"管住中间，放开两头"的思路，建立合理反映能源资源稀缺程度、市场供求关系、生态环境价值和代际补偿成本的能源价格机制，妥善处理和逐步减少交叉补贴，还原能源商品属性，形成主要由市场决定能源价格的机制。

作为能源体制改革的核心任务，要积极推进电力、油气等领域竞争性环节价格放开，合理制定并严格监审电网、天然气管网输配价格，完善调峰、调频、备用等辅助服务价格制度。建立有利于激励可再生能源降低成本的财税补贴和电价制度，逐步实现风电、光电上网电价市场化。

（三）建立现代能源监管体系①

在充分认识和尊重能源市场发展客观规律的基础上，政府依据法律授权对能源市场进行有效监管，是保护能源市场参与者利益、约束能源市场参与者行为、确保能源市场化改革顺利进行的有力保障。建立现代能源监管体系是中国能源市场基本制度建设的关键和重点。

中国需要加快推进能源基本法的立法进程，修订已颁布实施的单行

---

① 关于中国现代能源监管体系的基本框架以及建设途径的详细讨论，请见本书第三章。

法中不适应能源市场化改革要求的内容和规定，废除与能源市场化改革方向相背离的政府规章和文件。以推进和保障能源领域市场化改革为导向，逐步建立以能源基本法为基础，煤炭法、电力法、石油天然气法等为主干，能源行政法规、部门规章、地方性法规和地方政府规章为配套和补充，标准和规范为技术支撑的能源法律法规体系，为能源市场政府监管提供充分的法律依据。需要加快建立职能明确、权责对等、专业高效的监管机构体系，全方位提高政府能源监管能力和水平。需要转变政府监管方式，加强对能源生产和消费的社会性监管，加强对能源市场中经营者的市场行为监管，加强对电力、油气行业自然垄断环节的第三方公平接入监管，加强对自然垄断环节的价格监管和成本监审。

第三节　建立现代能源监管体系是能源体制改革的核心内容

一　能源监管的理由和逻辑

中国能源体制革命的核心和关键是理顺能源领域中政府与市场的关系，厘清政府与市场的功能边界，把政府和市场的权力都关进笼子。能源行业的市场化改革不可能是完全的自由放任，而是要在发挥市场配置资源的决定性作用的同时，更好地发挥政府的作用。既要防止政府过度和不当干预能源市场，又要防止市场力量失控损害社会公平公正，"看不见的手"与"看得见的手"缺一不可。作为政府在能源市场中发挥作用的主要工具，政府监管在能源体制革命中的重要性正变得日益突出。

市场失灵是政府对能源市场实施监管的主要理由。在一个理论上设定的完美世界里，市场竞争这只"看不见的手"能够实现社会资源的最优配置。然而，现实经济世界中，完全市场竞争的条件几乎不可能得到满足，存在着大量阻碍市场机制实现社会资源最优配置目标的因素，也就是存在着"市场失灵"。市场失灵为政府直接或间接干预经济活动提供了一个必要条件。

能源生产和消费所产生的负外部性，能源生产和消费过程中的不完全信息，能源产业链中某些环节的自然垄断特性，都将导致能源市场出现失灵。能源普遍服务和消除能源贫困、公平分配等非经济性目标，也无法通过市场机制来实现。此外，在能源市场化改革的背景下，能源市场的初始条件是垄断性的，原有企业具有显著的市场支配地位。当市场支配地位被滥用时，也会破坏公平竞争机制并造成市场失灵。不过，政府对能源市场进行监管并不等同于用政府的"有形之手"替代市场的"无形之手"。政府本身也存在失灵问题，过度的市场干预甚至完全替代市场将会造成资源配置的低效率。政府监管的作用是预防市场失灵的发生，或者在出现市场失灵时采取必要的措施给予纠正和弥补，但是，这种市场干预必须以不损害市场发挥配置资源的决定性作用为前提。

在能源市场中，市场竞争和政府监管目标是一致的，都是为了实现能源资源的优化配置。政府监管是一种有条件的市场干预，其发挥作用的主要方式是通过建立和执行规则，并利用强制性或者非强制性手段要求被监管对象服从规则，以达到使监管对象的行为符合社会公共利益的目的。市场竞争与政府监管是互补关系而不是非此即彼的替代关系。

二　现代能源监管体系在能源体制革命中的核心地位

从世界范围的经验来看，能源市场化改革不仅没有削弱反而是增强了政府监管的重要性。现代监管技术和工具的进步，使传统的政府监管有可能转型为面向竞争的监管。这样，政府监管不再是市场竞争的阻碍，而是通过政府监管对市场机制的科学设计和市场秩序的有效维护成为市场竞争的有力保障。

中国的能源体制革命，首先要破除残留的计划体制和行政命令式管理对能源生产和消费的影响，政府不再直接参与能源产品和服务的供给，而是通过与市场保持协调的政府监管，实现社会公共利益与市场竞争收益的平衡。由于能源市场的涉及面广、牵扯的相关利益群体多、专业性强、监管的难度大，因此，需要建立一套完整的法规政策体系，并由高效率的监管机构体系来有效执行，保证政府能源监管的专业性和有效性。监管法律法规的完备性、监管政策和规则的合理性、监管机构的权威性，都会直接影响到政府对能源市场的监管效果。

随着中国能源市场化改革的深入实施，传统政府能源管理体制与中国能源市场体系建设之间的矛盾日益突出，迫切需要建立现代能源监管体系，转变政府对能源的监管方式，促进和保障中国能源市场化改革的稳步有序进行。能源监管体系和监管能力建设，就成为中国能源体制改革的核心内容。

第四节　中国现行能源监管体系
存在的突出问题分析

改革开放以来，中国的能源监管体系和监管能力建设取得了长足的进步，但与加速推进能源革命的总要求相比，中国现行能源监管体系还存在着较大的差距，存在着许多亟待解决的突出问题。

一　能源监管缺乏法律依据

能源基本法立法进展缓慢，给能源监管工作造成了很大的困扰。中国目前已经颁布实施的能源单行法有《电力法》《煤炭法》《可再生能源法》《石油天然气管道保护法》等，这些单行法有的立法时间久远且长期没有修订，不少内容已经不适合当前能源行业改革发展的现实，有的只针对特定能源领域并且没有对监管机构做出明确的规定和授权。

从分业监管的情况来看，电力监管的主要依据是《电力监管条例》及其配套规章文件、《电力安全生产监管管理办法》以及国家能源局的一些规范性文件等。石油和天然气管网监管的主要依据是《油气管网设施公平开放监管办法》。煤炭监管的主要依据是《煤炭法》《煤矿安全监察条例》《乡镇煤矿管理条例》以及配套规章和规范性文件。核电监管的主要依据是《民用核设施安全监督管理条例》《核材料管制条例》《民用核安全设备监督管理条例》等。新能源和能源市场监管没有专门的法律法规依据，仅有政府规章和配套性文件。能源价格、能源节约、能源生产安全以及能源环境保护等监管领域只由其他法律做出了一些规定，缺乏针对性和全面性。

总体上看，中国能源监管的法律法规立法层级不高，执法约束力弱的问题比较突出。由于没有能源基本法作为统领，能源监管缺乏系统性的法律依据，各项分业监管的法律法规、规章和规范性文件之间也缺乏有效的衔接。同时，由于监管法律法规的执法授权不明确，造成了监管部门之间的职能冲突，加大了能源监管的执行难度，削弱了能源监管的权威性。

二　能源监管机构的权力配置不合理

长期以来，受计划经济体制和能源市场化改革进展缓慢的影响，中国对能源行业一直是采用传统的行政管理而不是现代意义上的政府监管。能源行业的主要管理职能分散在不同的管理部门，职能重叠、互相掣肘的情况十分突出。中国真正意义上的能源监管机构是配合2002年电力体制改革成立的国家电力监督管理委员会，主要负责电力市场监管。由于多种原因，以往的电力体制改革只局限于发电侧厂网分开和竞价上网，没有触及售电侧改革和电力交易机制改革等核心问题，致使原国家电力监督管理委员会面临无市可管的尴尬局面。同时，国家电力监督管理委员会没有被授予电力价格审批和电力行业投资准入这两项核心监管职能，监管的有效性和权威性都受到严重影响。电力监管机构夹在强势的政府宏观经济管理部门和强势的国有特大型能源企业之间，监管工作十分艰难。2013年新国家能源局组建，原国家电力监督管理委员会被并入新国家能源局。新国家能源局的市场监管职能从电力监管扩展到石油和天然气管网公平开放监管。新国家能源局组建后，成为中国最重要的能源管理和监管机构。然而，新国家能源局的成立并没有从根本上改变中国能源监管权力配置分散的老问题。

在中国现行的能源监管体制下，中央层面的主要能源监管职能分散在国家发展和改革委员会、国家能源局、财政部等多个国家部委。监管职能割裂，管市场的不管价格，管价格的不管运行，管运行的不管成本，导致各部门之间的协调成本很高，直接影响了监管的有效性，也容易造成监管缺位。能源监管权力横向配置不合理还表现在国家能源局的权力配置上。国家能源局负责研究提出能源体制改革方案，但是，作为一个委管局，国家能源局没有向上行文的权力，需经过国家发展和改革委员会审核后上报国务院。当国家能源局提出的能源体制改革方案涉及国家发展和改革委员会内部各司局之间以及各部委之间的职责分配时，在国家发展和改革委员会内部和各部委之间的协调十分困难，改革方案也往往会经过多次反复，甚至以未能通过而告终。

在纵向监管权力配置上，国家能源局、国家能源局派出机构与地方能源管理部门之间的职能冲突与职能界面不清的问题也很突出。首先，能源行政审批权下放后，国家能源局的能源发展规划与能源消费总量控制职能与地方政府能源管理部门存在着明显的激励冲突，规划落实以及能源项目事中事后监管的难度很大。其次，能源行政审批权下放后，各地方能源管理部门通常也成立了相应的监管处室，这些监管处室的职能与国家能源局派出机构的职能高度相似，两者之间的职能界面不清晰，职能冲突时有发生，而对于电力生产安全这项责任重、风险高的监管职能，地方能源管理部门则更愿意让派出机构执行。最后，由于能源监管派出机构与地方政府能源部门没有行政隶属关系，两者之间缺乏常态性的信息沟通和共享机制以及监管协作机制，导致地方层面的能源监管难以落实，派出机构的监管履职也难以得到地方能源主管部门的协助。

三　对能源监管的监督缺乏有效的途径和手段

对监管机构的有效监督是能源监管工作的一个重要方面。既要防止监管机构不作为，也要防止监管机构乱作为而不当干预市场，更要防止监管机构被利益集团"俘获"而偏离维护社会公共利益的目标，对监管机构的监督是提高监管有效性和监管效率的重要保障。

中国的能源监管监督体制建设还很不完善，对能源监管机构缺乏有效的、系统的、全面的监督机制。行政监督法制化程度低，监督缺乏依据和充分的授权，社会监督途径少并且监督效果不明显。监督机制的缺乏，导致各级能源管理部门和综合管理部门曾经出现严重的"寻租"和腐败问题，在社会上造成了极其恶劣的影响，对国家和人民群众的利益造成了严重的损害。能源审批权力下放后，地方政府的能源管理部门出于局部利益的考虑，很可能会通过制定有利于地方企业的监管政策，形成新的行政性垄断和进入壁垒，限制和妨碍能源市场公平竞争。如果不能把对地方能源管理部门的监督制度化，能源领域"放管服"工作就很难顺利进行并取得积极的成效。

四　尚未建立科学的能源监管绩效评价体系

能源监管工作的专业性强、涉及面广、影响力大，这要求对能源监管机构的运行效率、监管法规政策的制定与执行情况、能源监管监督的落实情况等建立起全方位的评价体系，以保证能源监管绩效能够得到科学评价和及时反馈，持续提高政府的能源监管能力和监管水平。

中国目前尚未建立起包含能源监管机构、能源监管法规政策、能源监管监督等方面在内的监管绩效评价指标体系，能源监管绩效评价的科学化程度较低。能源监管绩效评价的主体单一，缺乏利益相关方的广泛参与。能源监管绩效的评价方法缺少对能源监管的成本收益分析，主观判断多，经验证据少。能源监管绩效评价缺乏持续性和规范性，评价的公开性和透明度不足，缺乏必要的社会监督。能源监管绩效评价体系的不完善，导致能源监管工作中存在的问题得不到及时发现和解决，能源监管政策的实际执行情况和实施效果得不到如实反馈，能源监管政策的调整也缺乏充分的科学依据。

由上可见，中国现行能源监管体系的缺陷十分明显，能源监管法规政策、能源监管机构、能源监管监督和能源监管绩效评价等方面存在诸多问题，无法适应加速推进中国"能源革命"的客观要求。中国的能源体制改革，迫切需要在充分考虑中国具体国情的基础上，通过能源监管理论创新和制度创新，逐步建立起监管法规政策体系完善、监管机构体系高效、监管监督体系有效和监管绩效评价体系科学的现代能源监管体系。

第二章　能源监管的基本理论

　　能源监管是政府在能源领域实施监管职能的一系列活动的总称，具有政策性强、可操作性要求高、追求实际效果等特点。能源监管的复杂性决定了其需要一定的理论支持。本章主要讨论能源监管的自然垄断理论、外部性理论、能源监管的公共性与公益性理论、信息不对称理论和激励性监管理论，为能源监管政策的科学制定与有效实施提供理论基础。

第一节　能源监管的自然垄断理论

一　自然垄断的基本理论

　　无论是理论界还是实际部门，都认为能源行业属于自然垄断行业。但理论界对自然垄断产业的经济特征具有不同的认识，如克拉克森（Clarkson）等经济学家主要是从规模经济角度来说明自然垄断产业的技术经济特性的。[①] 在他们看来，自然垄断的基本特性是生产函数一般呈规模报酬递增状态，即生产规模越大，单位产品的成本就越小。与规模经济决定论不同，一些经济学家对自然垄断有不同的描述。如沃特森（Waterson）认为，自然垄断是这样一种状况：单个企业能比两家或两家以上的企业更有效率地向市场提供相同数量的产品。[②] 韦尔（Ware）则以社会剩余最大化而不是以成本最小化来定义自然垄断，按照他的标准，在某一产业市场上，一个企业能使社会剩余最大化，则自然垄断存

[①]　Kenneth W. Clarkson and Roger Leroy Miller, *Industrial Organization: Theory, Evidence, and Public Policy*, McGraw – Hill Book Company, 1982, p. 119.

[②]　Waterson, M., *Regulation of the Firm and Natural Monopoly*, Oxford: Basil Blackwell, 1988.

在。以此为标准，能避免在不同规模下成本比较中可能产生的歧义。[①]
而夏基（Sharkey）和鲍莫尔（Baumol）等著名学者则认为，自然垄断
最显著的特征是其成本函数的弱增性（subadditivity）。[②]

如果某一产业中的企业只提供单一的产品，则这一产业具有自然垄断性的基本条件是：在一定的产业范围内，由一家企业提供产品比多家企业共同提供产品具有更高的效率。若以 Q 表示产量，以 C 表示成本函数，以 $C(Q)$ 表示一家企业提供产量 Q 所发生的各种成本；为方便起见，假定其他企业的成本函数也为 C，如果产量 Q 由 K 家企业共同生产，企业 i 的产量为 q_i，则 K 家企业生产 Q 产量的成本之和为：

$$C(q_1) + C(q_2) + \cdots + C(q_k) = \sum_{i=1}^{k} C(q_i) \qquad (2-1)$$

则该产业在产量 Q 范围内存在自然垄断性的充要条件是：

$$C(Q) < \sum_{i=1}^{k} C(q_i) \qquad (2-2)$$

式中，$Q = \sum_{i=1}^{k} q_i$，$K \geqslant 2$ \qquad (2-3)

为进一步说明规模经济与成本弱增性的关系，我们以图 2 - 1 加以说明：

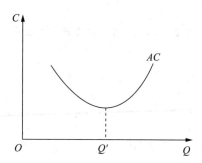

图 2 - 1　单个企业的平均成本曲线

① Ware, R. , "A Model of Public Enterprise with Entry", *Canadian Journal of Economics* 19 , 1986 , pp. 642 - 655.

② William W. Sharkey, *The Theory of Natural Monopoly*, Cambridge University Press, 1982, pp. 4 - 5；W. J. Baumol, "On the Proper Cost Tests for Natural Monopoly in a Multiproduct Industry", *American Economic Review* , December 1977.

图 2 - 1 显示了单个企业的平均成本曲线。在产量达到 Q' 之前，平均成本是不断下降的；当产量超过 Q' 后，平均成本就开始上升。即当产量小于 Q' 时存在规模经济，产量大于 Q' 时则存在规模不经济。

成本弱增性所要讨论的是，由一家企业提供整个产业的产量成本较低还是这家企业与另外的企业共同提供相同产量的成本较低。显然，当产量小于 Q' 时，由一家企业生产能使成本最小化，所以，在这一产出范围内，成本当然是弱增的。为了考察当产量大于 Q' 时能使成本最小的方案，我们可引进两个企业的最小平均成本函数，在图 2 - 2 中，我们假定这两个企业具有相同的生产效率，则 AC_2 就是这两个企业的平均成本曲线，而 AC_1 则是从图 2 - 1 中复制过来的单个企业的最小平均成本曲线。

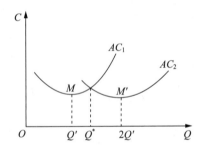

图 2 - 2　两个企业的平均成本曲线

在图 2 - 2 中，AC_1 和 AC_2 在产量为 Q^* 点处相交，Q^* 点决定了成本弱增的范围，当产量小于 Q^* 时，由单个企业生产成本最低，所以，在此范围内成本函数是弱增的。值得注意的是，成本弱增性是描述自然垄断经济特征的最好方法，尽管在产量 Q' 与 Q^* 之间存在规模不经济，但从社会效率看，由一个企业生产效率最高。由此可见，规模经济并不是自然垄断的必要条件，决定自然垄断的是成本弱增性。

根据自然垄断的成本弱增性程度，我们还可以将自然垄断分为强自然垄断和弱自然垄断。在成本弱增的前提下，在平均成本持续下降、平均成本大于边际成本的范围内（在图 2 - 2 中，当产量小于 Q' 时），可称为"强自然垄断"；而在成本弱增的前提下，在平均成本呈上升趋势、边际成本大于平均成本的范围内（在图 2 - 2 中，产量在 Q' 与 Q^*

之间时），可称为"弱自然垄断"。

二 能源行业的自然垄断性

以电力行业为例，电力行业包括发电、输电、配电和售电四个基本业务领域，虽然有关理论与实践证明，发电也具有一定的规模经济性，太小的发电单位是低效率的。但即使是在一个独立的区域性电网内，也不能只建一家电站，仅仅从供电的安全和可靠性角度考虑，也需要对电源结构和布局做多源化安排。因此，电力生产显然不具有自然垄断性。但输电和配电领域具有自然垄断性，因为输电和配电是通过物理电网进行的，如果有两家或两家以上的企业分别建设电网，这就会造成低效率的重复建设。当然，输电和配电的自然垄断性也存在明显的差别，由于输电网是电力系统的主要网络（网架），因此，输电领域具有显著的自然垄断性，即属于强自然垄断。而配电网是一种区域性的电网，它从高压电力输送网中取得电力，然后把电压降到适宜工商企业和居民所需的水平，然后输送给最终用户，因此，配电领域的自然垄断性并没有像输电领域那样显著，即属于弱自然垄断。正因为如此，在美国的一些城市甚至存在两张配电网并存的现象。对于售电领域，虽然我国现行供电体制通常是配电和售电实行垂直一体化经营的，但没有经济理由说明电力销售必须由该地区的配电企业提供。至少从原理上讲，大批量采购电力、电力营销、账单服务等业务可以由该地区配电企业以外的企业来提供。如果任何企业都能以合适的条件自由运用配电网，那么，电力销售业务就不具有自然垄断性，甚至不具有显著的规模经济。

综上所述，电力行业的主要业务类型可分为发电、输电、配电和售电业务。其中，发电业务和售电业务具有竞争性或潜在竞争性，但发电业务存在一定的规模经济性，特别是核能发电和火力发电。输电业务和配电业务则具有自然垄断性，两者的区别是，输电业务具有强自然垄断性，而配电业务则属于弱自然垄断性。但总体而言，能源行业是一个自然垄断性行业。我们可用表2-1简要地描述电力行业的主要业务及其性质。

在石油、天然气行业也存在与电力行业类似的技术经济特征。如石油行业的主要业务包括油田勘探与开采、原油存储、原油管道运输、炼化业务和成品油销售等业务领域。天然气行业则包括天然气勘探与开采、天然气主干网输送、城市配送和销售等业务领域。在这些业务领域中，油气管网输送业务是自然垄断性业务，其中，油气主干网输送属于强自然垄断，油气配送则属于弱自然垄断；而其他业务领域则是竞争性或潜在竞争性领域。

表 2 – 1　　　　　　　　　　电力行业的主要业务及其性质

主要电力业务	业务性质
发电	竞争性
输电	强自然垄断性
配电	弱自然垄断性
售电	潜在竞争性

三　基于能源行业自然垄断性的政府监管需求

由于能源行业具有自然垄断性，这就在客观上存在政府监管需求。政府需要对能源行业实行价格监管，能源价格监管的主要目标是抑制企业制定垄断价格，以保护广大消费者的利益，因此，能源价格监管的重点是对零售价格的监管，以保护广大消费者的利益。但由于能源生产价格、能源输配价格都会通过转移价格而影响最终能源价格，特别是由于在能源输配领域的经营企业具有相当大的市场垄断力量，因此，政府对能源输配价格应该实行严格监管。能源行业的自然垄断性也要求政府对市场准入实行监管，当然，这需要对不同业务领域区别对待，实行不同的政府监管政策。由于能源生产与销售领域不具有自然垄断性，在技术条件成熟时，政府可以放松对这些领域的准入监管，鼓励国有能源企业实行混合所有制改革，同时鼓励民营企业作为独立的市场主体进入，以充分运用市场竞争机制，提高能源经济效率。当然，发电等竞争性业务领域毕竟具有较为显著的规模经济性，因此，政府还是需要适度控制进入壁垒，以防止企业过度进入发电领域。对于存在自然垄断性的能源输配领域，政府应该实行重点监管，以避免低效率的重复建设，同时，采取模拟竞争的激励性机制以促使能源输配企业努力降低成本，提高经济效率。这就为在能源行业实行"放开两头，管住中间"的分类监管政策提供了理论依据。我们可用表 2 – 2 加以总结。

表 2 - 2　　　　　　　　能源行业的主要业务与分类监管政策

主要业务类型	准入监管政策	价格监管政策
能源生产	放松准入监管；鼓励国有企业混合所有制改革；鼓励民营企业进入	采取招投标制控制初始价格；推行"竞价上网"，能源企业与大用户双边协商定价
能源输送	鼓励大用户与能源生产企业建立直接的购销关系；对能源输送企业实行业务独立化	实行严格的价格监管；科学核算有效成本；采取最高限价模型
能源配送	鼓励地区性能源配送企业相互进入，交叉经营；运用区域间比较竞争监管方式	适当放松价格监管；采取最高限价模型；运用竞争机制降低价格
能源销售	推行配售分离改革；放松准入监管，形成多元化的竞争主体	放松价格监管，通过有效竞争降低价格

第二节　能源监管的外部性理论

一　外部性的基本理论

外部性问题是由马歇尔在其《经济学原理》中首先提出的（当时被称为"外部经济"），后来，庇古在其《福利经济学》中对它加以充实和完善，最终形成外部性理论。对于外部性问题，有许多学者曾对它做了探讨。外部性是指一定的经济行为对外部的影响，造成私人（企业或个人）成本与社会成本、私人收益与社会收益之间相偏离的现象。根据这种偏离的不同方向，外部性可分为正外部性与负外部性。正外部性是指一种经济行为给外部造成积极影响，使他人减少成本，增加收益。负外部性则是指一种经济行为给外部造成消极影响，造成他人成本增加，收益减少。可见，外部性的实质就是在于社会成本与私人成本之间存在某种偏离。众所周知，不存在外部性时，私人成本就是生产或消费一种产品所发生的全部成本，即私人成本也就是社会成本。而在存在外部性的情况下，社会成本不仅包含私人成本，而且还包含人们的生产或消费行为对外部影响而产生的外部成本。我们可以用下式表示：

社会成本 – 私人成本 = ± 外部成本

或用字母表示为：

$$SC - PC = \pm EC$$

当等式右边为正值时，存在负外部性，即社会成本大于私人成本，私人的经济行为给社会造成额外的成本。而当等式右边为负值时，则存在正外部性，表现为社会成本小于私人成本，即私人的经济行为不仅没有给社会造成额外的成本，而且给社会带来某种额外的利益。

为了进一步分析私人的经济行为对社会造成的边际外部影响，我们可以用边际社会成本、边际私人成本和边际外部成本三者的关系表示边际外部性，即：

边际社会成本 – 边际私人成本 = ± 边际外部成本

或用字母表示为：

$$MSC - MPC = \pm MEC$$

二　能源行业的外部性

能源行业具有明显的外部性。就能源行业的正外部性而言，能源行业作为国家的先行行业与国民经济发展及其他行业具有密切的相关性。以电力为例，电力产销适度增长是国民经济持续、快速、顺利发展的前提。分析电力行业与国民经济发展相互依存的内在关系的重要指标是电力弹性系数。它是电力消耗量的年增长率与国内生产总值增长率的比率。弹性系数的大小与产业结构和科技发展水平有关，在一个国家的工业化时期，工业电力消耗约占全社会电力消耗的70%，电力行业要支撑国民经济的增长需要，电力弹性系数一般需要保持在1.1:1的水平之上。在中国，电力行业的作用主要体现在以下三个方面：一是为各行业提供动力支持，保障供给。二是通过电力建设带动相关产业的发展。例如，电力行业对国内的机械制造业推动作用很大。三是通过实行合理电价，降低国民经济成本，提高各行业产品在国际市场上的竞争力。电力是商品，也是生产资料。当前，中国处于工业化向现代化过渡时期，许多工业产品仍以高耗能的初级产品为主，电力消耗成本占工业成本的比重较高。因此，电价水平对国民经济成本影响较大，把不合理的电价降下来，实际上是降低了国民经济的运行成本，增强了企业产品在国际上的竞争力。政府监管的重要任务就是要促进电力行业的这种正外部性。

能源行业的负外部性主要是环境成本问题。以电力行业为例，由于电力行业的主要能源投入物是煤、石油、天然气等矿物燃料和原子能、水力、风力和太阳能等，所有主要能源都涉及环境成本问题，如矿物燃料除存在不可更新，将来会用尽外，燃烧矿物燃料还会释放二氧化碳、二氧化硫和氧化氮等污染物。这些污染物会导致温室效应和酸雨，造成重大的环境污染。有效地控制环境污染需要进行投资（如脱硫设备）以排除污染物，或者以污染较小的天然气和非矿物燃料代替煤作为发电原料。核事故则会对环境造成灾难性的破坏。利用水力发电固然能避免上述许多环境问题，但也会影响生态平衡，等等。因此，政府应该对电力行业的环境实行政府监管，以降低环境成本，尽可能减少环境污染。

我们可以通过具体的例子对（边际）社会成本与（边际）私人成本的偏差进行较为详细的分析。火力发电厂发电时所产生的负外部性问题是社会公众普遍关心的。如果空气是一种公共资源，火力发电厂可以无约束地向空气排污，那么，火力发电厂每生产一单位电力不仅会产生 MPC，而且，它向空气排污的行为还会带来 MEC，这时，$MSC = MPC + MEC$。我们可以用图 2 - 3 加以形象化。

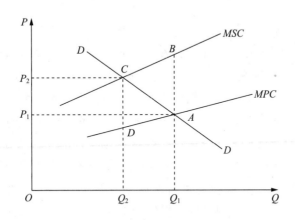

图 2 - 3 火力发电厂的负外部性

在图 2 - 3 中，由于负外部性的存在，MSC 曲线必然位于 MPC 曲线的上方，由于这两条曲线的斜率不同，在每个能源生产单位上的 MEC 是不同的。火力发电厂为了实现利益最大化，按照自身边际成本与边际收益（在图 2 - 3 中为 DD 曲线）相等的原则决定产量 Q_1 和价格 P_1，但

在产量为 Q_1 时，MPC 为 AQ_1（或 P_1），而 MSC 为 BQ_1，其差额 BA 就是 MEC。由于 P_1 没有反映产量为 Q_1 时的 MEC，就社会角度而言，P_1 的成本价格过低必然造成产量过大，导致资源配置的低效率。因此，以社会效率为出发点，就应当按 MSC 与 DD 的交点决定产量 Q_2 和价格 P_2，这时的价格 P_2 既包括 MPC（DQ_2），又包括 MEC（CD）。这里存在的一个问题是：如何促使私人自觉地把产量从 Q_1 转向 Q_2？解决这一问题的基本思路是：由企业以交纳污染税的形式承担外部成本（在产量为 Q_2 时，外部成本为 CD），而允许企业以 P_2 的水平定价。因此，解决负外部性的结果是减少产量，提高价格。

三 基于能源行业外部性的政府监管需求

由于能源行业具有十分明显的外部性，这需要通过政府监管促进正外部性，减少甚至消除负外部性。能源行业是一个国家最为重要的基础设施产业，其发展状况在相当程度上决定整个国民经济发展速度与发展质量，因此，与国民经济发展需要相适应，能源行业的又好又快发展，会大大推动整个国民经济的发展，因而带来巨大的正外部性。同时，能源行业的另一个经济特征是各业务领域具有紧密的垂直关系。以电力行业为例，发电、输电、配电和电力销售业务共同组成一个电力行业供应链，从发电到电力最终消费，各业务环节缺一不可。这是因为，电力的整个生产供应系统具有特殊性，发电企业（G）把电力卖给电力购买企业（B），并不是把电力由 G 所在地输送到 B 所在地；而是 G 把一定量的电力从一个接口投入总的供电系统，B 从另一个接口取得所购数量的电力。这样，在任何时候，许多发电企业在多个接口向供电系统投入电力，大量的消费者从无数个接口接收电力。电力是按照以阻力最小的物理法则进行输送的，这决定了在整个供电系统中，电力供应与需求要保持连续性平衡，否则就会发生断电现象。因此，根据经济学的"木桶原理"①，为保证电力行业供应链的增值能力和运行效率，必然要求各业务领域协调发展。这要求政府通过宏观规划和具体的监管活动，以促进这种有利于社会经济发展的正外部性，促进电力行业各业务领域之间协调发展，从整体上保证电力供应适应整个国民经济发展的需要。而向

---

① "木桶原理"是指以特定数量的木材制作一只木桶，木桶的容积是由最短的一块木材决定的。意指在整体和局部的关系中，有时局部往往对整体具有决定性作用。

人口稀少的地区提供电力普遍服务则是另一种类型的正外部性，如果没有政府监管，就难以取得这类正外部性。当然，政府监管者在鼓励有关企业产生正外部性的同时，应该让提供这些产品和服务的企业得到成本补偿，并取得正常利润。除正外部性外，电力行业的某些活动也会产生负外部性问题。例如，发电厂如果没有必要的设备，将有害的烟尘散落在居民区和农作物上，也会引起负外部性问题。为了控制这些负外部性，也需要政府监管，政府监管者通过收取排污费、制定处罚政策等监管手段，以尽可能减少甚至消除能源行业的各种负外部性问题。

政府运用激励性监管政策以解决外部性问题的主要方法是税收和补贴。征收污染税的政策思路最早是由英国经济学家阿瑟·庇古提出的，他在 1920 年出版的《福利经济学》一书中指出，政府应当根据污染所造成的负外部性对排污者征税，用税收来弥补私人成本与社会成本之间的不一致性。因此，征收污染税也被称为"庇古税"，其特点是对排污者征税。其目的是使负外部性问题内部化，通过税收的形式由排污者承担外部成本。广义的庇古税通常也包括"排污收费"，而污染税的标准则取决于特定经济活动所造成的负边际外部成本。如图 2 - 3 所示，当火力发电厂的发电量为 Q_1 时，污染税为 BA；而当发电量为 Q_2 时，污染税则为 CD。政府通过收取污染税，促使火力发电厂把发电量由 Q_1 减至 Q_2，从而使产量限制在价格等于边际社会成本之处，实现资源的有效配置。同理，对于正外部性问题，政府应当给产生正外部性的行为主体一定的补贴，其补贴额取决于特定经济活动所带来的正边际外部成本。

显然，大规模减少火电会造成电力供不应求，影响国民经济的发展，因此，减少因火电造成的负外部性的另一个能源监管政策思路是实行能源替代政策。特别是鼓励开发利用风能、太阳能等排放少、污染程度小的可再生清洁能源。但这些清洁能源开发成本大、上网电价高、稳定性差，这就需要政府在确定发电优先次序、价格补贴等方面制定与实施有效的能源监管政策，以促进这些具有正外部性的新能源行业的快速发展。

第三节　能源监管的公共性与公益性理论

一　公共产品的基本理论

从公共产品理论的角度看，在现实经济中存在私人产品和公共产品两类产品，其中，大量的私人产品在消费或使用过程中具有两个基本特征：一是竞争性，即如果某人消费了某一产品，则其他人就不能再消费这一产品；二是排他性，即只有对产品支付价格的人才能消费产品。而公共产品的基本特征是具有"非竞争性"与"非排他性"。非竞争性是指如果一个产品在给定的生产水平下，向一个额外消费者提供产品的边际成本几乎为零；而非排他性是指人们不能被排除在消费一种产品之外，或者说，很难或者不可能对人们使用这种产品收费，因为这种产品能够在不直接付钱的情况下被享用。也就是说，一个人对一种公共产品的消费并不减少或排斥他人对这一公共产品的消费。灯塔的服务是公共产品的一个经典例子。塔顶的灯亮了，很多船只都可以一起用灯塔的"普照之光"而得益。当一条船利用灯塔的时候，不会影响其他船只去共用同一灯塔。

公共物品按其所具备的特征，又可分为纯公共物品和准公共物品两类。同时具有非竞争性和非排他性的公共物品分为纯公共物品，只具备其中一个基本特征的公共物品为准公共物品。纯公共物品包括国防、外交、法律、法规等。准公共物品又可分为两类：一类是与规模经济相联系的产品，如电力供应系统、天然气供气系统、铁路运输系统、电话通信系统、供水排水系统、道路照明系统等，这类公共产品多属社会基础设施；另一类是"优效产品"，主要是指那些不论人们的收入水平如何，一般都应该消费或强制性消费的公共产品，如社会卫生保健、中小学教育、传染病免疫措施等必要的社会安全保障条件。

能源行业中的公共产品主要是指准公共产品中与规模经济相联系、属于社会基础设施的那部分公共产品。显然，这类公共产品具有"拥挤性"的特点，即在公共产品消费中，当消费者的数量从零增加到某一个可能是相当大的正数时，便达到"拥挤点"，面临超负荷状态。但在达到拥挤点之前，每增加一个消费者的边际成本很小，但随着消费者数量不断增加，超过这个"拥挤点"以后，新增加的消费者的边际成本开始上升，当最后趋向于容量的绝对限制时，增加额外消费者的边际成本就非常大，而且将会减少原有消费者的效用。

二　能源行业的公共性和公益性

根据公共产品理论，能源行业提供的能源产品具有准公共产品性质，准公共产品是介于纯公共产品和纯私人产品之间的产品，不同时具备非竞争性和非排他性这两个特征，表现为供给上具有公共性质，消费上具有私人性质。因此，提供能源服务的企业可称为能源行业的公用企业，有别于一般的竞争性企业。公用企业的显著特征之一是其提供的产品具有公共性，是社会全体成员所必需的生产或生活资料，是社会经济发展的基础和前提。

同时，政府为了维护全体社会成员的公共利益，必须保证能源产品的普遍供给，这就是能源行业的普遍服务，其主要对象是农村和边远落后地区，这些地区人口居住分散、地理环境恶劣、经济发展水平低，消费水平低，提供普遍服务的成本很高；同时，一些残疾人、孤儿老人等弱势群体和低收入消费者也是能源行业普遍服务的主要对象。由于不同地区、不同消费群体的收入水平差异大，不同消费者的支付能力也存在很大差别，而能源行业提供的产品在现代社会已是生活必需品，这决定了能源行业不能以营利为目标提供普遍服务；恰恰相反，对某些地区和群体通常以低于成本的价格提供普遍服务。因此，能源行业的普遍服务就像教育、卫生、群众性体育一样，不能基于成本向消费者收费，是一种准公共产品，具有明显的公益性质。

三　基于能源行业公共性和公益性的政府监管需求

能源行业的公共性意味着能源行业涉及面广，是社会经济发展的基础条件。同时，能源作为一种上游基础产品，其价格会影响中间产品价格进而波及下游产品的价格，对中下游产品价格产生明显的传导作用，能源价格高低直接关系到中下游产品的成本和价格。这些都要求政府对能源行业的进入、价格、服务质量、标准和安全等方面实行有效监管。例如，通过放松进入监管，发挥竞争机制的作用，促进企业提高效率，保证能源企业的数量、生产经营规模和整个国民经济的需求相适应；通过制定与实施激励性价格监管政策，促使能源企业努力提高效率，降低成本，并将一部分效率增长之利让渡给消费者享受。

由能源行业普遍服务的公益性所决定，这是一个市场失灵的领域，仅仅依靠市场机制不能解决能源的普遍服务问题。这就需要政府运用"看得见的手"，通过制定强制性的监管政策，促使垄断行业承担普遍服务义务。对此，《中华人民共和国电力法》（1995 年颁布、2015 年修订）第八条也规定，国家帮助和扶持少数民族地区、边远地区和贫困地区发展电力事业。针对农村电力建设和农业用电，第四十七条规定，国家对农村电气化实行优惠政策，对少数民族地区、边远地区和贫困地区的农村电力建设给予重点扶持。国家的支持可体现在财政、信贷等方面，其中一个重要的内容就是国家运用强制性的监管政策，要求电力企业承担电力普遍服务义务。

能源行业的公共性和公益性决定了能源行业不应成为一个高利润行业，更要防止成为暴利行业。还要求政府对能源行业实行价格监管时，要以维护消费者利益为首要价格监管目标，不能对能源企业实行固定回报，促进企业只有不断地提高效率，才能取得较多的利润。从而使能源价格维持在较低水平，以降低国民经济中其他行业的生产经营成本，提高企业产品在国内外市场上的竞争力，同时，降低社会公众的生活成本，提高其生活水平。

第四节　能源监管的信息不对称理论

一　信息不对称的基本理论

传统的经济学理论把完全竞争模型作为理想模型，因为只有在这种模型下才能实现帕累托最优，达到最高经济效率。而完全竞争模型的一个基本假设条件是：在完全竞争市场上，生产者和消费者都拥有充分信息，所有与产品有关的信息都是完全公开的，生产者和消费者可据此制定理性决策。但在现实世界中，完全竞争模型的这种基本假设条件往往难以得到满足，大量存在的是市场交易者之间的信息不对称现象。这就刺激许多经济学家对信息不对称理论的研究，并取得了相当的研究成果，其中，美国哥伦比亚大学威廉姆·维克瑞（William Vickery）和英国剑桥大学的詹姆斯·莫里斯（James A. Molees）两位经济学家分别在20 世纪六七十年代揭示了信息不对称对交易所带来的影响，并提出了相应的对策，为表彰他们对信息不对称理论所做出的开拓性贡献，他们获得了 1996 年的诺贝尔经济学奖。从而进一步推动了人们对信息不对称理论及其应用的研究。

信息不对称的基本特征是：有关交易的信息在交易者之间的分布是不对称的，即一方比另一方占有较多的相关信息，处于信息优势地位，而另一方则处于信息劣势地位。这种信息不对称问题是普遍存在的，例如，在产品市场上，市场交易者由生产者、销售商和消费者组成。其中，生产者一般只生产少数几种产品，经过产品生产的整个过程，充分掌握自己产品的质量、性能和成本状况等方面的信息，因此，生产者与销售商、消费者相比，显然处于信息优势地位。对于销售商来说，虽然他们没有像生产者那样占有充分的信息，但他们经过多年的销售活动，对自己所经营产品的各种品牌、质量、可操作性等方面的信息也相当了解，形成了对消费者的信息优势。在同类产品的市场需求方面，销售商甚至比生产者掌握更多的信息。这样，对产品有关信息了解最少的是消费者，他们完全处于信息劣势地位。因此，消费者常常成为被欺骗的对象。在保险市场上，则存在另一种类型的信息不对称问题，其中多数信息不对称产生于保险（如汽车保险）的买主与卖主之间对所投保的不确定事件（如汽车被盗）所拥有的信息差异上。由于保险的购买者直接面对这些不确定事件，因此，他们通常在了解这些事件会发生的真实概率方面处于信息优势地位，并且通常还可以采取能够影响事件发生概率的行动（如加强或放松防盗措施）。劳动力市场与产品市场一样，也存在信息不对称问题，雇员十分清楚地知道自己拥有多少技能和敬业精神等，但雇主只能凭雇员的学历、外表和工作简历等对雇员进行评价，即雇员比雇主掌握更多的信息。此外，在医生和病人之间更是存在严重的信息不对称问题，医生清楚地知道给病人所开药方中药品的功效，而多数病人对此几乎毫不了解，因此，少数缺德的医生为了得到药品生产经营企业的好处而存在乱开药方的倾向，把一些对病情无关紧要的药品介绍给病人。目前在中国，在诸如电信、电力、煤气和自来水供应等具有自然垄断性质的服务供应市场上，企业与消费者之间在价格信息方面的不对称问题已成为社会关注的热点问题，企业完全了解其成本及其成本结构信息，而消费者则在缺乏选择对象的情况下，很难得到有关价格的真实信息。

由此可见，信息不对称问题是广泛而普遍存在的。事实上，凡是存在市场交易的地方，都不同程度地存在信息不对称问题。那么，为什么会存在信息不对称问题？其基本原因主要包括以下三个方面：

（一）社会分工和劳动分工造成不同市场交易者所拥有的知识的不对称性

社会分工使每一个企业（事业）专门从事某一项特定的业务活动，特定企业较全面地掌握自身业务范围的知识，而对其他业务领域的知识缺乏了解。如机械产业的企业一般不了解化工产业的知识，家电产业的企业通常不掌握电力产业的知识，等等。这就是所谓的"隔行如隔山"。进一步地，在家电产业内部，多数电视机生产企业往往对空调的知识缺乏了解。即使在同一电视机产业内，电视机生产企业和电视机销售企业的知识结构也存在较大差异，如电视机生产企业较多地掌握有关电视机生产、技术和原材料等方面的知识，而电视机销售企业则较多地掌握有关电视机市场需求和销售方面的知识。随着社会专业分工的发展，不同企业组织在知识结构上的差异存在越来越大的趋势。同时，随着劳动分工的发展，专业化劳动使劳动者个体之间的知识结构差异性也进一步扩大。因此，由于企业和个人知识范围的局限性，他们作为市场交易者总体，相互间必然产生信息不对称问题，表现为在多数市场上，特定产品的生产者或卖方总是拥有比消费者或买方更多的信息。

（二）信息的搜寻成本

从理论上说，处于信息劣势方的市场交易者可以通过搜寻大量的交易信息，以取得比较完全甚至完全的信息。但在现实中，搜寻信息是需要成本的，例如，作为一种普遍现象，消费者准备购买某一特定品牌的产品后，往往要到几家商店对同种品牌的产品售价进行比较，消费者在搜寻这种价格信息过程中，必然要花费一定的时间、精力和交通费用等。这些都构成消费者的搜寻成本。对于绝大多数消费者来说，他们往往只走访了少数几家商店后就做出购买决策，而不是走访了所在区域的所有商店，发现了"全城最低价"后才购买。这是因为，消费者搜寻信息越努力，他们所发生的搜寻成本就越大，因此，消费者就要权衡搜寻成本和搜寻收益，只有当搜寻收益大于搜寻成本时，才会刺激消费者去继续搜寻有关信息。从相反的角度看，当消费者认为搜寻成本大于搜寻收益时，就会停止搜寻有关信息，从而在信息不充分（甚至很不充分）的情况下就采取购买行为。这就必然在市场交易者之间存在信息不对称问题。

（三）拥有信息优势的交易者对信息的垄断

在市场交易活动中，交易双方是根据自己所掌握的信息做出决策的，而决策的正确性在相当程度上取决于所掌握的信息数量与质量。因此，拥有信息优势的交易者为了在交易活动中取得主动权，往往会产生垄断某些真实信息的动机，有的交易者甚至会发出一些虚假信息，误导交易对方，以实现自身利益最大化。如少数不法企业以次充好，欺骗消费者；收受回扣的医生向病人乱开药方，推销低劣无效药品等都是属于这种情况。因此，在拥有信息优势的交易者对真实信息实行垄断的情况下，即使其他交易者愿意花费很大的信息搜寻成本，也难以获得比较充分的信息。事实上，在现实经济中，信息优势方对信息的垄断是产生信息不对称问题的一个重要原因。

二　能源行业的信息不对称问题

根据信息不对称理论，能源行业也存在严重的信息不对称问题。以电力行业为例，从发电、输电、配电和售电给电力用户的整个电力供应链中，存在着错综复杂的交易关系，各个交易者之间所掌握的信息是不对称的。其中，广大电力消费者（特别是居民消费者）所掌握的信息最少，他们是电力信息的劣势方；由于同类发电企业（特别是火电企业）较多，这些发电企业通过竞争机制在一定程度上披露了发电有关的成本信息，但中国目前发电领域在总体上还属于五大国有发电企业为主导的寡头垄断格局，竞争并不充分，这些主导性发电企业拥有发电领域的信息优势。在输配电业务领域，目前是由国家电网公司和南方电网公司构成的双寡头垄断市场结构，这两家输配电垄断了输配电相关的电网建设、运行、维护、利用率等方面真实信息，进而在相当程度上垄断了输配电成本信息。因此，输配电企业基本垄断了输配电信息。而在整个电力供应链中，输配电领域是不可逾越的核心环节。因此，输配电企业在与上下游发电企业和电力用户交易中拥有绝对的信息优势。

由电力行业可推断信息不对称的一般规律是：同类交易者数量越少，这些交易者就越拥有信息优势（如中国目前输配电领域的国家电网公司和南方电网公司）；而同类交易者数量越多，这些交易者就越处于信息劣势地位（如数以亿计的广大电力消费者）；数量较多的发电企业则处于中间状态，它们虽然在与输配电企业（特别是输电企业）交易中处于劣势地位，但比电力用户拥有更多的信息，在实行"直供电"模式下，发电企业（特别是大型发电企业）仍然是信息优势方。

电力行业的这种信息不对称分布规律同样适用于石油、天然气等其他能源行业。目前，中国的石油、天然气行业是由实行垂直一体化的中石油、中石化和中海油三大国有油气企业垄断经营的，它们不仅垄断经营自然垄断性的管道网络业务，还在上下游的油气勘探与开采、炼化、储存和销售等业务领域拥有行政垄断地位。因此，这三家垄断性的油气企业在和其他市场主体之间存在严重的信息不对称问题，它们是油气行业的信息垄断者。

三　基于能源行业信息不对称的政府监管需求

在能源行业，政府监管者面临并必须处理两类垄断：能源产品的垄断与能源信息的垄断。大多数经济分析集中于能源产品的垄断，但对政府监管而言，能源信息的垄断更为重要。事实上，能源行业的不完全信息引起了严重的激励机制问题，它大大增加了政府对能源行业监管的难度。这是因为，如果能源监管者像被监管的能源企业那样清楚地了解能源行业状况和企业本身的行为，监管者又有足够的权力，就只需根据掌握的信息，按照社会最优目标，指令能源企业执行政府所制订的计划。如果真是这样，一个更好的选择是：政府仅仅委托监管者直接经营能源企业，无须由能源企业掌握生产经营决策权，但在现实经济中，能源企业远远比能源监管者掌握着更多的信息，特别是在重大能源项目投资和能源成本方面存在严重的信息不对称问题，能源监管者难以观察更难以推断企业的许多行为。一些垄断能源信息的企业完全有可能利用其信息优势获取不合理的利益而损害处于信息劣势的中小能源企业的利益，特别是广大电力消费者的利益。这就由能源行业信息不对称而产生了政府监管需求。

由能源行业信息不对称的分布规律可见，减少能源行业信息不对称的基本途径是打破垄断，尽可能运用竞争机制。能源企业之间的有效竞争不仅促使企业努力降低成本，提高效率，更为重要的是，竞争能产生一种信息披露机制，通过竞争将相关企业的内部信息转变成为综合性的市场信息。中国的发电领域已在一定程度上为此提供了实证，上网电价由 20 世纪 80 年代的"一厂一价"改革为一定范围内的"标杆电价"，这种"标杆电价"的形成正是竞争的结果。但发电领域不可能成为完全竞争市场，这是因为，发电企业具有较为显著的规模经济性，而且发电企业的规模和实力不是均匀分布的，即使是随着电力体制改革的深化，完全实行"竞价上网"机制，一些较大规模的发电企业完全有可能通过扭曲真实信息，以隐瞒、虚报短期的发电能力等方式来操纵上网电价，而且也存在若干家发电企业合谋的可能性。这就需要政府采取反垄断监管，也就是从事前的固定价格监管转变为事后的反垄断监管，政府对能源行业监管的需求依然存在。

由能源行业信息不对称的分布规律还可推断，输配电、石油和天然气管网等自然垄断领域是信息不对称最为严重的领域，由于这些领域的经营企业凭借其垄断地位，不仅垄断经营产品，而且垄断了相关信息。因此，这是政府对能源行业实行监管的重点领域，需要政府通过制定与实施价格监管、质量监管、网络公平开放等方面的监管政策，以防这些垄断企业利用其信息优势，损害上下游竞争企业的利益而获取不合理收益。在实行垂直一体化垄断经营的石油、天然气行业，还要对垄断企业实行反竞争的交叉补贴战略实行监管。

第五节　能源监管的激励性理论

本章前面四节分别从能源行业的自然垄断性、外部性、公共性与公益性和信息不对称角度，讨论了能源行业的政府监管需求。针对这些客观存在的监管需求，传统的能源监管方式通常采用以投资回报率为主的成本加成定价法，而在能源项目审批与实施、地区性能源企业绩效评价中缺乏竞争机制。因此，难以刺激企业努力降低成本，提高生产效率。本节的任务是讨论适应市场经济体制，有别于传统监管的最高限价监管理论、特许投标竞争监管理论和区域间比较竞争监管理论三种激励性能源监管理论。

一　最高限价监管理论

（一）传统投资回报率价格监管的局限性

投资回报率价格监管是包括美国在内的许多国家对公用事业所实行的传统价格监管方式，其基本价格监管模型为：

$$R(p. q) = C + S(RB) \qquad (2-4)$$

式中，R 为企业收入函数，它决定于产品价格（p）和数量（q）；C 为成本费用（如燃料成本、工资、税收和折旧等）；S 为政府规定的投资回报率；RB 为投资回报率基数，即企业的资本投资总额。

从式（2-4）的右边可见，监管者需要审核能源企业的成本费用（C），合理确定投资回报率水平（S），使企业能取得正常的投资回报；同时，要求合理确定投资回报率基数（RB），这需要确定资本投资的范围和计量方法，它直接关系到企业在一定的 S 值下的利润总额。可见，运用投资回报率价格监管，监管者必然面临很多挑战。

在监管实践中，最大的问题是有关企业会通过投资决策影响和企业定价与利润直接相关的资本基数，并会扭曲经济效率。对此，阿弗契（Averch）和约翰逊（Johnson）在其著名论文《在管制约束下的企业行为》中对这一问题提供了一个较好的答案。[①] 他们的研究表明，在投资回报率监管下，企业会产生一种尽可能扩大资本基数的刺激，以在规定的投资回报率下，能获得较多的绝对利润。这样，为提供特定产品，企业往往会运用过多的资本投资以替代其他投入品。其结果造成生产低效率。这被后来的研究者称为 A—J 效应。

A—J 模型假定一个生产单一产品的垄断企业运用劳动力和资本这两种投入品。企业利润等于企业收入减去投入品（劳动力和资本）成本。对企业来说，关键是要选择一定数量的投入品以实现利润最大化。用数学模型表示，就是使式（2-5）最大化：

$$II = R(K, L) - wL - rK \qquad (2-5)$$

其约束条件是：$\dfrac{R(K, L) - wL}{K} \leqslant S \qquad (2-6)$

在上面两式中，II 为利润；R 为收入函数；K 为资本数量；L 为劳动力数量；w 为劳动力价格；r 为资本价格；S 为政府规定的投资回报率。

在投资回报率约束条件，即等式（2-6）中，分子为总收入减去劳动力成本，然后除以资本数量，也就是说，投资回报率是以资本为基

---

① Averch, H. and L. Johnson, "Behavior of the Firm under Regulatory Constraint", *American Economic Review*, 1962（52），pp. 1052 – 1069.

数的。

在 A—J 模型中，一个关键的假设是 S > r，这是因为，如果 S < r 是一种长期状况，企业将会停止生产；如果 S = r，由于企业无论如何选择投入品，其利润总是等于零，企业就不会关心资本和劳动力各自的投入数量。

设使利润函数 [式 (2-5)] 最大化的目标函数为 H，运用拉格朗日乘数方法可得下式：

$$H = R(K, L) - wL - rK - \lambda[R(L, K) - wL - SK] \qquad (2-7)$$

设 MR_L 为边际劳动力收益 $\frac{\partial R}{\partial L}$，$MR_K$ 为边际资本收益 $\frac{\partial R}{\partial K}$，分别对 L 和 K 求偏导数，从式 (2-7) 可得：

$$(1-\lambda)MR_L - (1-\lambda)w = 0 \qquad (2-8)$$

$$(1-\lambda)MR_K - (1-\lambda)r - \lambda(r-S) = 0 \qquad (2-9)$$

即：

$$MR_L = w \qquad (2-10)$$

$$MR_k = r - \frac{\lambda(S-r)}{1-\lambda} \qquad (2-11)$$

式 (2-11) 除以式 (2-10)，则有：

$$\frac{MR_K}{MR_L} = \frac{r}{w} - \frac{\lambda}{1-\lambda} \times \frac{S-r}{w} \qquad (2-12)$$

令 $\alpha = \frac{\lambda(S-r)}{1-\lambda}$ （$\alpha > 0$），则有：

$$\frac{MR_K}{MR_L} = \frac{r-\alpha}{w} \qquad (2-13)$$

在上面推理公式中，拉格朗日系数的取值范围为：$0 < \lambda < 1$，其经济含义是用来度量在允许利润率下单位投资增长而引起企业利润的增长。我们可用图 2-4 来解释上面的推理结果：

在图 2-4 中，无差异曲线 $Q = Q^*$ 表示被监管企业所选择的产出水平 Q^*，横轴和纵轴分别为生产 Q^* 所需的资本和劳动力数量。生产理论要求企业以最小的成本生产数量为 Q^* 的产品，这要求反映两种边际产品比率的产量无差异曲线的斜率与投入品价格的比率相等。等式 (2-13) 意味着，只有当 $\alpha = 0$ 时，才能满足这一要求。但是，由于 $\alpha > 0$，因此，在企业看来，似乎资本成本仅仅是 $r-\alpha$，比现实的资本成本（r）更为便宜。

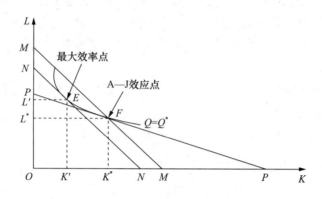

图 2 - 4 A—J 效应和最小生产成本

在图 2 - 4 中，假设 MM 和 NN 的斜率等于 r/w，PP 的斜率等于 $(r-\alpha)/w$，则使生产 Q^* 单位产品成本最小的最大效率点是 E，因为 E 处 NN 的斜率正好等于产量无差异曲线切线的斜率；可是，为了取得更多的绝对利润，被监管企业将会选择 F 点，在这个位置上，PP 的斜率［或者$(r-\alpha)/w$］与产量无差异曲线切线的斜率相等。这一结果表明，与最大效率点的资本投入量（K'）和劳动力投入量（L'）相比较，被监管企业使用过多的资本（K^*）和过少的劳动力（L^*）。这样，A—J 效应就导致了生产的低效率。

由上述 A—J 效应可见，在传统的投资回报率监管方法下，由于定价的基础是所用资本，这样，企业必然会产生多用资本，少用其他投资要素的刺激。进一步说，企业甚至会进行浪费性投资，也可能会通过虚报投资额等方式以扩大资本基数。要从根本上消除这些低效率问题，政府就应该调整原来的投资回报率监管方法，采用激励性监管方法。

（二）最高限价监管理论

实行投资回报率价格监管的一个理论依据是，电力等自然垄断行业需要足够的投资，用投资回报率价格监管模型有利于鼓励企业投资。但这种模型存在明显的缺陷：一是企业在一定时期内按照固定的投资回报率定价，几乎不存在政府监管对提高效率的刺激机制；二是由于投资回报率的基数是企业所用的资本，这就会刺激企业通过增加资本投入而取

得更多的利润，所以，这种价格监管模型会产生 A—J 效应，企业过度
投资会增加生产成本，降低生产效率；三是从投资回报率价格监管模型
看，监管双方不仅要就投资回报率的水平（S）问题做反复的讨价还
价，而且，监管者还要为正确计量投资回报率的基数（RB）大伤脑筋。
一些经济学家还认为，如果垄断企业有若干家纵向一体化的分公司，企
业将会采取内部价格转移的战略行为①，这就要求监管者审核生产最终
产品（或服务）的投入品价格是否高于市场价格，以保证合理的成本
费用水平（C）。

为避免投资回报率价格监管模型的上述不足，英国在 20 世纪 80 年
代初的监管体制改革中，为了找到一个能科学地控制垄断企业价格的办
法，委托当时在伯明翰大学的斯蒂芬·李特查尔德（Stephen Littlechild）
教授设计了一个价格监管模型。他认为，竞争是反对垄断、保护消费者
利益的最好手段，而控制价格本身不是一种理想的办法，因为不断降低
价格会抑制竞争者进入市场。因此，价格监管的主要目标应该是把价格
和利润保持在一个既不失公平又对企业有提高效率刺激的水平上。最
后，他设计了一个把监管价格和零售价格指数与生产效率挂钩的最高限
价监管模型。

英国的最高限价监管采取 RPI - X 模型，RPI 表示零售价格指数
（Retail Price Index），即通货膨胀率，X 是由监管者确定的、在一定时
期内生产效率增长的百分比。例如，如果某年通货膨胀率是 5%（RPI
=5%），X 固定为 3%（X=3%），那么，企业提价的最高幅度是 2%。
这个简单的价格监管模型意味着，企业在任何一年中制定的名义价格
（Nominal Price）取决于 RPI 和 X 的相对值。如果 RPI - X 是一个负数，
则企业必须降价，其幅度是 RPI - X 的绝对值。这样，如某企业本期的
价格为 P_t，则下期的监管价格（P_{t+1}）为：

$$P_{t+1} = P_t(1 + RPI - X) \qquad (2-14)$$

英国的最高限价监管模型的基本优点是：在一定时期内固定价格的
上涨幅度，能够刺激企业只有通过降低成本才能取得较多的利润。因

① Vickers, J. and Yarrow, G., "*Privatisation and the Natural Monopolies*", Public Policy Centre, 1985, p. 24; Kolbe, A. L. and Read, J. A., *The Cost of Capital: Estimating the Rate of Return for Public Utilities*, Cambridge: MIT Press, 1984; Breyer, S. G., *Regulation and Its Reform*, Cambridge: Harvard University Press, 1982, p. 49.

此，它能使企业获得因效率增长之利。同时，价格监管限制了企业的利润率，这促使企业对生产要素实行优化组合，但不至于出现在投资回报率价格监管下存在过度资本密集化的现象，能有效防治 A—J 效应，促使企业主动优化投入要素组合，以取得更多的投资利润。此外，从以下几个方面看，英国的价格监管模型也相当简便：（1）它不需要详细评估企业的固定资产、生产能力、技术革新、销售额等变化情况。（2）它不需要每年，而是 3—5 年作为价格调整周期。这种中期的价格调整周期具有合理性：如果调整周期太长，企业的价格就会受许多不确定因素的影响；反之，若调整周期太短，就显得价格监管太乱，使企业缺乏对政府监管的可信性。（3）它不直接控制企业利润。企业在给定的最高限价下，有利润最大化的自由，企业可以通过优化生产要素组合、技术创新等手段降低成本，取得更多的利润。

因此，从理论上分析，投资回报率价格监管模型与最高限价监管模型具有根本性的差别，表现为：从利润水平监管到价格水平监管的转换，将会产生风险与利益在企业和消费者之间的转移，在投资回报率价格监管下，消费者是提高成本引起的风险与降低成本带来的利益的承受者；而在最高限价监管下，这种风险与利益都由企业来承担和享受。[①]也就是说，在投资回报率价格监管下，消费者只能通过企业降低成本才能获得利益，但企业却没有降低成本的动力，因为企业只有通过提高投资回报率水平或扩大投资基数才能取得更多的利润；而在价格水平监管下，由于企业受到最高限价的制约，它们只有通过降低成本才能取得较多的利润。因此，相比较而言，最高限价监管模型会对企业产生提高生产效率的更大刺激。

（三）最高限价监管理论在中国能源行业的应用问题

由上分析可见，最高限价监管模型具有较好的性能，但我们认为，中国在能源价格监管中不能照搬这种模型，其主要原因是：（1）最高限价监管模型实质上只是规定监管价格的上升（或下降）率，它是以有一个合理的基价为前提的，而基价的决定必然要以成本为基础。目前，中国的能源价格，特别是输配电价格正处于改革探索期，还没有形

---

① Hillman, J. J. and Braeutigam, R., *Price Level Regulation for Diversified Pubilc Utilities*, Amsterdam: Kluwer, 1989, p. 37.

成合理的基价，这就决定了中国在能源价格监管时不能回避成本问题。（2）在近期内，中国在推进供给侧结构性改革、降成本等多种改革举措下，许多产品价格处于调整阶段，价格变动幅度较大，而且不稳定。同时，某些非价格因素会引起价格指数的变化，但不会导致能源企业成本的相应变化，这会使能源企业利润并不完全取决于企业的生产效率。（3）虽然传统投资回报率价格监管会产生低效率的 A—J 效应，但最高限价监管模型会抑制企业投资，特别是越接近价格调整期，企业的投资动力就越小，甚至会停止投资，从而影响正常投资的连续性。这对需要加快管网建设的油气行业来说更不适用。（4）能源价格变动既受消费价格的影响，又受生产价格的影响，而最高限价监管模型只考虑零售价格变动因素，对生产价格缺乏动态考虑。因此，我们在借鉴和运用最高限价监管理论时，应充分考虑这些因素，以建立符合中国能源行业特点的监管价格理论，并应用于能源价格监管实践中，以提高中国能源行业的资源配置效率和能源企业的生产效率。

　　在中国现行的能源行业价格监管实践中，由于在电力行业的输配电领域和油气行业的主要业务领域，在特定地域范围内还是实行"独家垄断经营"或"寡头垄断经营"，因此，难以形成社会平均成本，主要是以少数企业的个别成本作为定价依据的，这样，企业成本越大，价格就越高，具有类似于"实报实销"的性质，这种价格形成机制，对企业缺乏努力提高生产效率、不断降低成本的刺激。由于政府监管者与企业之间对成本信息存在严重的不对称性，政府只能在相当程度上默认企业发生的实际成本，导致能源产品（或服务）价格居高不下，降成本的效果很有限。事实上，如何控制成本一直是政府在价格监管实践中的难题。针对这一突出问题，中国在制定能源价格监管政策时，虽然在近期内不能像英国的最高限价监管那样不考虑成本因素，但应重视成本约束原则，并运用激励性监管方式，促使能源企业自觉降低成本，提高生产效率。同时，鉴于中国输配电网建设已达到较高水平，特别是输电网利用率还有较大空间的现实条件下，应运用科学的成本价格形成机制，有效地控制输配电建设的规模，以防治垄断企业通过大规模投资输电网、油气管网来增加"有效资产"，从而增加能源输送成本，产生低效率的 A—J 效应。可见，中国能源行业价格监管实践中存在的现实问题，迫切要求采用激励性的能源价格监管模型和相应的能源价格监管政策。①

二　特许投标竞争监管理论

不少经济学家认为，竞争与政府监管是相互排斥的，在竞争市场上不需要政府监管，而在被监管领域则不可能存在高效率竞争。这种观点似乎过于极端，下面讨论的特许投标竞争理论和区域间比较竞争理论就是竞争与监管相兼容的激励性监管理论。

（一）特许投标竞争理论的特点

如果某个行业的一些业务领域具有自然垄断性，成本效率要求只存在一个或极少几个生产经营企业。但在无监管的环境下，垄断企业就会制定垄断价格，消费者福利就会蒙受损失。同时，潜在竞争者观察到这家企业能获得超额利润，就会进入与之竞争，其结果使价格下降，但在一定的规模经济下，过多的企业进入就会提高行业的生产成本。可见，在不存在监管的情况下，只存在一个或极少几个垄断者的通常结果是价格定得太高和（或者）诱使过多的企业进入，牺牲成本效率。这就为政府对自然垄断行业或业务领域进行监管提供了合理性。为了保证行业内只存在能使成本效率最高的企业数量，政府就要设置行业的进入壁垒。可是，没有新竞争者进入行业的威胁，垄断者就要制定垄断价格。因此，在自然垄断行业中，怎样既保持单一企业生产的成本效率又避免企业的垄断行为，这就构成政府监管者的两难选择。

针对上述问题，美国经济学家德姆塞茨（Demsetz）曾发表《为什么管制基础设施产业》的重要论文，提出了特许投标理论②，这一理论强调在政府监管中引进竞争机制，通过拍卖的形式，让多家企业竞争在某行业或业务领域中的独家经营权（特许经营权），在一定的质量要求下，由提供最低报价的那家企业取得特许经营权。因此，可以把特许经营权看作对愿意以最低价格提供产品或服务的企业的一种奖励。采用这种方式，如果在投标阶段有比较充分的竞争，那么，价格可望达到平均成本水平，获得特许经营权的企业也只能得到正常利润。

① 对此，有兴趣的读者可见本书第七章第二节关于激励性价格模型与价格监管政策的详细讨论。

② Harold Demsetz, "Why Regulate Utilities?", *Journal of Law and Economics* 11, 1968, pp. 55 – 65.

（二）特许投标竞争理论的实践问题

特许投标竞争似乎是一种很有吸引力的方法，它不仅通过投标者的竞争提高了效率，而且减轻了监管者的负担。企业对垄断经营权的竞争消除了传统政府监管所难以解决的企业对信息的垄断，是竞争决定价格而不是监管者决定价格。但特许投标竞争理论在实践中会遇到竞争不足、资产转让、特许合同的款项与管理三个关键问题。

1. 特许投标中的竞争不足问题

造成这一问题的原因主要有三个方面：一是信息不充分，投标者难以掌握足够的信息以理性地制定投资决策；二是存在投标者串通合谋的可能性，特别是当投标者数量很少时，这种可能性就更大；三是某家企业在竞争特许经营权中拥有战略性优势，其他企业就不愿与它竞争。例如，企业 A 现在拥有特许经营权，但需要重新投标竞争，如果企业 A 从它过去的经营活动中获得的经验对它减少经营成本有相当大的影响，那么，企业 A 比其他企业更有可能获得新一轮的特许经营权。这种情况会阻碍其他企业与该企业竞争未来的特许权，因为它们知道难以在竞争中取胜。当前拥有特许经营权的企业的另一个优势来自信息不对称。如果企业 A 当前拥有特许经营权，那么，企业 A 比其他企业掌握更多的有关成本和需求的信息，这也会阻碍其他企业与企业 A 争夺未来的特许经营权。

2. 特许投标后资产转让问题

我们假定企业 A 到目前为止拥有特许经营权，企业 B 刚刚在竞争中战胜企业 A 而取得了下一时期的特许经营权，那么，怎样处理企业 A 的资产呢？除非沉淀成本等于零（这是一种极端的、几乎不可能的情况），经济效率要求获得特许经营权的企业 B 从企业 A 那里接收这些资产。否则，就会造成资产的无效重复设置。但为此如何评估这些资产？这里就存在一个双边垄断的问题。如果企业 A 没有其他选择，它就只能接受数额极小的资产报废价值；相反，如果企业 B 没有选择余地，它就只能支付高达资产的更新价值。因此，如果资产包含沉淀成本，资产的更新价值和报废价值之间的差额就相当大，达成合适的资产转让价格所产生的讨价还价和仲裁费用也将是一笔不小的数目。可见，在资产评估和转让中会出现许多问题。因此，有人认为，最好由公共机构负责资产投资，而企业仅仅是竞争纯粹的特许经营权。但这会影响市场力量的作用范围，而且，投资决策和经营决策的分离必然会影响两者的协调性。

3. 特许经营合同的款项与管理问题

如果特许经营合同是有关一种质量、品种、需求、生产技术等十分明确的产品和服务，那么，合同双方签订合同就相对简单，也不存在管理上的困难。但如果存在与产品有关的技术与市场的不稳定性，那么，确定特许经营合同的具体款项就是一项十分复杂的工作，而且在合同执行过程中需要较为严格的监管。事实上，特许投标还暗含了一系列并不是写在纸上的监管合同，通俗地说，需要监管者通过一系列监督管理活动不断地与被监管者取得协调。

综上所述，在一个理想的环境下，特许投标竞争似乎是一种比直接监管更好的办法，它能以较低的成本取得同样的结果，但需要处理好在实践中的三个关键问题。因此，特许投标竞争是一种值得重视的直接监管的替代方法，并在某些领域具有相当的应用潜力。

（三）特许投标竞争理论在中国能源行业的应用

在新中国成立后的很长一个时期内，中国的电力行业一直处于紧张运行状态，电力短缺成为制约国民经济发展的主要因素。特别是在中国实行改革开放政策后的 20 世纪 80 年代，电力严重短缺问题空前突出。显然，单靠中央政府财政拨款建设电厂、发展电力产业远远不能满足社会对电力的加速需求。因此，需要放松进入监管，动员社会力量集资办电，其政策效应是出现了电力投资主体多元化、融资渠道多源化、投资方式多样化的局面。[①] 同时，在电力投资项目的前期工作、施工、工程监理、技术引进、物资供应、设备制造等方面，逐步引入了竞争机制，实行招投标，大幅度降低了电厂工程造价，从而为降低上网电价提供了基础。但当时的电力项目建设主要是实行 BT 模式，工程完成后，建设单位就将电厂交付投资主体运行。

在能源行业较早实行特许投标竞争制度，主要起始于进入 21 世纪后一些地方政府推出的垃圾发电项目。根据有关资料[②]，温州市伟明环

---

① 详见王俊豪主笔《中国政府管制体制改革研究》，经济科学出版社 1999 年版，第 204—210 页。

② 参见金通《垃圾焚烧产业：市场结构与价格机制》，经济管理出版社 2008 年版，第 115—116 页。

保工程有限公司采用 BOT 方式投资建成的温州东庄垃圾焚烧发电厂，日处理能力为 385 吨/日，于 2000 年 11 月投产运行，以"民间资本"形式开创了国内垃圾焚烧发电项目由民营企业投资运行的先例，这也是中国最早在垃圾焚烧发电领域实行特许投资竞争制度的能源项目之一。随后，各地又兴建了一批采用 BOT 等方式建设、运营，以民间资本为主要资本来源的垃圾发电特许经营项目。

特别值得重视的是，从 2014 年开始，国务院及其国家发展和改革委员会、财政部以及相关部委出台了大量有关推广政府和社会资本合作（PPP）的政策文件。例如，根据《国务院办公厅转发财政部发展改革委人民银行关于在公共服务领域推广政府和社会资本合作模式指导意见的通知》（国办发〔2015〕42 号）要求，在能源、交通运输等公共服务领域，鼓励采用政府和社会资本合作模式，吸引社会资本参与。在这些领域需要实施特许经营的，要按照《基础设施和公用事业特许经营管理办法》（2015 年颁布）执行。根据经审定的特许经营项目实施方案，政府方应当通过招标、竞争性谈判等竞争方式选择特许经营者，并与依法选定的特许经营者签订特许经营协议。特许经营期限届满终止或者提前终止，对原项目继续采用特许经营方式的，应当根据规定重新选择特许经营者。

国家能源局在现有 PPP 制度框架下，还在 2016 年发布了《关于在能源领域积极推广政府和社会资本合作模式的通知》（国能法改〔2016〕96 号），其中，对能源领域推广 PPP 的适用范围做了专门规定：能源领域推广 PPP 主要适用于政府负有提供责任又适宜市场化运作的公共服务、基础设施类项目。能源领域推广 PPP 的范围包括但不局限于下列项目：（1）电力及新能源类项目：供电或城市配电网建设改造、农村电网改造升级、资产界面清晰的输电项目、充电基础设施建设运营、分布式能源发电项目、微电网建设改造、智能电网项目、储能项目、光伏扶贫项目、水电站项目、热电联产、电能替代项目、核电设备研制与服务领域等。（2）石油和天然气类项目：油气管网主干或支线、城市配气管网和城市储气设施、液化天然气（LNG）接收站、石油和天然气储备设施等。

从推行 PPP 的实践看，据不完全统计，截至 2017 年 9 月底，在国家发展和改革委员会 PPP 项目库的 2125 个项目中，能源 PPP 项目有

201 个；根据财政部 PPP 项目库统计，截至 2017 年 9 月 30 日，在该项目库中的 6778 个 PPP 项目中，能源 PPP 占 112 个。可见，在中国能源行业已有相当数量的 PPP 项目。

由上述中国能源领域推广 PPP 模式的政策导向和政策实践不难预见，在深化能源行业市场化改革过程中，在中国能源行业不断扩大 PPP 模式的应用范围是大势所趋，而且大部分能源 PPP 项目可实行市场化运作，适用特许经营制度。这样，为在中国能源行业有效实施特许经营制度，转变政府职能，充分发挥市场配置资源的决定性作用，提高能源供给效率，客观上需要研究和运用特许投标竞争理论。由此可见，特许投标竞争理论在中国能源行业具有越来越广泛的应用前景。

三　区域间比较竞争监管理论

区域间比较竞争理论是政府监管的一种实用理论，它为政府促进不同地区垄断企业的竞争，刺激经济效率提供了理论依据。

（一）区域间比较竞争理论的特点

在电力、天然气等自然垄断性能源行业中，自然垄断业务领域通常存在寡头垄断市场结构，而向分布广泛的最终消费者提供能源产品的业务领域往往是由地区性企业垄断经营的。政府为了防止这些企业滥用市场垄断力量，保护消费者利益，通常对它们实行以成本为基础的价格监管制度。在这种制度下，企业的成本越大，监管价格也越高，企业缺乏降低成本的刺激；同时，由于企业不仅在本地区范围内垄断了产品，也垄断了经营成本等方面的信息。这就使政府难以按照企业的真实成本制定监管价格，从而影响政府监管效率，而企业则能通过对信息的垄断来获得额外利益。为解决这一政府监管问题，就需要设计一种政府监管理论，以指导政府监管实践。

区域间比较竞争理论就是一种借助政府监管机制、促进不同地区垄断企业间竞争的一种政府监管理论。举一个最简单的例子，假定某一个自然垄断产业（如天然气行业）由南、北两个地区性企业垄断经营，这两个企业分别以 S 和 N 表示，每个企业在各自的地区范围内具有自然垄断性，再假定这两个地区的成本和需求等状况十分类似。虽然政府监管者可能不知道在各个地区的真实成本，但通过下面的监管机制能使 S 和 N 这两个企业相互竞争：在一定时期内，S 能够制定的最高价格水平取决于 N 的实际成本水平。反过来，S 的价格水平也就是 N 被允许制定的价格水平。只要 S 和 N 面临非常类似的外部状况，而且，它们之间不存在任何的合谋行为，这一方法能为提高垄断企业内部（生产）效率和社会分配效率相结合提供可能性，它能避免通常在生产效率和分配效率之间存在的两难选择。因为 S 的价格和 N 的实际成本相联系，从而促使 S 不断降低成本。而 N 的价格水平取决于 S 的价格水平，这同样能促使 N 不断降低成本，以取得更多的利润。因此，这为垄断企业提高生产效率提供了较好的刺激。同时，通过周期性地调整监管价格水平，使行业价格与成本不断趋向一致，这就能提高社会分配效率。作为更一般的现象，如果某个自然垄断行业是由若干家地区性企业垄断经营的，则政府可以通过比较不同地区性企业的经营绩效，以经营效率较高企业的经营成本为基准，并考虑各地区的经营环境差异，在此基础上制定监管价格，促使各地区性企业为降低成本，增加利润而开展间接竞争。

（二）区域间比较竞争理论模型

美国经济学家雪理佛（Shleifer）曾提出一个区域间比较竞争理论模型。[①] 在这个理论模型中，假定有 N 家经营风险基本相同的企业在一定的环境下开展经营活动，每家企业在各自的市场（这 N 个市场是分离的）上面对需求曲线 $Q(P)$。各企业投资 Z 用以降低成本，达到的单位成本水平为 $C(Z)$ [$C(0) = C_0$，即企业未投入 Z 时的单位成本为 C_0]。由于企业投资 Z 形成固定成本，因此，随着企业产量的增加，平均成本曲线和边际成本曲线都是递减的，而且，边际成本曲线位于平均成本曲线的下方。这样，如果政府监管者以社会福利最大化为目标，要求按边际成本决定监管价格，这就会引起企业亏损，因此，政府给企业 T 数额的一次性财政补贴，则企业在一定时期内获得的利润 π 由下列等式决定：

$$\pi = [P - C(Z)]Q(P) - Z + T \qquad (2-15)$$

如果社会经济福利是消费者剩余和生产者剩余的总和，则在利润为正的约束条件下的最佳选择是：

$$P^* = C(Z^*) \qquad (2-16)$$

$$-C'(Z^*)Q(P^*) = 1 \qquad (2-17)$$

$$Z^* = T^* \qquad (2-18)$$

---

① Shleifer, A. , " A Theory of Yardstick Competition ", *Rand Journal Economics* 16 , 1985, pp. 309 – 327.

即价格等于单位（边际）成本；企业降低单位成本的努力处于边际成本（等于1）与边际收益（等于 $-C^*Q$，即成本降低率乘以产量）相等的位置；而企业用于降低成本的投资通过政府给予的一次性补贴得到补偿。

可是，如果监管者不知道能反映成本降低程度的函数 $C(Z)$，就不可能达到上述最优结果。雪理佛还假定每个企业都偏爱利润 π 而厌恶为降低成本所做的努力 Z。这样，这种 $P=C$ 和 $Z=T$ 的监管方法也会在相当程度上诱使企业不做降低成本的努力。因为大家都做相同的努力 Z，企业的利润就不会有差异，所以，企业宁可不取得超额利润而使 Z 极小化，这样，成本水平就为 C_0。因此，刺激企业效率的关键是要打破企业 i 的价格取决于它本身成本的这种关系。令：

$$\bar{C}_i = \frac{1}{N-1} \sum_{j \neq 1} C_j \qquad (2-19)$$

$$\bar{Z}_i = \frac{1}{N-1} \sum_{j \neq 1} Z_j \qquad (2-20)$$

即令式（2-19）和式（2-20）中的 $\bar{C}_i$ 和 $\bar{Z}_i$ 分别为企业 i 以外的企业平均成本和平均努力程度。这就提供了一种比较尺度以衡量企业 i 的绩效。这样，对所有企业 i（$i=1$，2，…，N）采取下面的监管机制就能产生最优结果：

$$P_i = \bar{C}_i \qquad (2-21)$$

$$T_i = \bar{Z}_i \qquad (2-22)$$

则企业 i 的利润为：

$$\pi_i = \left[\bar{C}_i - C(Z_i)\right] Q(\bar{C}_i) - Z_i + \bar{Z}_i \qquad (2-23)$$

在这种情况下，企业要取得较多的利润，就必须使它的成本水平低于其他企业的平均成本水平，而努力程度则高于其他企业的平均努力程度，这就促使企业竞争性地提高经营效率。

但在实际应用中，人们不难发现，上述区域间比较竞争理论模型存在一个严重缺陷：它假定所有企业都是在基本相同的环境下经营的，这当然是非常不符合实际的。对此，一种可供选择的解决方法是，根据可观察的环境特征，运用回归分析技术"过滤"一部分企业环境的差异因素。其基本操作方法大致是：令 θ 为不同企业所面临的可观察环境特征向量。政府监管者运用线性回归方法 $C = a + \beta\theta$ 来估计单位成本 C 对

θ的回归情况，若以â和β̂表示被估计系数，则企业i被预测的单位成本水平为：$\hat{C}_i = \hat{a} + \hat{\beta}\theta_i$，其中，$\theta_i$是企业i的可观察环境特征向量。然后，政府监管者以$P_i = \hat{C}_i$决定企业i的管制价格。可见，如果θ几乎包含了企业所有的外部环境特征，而且，这些特征都是可观察的，那么，上述监管方法将会很有效果。但如果θ不能较好地反映企业环境的差异性，这种方法就难以奏效。因此，正确选择θ是这种监管方法成功的关键。

（三）区域间比较竞争理论在能源行业的应用

目前，中国的城市燃气、供热等能源行业是由各地区性企业在特定范围内垄断经营的。在近年来的输配电价格改革中，是以省为范围核定输配电监管价格的。在油气管网公平开放后，各地区的油气管网（主干或支线）输气价格、城市配气管网配气价格都具有区域性特点。同时，国家有关部门或地方政府通常以有关能源企业的实际成本为基础制定监管价格。表现为各地同种能源产品或服务价格（如各城市的燃气价格、同一城市的供热价格）存在较大的差异。近年来，由国家发展和改革委员会、国家能源局核定各地（除西藏以外的省、直辖市、自治区和特定地区）输配电价更是存在较大差异（见表2－3）。

表2－3　全国输配电价情况

地区	一般工商业			大工业用电						线损	线损率（%）
				电度电价				基本电价			
	不满1千瓦	1—10千瓦	35千瓦	1—10千瓦	35千瓦	110千瓦	220千瓦	最大需量	容量		
深圳	0.1794	0.1354	0.0679	—	—	—	—	—	—	不含	4.10
蒙西	0.4023	0.3415	0.2453	0.1743	0.1246	0.1093	0.0897	28.0	19.0	不含	5.15
贵州	0.4660	0.3991	0.3365	0.1739	0.1302	0.0799	0.0567	35.0	26.0	不含	4.38
云南	0.3205	0.3105	0.3005	0.1692	0.1462	0.0700	0.0520	37.0	27.0	不含	4.90
安徽	0.3932	0.3782	0.3632	0.1784	0.1634	0.1484	0.1384	40.0	30.0	含	7.55
湖北	0.4862	0.4662	0.4462	0.1329	0.1131	0.0950	0.0760	42.0	28.0	含	6.98
宁夏	0.3913	0.3713	0.3513	0.1849	0.1549	0.1249	0.0939	33.0	22.0	含	3.64
北京	0.4674	0.4505	0.3795	0.1956	0.1751	0.1508	0.1493	48.0	32.0	含	6.88
陕西	0.3917	0.3717	0.3517	0.1484	0.1284	0.1084	0.1034	31.0	24.0	含	6.26

地区	一般工商业			大工业用电						线损	线损率（%）
				电度电价				基本电价			
	不满1千瓦	1—10千瓦	35千瓦	1—10千瓦	35千瓦	110千瓦	220千瓦	最大需量	容量		
广西	0.4436	0.4286	0.4136	0.2007	0.0653	0.0428	0.0248	34.0	27.5	含	6.80
河北北网	0.2430	0.2280	0.2180	0.1290	0.1140	0.0990	0.0940	35.0	23.3	含	4.32
河北南网	0.2862	0.2712	0.2612	0.1721	0.1571	0.1421	0.1371	35.0	23.3	含	7.83
湖南	0.4076	0.3876	0.3676	0.1963	0.1673	0.1393	0.1153	30.0	20.0	含	8.32
天津	0.3974	0.3788	0.3555	0.2052	0.1774	0.1772	0.1723	25.5	17.0	含	6.74
山西	0.2782	0.2582	0.2432	0.1188	0.0888	0.0690	0.0588	36.0	24.0	含	4.59
江西	0.3271	0.3121	0.2971	0.1735	0.1585	0.1435	0.1335	39.0	26.0	含	7.06
广东	0.3228	0.3057	0.2909	0.1070	0.0317	0.0317	0.0174	32.0	23.0	含	4.53
四川	0.4553	0.4210	0.3967	0.1998	0.1727	0.1350	0.1090	39	26	含	6.40
重庆	0.3930	0.3730	0.3530	0.1895	0.1632	0.1459	0.1309	36	24	含	6.94
山东	0.3100	0.2950	0.2800	0.1781	0.1631	0.1481	0.1331	38.0	28.0	含	5.34
辽宁	0.4134	0.4034	0.3934	0.1327	0.1197	0.1067	0.0967	33	22	含	6.14
吉林	0.4722	0.4572	0.4422	0.1686	0.1536	0.1386	0.1236	33	22	含	7.50
黑龙江	0.4511	0.4411	0.4311	0.1816	0.1666	0.1566	0.1466	33	22	含	7.07
蒙东	0.5371	0.5000	0.4143	0.1534	0.1464	0.1293	0.1175	28	19	含	8.18
上海	0.4681	0.4214	0.3957	0.2782	0.2298	0.1874	0.1874	42	28	含	6.19
浙江	0.4109	0.3729	0.3429	0.2146	0.1846	0.1626	0.1576	40	30	含	4.25
江苏	0.3895	0.3745	0.3595	0.2130	0.1980	0.1830	0.1680	40.0	30.0	含	4.00
福建	0.3688	0.3488	0.3288	0.1930	0.1730	0.1530	0.1330	36	24	含	4.63
河南	0.3540	0.3200	0.2870	0.2137	0.1987	0.1837	0.1757	28	20	含	8.65
甘肃	0.4655	0.4555	0.4455	0.1699	0.1599	0.1287	0.1197	28.5	19	含	4.24
青海	0.3702	0.3652	0.3602	0.1023	0.0923	0.0823	0.0823	28.5	19	含	3.65
新疆	0.2730	0.2700	0.2660	0.1740	0.1520	0.1300	0.1100	33	26	含	7.93
海南	0.3744	0.3513		0.1897	0.1362	0.1345	0.1247	38.0	26.0	含	7.64

注：河北一般工商业为单一电价，本表数据截至 2017 年 6 月 30 日。

由表 2-3 可见，无论是一般工商业用电还是大工业用电，在不同电压下，各地的输配电都存在较大差异，最高电价是最低电价的 3—4

倍，甚至更多。由于核定不同地区的输配电价主要是依据当地输配电的实际成本（特别是有效资产），因此，各地输配电价差异既有客观性因素，但也有相当的主观性因素。

可见，在现行的能源价格监管实践中，主要是以特定地区垄断企业的个别成本作为定价依据的，这种价格形成机制，对垄断企业缺乏努力提高生产效率、不断降低成本的刺激。为了解决这种低效率问题，可以应用区域间比较竞争理论，改革现行能源价格形成机制，由按照个别成本定价转向按照社会平均成本定价，即在一定地区范围内（如一市、一省甚至全国范围内），按照这一地区从事同类业务的能源企业的成本状况，形成社会平均成本，并考虑特定行业或业务领域效率增长的潜力，制定能源监管价格。这种监管价格就是各个同类能源企业作为定价依据的"标杆价格"。① 由于标杆价格与特定企业自身的成本价格没有直接的联系，这样，生产效率较高的能源企业，其成本价格就会低于标杆价格，从而能获得较多的利润；而生产效率较低的能源企业，其成本价格就会高于标杆价格，造成经营亏损。这就促使提供同类产品或服务的能源企业相互竞争，努力使本企业的成本价格尽可能低于标杆价格。而所有企业努力的结果必然会提高整个地区能源企业的绩效，这又为下一期（相对）降低标杆价格提供基础。这种能源标杆价格监管政策通过一定地区内、不同区域间能源企业间的竞争，打破了能源企业在特定区域对能源成本信息的垄断，形成了一种信息发现机制，从而有利于各级政府掌握并运用大量的监管信息，提高政府对能源行业的监管效率。

能源标杆价格要求以特定行业或业务领域相对统一的价格为基准制定能源监管价格，打破了原有以"一企一价"为特征的价格形成机制。而标杆价格机制是一种优胜劣汰的竞争机制，能源企业间竞争的结果能提高整个能源行业的绩效。因此，在能源行业推行标杆价格机制是一种制度创新。但这种标杆价格机制在实际运用时需要探讨并解决一系列可能面临的问题：（1）标杆价格机制以相对统一的价格要求不同的能源企业，而能源企业之间在经营环境方面存在一定的差异。因此，在实践

---

① 事实上，我国在发电领域早在 2005 年后就逐步推行标杆上网电价，但缺乏对标杆上网电价理论依据的充分论证。同时，在电力行业的输配电业务领域和油气行业如何有效推行标杆价格监管理论和政策，还是一个新的理论与实践问题。

中需要剔除部分合理的经营成本差异。（2）标杆价格机制实施之初，由于多种原因（特别是体制原因）造成的低效率问题，能源企业在短期内无法解决，需要有一个逐年提高绩效的过程。（3）标杆价格具有动态性，需要根据整个社会的价格水平变动情况、科技进步率和能源行业整体绩效的提高水平进行动态调整。

第三章　中国现代能源监管体系的理论框架

本章将在评述能源监管体系相关研究的基础上，结合能源行业的特点，探讨中国现代能源监管体系的构建目标、能源监管体系的整体框架及其构成要素之间的联系，在此基础上，提出中国现代能源监管体系建设的基本途径，从而为中国现代能源监管体系构建一个较为完整的理论框架。同时，为后面各章的研究提供一个纲要和基本思路。

第一节　监管体系的相关研究及其述评

一　体系与监管体系

为准确把握监管体系，有必要先分别讨论"体系"和"监管"。对于"体系"一词，代表性的定义有：（1）体系是若干有关事物互相联系、互相制约而构成的一个整体，如理论体系、语法体系、工业体系等。[①]（2）体系是互相关联的若干事物或意识构成的一个整体，如建筑体系、哲学体系等。[②]（3）体系是有关事物或某些意识按其内部联系而构成的一个有系统的整体，如思想体系、理论体系等。[③] 由体系的上述定义可见，体系是由若干要素构成的整体，而且这些构成要素相互联系、相互制约，共同构成一个有机整体。

"监管"是英文 Regulation 的翻译，在学术界通常被译成"管制""规制"，而在政策研究和应用中通常称为"监管"。如能源监管、电力

---

① 夏征农、陈至立主编：《辞海》（彩图本）（第六版），上海辞书出版社2009年版，第2237页。

② 编委会：《当代汉语词典》，中华书局2009年版，第1419页。

③ 董大年主编：《现代汉语分类大词典》（辞海版），上海辞书出版社2007年版，第954页。

监管、金融监管、公用事业监管，等等。① 许多学者对监管有不同的定义。例如，维斯卡西（Viscusi）等学者认为，监管是政府以制裁手段，对个人或组织的自由决策的一种强制性限制。政府的主要资源是强制力，监管就是以限制经济主体的决策为目的而运用这种强制力。② 丹尼尔·F. 史普博（Daniel F. Spulber）认为，监管是行政机构制定并执行的直接干预市场机制或间接改变企业和消费者供需决策的一般规则或特殊行为。③ 日本学者植草益对监管所下的定义是：社会公共机构依照一定的规则对企业的活动进行限制的行为。这里的社会公共机构或行政机关一般被称为政府。④ 著名经济学家萨缪尔森等认为，监管是政府以命令的方法改变或控制企业的经营活动而颁布的规章或法律，以控制企业的价格、销售或生产决策。⑤ 由于管制经济学是从发达国家引入的一门新学科，国内学者对监管的定义与上述定义大同小异。综合学者们对监管概念的讨论，尽管人们对监管所下定义不同，我们不难归纳出监管主要有以下三个基本构成要素：（1）监管主体（监管者）。它是政府行政机关（简称政府），通过立法或其他形式监管者被授予监管权。（2）监管客体（被监管者）。它是由各种市场主体（主要是企业）组成的，在许多监管领域具有广泛性。（3）监管依据。主要是各种法律法规，明确规定限制被监管者的什么决策、如何限制以及被监管者违反法规将受到的制裁。正是基于监管的三个基本要素，我们将监管可定义为：具有法律地位的、相对独立的监管者（机构），依照一定的法规对被监管者（主要是企业）所采取的一系列行政管理与监督行为。

综合对"体系"和"监管"的讨论，我们可以将"监管体系"理解为由监管要素构成的一个整体。由于监管是由监管主体（监管机构）、监管客体（监管对象）和监管依据（法律法规）三个核心要素构

① 需要说明的是，本书中的监管是与学术研究中管制、规制相等同的概念，而在我国实践应用中，监管通常被泛化，即监管的范围更广泛。

② Viscusi, W. K., J. M. Vernon, J. E. Harrington, Jr., *Economics of Regulation and Antitrust*, Cambridge: The MIT Press, 1995, p. 295.

③ 丹尼尔·F. 史普博：《管制与市场》，余晖等译，上海三联书店、上海人民出版社1999年版，第45页。

④ 植草益：《微观管制经济学》，朱绍文等译，中国发展出版社1992年版，第1—2页。

⑤ 保罗·萨缪尔森、威廉·诺德豪斯：《经济学》（第12版），高鸿业译，中国发展出版社1992年版，第864—865页。

成。同时，为保证监管机构以公共利益为导向，执政为民，需要对监管机构实行外部监督制约。此外，为实现有效监管，提高监管效率，还应该对监管绩效进行科学评价。因此，我们可以将监管体系定义为：由监管的法律法规、监管机构、监管监督、监管绩效和监管对象等要素构成的一个整体。这些要素相互联系和制约，共同促进不断提高监管水平，实现有效监管。①

二　若干代表性行业或领域监管体系的研究文献

在现有文献中，对监管体系通常是结合特定行业或领域做研究的。本书选取较有代表性的金融行业、食品行业、环境保护和能源领域关于监管体系的部分研究文献进行讨论。

（一）关于金融监管体系的研究

金融行业监管对于国民经济安全、平稳运行十分重要，完善的监管体系有利于防止系统性的金融风险。在 2008 年国际金融危机发生之后，全球经济陷入低迷，完善现有的金融监管体系，防止类似危机再次发生就显得尤为重要，因此，对金融监管体系的研究也就成为一个热点问题。关于金融监管体系的研究，有的学者认为，金融监管体系是为实现特定的经济社会目标而对金融活动施加影响的一整套机制和组织结构的总和，包含着权力分配、责任划分、组织结构等。② 一些学者对不同国家的金融监管体系做了比较分析，并提出中国金融监管体系改革的建议。例如，有的学者在分析美国、英国以及中国台湾地区金融监管体系演变过程的基础上，认为实行统一监管是金融监管体系发展的趋势和方向。并认为改革和完善我国金融监管体系的总体思路是"建立统一监管、分工协作、伞形管理的金融监管体系"，而金融监管机构的改革是完善现有金融监管体系的核心，其最终目标在于将银监会、证监会和保监会进行合并，成立中国金融监督管理委员会。③ 有的学者则通过对日本在亚洲金融危机之后重新构建金融监管体系的研究，指出金融监管体系的重建首先是金融监管机构的重建，并以此为基础，全面提高监管效

① 我们将在后面探讨现代能源监管体系的整体框架及其构成要素时，结合能源行业的特点对监管的构成要素作较为详细的讨论。

② 孔萌萌：《金融监管体系演进轨迹：国际经验及启示》，《改革》2011 年第 12 期。

③ 曹凤岐：《改革和完善中国金融监管体系》，《北京大学学报》（哲学社会科学版）2009 年第 4 期。

能。此外，这些学者认为，事前金融监管制度重建与提高金融机构经营安全性、事后金融安全网建设和防范系统性风险也是日本金融监管体系重建的两个重要方面。[①] 有的学者还认为，现有以"分业经营、分业监管"为特征的金融监管体系难以应对金融企业在混业经营状态下不断出现的各类金融产品创新所带来的挑战。因此，合理设计金融监管体系的关键是在了解我国金融生态特点的基础上准确把握我国国情。[②] 虽然现有对金融监管体系的研究主要关注金融监管机构改革和完善，但也有一些研究同样强调金融监管体系配套改革的重要性，如完善中国相关法律法规体系，健全金融机构的内部控制制度，加强金融同业自律制度的建设。[③]

（二）关于食品安全监管体系的研究

食品安全与公众的生活质量、卫生健康密切相关，在食品安全事故频发的背景下，食品安全监管体系成为许多学者研究的重点领域。如有的学者认为，食品安全监管体系是在食品安全监管过程中互相联系、互相制约的各个组成部分构成的有机整体，这个体系具有整体性、相关性、目的性和环境的适应性等特征。[④] 一些学者也持类似的观点，认为食品公共安全的监管体系就是为了实现食品公共安全监管目标，相互关联或相互作用的一组要素构成的具有特定功能的有机系统。[⑤] 有的学者则指出，监管主体、监管客体、监管工具和监管目标是一个相对完善的食品公共安全监管体系应该包括的四个基本要素，组成一个动态的系统。有的学者还从食品安全法律法规体系、食品安全标准体系和食品安全管制组织体系三方面介绍了我国食品安全监管体系的现状，分析了我国食品安全监管体系存在的包括法律法规体系不完善、食品安全标准体

---

① 王思洋、吴昊：《日本金融监管体系的重建及启示》，《东北亚论坛》2010 年第 5 期。

② 常健：《"后危机"时代我国金融监管体系的完善——以中央银行为核心的思考》，《华中科技大学学报》（社会科学版）2010 年第 1 期。

③ 详见何宜庆、王浣尘、王芸《混业经营与我国金融监管体系的新构想》，《财经理论与实践》2001 年第 1 期；邓伟、邓勇：《金融监管体系：国际的变革与我国的调整》，《金融理论与实践》2003 年第 1 期。

④ 刘录民：《我国食品安全监管体系研究》，博士学位论文，西北农林科技大学，2009 年，第 33 页。

⑤ 廖卫东、何笑：《我国食品公共安全规制体系的政策取向》，《中国行政管理》2011 年第 10 期。

系存在漏洞、管制机构权限界定不清以及惩罚力度较轻、对违法者威慑力不足等突出问题。① 有的学者通过研究发达国家的食品安全监管体系，指出发达国家的食品安全监管体系具有以下五个特点：一是系统的食品安全法律法规体制；二是明确的监管体制与主体；三是完善的食品安全标准；四是统一的食品安全检测与预警系统；五是有效的消费者食品安全意识。② 还有学者认为，我国食品安全监管体系由食品安全法律监管体系、食品安全监管机构、分类监管的形式、食品安全标准以及对食品安全监管指标体系运行绩效评估五个方面组成。③

（三）关于环境保护监管体系的研究

中国在取得巨大经济成就的同时，生态环境遭到了不同程度的破坏，在环境监管领域面临严峻挑战，激起许多学者研究环境保护监管体系的热情。许多学者从不同角度对现有环境保护监管体系存在的问题进行了深入的研究。如一些学者指出了现有环境监管模式存在的弊端：环境监管体制不顺，监管缺乏效力；环境监管体系僵化，监管缺乏活力；环境监管主体庞杂，监管缺乏合力，等等，并认为，结合我国的国情，环境监管体制应该是以行政区域监管为主体、以流域监管和局域监管为两翼的模式。④ 有的学者研究了西方发达国家生态安全监管体系，总结了以下三个特点：一是监管权限更多地向中央政府集中；二是注重发挥地方在生态安全监管方面的积极作用；三是建立了风险防范与多元共治的现代监管模式。⑤ 一些学者还针对环境监管体系中的低碳监管进行了详细的研究，将低碳监管体系中的监管手段划分为行政手段、法律手段和经济手段三类，并将其细分为 9 小类 21 种具体工具。⑥ 还有学者比较了美国、德国、日本、澳大利亚等发达国家环境监管体制的演变过程，指出统一、协调的环境监管体制，完善、高效的环境监管法律体系以及

---

① 蒋抒博：《我国食品安全管制体系存在的问题及对策》，《经济纵横》2008 年第 11 期。
② 李先国：《发达国家食品安全监管体系及其启示》，《财贸经济》2011 年第 7 期。
③ 何猛：《我国食品安全风险评估及监管体系研究》，博士学位论文，中国矿业大学（北京），2013 年，第 80 页。
④ 赵美珍、邓禾：《立体化环境监管模式的创建与运行》，《重庆大学学报》（社会科学版）2010 年第 1 期。
⑤ 卞靖、郭丽岩：《完善生态安全监管体系》，《宏观经济管理》2014 年第 9 期。
⑥ 胡颖梅、江玉国、范莉莉：《论政府低碳规制体系构建》，《企业经济》2016 年第 4 期。

公众的积极参与机制是良好的环境监管体系的重要组成部分。[①]

（四）关于能源监管体系的研究

根据我们掌握的有限资料，目前中国学者直接对能源监管体系的研究文献并不多，但不少学者对能源监管及其体制、能源管理及其体制等相关问题做了一定的研究。如有的学者对中国煤炭、电力、石油和天然气以及可再生能源领域的监管做了综合评价，指出中国能源监管存在以下深层次的问题：能源产业市场化进程中监管缺位、缺乏对监管政策的事后评价机制、能源监管法律法规滞后、消费者权益缺乏保障等。因此，需要在能源监管中加强顶层设计，强化过程监管，完善能源立法加强能源价格监管，维护消费者权益。[②] 有的学者则认为，中国能源监管体制应该实行政企分开、政监分离的原则，进一步明确能源监管机构的微观监管职能的范围，按照循序渐进的改革思路，先将其他部门的能源监管职能集中到能源管理部门，实行分行业独立监管，最后实行综合性的统一能源监管，设立独立的能源监管委员会。[③] 在对能源体制的研究中，一些学者从不可再生能源的消耗速度、管网的自然垄断、环境保护、能源安全、消费者保护与普遍服务以及节能技术、替代能源与新能源的开发方面论述了建立能源管理体制的必要性。[④] 有的学者还从能源市场结构、能源市场主体和能源市场运行机制三方面分析了中国能源体制的现状以及存在的突出问题，指出重新界定能源市场主体的功能、重塑能源市场结构，以及重建市场运行机制，充分发挥价格机制的调节作用是推进能源体制革命的主要内容。[⑤] 有的学者则强调，对于能源监管则应该划清能源宏观管理和行业监管的边界，加强发展改革部门的规划引导和战略谋划以及提升主管部门的行业监管能力。对于能源立法则要加快推进能源政策法规的"立改废"，加快能源基本法即《能源法》的

---

① 王志亮、杨媛：《环境管制国际比较与借鉴》，《财会通讯》2016年第7期。

② 肖兴志：《"新常态"下我国能源监管实践反思与监管政策新取向》，《价格理论与实践》2015年第1期。

③ 刘东刚：《中国能源监管体制改革研究》，博士学位论文，中国政法大学，2011年，第2页。

④ 胡涛、方敏：《能源管理体制的必要性及其职能初探》，《辽宁大学学报》（哲学社会科学版）2012年第2期。

⑤ 林卫斌、方敏：《能源体制革命：概念与框架》，《学习与探索》2016年第3期。

立法进程。① 有的学者还认为，能源管理不单单是一种行政管理，而是综合性管理行为，并指出了中国能源管理体制的四大弊端：能源管理职能分散、能源产业内部缺乏统一的规划、能源战略管理和决策机制弱化以及能源统计信息失真等，建议以《能源法》制定为契机，建立权能集中的能源主管机构；完善能源管理法律体系；以综合管理为导向，改进政府管理能源的方式。②

三　对监管体系相关研究文献的简要述评

上述国内外学者以及限于篇幅未能提及的学者的研究成果，为我们深入研究监管体系提供了一定的理论基础和较为丰富的文献资料。根据我们掌握的文献资料，目前我国学者对监管体系的研究具有以下特点：

（一）对国外监管理论研究较多，结合中国制度环境研究监管问题较少

由于监管理论产生于市场经济较为成熟的发达国家，经过长期的理论研究和实践检验，在发达国家已形成较为成熟的监管理论体系和丰富的实践经验，值得中国学习借鉴。而中国建立与完善市场经济体制的时间较短，尚未形成具有中国特色的监管理论体系，因此，目前我国学者较多研究国外监管理论，而在结合我国制度环境研究监管问题仍然较为薄弱。

（二）对相关行业的管理体制、监管体制研究较多，对监管体系研究较少

特定行业的管理体制是国家对特定行业的管理模式和基本制度，反映上级对下级的纵向管理和同级不同部门之间的责权关系；在市场经济体制下，监管是管理的一个核心内容，监管体制从属于整个管理体制。目前，我国学者在这些方面的研究较多，而对监管体系由哪些要素构成及其相互关系的研究比较缺乏。

（三）对监管法规、监管机构等分散研究较多，对监管体系整体研究较少

现有不少文献结合特定行业对监管法规，特别是监管机构做了大量

---

① 景春梅：《"十三五"能源体制改革建议》，《经济研究参考》2016 年第 60 期。
② 郑佳宁：《从行政管理到综合管理：我国能源管理的模式变革》，《行政法学研究》2010 年第 3 期。

研究，并提出了一些有价值的观点，但是，对监管体系的整体研究并不多见，而且缺乏系统而深入的论证。

（四）对监管理论研究较多，对监管政策研究较少

作为政府监管理论基础的管制经济学，是一门应用经济学，根据监管实践的需要而产生，并在实践的推动下不断发展。现有文献集中于监管理论研究，而紧密结合监管实践需要对监管政策的系统研究还相对不足。

（五）传统监管政策研究较多，对激励性监管政策研究较少

在已有的监管政策研究文献中，对政府出台的监管政策解读性研究较多，而对如何激发市场主体活力，更好地实现政府有效监管，适应市场经济体制的激励性监管政策研究还较少。

（六）就能源行业而言，对电力监管政策研究较多，对石油、天然气和新能源监管政策研究较少

电力行业从 20 世纪 80 年代就开始发电领域的市场化改革，在深化改革过程中，对电力监管政策方面已有较多的研究积累，而对近年来推行的石油、天然气和新能源等行业监管政策的系统研究还比较薄弱。

由监管体系的研究现状可见，在系统而深入地研究能源监管体系方面还有大量的研究空间，需要我们做开拓性研究，以弥补理论研究的不足，特别是在深化中国能源改革的背景下，需要更好地为能源监管实践提供政策思路和实证资料。

第二节　现代能源监管体系的构建目标与整体框架

一　现代能源监管体系及其构建目标

结合前面对监管体系讨论，在现代市场经济体制下，政府为实现对能源行业市场主体的有效监管，需要有相应的法规政策作为能源监管的客观依据；而能源法规政策的有效执行需要职权明确、运行高效的监管机构；为保证能源监管机构以公共利益为导向，需要建立由多元监督主体构成的外部监督体系；同时，为提高监管效率和效果，还需要对监管绩效进行科学评价。因此，现代能源监管体系就是由能源监管的法律法

规、能源监管机构、能源监管监督和能源监管绩效评价四个相互联系、相互制约的核心要素构成的一个有机整体。

基于对现代能源监管体系的理解，中国构建现代能源监管体系的基本目标是：建立一个以"监管有据、运行高效、公开透明、激励有效"为特征的现代监管体系，为政府实现对能源行业的有效监管提供制度基础。监管有据是指遵照依法治国的精神，依据法规政策进行能源监管；运行高效是指能源监管机构设置合理，责权明确，实现高效运行；公开透明是指能源监管信息与能源监管机构运行机制公开透明，为外部监督提供充分的信息；激励有效是指建立科学的能源绩效评价体系，根据能源监管绩效对监管机构形成奖励与问责机制。

二　现代能源监管体系的整体框架

在现代能源监管体系的四个构成要素中，每个要素都存在一个子体系。其中，能源监管法规政策体系是由全国人民代表大会颁布的能源法律、国务院法规、部门规章、规范性文件和行业标准等构成的集合。而且，随着法规政策的层级由高到低，不同层级的法规政策数量由小变大。能源监管机构体系则是由国家、大区（如华东区）、省级和区域不同层级的能源监管机构组成的体系，在同一层级还按照职能划分存在多个监管机构，这就需要纵向与横向协调，以形成能源监管机构的整体合力。能源监管监督体系是由立法监督、司法监督、行政监督和社会监督等外部监督力量组成的。能源监管绩效评价体系则由绩效评价主体、评价客体、评价内容、评价方法和指标评价结果的应用等要素构成。

基于以上讨论，根据深化能源行业市场化改革和实现有效监管的实际需要，中国现代能源监管体系的整体框架是由能源监管法规政策体系、能源监管机构体系、能源监管监督体系和能源监管绩效评价体系四个子体系构成。其中，能源监管法规政策体系是能源监管机构运行的依据，政府监管机构体系是监管法规政策的执行主体，能源监管监督体系是监管机构有效运行的保障，能源监管绩效评价体系是提高能源监管科学性的重要手段。它们有机联系、相互制约，形成一个整体的现代能源监管体系（见图 3 - 1）。

图 3 - 1 显示，现代能源监管体系整体框架结构，可以分为上、中、下三个部分，图中的实线表示直接的制约关系，虚线表示间接的反馈关系。

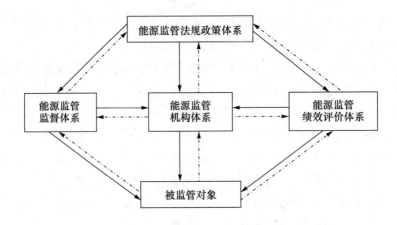

图 3 - 1　现代能源监管体系整体框架

　　首先，图 3 - 1 中最上方代表的是能源法规政策体系与能源监管监督体系、能源监管机构体系和能源监管绩效评价体系的关系。从相互关系上看，能源法规政策体系对能源监管监督体系、能源监管机构体系和能源监管绩效评价体系均有直接制约作用，反过来，这三个子体系对能源法规政策体系有间接反馈作用，促进能源法规政策体系的完善。

　　其次，图 3 - 1 的中间部分显示了能源监管监督体系、能源监管机构体系和能源监管绩效评价体系的关系。其中，能源监管监督体系是对能源监管机构行为的监督，对能源监管机构体系有直接的约束作用；能源监管绩效评价体系是对能源监管机构效率与效果的评价，是评价方对能源监管机构的考核，目的是约束能源监管机构，防止监管失灵。同时，能源监管机构体系对能源监督评价体系和能源监管绩效评价体系有一定的反馈作用，有助于相互适应、不断完善。

　　最后，图 3 - 1 的下半部分反映的是能源监管监督体系、能源监管机构体系和能源监管绩效评价体系与被监管对象的关系。[①] 虽然被监管

――――――――――――

　　①　值得重视的是，从政府监管理论和发达国家监管政策实践看，被监管对象是指微观市场主体，主要是相关企业，有时也包括能源消费者。但是，从中国能源监管政策看，国家能源监管部门对地方政府执行国家能源规划与政策的监督行为通常也被认为是监管。这样，对国家能源监管部门来说，地方政府也就成为被监管对象。因此，对于如何认定被监管对象，在能源监管理论、发达国家能源政策实践和中国能源监管政策实践之间存在一定的差异。本书在没有特别说明的情况下，被监管对象主要是指企业，而在对需求侧监管时，被监管对象也指能源消费者。

对象不是现代能源监管体系整体框架的组成部分，但它与能源监管体系的各要素密切相关。例如，能源监管机构体系是监管的执行主体，与被监管对象存在着制约与反馈的关系，能源监管监督体系和能源监管绩效评价体系同样与被监管对象密切相关。同时，被监管对象在实际运行过程中可能会面临一些新问题，而政府针对新问题的监管往往有一定的监管滞后性，被监管对象对能源监管体系各要素的信息反馈就能提高能源监管的针对性和有效性。

第三节　现代能源监管体系建设的基本途径①

根据中国现代能源监管体系整体框架，并结合本书第一章对中国现行能源监管体系存在的突出问题分析，中国现代能源监管体系建设的基本途径是：完善能源监管法规政策体系，建立高效的能源监管机构体系，形成多元化的能源监管监督体系，构建科学的能源监管绩效评价体系，从整体上构建与中国社会主义市场经济体制相适应的中国现代能源监管体系。

一　完善能源监管法规政策体系

完善能源监管法规政策体系首先要明确能源监管法规政策的立法导向。立法导向是制定法规政策过程中应顺应、彰显和倡导的价值观，集中反映了立法的目标、原则等基本法律问题。在传统计划经济体制下，中国能源监管的法规政策主要体现政府的行政干预。随着中国社会主义市场经济体制的建立和逐步完善，中国能源市场化改革的不断深入，客观上要求转变能源监管的立法导向，以适应新形势下对能源监管法规政策的新需求。因此，中国能源监管法规政策的立法导向应体现创建公平竞争的市场环境、维护市场秩序、保护社会公众利益等，以此为前提完善能源监管法规政策体系。

能源监管法规政策体系是以法律制度为核心，以其他法规、规章、

---

① 本书第四章至第六章将从能源监管法规政策体系、能源监管机构体系、能源监管监督体系和能源监管绩效评价体系几个方面较为详细地讨论中国现代能源监管体系建设问题，本节只是提出中国现代能源监管体系建设的基本途径及其思路，不展开深入讨论。

规范性文件和行业标准等制度为支撑的有机整体。无论是制定或修订单独的电力、石油、天然气、新能源、煤炭等特定行业法规，还是制定综合性的能源法规，法律的基础地位无疑是最重要的，结合中国尚无《能源法》的现状，制定符合中国能源监管现实需要的法律制度，这无疑是完善能源法规政策体系的核心。在此基础上，在能源法律框架范围内，制定相应的法规、规章、规范性文件和行业标准等制度作为配套也是十分重要的。从而形成由法律制度和其他法规、规章、规范性文件和行业标准等构成的能源监管的法规政策体系。

由于完善能源监管法规政策体系需要有一个相当长的过程，因此，这应当区分近期目标和长期目标，近期目标主要是对现行能源监管法规制度的整合、更新。完善能源法规政策体系不是推倒重来，而是需要以整合、更新现行各类法规制度为起点，这是在短期内能完成的基础性的工作。长期目标主要是新的能源监管法律法规的颁布和实施，所需周期较长。包括颁布与实施单独的《能源法》，并对各主要能源行业制定相关法规。同时，在《能源法》的基础上配套制定一系列相关的法规政策，最终形成完善的能源监管法规政策体系。

二 建立高效的能源监管机构体系

从发达国家经验看，能源监管机构的设置有三种基本模式，即政府部门与监管机构合一模式（政监合一模式）、独立监管机构模式和大部制下相对独立监管机构模式。这需要结合中国国情和能源监管需要进行选择和创新。

政府部门与监管机构合一模式是政府宏观政策部门和监管机构合二为一，政府行政部门统一行使宏观政策制定和监管职能，只是由内部单位按分工承担不同职能。政府行政部门既是宏观政策的制定者，又是微观企业的监管者，因此，这种模式也被称为"政监合一模式"。目前，中国的能源监管模式就属于这一模式。其优点是有利于宏观政策和微观监管政策的统一协调，但由于这一模式政监不分，导致监管责权不明确，难以问责，监管效率不高。

独立监管机构模式是指能源监管机构独立于传统的政府部门之外，不受制于行政干预和政府影响，依法设立，独立运行。这种模式的独立性体现在：一是法律授予能源监管机构独立运行；二是能源监管机构人事变更独立；三是能源监管机构职权独立；四是监管机构经费来源独立，避免了利益集团干扰。这一模式在欧美国家比较流行，但和目前中国基本政治制度和行政管理体制并不适应。

大部制下相对独立监管机构模式是指在政府能源管理部门下设置相对独立的能源监管机构。这种模式有以下特点：一是相对独立的监管机构隶属于政府能源管理部门，同时又具有相对独立性，在一定范围内能独立行使能源监管；二是该模式既能充分使用大部制内其他机构的信息，缓解监管机构处于信息劣势的状况，而且还有利于与其他政府部门沟通与合作。因此，针对目前中国能源监管机构之间职能交叉、多级管理、监管缺位和重复监管并存等突出问题，大部制下相对独立监管机构模式是中国能源监管机构模式的现实选择。

大部制下相对独立监管机构模式的权力配置则是建立高效的能源监管机构体系的核心内容。能源监管权力配置可分为纵向权力配置和横向权力配置。纵向权力配置实际上是中央与地方分层监管的权力配置问题，解决这一问题的基本导向是：一方面要有利于国家宏观调控，建立中央政府有控制力的纵向权力配置体系和纵向协调运行机制；另一方面要有利于调动地方政府的积极性和主动性。在横向权力配置方面，应按照大部制的改革思路，合并同级相关能源监管机构，优化部门职能配置，并建立高效的部门间协调机制。从而在纵向和横向两方面建立高效的能源监管机构体系。

三　形成对能源监管机构多元监督体系

具有垄断性的能源行业存在的信息不对称和外部性等问题导致了市场失灵，有效的政府监管能防止这种市场失灵。但国内外能源监管实践证明，如果缺乏有效的监督，能源监管机构的监管行为往往会偏离社会公共利益，为自身和少数利益集团服务，从而导致监管失灵。对能源监管机构的监督体系就是解决监管失灵问题，实现有效监管的重要保障。

对监管机构的监督应当是多方面的，以形成多元监督体系。这是因为：能源涉及面广，社会影响面大。与此相适应，能源监管机构的监管事务也是多方面的，并涉及不同的利益集团，如果仅从某个方面对能源监管机构进行监督容易导致监督缺位问题。从对能源监管机构监督的主要实现途径看，可分为立法监督、行政监督、司法监督和社会监督，它们构成"四位一体"的多元监督体系。其中，立法监督在监督体系中具有统领地位，也是对监管机构最重要的监督。在国家有关基本法规下，能源监管机构通常有权根据监管需要制定规章和相关政策，作为能源监管的重要依据，立法监督就是通过上级立法部门对能源监管机构立法行为的监督，以避免能源监管机构偏离公共利益而进行部门立法问题，以保证其制定的规章政策科学合理。行政监督是能源监管的内部监督，也是确保政府有效监管的基础性监督。行政监督体系可分为上级政府部门对能源监管机构的行政监督和上级能源监管部门对下级能源监管部门的行政监督。其监督内容包括能源监管机构工作效率、监管行为合法性、经费使用合理性等，其监督结果对监管机构的人员编制、经费预算和权利等都可能产生直接的影响。司法监督也称为司法审查制度，能源监管机构虽然不是司法机关，不具有司法权，但在实践中通常在有关法律法规授权下，对能源监管对象是否违法违规、如何处罚具有一定的裁决权。司法监督就是司法部门约束能源监管机构行使自由裁量权的重要手段，以保证能源监管的公平性。而社会监督是实现政府有效监管、促进社会民主、保障能源发展符合社会公共利益的重要途径，主要包括社会组织监督、公民监督、社会舆论监督、能源协会自律监督等。在深化能源行业民营化改革背景下，特别要重视能源行业协会的自律监督，以发挥其在能源生产经营中的自组织作用。

四　构建科学的能源监管绩效评价体系

基于能源行业的技术经济特性，能源监管政策制定、实施和调整需要加强科学的绩效评价体系，这是现代能源监管体系建设的重要内容。在能源监管绩效评价体系中，重点要明确能源监管绩效的评价主体、评价对象、评价指标体系和评价实施四个关键问题。其中，能源监管绩效评价主体是要解决"谁评价"的问题。当前，能源监管绩效评价主体是上级政府主管部门，具有单向唯一性的特点，缺乏社会公众对能源监管机构的评价。我们认为，能源监管绩效评价主体除上级政府部门外，还应包括社会公众、学术组织和民间机构等在内的多元化评价主体，改变目前能源监管绩效评价由政府单一主导的现状。就监管绩效评价对象而言，由于能源监管机构是多层级的组织，中央和地方能源监管机构、能源企业等均应纳入监管绩效评价的范围，但不同对象在评价目标、程序、指标体系上需要有一定差异。能源监管绩效评价指标体系是能源监管绩效评价的核心内容，它主要解决"评价什么"的问题。根据能源监管绩效评价的实际需要，应建立以能源监管机构能力、经济绩效、社会绩效和行政绩效为主要内容的四维监管绩效指标体系。最后，能源监管绩效评价的实施，很大程度上依赖于能源监管机构财务和非财务信息的公开状况。从目前来看，无论是在能源监管机构的财务信息公开还是业务信息的公开方面均存在很多缺陷，无法适应多元化主体参与能源监管绩效评价的需要。因此，要加强能源监管机构财务信息及其业务信息的公开工作，从而为能源监管绩效评价提供有效信息。同时，还要加强能源监管绩效评价结果的对外公开，利用评价结果来强化能源监管机构公共受托责任，提高能源监管水平与效率。

由于现代能源监管体系是由能源监管的法律法规、监管机构、监管监督和监管绩效评价四个核心要素构成的一个有机整体，这要求在建设中国现代能源监管体系过程中，这四个核心要素之间要相互协调、整体推进。例如，在完善能源监管法规政策体系过程中，需要明确规定：（1）特定能源监管机构的法律地位、基本职能、责任与权力等核心内容，为能源监管机构的高效运行提供法律基础；（2）监管机构的外部监督主体、监督方式、监督反馈和处理机制等，促使能源监管机构公开、公平、公正地履行其职能；（3）监管绩效评价主体、基本内容、评价结果的效用等内容，促使能源监管机构提高效率，并通过能源监管机构的有效监管，提高整个能源行业的效率，降低国民经济运行的能源成本，增进能源消费者福利。而在建立高效的能源监管机构体系、形成对能源监管机构的多元监督体系、构建科学的能源监管绩效评价体系的过程中，不仅要遵循能源法律法规政策，而且要为完善能源监管法规政策体系提供有价值的反馈意见。

第四章　中国能源监管的立法导向与法规政策体系研究

现代能源监管体系的高效运行，首先需要有一个较为完善的能源监管法规政策体系。而中国能源领域现行的法规政策体系尚不健全，这必然在相当程度上影响了能源监管的实际运行绩效。本章在评述能源监管法规政策体系有关文献的基础上，提出了中国能源监管的立法导向，构建了中国能源监管法规政策体系的基本框架，重点探讨了中国能源监管法规政策体系的建设途径。

第一节　能源监管法规政策体系研究述评

在现有的文献中，对于能源监管法规政策的研究并不多见，本书主要从监管法规、法规体系、立法导向和法规建设途径四个方面对有关研究文献进行评述。

一　关于能源监管法规的研究

目前，中国法学界对于能源领域法律的研究较多地从促进能源行业发展、保障能源供给、实现可持续发展的宏观视角来展开研究，而对能源监管方面的研究尚不多见。

一些学者从能源监管的定义出发，给出了中国能源监管法规建设的建议。如有的学者将能源监管定义为：国家基于社会公共利益的需要，通过有关国家机关和政府部门，对能源部门特别是能源产业的有关活动进行规制、管理、监督和处理的活动，并且给出了能源监管的六点原则。[①] 有的学者提出，中国能源监管立法应发挥能源法在应对气候变化中的关键作用，积极推进能源价格市场化改革和税费制度建设，确立能源法生态化的目标，加强能源普通服务。[②] 有的学者在能源监管市场化法律转型的重点制度设计中提出，能源产权界定是监管的基础，并且建议制订能源监管计划，大力发展能源发展基金，建立能源监管大部制。[③] 还有学者在梳理中国能源政策发展历史的基础上认为，能源政策形成了安全和效率两大核心，而为了推进能源的市场化，需要能源政策引入消费者剩余作为政策目标的第三极，并且提出了政策融合视野下的管制—竞争协调法律框架的构建。[④]

一些学者认为，中国应制定专门的能源公用事业法，对具有自然垄断性质的能源输送环节进行监管。如有的学者在论述能源公共事业法时，将能源公共事业权定义为从事电业、煤气业、天然气业、热力业的权利主体能力，而能源公共事业政府规制制度则包括许可证制度以及相应的监督与管理。[⑤] 有的学者认为，中国应制定《能源公用事业法》，主要调整能源供应商和消费者在能源供应销售过程中的服务和接受服务的关系，主要内容包括能源公用事业的自然垄断准入监管、产品和服务的价格监管以及农村的能源普遍服务监管。[⑥] 有的学者认为，中国现行的能源公共事业法立法层次偏低，只在热力和燃气供应领域有一些部门规章和规范性文件，因此，迫切需要提升能源公用事业的立法层次，制定专门的燃气供应法和热力供应法。[⑦]

由于中国能源监管方面现行有效的法规只有《电力监管条例》，因

---

① 胡德胜：《论我国能源监管的架构：混合经济的视角》，《西安交通大学学报》（社会科学版）2014 年第 4 期。

② 刘东刚：《中国能源监管体制改革研究》，博士学位论文，中国政法大学，2011 年，第 151—155 页。

③ 韩兴旺：《能源革命视域下我国能源市场化法律转型研究》，博士学位论文，华东政法大学，2015 年，第 110—119 页。

④ 江山：《政策融合视野下中国能源行业管制与竞争的法律建构——以石油行业为中心》，《当代法学》2014 年第 6 期。

⑤ 肖乾刚、肖国兴：《能源法》，法律出版社 1996 年版，第 102—103 页。

⑥ 叶荣泗、吴钟瑚：《中国能源法律体系研究》，中国电力出版社 2006 年版，第 28—29 页。

⑦ 张璐：《论我国能源法律体系的应然构建与完善发展》，《北京理工大学学报》（社会科学版）2011 年第 5 期。

此，不少学者也针对电力监管法律展开了研究。有的学者分析了电力市场监管的法律属性、主体和客体，并且提出，中国电力监管立法应遵循反垄断原则、规则治理（而非行政治理）原则、立法保障原则、仲裁在先原则、适当前瞻原则。[①] 有的学者认为，未来的《电力法》体系应是以构建和维护竞争性电力市场为价值目标，并且其立法定位也要从传统计划体制下的行政法向市场经济条件下的经济法转型，其基本内容也应该按照电力行业生产的各个环节分工，分为总则、发电、输电、配电和售电、电力交易规则和电力监管六个部分。[②] 有的学者则指出，当前开展的电力直购直供在《电力法》之下存在着巨大的法律障碍，应加快修订《电力法》并且构筑现代电力监管体制。[③] 还有学者也认为，《电力法》及其配套的《电力供应与使用条例》《电网管理条例》《电力设施保护条例》已经大大落后于现实，急需出台电力市场监管的法律法规，并且依靠法律实施监管。[④]

二　关于能源法规体系的研究

法规体系是指不同法律位阶和层级的法律法规构成的内部逻辑紧密、价值取向一致的统一整体。根据中国官方文件的表述，目前已经形成的法律体系包括宪法及相关法、民商法、行政法、经济法、社会法、刑法、诉讼与非诉讼程序法。而中国特色社会主义法律体系，是以宪法为统率，以法律为主干，以行政法规、地方性法规为重要组成部分，由宪法相关法、民法商法、行政法、经济法、社会法、刑法、诉讼与非诉讼程序法等多个法律部门组成的有机统一整体。[⑤] 从学术研究角度来看，尽管不同的学者对于法规体系划分有着不同的看法，但目前直接研究能源监管法规体系的文献还比较少，与能源监管相关的文献都是从处于基础地位的能源法出发来研究中国能源法律体系。有的学者提出了中国的能源法律体系应以能源基本法为统领，以煤炭法、电力法、石油天

---

① 杜思谦、黄新华：《浅谈电力市场监管的立法原则》，《湖北电业》2003 年第 2 期。
② 刘宇晖：《对我国电力法体系的构想——以构建和维护竞争性电力市场为价值目标》，《河北法学》2008 年第 7 期。
③ 傅仰坚：《电力直购直供法律问题分析》，《法制与社会》2008 年第 10 期。
④ 于伶、白利静：《电力垄断行业的监管及其行政执法问题》，《法制与社会》2008 年第 7 期。
⑤ 国务院新闻办公室：《中国特色社会主义法律体系白皮书》，新华社，2011 年 10 月 27 日电。

然气法、原子能法、节约能源法、可再生能源法、能源公用事业法为主
干的法律体系。① 也有学者认为，中国能源法律体系应由纲领性的《能
源法》再加上能源矿业法、能源公用事业法、能源利用法、能源替代
法、能源安全法等法律构成。② 有的学者则进一步论述了能源基本法在
整个能源法律体系中的地位，认为能源基本法就是其他能源法律的渊
源，其他能源法律是能源基本法的适用。③ 而且为了体现出能源基本法
与能源单行法在法律位阶的差别，能源基本法应由全国人民代表大会来
立法，作为比全国人民代表大会常务委员会立法通过的能源单行法更高
一级位阶的法律来统领其他层次的能源法律。④ 还有学者对能源法在中
国能源法律体系中的定位展开了讨论，认为中国能源法的定位不是基本
法，还是作为综合能源法，既规定能源战略和能源政策，也规定单行能
源法中的涉及全局的制度。⑤ 也有学者认为，能源法应当是能源领域内
的基本政策法，内容上以政策性、原则性和框架性为主，但并非一定是
由全国人民代表大会制定，而是取决于领导人的政治考量与决断。⑥ 有
的学者则认为，能源法律体系应包括能源基本法和具体能源法，具体能
源法又包含能源产业法、能源利用法和能源公用事业法。⑦ 而有的学者
更进一步认为，在吸收现行能源单行法合理内容的基础之上，应制定统
一综合的能源法典来解决中国目前能源立法中面临的法律之间缺乏协调
衔接的问题。⑧

三　关于法律法规立法导向的研究

由于中国现代化法治的目标还在建设和完善的过程中，有不少学者
在研究立法导向时把关注点放在立法与改革之间关系的辩论之中。有的

① 叶荣泗、吴钟瑚：《中国能源法律体系研究》，中国电力出版社 2006 年版，第 25 页。
② 张剑虹：《中国能源法律体系研究》，知识产权出版社 2012 年版，第 69—74 页。
③ 肖国兴：《论能源法律制度结构的形成与形态》，《郑州大学学报》（哲学社会科学版）2008 年第 6 期。
④ 肖国兴：《〈能源法〉与中国能源法律制度结构》，《中州学刊》2010 年第 6 期。
⑤ 邓海峰、赵明：《能源立法模式与核心制度选择》，《政法论丛》2011 年第 2 期。
⑥ 胡德胜：《关于拟制定〈能源法〉的定性定位问题》，《江西理工大学学报》2015 年第 6 期。
⑦ 张璐：《论我国能源法律体系的应然构建与完善发展》，《北京理工大学学报》（社会科学版）2011 年第 5 期。
⑧ 黄雄、杨解君：《统一能源法典：基于现行能源立法的检讨》，《上海政法学院学报》（法治论丛）2011 年第 1 期。

学者回顾了中国改革开放 30 多年以来处理立法与改革关系的策略，发现在不同时期和不同的改革领域，为了解决当时面对的突出问题，中国在立法和改革之间各有侧重。[①] 还有学者在系统梳理改革开放以来立法和修改法律的经验，认为中国当前已经初步建立起中国特色社会主义法律体系，未来的立法工作将转移至以法律修改为重心，而改革将是法律修改的基础和动因。[②] 有的学者认为，立法与改革之间并不是对立的，而中国几千年以来的封建专制的超稳定结构以及近一百多年来历史的观察和思索形成了一个思维误区，认为两者是不可调和的。从建设现代法治国家的目标来看，应主动寻找立法和改革的联络点，在法治的框架下推动改革。[③] 也有学者认为，应重新认识立法和改革先后顺序的关系，当改革遇到法律障碍时，应该在法律体系内部加以解决，同时建议出台《改革促进法》。[④]

除辩论改革和立法之间关系之外，还有学者结合某个特定法律来论述立法导向的问题。例如，有的学者通过考察经济法立法的实践，发现经济法立法趋势由传统的理论导向过渡到现在的问题导向，这种趋势的转变可以由"领域法学"理论来解释。[⑤] 有的学者在比较了美国、德国和日本三国循环经济立法导向范式之后，认为中国的循环经济立法应采取以环境保护和资源节约双重目标为导向。[⑥] 有的学者提出，土地规划立法导向应体现市场经济条件下的立法理念、注重土地利用伦理的立法准则、强调土地用途的立法核心、倡导阳光规划和公民参与的立法思想。[⑦] 有的学者在分析税收立法导向时，提出税收立法存在收入和发展两种立法导向，中国经过改革开放以来的高速经济发展，应该将收入导向的税收立法转变为发展导向的税收立法，而且发展的理念应包括协调

[①] 刘松山：《当代中国处理立法与改革关系的策略》，《法学》2014 年第 1 期。

[②] 付子堂、胡夏枫：《立法与改革：以法律修改为重心的考察》，《法学研究》2014 年第 6 期。

[③] 陈金钊：《法治与改革的关系及改革顶层设计》，《法学》2014 年第 8 期。

[④] 李洪雷：《深化改革与依法行政关系之再认识》，《法商研究》2014 年第 2 期。

[⑤] 尹亚军：《"问题导向式立法"：一个经济法立法趋势》，《法制与社会发展》2017 年第 1 期。

[⑥] 董慧凝：《循环经济立法导向的范式比较及中国立法目标选择》，《北方工业大学学报》2008 年第 2 期。

[⑦] 严金明：《土地规划立法的导向选择与法律框架构建》，《中国土地科学》2008 年第 11 期。

发展、永续发展、创新发展、开放发展和共享发展。① 还有学者则警告说，中国的慈善立法由于受制于中国历史和现实的约束，极有可能从权利法的立法本意偏离到权力法的轨道上去，使公权力侵蚀到已经通过的《慈善法》中的一些重要制度，因此，有必要推动慈善领域的去权力化，将管控型立法导向转变至监管型立法导向。②

四　关于法规政策体系建设途径的研究

法规政策体系建设途径一般是为了解决现行法规政策体系中存在的问题，由当前现行的法规政策体系过渡到经过科学研究论证的理想的法规政策体系的可行的途径与方法。现有文献中关于法规政策体系建设途径的文献相对较少，并且大多结合具体的法律制度展开论述。在能源法领域，有学者在提出中国能源法律体系基本框架结构的基础之上，提出了能源基本法、各能源单行法和配套的行政法规立法规划的建议。③ 除此之外，相关文献对于能源法领域的立法途径这一问题很少涉及，然而，在其他法律领域，仍有少量文献对此进行研究。

在民商法领域，有的学者通过比较不同国家立法途径的区别，提出了适合中国国情的善意取得制度的立法途径；④ 有的学者论述在有限合伙制度主体立法模式和行为立法模式两种立法思路的基础之上，认为中国可供选择的立法途径包括修改《合伙企业法》等法律法规和制定单行的《有限合伙法》两种选择，并且比较了其优劣之处。⑤

在金融法领域，有的学者从建设资源节约型、环境友好型社会要求出发，提出可以发挥"两型社会"综合配套改革试验区"先试先行"的优势，由地方在绿色金融方面进行积极立法探索；⑥ 有的学者则提出，将金融消费者保护列为与审慎监管二元并列的监管目标，并且从消

① 张守文：《论"发展导向型"的税收立法》，《法学杂志》2016 年第 7 期。

② 高西庆、杨海璇：《权利导向立法中的权力导向风险——〈慈善法〉的新视角》，《清华法学》2016 年第 6 期。

③ 叶荣泗、吴钟瑚：《中国能源法律体系研究》，中国电力出版社 2006 年版，第 41—47 页。

④ 王明锁：《侵权行为之债及其立法路径辨析》，《中国法学》2007 年第 4 期。

⑤ 杨月斌：《我国有限合伙立法路径探究》，《河北法学》2005 年第 12 期。

⑥ 张红：《论绿色金融政策及其立法路径——兼论作为法理基础的"两型社会"先行先试权》，《财经理论与实践》2010 年第 2 期。

费者保护角度修改银行、证券、保险等金融法律法规。[1]

在税收法领域，有的学者从制度变迁视角提出，中国最优税收立法包括加快税收法定主义和税收基本法的构建、合理设置税权、科学设定税率和加强税收监管四个方面；[2] 有的学者则从协调税收法定和税收调控的矛盾出发，认为可以灵活发挥法条授权立法来解决这两者之间的矛盾。[3]

在气候变化法领域，有的学者比较了欧盟和美国在碳交易立法方面分别作为自上而下和自下而上两种立法途径代表的典型经验，认为中国在碳交易的不同方面可以试行不同的立法途径；[4] 有的学者比较了美国和欧盟对二氧化碳是否属于空气污染物的法律定位，认为中国关于二氧化碳排放规制的立法途径不应纳入《大气污染防治法》，而应当制定一部专门的控制二氧化碳等温室气体排放的法律；[5] 有的学者则认为，当前在国家层面制定应对气候变化法难度较大，可以凭借自下而上的途径由地方立法者采取渐进式立法。[6]

在行政法领域，针对中国海域征求法律中公共利益定义模糊，地方政府滥用公共利益之名过度征收的问题，有的学者认为，应采取渐进式立法对公共利益加以类型化并明确其外延，同时在县级以上人大常委会设立专门的征收审查委员会；[7] 为了解决政府购买服务是否应纳入《政府采购法》法律规制范围的问题，有的学者从购买主体、购买范围、承接主体和实施方式四个方面比较了政府购买服务和政府采购的不同，认为政府购买服务的立法途径应当是老路上辟新岔，可以通过修改《政府采购法》来新增政府购买服务的内容，也可以通过制定《政府采

---

① 曲一帆：《我国金融消费者的法律界定与立法路径》，《郑州大学学报》（哲学社会科学版）2014 年第 4 期。

② 张磊：《制度变迁理论下我国最优税收立法路径研究》，《齐鲁学刊》2014 年第 6 期。

③ 刘桂清：《税收调控中落实税收法定原则的正当理由和法条授权立法路径新探》，《税务研究》2015 年第 3 期。

④ 冯静茹：《论欧美碳交易立法路径的选择及其对我国的启示》，《河北法学》2013 年第 5 期。

⑤ 李艳芳、张忠利：《二氧化碳的法律定位及其排放规制立法路径选择》，《社会科学研究》2015 年第 2 期。

⑥ 潘晓滨：《中国地方应对气候变化先行立法研究》，《法学杂志》2017 年第 3 期。

⑦ 陈书全、张慧颖：《海域资源征收中公共利益界定的立法路径选择》，《中国人口·资源与环境》2014 年第 5 期。

购法》在政府购买服务方面的实施细则来解决；① 还有学者在展望中国
行政程序法立法时认为，地方立法可以成为中国行政程序立法困境的突
破口。②

五　对能源监管法律及相关研究文献的简要述评

上述学者以及限于篇幅未能提到的学者的研究成果，为本书深入研
究能源监管法规政策体系提供了较为丰富的文献资料。根据我们掌握的
文献资料，目前，中国学者对能源监管法规政策体系的研究具有以下
特点：

第一，对能源监管这个研究主题尚未引起足够的重视，研究文献尚
不多见。由于中国目前基础性的《能源法》尚未出台，立法过程中的
争议也比较多，因此，国内研究能源领域法律的学者大多关注《能源
法》立法中的相关问题，而对于能源监管这个方向并没有开展广泛而
深入的研究。也有学者从比较法的视角对国外能源法规政策进行了全面
的梳理，但是，对能源监管方面法规政策的介绍并不多。

第二，国内外法学界对能源监管的概念界定存在一定的差异。由于
对能源等自然垄断行业监管需求的早期研究产生于发达市场经济国家，
这些国家研究能源法的学者主要关注的是自然垄断行业的价格监管。③
而中国立法的传统是在每部行业管理法律中法律责任之前设立专门的监
督管理一章④，规定行业主管部门对于行业主体执行法律规则的情况进
行监督管理的权力以及行业主体配合的有关义务。这也使国内学者在研
究监管相关问题时从法律条文中监督管理的视角来进行研究，而对具体
自然垄断环节的监管则较少涉及。

第三，对能源法律体系研究较多，而对能源监管法规政策体系研究
较少。由于中国目前已经出台了《电力法》《煤炭法》《可再生能源
法》和《节约能源法》等能源单行法，而且国务院法制办也对拟定的
《能源法》进行了征求意见，因此，中国能源法律体系由《能源法》统

---

① 刘玉姿、刘连泰：《老路还是新路：政府购买公共服务的立法路径》，《中国行政管
理》2016 年第 3 期。

② 应松年：《中国行政程序法立法展望》，《中国法学》2010 年第 2 期。

③ 例如，美国能源法经典教材《能源法精要》全书都在介绍和论述美国对各能源行业实
施监管的情况，详见［美］托梅因、卡达希《能源法精要》，万少延、张利宾、顾伟译，南开
大学出版社 2016 年版。

④ 一般出现在法律的倒数第三章中，也就是附则和法律责任前面一章。

领各单行法的基本结构已经得到了国内学术界的公认，但在这几部单行法之外，还需要制定哪些能源领域的法律则存在一定的争论，而且在这些争论之中，对于能源监管法规政策体系的研究还较少。

第四，对立法导向的研究较少，特别是对能源监管立法导向的研究更为少见。尽管有学者从整个法学宏观视角对于改革与立法的关系进行了较深入的论述，但是，具体到各个部门法，面临的改革与立法之间的关系权衡又各有不同。也有学者结合特定法律论述了相应的立法导向，但是，对于能源监管立法导向的研究还较少。

第五，对法规政策体系建设途径的研究较为分散，而且对能源监管法规政策体系建设途径的研究还很少。现有研究立法途径的文献大多是结合某个特定领域的法律来展开论述，由于不同领域的法律在立法过程中遇到的障碍各不相同，而且法律体系的构成也各有特色，因此，各自的立法途径之间也很难相互借鉴。尽管也有学者论述了能源法律体系的建设途径，但是，对于能源监管法规政策体系的建设途径也没有展开研究。

第二节　能源监管立法的基本导向

如前所述，立法导向是制定法规政策过程中应顺应、彰显和倡导的价值观，集中反映立法的目标、原则等基本法律问题。我们可以从多视角讨论立法导向，限于篇幅本节主要从改革立法导向和目标导向探讨能源监管立法的基本导向。①

一　能源监管立法的改革导向

（一）先立法后改革的导向

这种立法导向的特点是：为适应重大改革需要，保证改革按照"顶层设计"有序推进，在实施重大改革前先行立法。在这方面，发达国家在包括能源行业在内的垄断性行业改革与立法方面，为我们提供了许多可资借鉴的经验。其中，最有代表性的是英国，英国在 20 世纪八九

---

① 根据《中华人民共和国立法法》，法律、行政法规、地方性法规、自治条例和单行条例，以及国务院部门规章和地方政府规章，都属于法的范畴。本书讨论的立法还包括这些不同层级法的实施细则和相关的规范性文件。同时，鉴于单纯的能源监管立法较少，因此，本书讨论的能源监管立法包括与能源监管相关的所有不同层级的法。

十年代对垄断性行业实行重大改革中，明显体现了以立法为先导的原则，使垄断性行业改革具有明确的法律依据和实施程序。表 4 - 1 以时间为序归纳了英国在电信、天然气、自来水、电力和铁路运输行业实行重大改革时所颁布的主要法律，对特定垄断性行业改革的重要问题做了原则规定，特别是在各个行业设立专门监管机构，并明确规定这些监管机构的责任和相应的监管权。

表 4 - 1　　　　　　　　　　主要法律与主要内容

行业名称	法律名称	颁布时间	主要内容
电信	电信法	1984 年	设立电信监管办公室，明确该监管机构的法定责任和相应的权力；废除英国电信公司在电信行业的独家垄断经营权；允许该公司向社会出售股份，实行民营化改革
天然气	天然气法	1986 年	设立天然气供应管制办公室，明确该监管机构的法定责任和相应的权力；废除英国天然气公司的独家垄断经营权；允许该公司向社会出售股份，实行民营化改革
自来水	自来水法	1989 年	设立国家江河管理局和自来水服务管制办公室，明确两个监管机构的法定责任和相应的权力；允许 10 个地区自来水公司向社会出售股份，实行民营化改革
电力	电力法	1989 年	设立电力管制办公室，明确该监管机构的法定责任和相应的权力；把电力行业分割为电网、分销和电力生产公司；允许这些公司向社会出售股份，实行民营化改革
铁路运输	铁路法	1993 年	设立铁路管制办公室，明确该监管机构的法定责任和相应的权力；将国有铁路重组为 20 多家列车运营公司；允许这些公司向社会出售股份，实行民营化改革

资料来源：Ramanadham（ed.），1993，*Privatization：A Global Perspective*，Routledge，p. 5. *The British Railways Act* 1993.

（二）先改革后立法的导向

这种立法导向的特点是：由于对改革缺乏长远的整体性设计，实行"摸着石头过河"的改革思路，不确定性较大，难以通过立法对改革的重要内容和程序做出法律规定。因此，只能当改革进行到一定阶段，在总结改革经验教训的基础上再制定相应的法律。事实上，从中国的改革开放实践看，基本上遵循先改革后立法的传统。这种立法导向虽然有针对性较强的特点，但它是以较大的改革成本为代价的。因为从开始改革到颁布与实施特定法律这一时期内，由于缺乏改革的法律依据和实施程序，必然会产生不少混乱现象，同时也给投机者提供了"钻空子"的机会。例如，中国电信行业的无线寻呼领域早在20世纪80年代末就开始改革，有线通信领域在20世纪90年代初就实施改革，可是至今尚未颁布一部《电信法》，在2000年9月才颁布了一部《电信条例》。因此，虽然取得了一定的改革成效，但仍存在一些无序竞争现象。这些都与电信行业的法律制度建设滞后有关。在中国的电力行业，1996年4月开始实施的《电力法》是中国垄断性行业中一部相对较新的法律，但该法规定的不少内容已不适应当前电力行业的实际，更不适应深化电力行业改革的需要。这在客观上要求中国加强包括能源行业在内的法律制度建设。

（三）能源监管立法与改革相兼顾的导向

在能源行业，如果实行"先立法后改革"的立法导向，要求对能源行业改革具有长远的整体性设计，但由于不确定性很大，设计难度较大；同时，法律的制定需要一个较长的过程，这可能会错过能源改革的最佳时机。而在如果实行"先改革后立法"的立法导向，虽然适合中国长期以来的立法传统，但会产生较大的改革成本。同时，在日益强调依法治国、依法监管的背景下，能源行业的重大改革与监管也需要以法律为依据。因此，一种比较符合中国传统的立法思路是实行能源监管立法与改革相兼顾的导向。

结合中国的立法实践，至少有以下两种基本立法思路可供选择：（1）在一定范围（地区或行业）内实行"先行先试"，为立法提供基本经验。即允许在特定范围内先行试验性改革，并制定相应的改革文件，在取得一定的改革成效并积累相当的改革经验后，实行"诱致性制度创新"，作为上一级立法甚至全国性法律的基础。（2）先制定法规、规章或规范性文件，条件成熟时再制定法律。这是近几年中国在立法实践中所实施的基本思路。但实践证明，由于大量的规章或规范性文件是部门立法，这对同一立法主题容易产生多个相关部门争相出台部门规章或规范性文件问题。因此，对同一立法主题需要在初始阶段就明确特定的立法部门，以避免多部门立法、缺乏协调性的问题。

无论是采取哪种立法思路，都要体现改革导向，积极创造条件，颁布较高立法层次的行政法规，甚至由全国人民代表大会及其常务委员会颁布《石油法》《天然气法》和《能源法》等特定法律，或者修订《电力法》《煤炭法》等已有法律。为深化中国能源行业改革，确立法律框架，这些法律的主要内容至少应包括：能源行业改革的目标、程序；改革的主要内容；确定监管机构，明确其责权；规定企业经营许可证的基本内容，明确企业的责权利关系；对价格、服务质量、新企业进入行业的条件、竞争企业间的关系等重要政策问题做出原则规定。在能源行业基本法律的基础上，由相关行业主管部门和监管机构制定具体的法规制度，作为能源基本法的实施细则，以增强法律的可操作性和动态适应性。

二 能源监管立法的目标导向

（一）维护能源消费者利益

各类能源企业和能源消费者，既是能源行业的两大市场主体，也是具有不同利益导向的两类利益集团。能源企业作为一个特定的利益集团，它与能源消费者利益集团对政府部门和监管机构具有相对的游说目标，例如，能源企业通常要求政府制定较高的价格，以取得较多的利益；而能源消费者要求政府制定较低的价格。由于利益集团的行为是由组成集团的每个成员的需求与动机决定的，因此，每个利益集团成员只有联手努力，才能获得共同利益。这要求每个成员都有一定的激励去关心，并采取一定的行动，以争取优惠的监管政策。这就是说，某个利益集团内每个成员能从监管政策中得到的利益越多，这个利益集团就越能认识到怎样制定监管政策才能对他们有利。这样，由于"搭便车"效应，大规模的消费者利益集团反而处于劣势地位。这是因为，某个消费者为了本利益集团的利益所做的努力，集团内所有的人都有可能得益，但其成本则由这消费者承担。这种成本和收益不对称的状况，会抑制大规模利益集团成员为本利益集团而努力的刺激。虽然个人努力的成本与利益集团的规模无关，但利益集团越大，个人努力的边际作用就越小。因此，可以做这样逆向推断：利益集团的规模越小，由于每个集团成员的努力对整个利益集团有较大影响，其个人成本和收益的不对称性相对较小，这就使"搭便车"效应明显减弱。

以上分析结果表明，由于能源企业这一利益集团的规模较小（特别在自然垄断性的输配电业务领域只有少数几家企业），而且，每个能源企业都能敏感地认识到可从优惠的政府监管政策中取得大量的利益，这就容易采取共同一致的行动；而与它（企业）相对的能源消费者利益集团则由数以万计的个体构成，政府监管政策对其造成的不利影响由各个消费者分担，对个人的影响并不大。因此，能源消费者个人往往缺乏为本集团的利益而积极努力的动机。这就使能源企业对政府部门和监管机构具有特殊的影响力，具有强势地位；而能源消费者对监管机构往往缺乏有组织的影响力，处于弱势地位。许多实证资料都能证明了这一结论。[①] 同时，能源企业与能源消费者在实际生产成本、利润、供求关系等方面存在严重的信息不对称问题，这进一步加剧了能源消费者弱势地位。而保护弱者利益是任何立法（当然包括能源监管立法）的一个最基本原则。这样，维护能源消费者利益就成为能源监管立法一个重要的目标导向，以从法律制度上维护处于弱者地位的广大能源消费者的基本利益。

（二）规范能源企业行为

前面的理论分析已表明，能源企业在能源市场中具有强势地位。在现实中，不少能源企业在特定范围内还具有垄断性，特别是输配电企业和油气网管输送企业拥有很强的垄断力量，它们不仅垄断了能源产品或服务，而且垄断了信息。如果不存在外部约束机制，它们就成为市场价格的制定者而不是价格接受者，就有可能通过制定垄断价格，把一部分消费者剩余转化为生产者剩余，从而扭曲分配效率。这需要通过政府监管规范具有垄断力量的能源企业的价格行为。同时，以现行的成本加成定价法制定能源价格，还会刺激输配电企业采取过度投资行为，以增加资本投资基数，在一定的投资回报率下以取得较多的利润，从而产生低效率的 A—J 效应。这就需要政府对这些企业实行投资监管，以控制作为定价基础的有效资产。另外，由于从事不同业务的能源企业之间和同一业务的不同企业之间，也可以产生不公平竞争，甚至恶性竞争问题，这也需要通过政府监管加以防治，以规范能源企业的竞争行为，更好地发挥竞争机制的积极作用。因此，在能源监管立法中，应体现规范能源企业行为的目标导向，为政府监管机构采取相应的监管政策和措施提供

---

① George J. Stigler and Claire Friedland, "What Can Regulators Regulate? The Case of Electricity", *Journal of Law and Economics*, Vol. 5, 1962, pp. 1 – 16.

法律依据。

（三）促进能源行业效率

在竞争市场上，企业追求长期利润最大化的主要手段是产品和技术创新，在此基础上形成一定的垄断力量。企业取得短期最大利润的主要手段则是生产成本极小化。企业若偏离成本最小化取向，在不存在进入壁垒的情况下，就会招致竞争者进入市场，抢夺企业的市场份额。同时，在竞争性市场上，企业仅仅是市场价格的接受者。总之，在竞争性市场上，市场机制会毫无偏见地促使企业提高效率。但是，在具有自然垄断性的能源行业，存在相当程度的市场失灵问题，特别是输配电和油气网管输送业务领域，必须实行有效的政府监管，以解决这种市场失灵问题。

政府监管的实质是，在几乎不存在竞争或竞争很弱的产业或业务领域中，政府通过一定的监管政策与措施，建立一种类似于竞争机制的刺激机制，以刺激企业提高生产效率，降低成本，同时将部分效率改进之利，通过降低价格，让渡给消费者，从而增加消费者福利，提高社会分配效率。因此，在能源监管立法中，需要体现促进能源行业效率的立法目标，使政府监管机构有法定责任，并通过采取最高限价监管、区域间比较竞争监管等激励性监管政策，扮演竞争性市场的角色，以模拟发挥竞争机制的功能，通过类似竞争的刺激机制，促使能源企业自觉优化生产要素组合，充分利用规模经济，不断进行技术革新和管理创新，努力实现最大生产效率，不断降低能源成本和价格，以保护消费者利益，促进社会分配效率。

第三节　能源监管法规政策体系构建

上一节提出了能源监管立法的基本导向，由于能源监管立法的基本导向具有高度抽象性和概括性，还需要构建一套能源监管法规政策体系，将能源监管立法的目标导向具体化为可以落实的法律法规条文。

一　能源监管法规政策体系基本框架

（一）能源监管法规政策体系基本框架构成

根据本书第三章对能源监管体系的整体框架的论述，能源监管的法规政策体系是由能源监管法律、能源监管行政法规、能源监管部门规

章、能源监管规范性文件等不同法律层级效力的法规政策构成的有机联
系、协调一致的集合，其层次结构如图 4 – 1 所示。

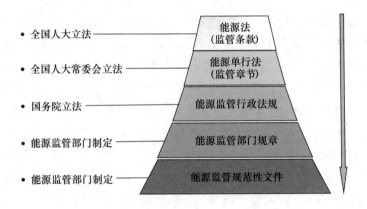

图 4 – 1 能源监管法规政策体系框架结构

图 4 – 1 可以分为两个部分，左边是立法部门，右边是法规政策体
系对应的内容。从图 4 – 1 中可见，能源监管法规政策体系共分为五个
层级，第一个层级由能源法的监管条款构成，由全国人民代表大会立法
出台。由于能源法被定位于规范整个能源领域所有法律法规的基本法，
其调整的内容包含能源领域所有的法律关系，而能源监管立法作为能源
立法的一个重要方面，在能源法中，形式上的体现应该是能源法中的若
干有关能源监管的条款。第二个层级是主要能源行业的单行法中有关能
源监管的章节，由全国人民代表大会常务委员会立法出台。由于能源单
行法是能源法确定的法律原则在某个特定能源行业结合该行业特征的扩
展和具体化，有关能源监管的内容应当是在能源法能源监管条款的基础
之上结合该行业特征的进一步扩展，并且从法律结构完整性角度来看，
应当设置一个独立的章节对能源监管的内容加以规定，对主要的监管事
项进行规定。第三个层级是能源监管的行政法规，由国务院立法出台。
能源监管的行政法规在立法定位上是为执行能源单行法的监管章节而做
的进一步配套性规定，在内容上是对监管章节中的有关规定进一步细
化，并且具有一定的可操作性，而且从结构上要形成一部相对完整的能
源监管法规。第四个层级是能源监管规章，由能源监管部门制定并发
布。能源监管规章定位于对能源监管法律以及行政法规的进一步配套性

规定，主要是对能源监管行政法规在某一方面的规定进行的进一步具体化，并且可操作性更强，能够直接作为能源监管部门的日常监管工作的依据。第五个层级是能源监管的规范性文件，由能源监管部门针对日常监管工作中所遇到的具体问题进行规定。

（二）能源监管法规政策体系的特征

就法理而言，一套法律法规体系的形成，并不是由若干部互相关联的法律法规简单地堆积在一起而形成的，而是需要最基本的目标价值导向贯穿于其中，形成一套内部逻辑自洽的有机整体。符合这些基本目标价值导向的法律法规可以纳入这套法律体系中，不符合的则需要剔除出去。就这个角度而言，能源监管的法规政策体系也需要基本目标价值导向将不同行业、不同级别的法律政策串联起来，而这个基本目标价值导向就是本章第二节提出的能源监管立法的三个目标导向，即维护能源消费者利益、规范能源企业行为和促进能源行业效率，只有符合这三条目标价值导向的法规政策才能纳入能源监管法规政策体系中。

从结构上看，能源监管法规政策体系包含不同层级的法律法规和政策。高层级法律法规是低层级法律法规的"渊源"，低层级法规和政策是高层级法律法规的"适用"。例如，能源监管行政法规就是能源监管部门规章的渊源，能源监管部门规章需要依据能源监管行政法规来制定，而能源监管行政法规又是能源单行法中监管章节的适用，能源监管行政法规又需要依据能源单行法中监管章节来制定。通过上位法适用和下位法渊源的关系，将不同级别的法律法规和政策紧密地连接在一起，这才体现出一套法规政策体系构成要素之间的有机联系。

从每部法律法规具体构成要素来看，处于上位法的法律法规中法律原则方面的内容所占比例较大，而规定具体行为准则和法律后果的法律规则方面的内容所占比例则较小。[①] 随着能源监管法规政策体系中法律层级的不断降低，法规原则所占的比例越来越小，而法律规则所占的比

[①] 法律概念、法律原则和法律规则是法的三大基本构成要素。法律原则是法律的基础性原理或为其他法律要素提供基础或本源的综合性原理，例如，能源监管应当遵循公平公正的原则即为法律原则。法律规则是法律上的权利、义务、责任的准则或标准，例如，能源垄断企业应按照能源监管机构制定的价格标准向能源消费者收费即为法律规则，这里规定的能源垄断企业在定价方面的法律义务。参见张文显主编《法理学》，高等教育出版社、北京大学出版社2011年版，第65—77页。

例则越来越大，到了能源监管规范性文件这一个政策层面，由于法律原则已经由上位法做出规定，因此，仅需要制定有关规则，规定被监管对象具体的权利和义务、可以采取哪些行为而不可以采取哪些行为。

从法律法规的数量上看，能源监管法律和行政法规由于是从宏观上对能源监管的事项做出概括性的规定，因此，数量相对更少，而且内容也将是高度精练，避免过于冗长。而能源监管规章和规范性文件由于需要规范的行为类型较多，在不同的条件下会有不同的变化，因此，对应的法规规则也需要较多，下位法的数量和内容都会比上位法增加不少。

从长期动态演变的角度来看，能源监管法律和行政法规应当保持相对稳定，因为这些法律中所包含的法律原则是能源监管目标价值导向的体现，是能源监管立法所追求的根本目标，并不会随着一事一物的变化而发生改变。而能源监管规章和规范性文件由于是在特定的条件下针对特定的目标对象及行为制定的行为规则。当外界环境和监管对象发生变化时，能源监管的下位法也需要根据上位法确定的原则进行相应的修改以适应变化了的事实。这种上位法保持相对稳定而下位法适应现实的方式可以保障法律的权威性与适时性相统一，既不必为了适应现实而频繁地修改法律，影响法律的权威性，又不必为了保持法律的稳定性而造成法律的过时。这也是构建能源监管法规政策体系的客观必要性。

（三）能源监管法规政策体系的可行性

就合法性而言，本书提出的能源监管法规政策体系的基本框架符合《中华人民共和国立法法》（以下简称《立法法》）的相关规定。《立法法》第七条规定了全国人民代表大会及其常务委员会的立法权限："全国人民代表大会制定和修改刑事、民事、国家机构的和其他的基本法律。全国人民代表大会常务委员会制定和修改除应当由全国人民代表大会制定的法律以外的其他法律；在全国人民代表大会闭会期间，对全国人民代表大会制定的法律进行部分补充和修改，但是不得同该法律的基本原则相抵触。"《立法法》对全国人民代表大会及其常务委员会的立法权限进行了区别，全国人民代表大会制定和修改刑事、民事、国家机构和其他的基本法律而全国人民代表大会常务委员会制定除基本法律之外的法律。由于中国目前现行的《煤炭法》《电力法》等能源单行法都是由全国人民代表大会常务委员会制定的，如果作为这些单行法上位法的能源法也是由全国人民代表大会常务委员会来制定，则能源法和能源单行法属于同一位阶的法律，能源法就难以发挥统领其他能源单行法的全局作用。而且能源行业牵涉整个国民经济的命脉，其基础性地位决定了应当有一部基本法律来进行规范调整。因此，能源法中的能源监管条款及能源单行法中的能源监管章节由全国人民代表大会常务委员会制定，在《立法法》的法律框架内是可行的，并且从法律体系构建的角度看更为恰当。《立法法》第六十五条对于国务院制定行政法规的权限做了规定："国务院根据宪法和法律，制定行政法规。"这一条规定了行政法规的法律渊源是宪法和法律。而本书提出的能源监管行政法规根据能源单行法中的监管章节制定，也是符合《立法法》第六十五条规定的。《立法法》第八十条对制定规章的立法权限做出了规定："国务院各部、委员会、中国人民银行、审计署和具有行政管理职能的直属机构，可以根据法律和国务院的行政法规、决定、命令，在本部门的权限范围内，制定规章。"这一条规定了行政法规的法律渊源是法律、行政法规等，而本书提出的能源监管部门规章根据能源监管法律和行政法规来制定，也是符合《立法法》第八十条规定的。

从国内的立法实践来看，环境监管方面的法律法规已经初步构成了以《环境保护法》为基本法①，包括《水污染防治法》《大气污染防治法》《海洋环境保护法》《环境噪声污染防治法》《放射性污染防治法》《固体废物污染环境防治法》等在内的现行有效法律26部、行政法规50余部；地方性法规、部门规章和政府规章660余项，国家标准800多项，门类相对齐全、结构相对完善的法律法规体系。②尽管能源监管方面的立法落后于环境监管方面的立法，但环境监管立法形成的法律法规体系可以作为能源监管立法的参考和前车之鉴。

从国外的立法实践来看，建立层次结构清晰的法规政策体系也是基本的立法经验。国外的能源监管立法主要是从授权立法的角度，将法规政策体系主要分两个层次：一个是由国会通过的能源法案中的能源监管条款，另一个是能源监管机构根据国会制定的能源法案中具体条文的授权，进一步制定的行政性法规。例如，英国国会1989年通过的《电力

---

① 也有学者认为中国现行的《环境保护法》存在缺陷，无法承担起整个环境法律体系基本法的责任，参见黄锡生、史玉成《中国环境法律体系的架构与完善》，《当代法学》2014年第1期。

② 国务院新闻办公室：《中国的法治建设白皮书》，2008年8月28日。

法》第 39 条规定：电力监管总监在能源国务大臣批准和咨询利益相关人之后，有权制定关于供电服务标准的规章，并且对所制定的规章也提出了相应的要求。电力监管总监则在 1991 年制定了配套性的规章，对公用电力供应商的供电质量做出了非常详尽，并且具有可操作性的规定。之所以采取这种立法结构是因为能源监管具有专业性，作为政治家的国会议员不可能精通能源监管的方方面面，因此，授权专业性的监管机构对于某项监管事务制定更细化的规章不仅可以发挥监管机构的专业性，同时还能将立法者的精力解脱出来关注更为全局的立法事务。当然，由于各国立法体制的不同，中国在能源监管立法时不可能完全照搬国外那一套做法，但是，建立分层次的能源监管法规政策体系却是各国通行的一项基本经验。

二 能源法中的能源监管条款

由于能源法是调整整个能源领域法律关系的基本法，能源监管作为政府干预能源行业的一个重要手段，在能源法中应当有所体现，但所占的篇幅不必太长，只需要关键的若干条款，对能源监管机构行使监管权力在法律层面上进行授权，并且对能源监管的目的和适用范围做出原则性的规定，更具体的规定可以放到下一个层次的立法中解决。

根据本书第三章中关于能源行业自然垄断性的政府监管需求的分析，能源监管要抓住的核心问题就是对能源输配环节授权能源监管机构进行监管，因此，能源法中可设立一条，规定国务院能源监管部门依法对具有自然垄断特征的电力、石油、燃气等能源输送管网的公平开放、普遍服务、消费者权益保护等实行专业性监管。

由于价格监管是对能源自然垄断环节进行监管的核心手段，因此，在能源法中还可设立一条，规定国务院能源监管部门按照有关法律法规制定并监管自然垄断经营的能源输送管网的输送价格，国务院能源监管部门制定的输送价格应激励能源输送管网企业改善经营管理，提高生产经营效率并降低成本。

本书第三章还提出了能源行业不同业务实施分类监管的建议，根据自然垄断性强弱对能源行业不同业务实施分类监管也是近年来世界各国能源行业放松管制的整体思路，可以在能源法立法中有所体现，因此，能源法中可设立一条；规定国家鼓励具备市场竞争条件的能源产品和服务放开市场竞争，由国务院能源监管部门监管本条所述能源产品和服务市场的市场秩序。

本书第三章对能源行业公共性和公益性的分析也指出，能源普遍服务体现出全体社会成员的公共利益，为了保障弱势能源消费群体的合法权益，能源法中可设立一条，规定从事民用燃气、热力和电力等供应业务的企业应当依法履行普遍服务义务，保障公民获得无歧视、价格合理的基本能源供应服务，接受能源监管部门和有关部门及社会公众监督。国家建立能源普遍服务补偿机制，对因承担普遍服务义务造成亏损的企业给予合理补偿或者政策优惠。

三　能源单行法中的能源监管章节

在能源法中设立了能源监管的相关条款之后，在能源单行法中，应当设立单独的能源监管章节细化能源法中的相关监管原则。但有两点值得注意：一是并非所有的能源单行法都需要设置单独的能源监管章节。本书第三章已经指出，只需要对具有自然垄断属性的能源业务进行监管，不具有自然垄断或弱自然垄断的能源业务尽可能运用市场竞争机制配置资源，因此体现在法律层面就是在那些包含自然垄断业务的行业单行法中设置专门的能源监管章节，而没有自然垄断业务的行业单行法则可以不必设置，相应地，应该在电力法和石油天然气法设置相应的监管章节，而煤炭法、可再生能源法等行业单行法则可以不设。[①] 而涉及市场竞争关系的可以通过《反垄断法》和《反不正当竞争法》来调整。二是中国的立法体例通常在一部法律的实体性规定之后、法律责任和附则之前设置单独的一章规定政府有关管理部门对该法律中实体性规定进行监督，主要是授权有关管理部门对执行该法律的情况进行监管执法的权限。根据法律内容的不同，这一章的标题具体有监督管理、监督检查、监督执法等。但这里的监管管理与本书所论述的监管的含义有所不同。尽管能源监管需要依据相应的法规政策，但其目标是防止垄断企业滥用垄断势力，而不完全是要求企业遵守有关的法律法规。例如，某个电网企业如果没有按照监管机构制定的电网输配电价收取输配电服务费，向电网使用者多收取了一部分费用，这一行为不仅是本书所提到的

---

① 从国际立法经验来看，德国的能源基本法《能源经济法》本质上是一部行业监管法，又称为《电力和燃气供应法》，主要是对与管道相连的电力供应和燃气供应做出规定，并非涉及所有的能源行业。参见王艳虎《德国〈能源经济法〉初探》，《法制与经济》（中旬刊）2008 年第 11 期。

能源监管所要监管的对象，同时也是法律意义上监督管理的对象。但是，如果某个发电企业没有按照现行《电力法》第二十二条规定与电网企业签订并网协议的，电力管理部门可以根据《电力法》第八章中监督检查的有关规定对该发电企业进行监督检查，但这种行为却不是本书所提到的监管对象。

由于能源监管在能源单行法中要构成单独的章节，因此，在结构上需要完整性，基本涵盖能源监管的几个重要方面的基本内容。下面以电力法为例，参照发达国家立法经验，探讨其中的监管章节应该包含的重要内容，为中国制定能源监管法规政策提供借鉴与参考。

（一）准入监管

发达国家对市场准入监管实行的是许可证管理制度。如英国在1989年《电力法》①第4条规定，从事发电、输电与供电业务的任何人必须取得许可证，否则将会受到法律惩罚。据该《电力法》第6条的规定，电力业务许可证分为发电、输电和供电三类。随着英国电力体制改革的推进，英国在2000年《公用事业法》第28条对《电力法》第6条做出修改，把原来的供电类许可证拆分为配电类和售电类，以适应新一轮电力改革中配售分离改革的要求。能源国务大臣在咨询电力监管总监的意见之后，可以对某些电力企业豁免许可，但豁免仅限于发电和售电业务，输配电业务不得豁免。因此，中国可以参照英国的立法经验，通过法律规定对电力行业的准入设置许可，但对于不同业务类型应有所区别，像输配电业务这种带有自然垄断特征的必须严格许可，以控制行业内企业数量，而对于发电和售电这种竞争性业务则可以采取资质管理的方式，只要企业满足最基本的条件就可以授予许可，不必强制限定行业内企业数量，主要依靠市场机制来调节。

（二）价格监管

发达国家的能源法都授予了能源监管机构的价格监管权。例如，英国1989年《电力法》第44条规定，电力监管总监可以制定销售电价

① 值得指出的是，英国1989年出台的《电力法》是英国20世纪80年代末启动的电力市场化改革的奠基性法律文件，同时也奠定了英国对电力行业实行监管的最基础性法律框架，后来出台的《公用事业法（2000）》《能源法（2004）》《能源法（2010）》《能源法（2013）》只是对1989年《电力法》所奠定的电力监管基本法律框架进一步修订与完善。因此，尽管这部法律出台时间比较久远，但并没有过时。

的最高价格。这里的销售电价指的是取得供电类许可证的公共供电企业
向电力消费者收取的价格。美国在 1935 年通过的《联邦电力法》第
824d 条也规定，所有输送和销售电力的收费和费率都必须是公正与合
理的，任何不公正合理的收费与费率都是非法的。电力公司如果要变更
费率须提前 6 天通知联邦能源监管委员会和社会公众。联邦能源监管委
员会可以推迟执行新的费率不超过 5 个月，并在此期间举行听证。如果
涉及费率上调，并且这一费率上调行为被发现是不公正与合理的，则电
力公司须退还多收的部分与相应的利息。因此，中国可以参照发达国家
的立法经验，通过法律规定，对电力企业定价行为进行严格监管，企业
制定的价格不得超过监管机构所制定的价格上限，价格调整需要经过监
管机构的批准，并且遵循严格的法律程序。而这一套法律程序则可以由
下位法来规定。同时，为了在法律中体现本书第二章所提出的激励性监
管的理念，还应该在价格监管的有关条款中规定监管机构应当采取积极
有效的激励性监管措施来激励电力企业提高生产经营效率，节约成本并
且与电力消费者分享。电力监管机构应当向立法机构报告激励性监管的
成效并且向社会公众公布。

（三）投资及成本监管

由于价格直接取决于企业的前期投资行为与相应的成本，因此，发
达国家在能源法律中也对企业投资及成本回收做出了规定。例如，英国
在 1989 年《电力法》第 36 条中规定，发电厂的新建、扩建和运营必
须得到能源国务大臣的审批。第 37 条规定，输电线路的安装必须得到
能源国务大臣的审批，未经审批的电力建设项目一律违法并要承担法律
责任，但同时能源国务大臣也可以依法豁免某些发电厂和输电线路的审
批。第 19 条规定，供电企业可以回收为了向电力消费者供电而发生的
合理支出，并且在第 19 条第 4 款规定了合理支出的范围。美国在 1935
年通过的《联邦电力法》第 824b 条规定，任何电力公司未经联邦能源
监管委员会批准，不得处置资产、兼并与购买其他电力公司发行的证
券。第 824c 条规定，电力公司发行证券、对外担保必须向联邦能源监
管委员会提出申请，联邦能源监管委员会认为只有该行为符合该公司目
标和公共利益时才能批准申请，电力公司发行证券的行为必须按照联邦
能源监管委员会审批的命令执行，授权的资产证券化也不得超过预期支
付的数额。因此，中国可以参照发达国家的立法经验，通过法律规定，

对电力企业的投资和成本进行严格监管，企业的所有投资项目都必须经过监管机构的审批才能进行，其投资支出必须有充分的理由，并且支出应符合审慎合理的原则，不合理的投资支出不得计入定价基础。

（四）质量监管

质量监管制度与价格监管制度是配套的，主要是为了防止企业在价格固定的前提下，通过降低产品或服务质量的方式来降低成本，最终损害消费者利益。发达国家在能源法律中对于供电质量和服务质量也做了规定。例如，英国1989年《电力法》第39条规定，电力监管总监可以针对各供电企业的实际情况制定规章来规定该供电企业所需要达到的供电服务标准，如果供电企业没有达到这个标准，则需要对电力消费者进行赔偿，并且采取相应的补救措施。如果供电企业与电力消费者之间产生纠纷，则由电力监管总监协调并解决。该法第40条规定，电力监管总监可以制定规章来规定所有供电企业所需要达到的整体供电服务标准。该法第42条规定，电力监管总监有权收集供电企业供电服务质量的有关信息，供电企业有义务向电力监管总监报送这些信息的义务。因此，中国可以参照发达国家的立法经验，通过法律规定，对供电企业的服务质量进行严格的监管，确保供电企业的供电质量与服务达到电力监管部门规定的标准，否则电力监管部门可给予相应的处罚，并且责令其赔偿给电力消费者造成的损失。

（五）反垄断监管

发达国家在制定能源监管法律时都遵循行业监管法律与反垄断法律不抵触的原则。例如，美国1978年《公用事业管制政策法》第4条规定，本法的实施不影响反垄断法适用于任何电力企业和燃气企业，而英国1989年《电力法》第43条规定，电力监管总监履行反垄断法在电力行业保护消费者的职责，并且在反垄断机构对电力行业进行反垄断调查时要提供协助，提供掌握的有关信息。该法第15条还规定，能源国务大臣也可以依据反垄断法来修改电力许可证中的许可条件，如果电力企业存在垄断行为、企业发生合并或者存在反竞争行为，能源国务大臣应当提请反垄断机构介入调查。因此，中国可以参照发达国家的立法经验，规定在电力行业的竞争性环节适用反垄断法和反不正当竞争法的相关规定，由电力监管机构履行有关的市场监管职责，并且在发现电力企业存在反竞争行为时，提请反垄断机构介入调查。当电力企业发生兼并时，由电力监管机构和反垄断机构联合评估企业兼并可能对竞争产生的负面影响，并且决定是否批准电力企业之间的兼并。

四　能源监管行政法规

能源监管行政法规在整个能源监管法规政策体系中起承上启下的作用，一方面作为能源单行法中监管章节的配套性规定，另一方面作为能源监管规章的上位法。就其定位而言，由于是专门的行业监管法规，按照法学的分类方法应该定位成行政法。而行政法立法的总体原则是在授予行政执法主体相应执法权的同时，规范权力的运行，在不损害行政执法主体为实现行政管理目标而发挥行政自由裁量权的同时，更强调保障行政执法对象的合法权益，防止行政执法主体滥用法律赋予的权力对行政执法对象造成的伤害，通过设置法律上的救济方式来实现这一点。具体到能源监管行政法规，由于能源监管是政府监管部门对具有自然垄断特征的能源输送管网经营企业自主定价权的一种行政性监管，这也是对作为市场主体的企业自主经营权的限制。一旦能源监管机构滥用法律授予的价格监管权而对企业从事生产经营活动所享受的合法收益权的侵害，如果没有从法律层面设定有效的事后救济措施，则能源监管行政法规必然是有失公平性的。国外能源监管的立法对保障被监管企业的合法权益做了规定。例如在美国，电网和天然气管网的经营企业都是私人公司，其管网输送价格受到联邦及州监管机构的监管。如果监管机构制定的管网输送价格过低，则会从实质上造成监管机构对私人资产的管制性征收。而美国《宪法第五修正案》及该修正案依据《第十四条修正案》对各州适用的规定，在没有公平补偿的情况下，不得为公用之目的征用私有物。为了不与宪法的精神相抵触，美国《能源法》规定，监管机构在实施价格监管时要充分听取被监管企业的意见，对于重大的价格监管决策需要召开听证会，听取被监管企业、利益相关方和社会公众的意见。如果被监管企业认为监管机构的价格监管决定实质上构成了强制性征收，也可以依据宪法中的相关条款向法院提出行政诉讼。这样，也保障了被监管企业的合法权益。因此，中国可以借鉴国外能源监管立法的经验，在制定中国能源监管行政法规时通过事前参与、听证会以及事后的行政诉讼等方式赋予被监管企业权益受到侵害时的救济手段。

由于能源监管行政法规是能源单行法中监管章节的配套性规定，而前面已经提出只需要在电力、石油天然气的行业单行法中设置监管章节，因此，在行政法规这个层面，也只需要对电力和石油天然气行业制定单行的行业监管行政法规。

以电力监管行政法规为例，从体例结构来看，电力监管行政法规可以包含总则、监管机构、监管职责、监管措施、法律责任与附则等内容。

"总则"中应规定监管立法的目标与依据、监管实施主体与监管客体、监管目标、监管原则、法律法规对监管机构工作人员依法履行职责的合法性授权、监管机构与其他有关管理部门开展合作的原则、监管事务的国际合作等内容。

"监管机构"一章应包括监管机构的设立与管理、监管机构工作人员任职要求、监管机构工作人员应当遵守的行为准则、监管机构信息公开、对于违法监管法律法规的投诉与举报处理、地方政府及各级部门配合监管机构履行监管职能的义务、监管机构的内部监督和外部监督制度等内容。

"监管职责"一章应包括监管机构制定监管规章的法律授权、监管机构对被监管对象发放许可证的法律授权、监管机构对于电力市场竞争秩序的监管、发电企业并网情况的监管、电网企业互联情况的监管、电力交易机构公平开放市场的监管、电网企业公平开放电网的监管、电力交易规则执行情况的监管、电力调度规则执行情况的监管、电网企业投资行为的监管、电网企业生产经营效率的监管、电网企业价格行为的监管、电网企业对电力用户供电质量与服务质量的监管等内容。

"监管措施"一章应包括监管机构有权要求电网经营企业报送资产负债表、利润表等财务报表以及其他监管机构要求报送的经营管理资料、监管机构有权制定相关规章责令被监管企业如实披露有关电力调度与电力交易信息、监管机构有权对被监管企业进行现场检查、监管机构有权协调和裁决电力企业之间的市场交易纠纷、监管机构应向社会发布履行监管职能的有关报告等内容。

"法律责任"一章应包括被监管企业违反有关法律法规的处罚规则，以及监管机构工作人员违反有关法律法规的处罚规则，并且视情节严重程度适用有关的刑事和行政处罚法律法规。

最后一章"附则"应包括电力监管行政法规的生效日期、适用范围以及有关法律概念的定义等内容。

五　能源监管部门规章

制定能源监管部门规章的目标是将能源监管行政法规的原则、制度、规定进一步具体化，使能源监管的各主要方面和基本环节都有具体的、可操作性的规定。

以电力监管的部门规章为例，根据前面提出的电力监管行政法规的结构体例，电力监管的部门规章应该包括以下四个方面的内容：一是对监管机构进行配套的部门规章：电力监管机构派出机构管理规定、电力监管机构监管人员管理规定、电力监管责任追究办法、电力监管机构举报处理规定、电力监管信息公开办法等。二是对监管职责进行配套的部门规章：电力业务许可证管理规定、电力业务许可日常监管办法、发电企业监管办法、输电企业监管办法、配电企业监管办法、售电企业监管办法、电网运行基本规则、电网公平开放监管办法、电力市场运营规则、电力市场监管办法、电力调度规则、电力调度监管办法、配电企业电能质量标准和服务质量标准、电力普遍服务监管办法、电价监管办法、电网投资监管办法、输配电成本监管办法等。三是对监管措施进行配套的部门规章：电力企业信息报送规定、电力企业信息披露规定、电力监管信息系统管理办法、电力监管机构现场检查规定、电力行政执法证管理办法、电力争议调解规定、电力争议裁决规定等。四是对法律责任进行配套的部门规章：电力监管机构行政处罚决定等。

第四节　能源监管法规政策体系的建设途径

上一节讨论了能源监管法规政策体系基本框架和主要内容，这也是中国建立能源监管法规政策体系较为理想的模式。然而，中国现行有效的能源监管方面的法规政策体系尚不健全，能源监管还更多地依据规范性文件，能源监管法律需要进一步完善。本节将重点探讨构建中国能源监管法规政策体系的立法模式、完善能源监管法规政策体系的近期目标和长期目标三个方面的内容。

一　能源监管法规政策体系的立法模式

立法模式是指"一个国家制定、修改、废止法律的惯常套路、基本的思维定式和具体的行动序列以及由诸因素决定的法律确认的立法制度、立法规则"。① 关于立法模式方面的研究，大部分学者都是结合某一部特定法律立法来论述可采取哪一种立法模式。而本书把能源监管法规政策体系的立法模式定义为从当前的能源监管法律法规过渡到理想模式下的能源监管法规政策体系的动态路径选择。

中国现行的能源监管法规只有《电力监管条例》及其配套的部门规章。尽管在《电力监管条例》之上还有《电力法》，但该法并不是《电力监管条例》严格意义上的上位法。因为该法提出的配套性行政法规立法要求只有电网调度管理办法（第二十三条规定）、电力供应与使用办法（第二十四条规定）、电价管理办法（第四十五条规定）、农业和农村用电管理办法（第五十一条规定）、电力设施保护办法（第五十三条规定），并没有电力监管方面的配套性行政法规立法要求。而且《电力监管条例》第一条规定："为了加强电力监管，规范电力监管行为，完善电力监管制度，制定本条例。"② 这也表明该法并不是《电力监管条例》的渊源和立法依据。

根据《国家能源局 2016 年度法治政府建设工作情况报告》，国家能源局确定《能源法》《电力法》（修订）、《煤炭法》（修订）、《石油天然气管道保护法》（修订）、《石油天然气法》《核电管理条例》《海洋石油天然气管道保护条例》《国家石油储备管理条例》《能源监管条例》"五法四条例"为能源立法重点推进项目。国家能源局 2015—2018年公布的年度市场监管工作要点的通知中，关于能源监管法规制度建设的首要任务就是推动《能源监管条例》的制定工作。

由于《能源监管条例》已经列入国家能源局能源立法规划中并且制定工作处于有力推进过程中，如何协调《能源监管条例》与已经实施多年的《电力监管条例》之间的关系就成为构建中国能源监管法规政策体系的焦点。由于 2013 年国家电力监督管理委员会与国家能源局重新组建为国家能源局之后，监管的范围由原来的电力行业扩展到整个能源行业，因此，作为监管法规依据的《能源监管条例》也将覆盖整个能源行业，《能源监管条例》将定位成一部综合性监管法规，而《电

---

① 关保英、张淑芳：《市场经济与立法模式的转换研究》，《法商研究》（中南政法学院学报）1997 年第 4 期。

② 如果《中华人民共和国电力法》是《电力监管条例》的法律渊源和立法依据，那么《电力监管条例》第一条就会规定：为了……依据《中华人民共和国电力法》，制定本条例。

力监管条例》则是原国家电力监督管理委员会作为专门的电力监管机构出台的专业监管法规，这也就引出了中国能源监管法规政策体系立法模式的两种选择：一种是分业监管立法模式，针对不同的行业分别进行监管立法；另一种是综合监管立法模式，对整个能源行业进行监管立法。

《电力监管条例》和《能源监管条例》都是一部行政法规，从构建能源监管法规政策体系的角度来讨论能源监管的立法模式，还需要构建它们的上位法和下位法。分业监管立法模式下能源监管法规政策体系如图4－2所示。

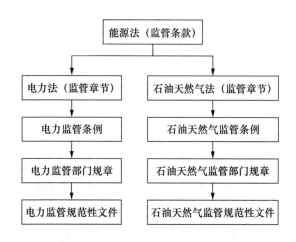

图4－2　分业监管立法模式下能源监管法规政策体系

由图4－2可见，在能源法之下出台电力、石油天然气等行业单行法，并且在行业单行法之下出台各行业监管行政法规、部门规章以及规范性文件。值得指出的是，在这种立法模式下，应该对现行的《电力法》和《电力监管条例》加以修订，建立起这两部法律法规之间的内部逻辑联系，改变原来互相脱节的关系。

对于分业监管立法模式而言，较多地考虑了与现行法律法规的衔接性，只需要对现行的《电力法》进行修订，使它与《电力监管条例》形成法律逻辑连接关系，同时新制定石油天然气法和与之配套的石油天然气监管条例。这种立法模式与现行的能源法律体系的衔接性较好，与《电力监管条例》配套的部门规章仍然能发挥效力，而且电力与石油天然气行业分别制定监管条例的做法能够更充分地反映出这几个行业的技术经济特征，法规的适用性更强。其缺陷是要占用更多的立法资源，在整个国家立法资源趋紧的条件下会加大法律法规出台的难度。

综合监管立法模式下能源监管法规政策体系如图 4 - 3 所示。

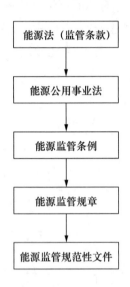

图 4 - 3　综合监管立法模式下能源监管法规政策体系

由图 4 - 3 可见，由于《能源监管条例》作为一部行政法规，与作为基本法律的《能源法》之间还需要一部能源单行法来发挥承上启下的作用。有的学者认为，这部法律可以是《能源公用事业法》，主要调整具有自然垄断特征的能源输配管网运营企业和消费者在能源供应销售过程中服务和接受服务的关系，主要内容包括在中国能源公用行业环节引入竞争、市场准入监管、产品和服务价格监管以及农村、农民获得和改善能源公用事业服务等问题。① 而《电力法》和《石油天然气法》等行业单行法则不再对这方面加以规定。《能源监管条例》则定位于《能源公用事业法》的下位法，授权能源监管机构对电网和石油天然气输配管网进行监管。

对于综合监管立法模式而言，制定综合性的能源监管条例与国家能

① 叶荣泗、吴钟瑚：《中国能源法律体系研究》，中国电力出版社 2006 年版，第 28—29 页。

源局目前的立法规划相符，能够获得政府实务部门的大力推进。由于电网和石油天然气管网这些自然垄断环节监管的基础理论是相同的，进行综合立法既存在理论上的可行性，也有利于节约立法资源，在有限的立法资源条件下更容易获得通过。其缺陷在于需要对现行法律法规体系做较大的调整，特别是将《能源监管条例》取代《电力监管条例》的做法将会使与《电力监管条例》配套的部门规章失去上位法律依据，而《电力监管条例》及其配套规章又是目前国家能源局履行电力监管职能的重要法律依据。尽管《能源监管条例》的制定也会考虑到与《电力监管条例》配套规章的衔接，但《能源监管条例》调整的范围比《电力监管条例》更广泛，还需要保证与《电力监管条例》配套规章之间形成完善的配套，对《能源监管条例》的立法技术也提出了更大的挑战。此外，由于《能源监管条例》要适用整个能源领域的监管事项，其中，对电力和石油天然气行业监管事项的规定难免顾此失彼，与分业监管立法相比，法规的适用性有所弱化。最后，值得指出的是《电力监管条例》是原国家电力监督管理委员会作为独立监管机构，在2002年电力体制改革方案设定的电力体制改革与监管的思路上制定的，《电力监管条例》中有关监管职责的规定与独立监管机构的职责定位相吻合。而在2013年国家电力监督管理委员会与国家能源局重新组建国家能源局之后，国家能源局作为政监合一的机构，除了履行原国家电力监督管理委员会的电力监管职能，还要承担国家能源规划与政策落实情况的督察职能。国家能源局为了履行这两种职能，必然会在《能源监管条例》中强调对国家能源规划和政策落实情况的督察职责，这也会在一定程度上造成《能源监管条例》中弱化本书所称的能源监管的相关规定。

综合比较来看，采取分业监管的立法模式是中国构建能源监管法规政策体系更为理想的选择。

二　完善能源监管法规政策体系的近期目标

本书第三章在讨论现代能源监管体系建设的基本途径时已经提出，完善能源监管法规政策体系的近期目标是对现行能源监管法规制度的更新与整合，要确保这些工作能在短期内完成，以解决中国能源监管目前面临的法律依据不足的迫切需求。

（一）能源监管法规政策更新

能源监管法规政策更新包含两个层面的含义：一是对现行有效的能

源监管法规政策的修订与完善，以适应能源领域新的改革与发展的要求；二是对已过时的法规政策进行全面清理，特别是对那些需要调整的能源法律关系不复存在或者是已经发生根本变化的规章和规范性文件，要及时废除。

对于能源监管法规政策的修订而言，目前的电力体制改革和油气体制改革都在进行中，特别是电力体制改革中的输配电价改革提出了按照"准许成本＋合理收益"的原则来核定电网企业的准许收入，以此来核定电网企业的输配电价。而《电力法》第三十五条规定："本法中所称电价，是指电力生产企业的上网电价、电网间的互供电价、电网销售电价。"由于《电力法》出台时中国尚未对电力体制改革进行重大改革，电网企业还是依靠销售电价和上网电价之间的差价来实现营业收入。因此，当时在立法时就不可能考虑到输配电价问题，而目前中国省级电网、区域电网和跨省跨区输电专项工程的输配电价已经核定完毕并且正在执行，实际运行中的输配电价却不具备任何合法性。因此，需要对这一条进行修订，以适用新一轮电力体制改革与监管的实际需要。此外，《电力法》第二十五条规定："供电企业在批准的供电营业区内向用户供电。……一个供电营业区内只设立一个供电营业机构。"而新一轮电力体制改革中的售电侧改革则允许发电企业和社会资本成立售电公司，在不同的供电营业区内对电力用户开展售电业务。而多家售电公司在同一供电营业区开展售电业务则与《电力法》第二十五条规定相抵触。这同样是因为《电力法》出台时还没有开展售电侧改革，仍然假定电力企业维持发电、输电、配电、售电一体化的结构，没有为售电侧的放开竞争留下合法空间。因此，也需要对相应条款进行更新修订。

对于能源监管法规政策的清理与废除而言，国家发展和改革委员会和国家能源局都已经做了大量的工作。考虑到适用主体、调整对象均发生了较大变化，国家发展和改革委员会 2017 年第 1 号令决定废止《电力监管机构行政处罚程序规定》（国家电力监督管理委员会第 16 号令）、《电力争议纠纷调解规定》（国家电力监督管理委员会第 30 号令），国家发展和改革委员会 2017 年第 13 号令宣布《电力监管机构举报处理规定》（国家电力监督管理委员会令第 17 号）、《电力监管机构投诉处理规定》（国家电力监督管理委员会令第 18 号）失效，国家发展和改革委员会

2018 年第 17 号令决定废止《电力监管信息公开办法》（国家电力监督管理委员会令第 12 号）。国家能源局 2016 年第 5 号公告决定废止《关于实施〈输配电成本核算办法（试行）〉有关问题的通知》（办价财〔2006〕2 号）等 60 件规范性文件，国家能源局 2017 年第 11 号公告决定废止《关于印发〈华东电力市场监管实施办法（试行）〉的通知》（电监市场〔2004〕10 号）等 147 件规范性文件。这些与能源监管有关的规范性文件或者是适用期已过时，或者是被新的规范性文件取代，或者是部署的阶段性工作已经完成而无实际存在的意义。下一步应根据改革推进的实际情况和行政管理体制改革的要求，进一步清理已经过时、不适用改革发展需要的规范性文件，为能源体制改革以及完善能源监管体制扫清道路。

（二）能源监管法规政策整合

能源监管法规政策整合，主要是针对中国能源监管法规政策之间协调性差、部分内容存在抵触和冲突的问题，通过部门间的协调机制以及灵活应用立法技术等方式，充分整合协调现行能源监管法规政策资源，以提高这些能源监管法规政策的监管绩效。具体而言，可以从以下三个方面进行整合。

1. 加强能源监管有关部门之间法规政策出台的协调机制

鉴于目前中国能源监管机构还存在机构及职能配置不科学，能源监管有关职权分散于国家发展和改革委员会、国家能源局、商务部、应急管理部等不同政府部门之间等问题，各部门基于自身职权出台的有关能源监管的法规政策还存在不一致的情况，因此，应当建立和加强这些能源监管有关部门之间法规政策出台的协调机制，对于某一类涉及能源体制改革和能源监管的重大问题，可以建立部际协调领导小组，综合协调不同部门之间制定和发布能源监管有关的法规政策，提请国务院制定有关能源监管的行政法规或者联合制定规章，重大能源监管规范性文件实行部门会签制度。

2. 在能源监管立法条件尚不成熟的情况下，充分利用行政法领域的一般法作为监管执法依据

能源监管法律作为调整能源监管机构与能源企业之间关系的法律，就法律分类角度而言，属于调整国家行政管理活动的行政法范畴。按照法理学原理，当法的效力发生冲突时，同一主体制定的特别法优于普通法；《立法法》第九十二条也规定，"同一机关制定的法律、行政法规、

地方性法规、自治条例和单行条例、规章，特别规定与一般规定不一致的，适用特别规定"。由于中国能源监管法规尚需要完善，能源监管执法实际面临的问题是能源监管特别法缺失，因此可以充分利用行政法领域的一般法作为能源监管的执法依据，这也不违反法理学基本原理和《立法法》中的有关规定。目前，中国已经制定了《行政许可法》《行政处罚法》《行政强制法》等行政法，对于能源企业违反有关的能源法律法规时，可充分利用这些行政法授予的法律手段进行相应的处罚，增强能源监管的权威性。

3. 加快制定与实施《能源监管条例》

由于中国目前在石油天然气领域的能源监管法律依据严重不足，导致能源监管部门履行油气行业的监管职能面临法律上的障碍，而石油天然气行业监管立法也需要经历较多的法律程序环节。而《电力监管条例》自 2005 年出台至今，它所规定的信息报送、信息披露、信息公开、现场检查、纠纷协调与裁决等监管措施经历十多年的监管实践被证明是非常有效的，落实情况良好。因此可以在《电力监管条例》的基础上制定与实施《能源监管条例》，而且国家能源局作为电力和油气行业的同一监管主体，制定与实施《能源监管条例》，可以充分借鉴以往电力监管经验，在油气监管领域取得较好的监管绩效。

三 完善能源监管法规政策体系的长期目标

完善能源监管法规政策体系的长期目标是颁布和实施新的能源监管法律法规，并且配套制定一系列规章与规范性文件，改变原来过于松散的能源监管法律法规体系结构，使新的能源监管法律法规各组成部分成为互相配合、互相协调的内部逻辑统一的有机整体。

（一）颁布与实施《能源法》及主要能源行业单行法

鉴于《能源法》中的能源监管条款解决的是能源监管领域全局性、综合性问题，同时也为主要能源行业单行法中的能源监管章节提供基本法律基础，为能源监管行政法规、能源监管规章以及规范性文件提供指导原则。因此，为了实现完善能源监管法规政策体系的长期目标，应该把《能源法》的立法工作作为完善能源监管法规政策体系的先导，将能源监管领域需要立法解决的基础性、根本性、长远性的问题尽可能在《能源法》中的有关能源监管条款做出明确规定。在全国人民代表大会的立法规划和年度立法工作计划中将《能源法》放在优先位置。第十二届全国人民代表大会常务委员会 2015 年 6 月 1 日公布的立法规划就已经把《能源法》列入需要抓紧工作、条件成熟时提请审议的第二类法律草案项目，但需要广泛征求有关利益集团的意见，克服各种障碍，争取尽快落实。

在《能源法》立法工作的组织协调上，应当发挥全国人民代表大会及其常务委员会在立法工作的主导作用。《立法法》第五十三条规定："全国人民代表大会有关的专门委员会、常务委员会工作机构应当提前参与有关方面的法律草案起草工作；综合性、全局性、基础性的重要法律草案，可以由有关的专门委员会或常务委员会工作机构起草。"这明确了全国人民代表大会及其常务委员会在立法组织工作上应发挥的主导作用。《能源法》完全符合《立法法》第五十三条规定的综合性、全局性、基础性法律，因此可以明确由全国人民代表大会或全国人民代表大会常务委员会组织起草。由于中国能源管理权限分散于国务院各部委，能源法立法历经 30 多年来的曲折经历证明了部门立法体制常常由于不同管理部门之间意见分歧过大，难以达成共识而使能源法不能及时出台。① 由全国人民代表大会或全国人民代表大会常务委员会来组织起草则可以避免部门立法体制的弊端。而且能源监管立法导向之一是保护能源消费者的利益，人民群众又是最广大的能源消费者，由代表人民群众利益的全国人民代表大会及其常委会组织起草能源法中有关能源监管的条款能更好地反映能源消费者的利益。

在《能源法》能源监管条款制定的同时，也应当同步开展主要能源行业单行法监管章节的制定工作以及原有能源行业单行法的修改。这里主要指的是《石油天然气法》的制定和《电力法》中监管章节的重点修订工作。由于主要能源行业单行法中的监管章节是《能源法》能源监管条款的进一步扩展和具体化，《能源法》和能源行业单行法的制定和修改工作可以同步进行，这样更有利于对能源监管法律法规进行顶层设计和统筹考虑，改变原有能源监管法律法规只是简单叠加和拼凑的局面，使《能源法》和能源行业单行法之间的有机组织化程度更高，《能源法》监管条款和能源行业单行法监管章节的连接和衔接更为紧密，从而为完善

① 吴钟瑚：《经验与启示：中国能源法制建设 30 年》，《郑州大学学报》（哲学社会科学版）2009 年第 3 期。

能源监管法规政策体系提供良好的上位法律基础。由于电力和石油天然气行业的行政管理职权同样分散于国务院各部委，《石油天然气法》的制定和《电力法》中监管章节的重点修订同样也面临着部门立法体制的障碍。因此，应该根据《立法法》第五十三条的有关规定，全国人民代表大会及其常务委员会提前参与到能源单行法律草案的起草工作中，加快有关法律的立法进度，提高立法质量。

（二）能源监管法律配套性法规政策的制定与修改

能源监管法律配套性法规政策定位于对《能源法》及能源行业单行法进行执行性和补充性的法律规定，包括能源监管行政法规、能源监管部门规章和规范性文件。由于这一类配套性法规政策要求针对性和可操作性强，能够解决能源监管过程中面临的实际问题。然而，中国的电力体制和油气体制改革正处于进行中，相应的监管体制也有一个逐步探索完善的过程，因此，能源监管法规配套性法规政策的制定也需要根据改革进展的实际情况，逐步地探索与完善。首先，要坚持总体规划与分步实施相结合的原则，既要尽快形成配套性法规政策体系，又要根据能源监管工作的实际需要与可行性，区别轻重缓急，逐步到位。其次，坚持制定新的法规政策与修订已有的法规政策相结合，既要填补配套性法规政策的空白，又要修改与新出台的《能源法》及能源行业单行法不相适用的现有法规政策。最后，坚持准确体现能源监管法律原则与改革创新相结合，既要完善、准确地体现能源监管法律各项规定，又要勇于创新探索，在能源监管法律规定的框架内，创新能源监管法律规范。

第五章 中国能源监管机构与 职能配置优化研究

　　高效的能源监管机构是保障能源监管行为有效性，促进能源行业效率和实现公平、公正的重要载体。当前，中国能源行业深化"放管服"改革，面临放权后监管不到位导致的监管失灵风险，科学设置监管机构及职能配置将更加重要，这是能源行业市场化改革的必然要求，也是能源行业行政管理体制和治理体系现代化的重要体现。

第一节 能源监管机构和职能配置研究述评

一 能源监管机构和职能配置的相关研究文献

　　在现有的文献中，对于监管机构和职能配置的研究较多，但是，针对能源行业的相对较少。本书主要从监管机构设立原则和职能定位、监管机构模式、监管机构职能配置和监管机构监督机制四个方面对有关研究文献进行评述。

　　（一）监管机构设立原则和职能定位研究

　　伯恩斯坦（Marver H. Bernstein）认为，监管机构是指凡有制定标准、针对私人经济活动加以限制或给予利益，并通过准司法的行政程序以制定与执行这些标准的机关。[①] 吉拉迪（Fabrizio Gilardi）认为，相对于传统科层式行政官僚体系，监管机构的设立具有专业性、技术性和灵活性等特点，而且独立于政治和行政干预。[②] 周汉华在讨论监管机构可

---

　　① Marver H. Bernstein, *Regulatory Business by Independent Commission*, Princeton University Press, 1955, pp. 43 – 45.

　　② Fabrizio, Gilardi, *Evaluating Independent Regulators*, OECD Proceedings of An Expert Meeting in London, UK, January, 2005, pp. 10 – 11.

能面临的各种问题及风险时以中国电力行业为例，提出监管机构的独立性是新时期监管体制的一个重要特征。监管机构的独立性是现代监管机制的一个根本特征，目的是保持监管执法的公正性，维护市场正常竞争秩序。① 秦虹、盛洪在借鉴发达国家监管经验基础上，指出监管机构设立最重要的原则是，被监管的产业是否具有自然垄断和准公共产品的性质。② 王俊豪、肖兴志、唐要家进一步总结了监管机构设立的原则，主要包括依法设立原则、可问责原则、管制职能和人员专业性原则、管制职能综合性原则、高效率原则等。③

（二）监管机构模式研究

拉丰、泰勒尔的研究表明，为了克服监管俘虏，垄断性产业设立独立的监管机构是必然选择。④ 奥古斯（Ogus）根据监管机构独立于政府之外的程度，确定了四种主要监管机构设置模式：（1）监管机构属于（中央或地方）政府的一部分；（2）半自治监管机构；（3）独立于政府之外的产业自律公共机构；（4）独立于政府之外的自我监管机构。⑤ 肖兴志根据监管机构独立性的大小以及监管机构与行政系统的权力关系，将监管机构设置划分为三种基本模式：一是独立的、权力集中型的监管机构；二是在政府相关部门内设立相对独立的监管机构；三是政府部门直接承担监管职能即政府部门与监管机构合一的监管模式。⑥ 可见，对于监管机构模式的选择，不同的学者有不同的观点。马英娟在分析英国、美国政府监管机构设立模式的基础上，认为中国现阶段比较现实和稳妥的做法是：在国家行政体制框架内设置行政机构类型的监管机构，最好采用隶属于国务院的监管机构模式，并通过法律机制保障其独

① 周汉华：《行业监管机构的行政程序研究：以电力行业为例》，《经济社会体制比较》2004 年第 2 期。

② 秦虹、盛洪：《市政公用事业监管的国际经验及对中国的借鉴》，《城市发展研究》2006 年第 1 期。

③ 王俊豪、肖兴志、唐要家：《中国垄断性产业管理机构的设立与运行机制》，商务印书馆 2008 年版，第 76—83 页.

④ 拉丰、泰勒尔：《政府采购与规制中的激励理论》，上海人民出版社 1993 年版，第 261 页。

⑤ A. Ogus, *Comparing Regulatory Systems*: *Institutions*, *Processes and Legal Forms in Industrial Countries*, CRC Working Papers Series, 2002, No. 35.

⑥ 肖兴志：《自然垄断产业规制改革模式研究》，东北财经大学出版社 2003 年版，第 123—130 页。

立性，在经济性监管领域，应设立综合性的监管机构。① 在能源监管机构的组织策略方面，宋利泽和赵旭认为，可在原国家电力监督管理委员会基础上设立国家能源监管委员会，作为统一的能源监管机构。②

（三）监管机构职能配置研究

监管机构运行的一项重要内容是监管职能的配置与协调，既包括监管机构内部的职能配置，也包括监管机构之间的职能配置。在监管机构职能配置问题上，周汉华以中国基础设施产业为研究对象，认为监管职能配置主要涉及四个方面：政策部门与监管机构之间的配置、监管机构之间的职能配置、监管机构与反垄断机构之间的职能配置、中央监管机构与地方监管机构之间的职能配置。③ 刘华涛提出，中国通过建立和完善监管运行机制和监管机构的监督机制，构建激励性监管的体制基础。④ 刘东刚分析了中国能源监管体制存在的问题，并提出能源监管机构设置原则和职能配置模式。⑤ 魏琼从法学视角研究为了保证监管的独立性，如何对能源监管职能进行配置问题。⑥

（四）监管机构监督机制研究

对监管机构的监督是克服监管失灵和建立有效监管机构的核心。传统理论认为，监管机构代表公共利益，但管制俘虏理论对此提出了质疑和批评。根据施蒂格勒（Stigler）的观点，监管是国家强制权的运用，是因利益集团的要求为实现其利益而设计和实施的，监管并不总是维护和体现公共利益。⑦ 卡罗尔·哈洛、理查德·罗林斯认为，成熟的监管应当具备三项基本元素：制定规则、监督与检查、执行和制裁，其中，

---

① 马英娟：《政府监管的正当性》，《甘肃行政学院学报》2008 年第 3 期。

② 宋利泽、赵旭：《应建立集中统一的能源管理体制》，《中国石化》2014 年第 1 期。

③ 周汉华：《基础设施产业政府监管权的配置》，《国家行政学院学报》2002 年第 2 期。

④ 刘华涛：《先进的管制方式需要相应的管制体制——自然垄断产业应用激励性管制的管制体制基础》，《兰州学刊》2009 年第 8 期。

⑤ 刘东刚：《中国能源监管体制改革研究》，博士学位论文，中国政法大学，2011 年，第 58—63 页。

⑥ 魏琼：《电力监管权力配置研究》，博士学位论文，西南政法大学，2014 年，第 102—108 页。

⑦ Stigler，"The Theory of Regulation"，*Journal of Economics and Management Science*，Vol. 1，1971，pp. 42–55.

监督与检查是监管的一项必不可少的重要内容。① 林伯海分析了中国监督体系与运行机制的不足和缺陷，如监督机构设置不科学、监督运行指向单一、监督法律供给不足、监督实施滞后、监督体系及其运行缺乏统领机构。② 鲍国友将中国权力监督体系分为两方面：一是体制内的监督，包括人大监督、司法监督、监察监督等；二是体制外的监督制约，包括公众监督和新闻舆论监督。③ 浦湜针对中国滥用行政自由裁量权问题，提出建立立法监督、司法监督和行政监督三位一体的监督体系。④

二　能源监管机构和职能配置研究文献的简要述评

通过对研究文献梳理可知，国外监管机构的设立与运行较为成熟，相关的理论研究比较深入，这为中国能源监管的实践提供了理论支持和实践参考。国内学者主要在借鉴国外实践经验的基础上，对中国监管机构的概念、特点、设立原则、职能配置等基本理论问题进行了阐述和论证。但是，针对中国能源行业政府监管机构的系统研究还十分有限。

（一）针对能源监管机构的研究相对较少

中国在 2013 年将原国家能源局和原国家电力监督管理委员会的职能进行整合，确立"政监合一"模式。现有的研究多是针对垄断性行业监管机构或者是电力、油气等单个行业监管机构，针对整个能源行业监管机构的研究较少。由于原国家电力监督管理委员会是部门外相对独立的监管机构模式，国家能源局是综合性的"政监合一"模式，现有的研究文献和能源监管机构现状存在差异，需要针对当前中国能源监管机构及其职能配置中存在的问题及如何优化做深入研究。

（二）国外不少经验不能适用于中国能源监管机构改革需要

国外的能源监管机构实践是基于本国的制度环境和市场条件，许多经验不符合中国能源监管机构改革与发展的需要。当前，中国正在进行行政管理体制改革和能源行业市场化改革，这和国外的制度环境及市场条件不同。"政监合一"模式适应中国目前能源行业发展的行政体制现实需要，要借鉴国外的有益经验，对"政监合一"模式下能源监管机

---

① 卡罗尔·哈洛、理查德·罗林斯：《法律与行政》，杨伟东等译，商务印书馆 2004 年版，第 106—110 页。

② 林伯海：《我国监督体系与运行机制的缺陷分析》，《理论与改革》2002 年第 4 期。

③ 鲍国友：《加强权力运行监督体系建设》，《理论建设》2008 年第 2 期。

④ 浦湜：《我国行政自由裁量权监督制度研究》，《东北师范大学学报》2009 年第 3 期。

构设置和职能配置等问题做深入研究。

（三）能源监管机构模式要和能源行业改革进程相匹配

现有研究文献表明，不管是美国、英国还是日本，能源监管机构模式都不是一成不变的，通常是随着能源行业的监管需求做相应调整，如美国能源监管机构具有很高的独立性，是具有准立法、行政和准司法权力的第三部门。但是，随着能源改革推进，监管机构的经济监管职能逐步缩小，对监管机构的监督不断加强。相反，日本则随着能源市场化改革深入，不断加强监管机构的独立性，监管职能范围也不断扩大。因此，能源监管机构模式设计要符合中国能源行业发展特点，并具有阶段性特征。

（四）国内缺乏对能源监管机构监督问题的全面研究

由于中国尚处于政府机构改革进程中，在理论研究和实践上都没有充分重视对政府部门和行政机关的监督。而在发达国家，对能源监管机构有效监督是赋予其独立性的前提。在中国行政管理体制改革中，如何加强对能源监管机构的监督需要系统研究。

因此，针对中国能源行业中监管职能分散、交叉和监督机制不健全等现实问题，借鉴国外能源监管的有益经验，探讨在中国现行行政管理体制下如何进一步优化能源监管机构和职能配置显得尤为迫切和关键。

第二节　能源监管机构及职能配置优化导向

中国能源监管机构的变迁是伴随能源市场化改革不断探索和实践的。2013年，根据国务院机构改革和职能转变方案，整合了原国家能源局和原国家电力监督管理委员会的职责，重新组建国家能源局，主要承担能源行业管理和监管职责，采用"政监合一"模式。但是，能源监管仍然面临法律依据不足、定位模糊、职能分散、监督机制缺乏等问题，应该基于能源体制改革和能源行业发展需要，进一步调整能源监管机构和监管职能配置，提高能源监管效能。

一　中国能源监管机构的发展历程

中国能源监管机构的发展，总的来看，可以分为"政企合一"阶段、专业化能源监管阶段和"政监合一"模式阶段。

（一）"政企合一"阶段（1949—1992 年）

1978 年之前，中国一直实行计划经济管理体制，只设置了能源行政管理部门，没有必要设立专门的能源监管机构。1978 年之后，进行了"政企分开"的一些探索性改革。但是，由于计划经济体制仍然发挥重要作用，商品经济只是起补充作用，能源市场化改革基本没有开展，因此，设立现代的、专业的能源监管机构依然没有必要和意义。

（二）专业化能源监管阶段（1993—2012 年）

1992 年，党的十四大确立了中国经济体制改革目标是建立社会主义市场经济体制。1998 年，石油化工天然气行业重组为由中央直管的中国石油天然气集团公司、中国石油化工集团公司和中国海洋石油集团公司三大企业。2002 年，国家将 1996 年成立的国家电力公司拆分为中央直管的两家电网公司、5 家发电公司等 11 家电力企业，能源领域的市场化改革逐步深化。

与能源市场化改革相适应，中国在这一阶段开始成立专业的能源监管机构。在煤矿安全领域，1999 年 12 月 30 日，经国务院批准，国务院办公厅印发了《煤矿安全监察管理体制改革实施方案》（国办发〔1999〕104 号）；2000 年 1 月 10 日，国家煤矿安全监察局正式挂牌成立，标志着垂直管理的煤矿安全监察体制在中国应运而生，专业的煤矿安全监管机构的建立，为促进煤矿安全生产形势的持续好转提供了重要制度保障。在电力行业，2003 年 3 月，国家电力监督管理委员会正式挂牌，统一履行全国电力监管职责。国家电力监督管理委员会的监管职能涵盖了市场准入、发电与调度监管、输电与供电监管、财务与价格监管、电力安全监管等方面。在监管实践中，电力监管机构围绕建立和完善市场准入制度，颁发了各类电力业务许可证，基本实现了发电、输电和供电企业的持证经营，并不断加大对持证企业的监管力度，促进了市场主体的守法依规经营。围绕完善电力监管手段和措施，电力监管机构建立了电力交易合同备案、电力调度信息报送、电力调度和交易专项监管、监管约谈约访、监管报告发布等制度，在促进电力公平交易、规范电力市场秩序中发挥了积极的作用。在这一阶段，中国电力行业取得了快速发展，电力系统的规模、技术和安全等级都达到世界先进水平。通过监管有效地保护了电力投资者、经营者、消费者的合法权益，维护了社会公共利益。煤矿安全监管机构和电力监管机构的建立和积极探索，有效地促进了中国能源行业的发展，提高了能源监管的专业性。

（三）"政监合一"模式阶段（2013年至今）

2013年3月，中国对国家能源管理机构做了重大调整，将原国家能源局和原国家电力监督管理委员会的职责整合，重新组建国家能源局。国家能源局主要负责市场监管、油气管网设施公平开放监管、电力安全生产监管等方面的监管职责。此外，还负责拟订并组织实施能源发展战略、规划和政策，实际上，涉及了能源战略规划政策执行情况的监管职责。国家能源局内设市场监管司，负责电力市场建设、能源市场秩序监管等职责；电力安全监管司负责电力安全生产监管。国家能源局下设6个区域监管局和12个省（区）监管专员办，具体负责所辖区域内有关能源监管和行政执法工作。初步形成了能源管理和能源监管"一体两翼""政监合一"的能源监督管理新格局。"政监合一"模式便于政府对能源行业进行集中统一的管理，较好地克服能源行业"多龙治水"带来的弊端，同样也使各能源行业间建立了较好的协调机制，并且在能源市场发育尚不完善的情况下，提高了能源监管的有效性和权威性。

二　中国能源监管机构和职能配置存在的问题

当前，中国能源行业采用"政监合一"模式，能源管理机构同时肩负着能源行业管理和监管职责，有利于监管职能和行业管理的协调配合。但是，在现行能源监管体制下，仍然存在能源监管机构的设立和运行的法律基础不足、监管职能分散交叉、纵向监管权配置尚未理顺和对监管机构缺乏有效监督等问题。

（一）能源监管机构设立和运行的法律基础不足

从国际经验来看，监管机构是国家行政体制的重要组成部分，监管机构的改革和完善是同能源行业的市场化改革相伴随的。发达国家基本遵循"立法先行"的原则，监管机构改革有完备的法律基础，监管机构的设立和职能配置具有明确的法律依据。例如，英国1989年通过的《电力法》第1条规定，能源国务大臣任命电力监管总监（Director General of Electricity Supply），电力监管总监任期5年，并且可以不限制连任，能源国务大臣有权解除无法胜任或行为不当的电力监管总监的职务。[①] 该法第 3 条详细规定了能源国务大臣和电力监管总监的职责目标，包括满足电力需求、保障电力企业可持续经营、创造公平竞争的市场环境、保护消费者利益、监管电力企业履行普通服务义务。随着英国能源行业发展，又通过相关法律对监管机构改革做出规定。[②]

中国能源监管机构一直处于变动之中，缺乏应有的稳定性，基本上都随着国务院机构改革而进行相应的调整和改革。能源监管机构改革往往是在原有的法律法规和行政管理体制没有改革到位的情况下推进，在改革过程中设立的监管机构也就缺乏法律支持，监管法律体系建设滞后，监管手段仍然是行政计划手段。如原国家电力监督管理委员会设立的依据是《国务院关于印发电力体制改革方案的通知》（国发〔2002〕5 号），从法律效力层级上看，只是国务院发布的规范性文件，而不在我国的《立法法》适用范围之内。中国能源监管机构设立的依据则主要是国务院办公厅印发的关于主要职责、内设机构和人员编制的"三定方案"[③]，同样属于规范性文件的范围，缺乏严格意义上的法律依据。一方面，能源领域的有关立法往往是能源监管部门牵头起草，受"三定方案"中部门职责的限制，法律中有关能源监管职能的规定要根据"三定方案"的内容来确定。另一方面，能源领域的法律没有随着政府机构改革而同步修改，造成了法律规定与现实中的机构设置脱节。

能源行业监管法规建设滞后、立法不足、法律法规体系不健全使监管机构的行为往往无法可依或者依据不足。当前，《能源法》尚未出台，《电力法》《煤炭法》《电力供应与使用条例》《电网调度管理条例》等法律修订滞后，已经不适应改革后能源行业的实际情况，《能源监管条例》还在研究起草中，一些专项监管规章也远远不能满足能源

---

① 值得指出的是，英国法律并不是对一个机构进行法律行政权力的授权，而是对一个行政职位授权，由该行政职位上的负责人召集职员成立对应的机构履行法律授权，这与中国情况存在很大差异。

② 英国 2000 年通过的《公用事业法》对英国能源监管机构改革做出了规定，该法第 1 条规定撤销电力监管总监和燃气监管总监两个职位，成立燃气和电力市场委员会（Gas and Electricity Market Authority），并且将以上两个监管总监的职能整合到新成立的燃气和电力市场委员会。

③ 如目前国家能源局设立的法律依据是《国务院办公厅关于印发〈国家能源局主要职责内设机构和人员编制规定〉的通知》（国办发〔2013〕51 号）。

监管新形势的需要。

（二）能源监管与能源管理职能界限不明晰

在"政监合一"模式下，能源管理机构不仅负责制定能源发展规划及法律法规等能源行业管理职能，也承担能源监管职能。能源管理机构中既有主管煤炭、电力、油气、核电、新能源和可再生能源等的业务司局，也有专门负责市场建设和市场监管的市场监管司和专门负责电力安全生产的电力安全监管司，还下设了 18 个区域和省级能源监管派出机构。因此，在机构设置上实现了能源行业管理和能源监管职能的相对分离。但是，能源行业管理和能源监管职能的界限仍然不清晰，导致各部门之间职能混淆、定位模糊。

在"政监合一"模式下，同一机构既采用行政管理手段进行行业管理，又采用经济手段（如价格政策）和法律手段进行监管，在当前能源监管职能和行业管理职能边界尚不清晰的情况下，容易造成监管方式的错位运用，也容易造成监管机构过度使用行政手段，而忽略经济手段和法律手段等问题。

（三）能源监管职能分散交叉与监管缺位并存

目前，中国尚处于机构改革进程中，能源监管职能分散在不同的政府部门，仍然存在"监管分散交叉"和"监管真空"并存现象。

在国家层面，能源监管职能分散在包括国家能源局在内的近 10 个部委之中。能源价格制定及执行情况监管职能在国家发展和改革委员会价格司、能源市场监管职能在国家能源局、安全监管职能在应急管理部、油气进出口及市场监管职能在商务部、能源资源勘探开发监管职能在自然资源部、核安全监管职能在生态环境部等。各部门只负责部分的监管职能，导致监管责任主体不明确，难以形成有效的监管合力。如光伏行业的资源开发监管涉及自然资源部，光伏市场监管在国家能源局，光伏电价制定和政策执行监管在国家发展和改革委员会，而能源补贴问题涉及财政部。这些部门之间协调成本高、监管效率低，导致光伏补贴缺口巨大且迟迟不能补贴到位，弱化了能源监管的权威性。

在地方层面，国家能源局派出机构与地方能源管理部门的职能界限不明确，导致实际工作中职责不清、多头监管等问题。一方面，能源监管机构及其派出机构与地方能源管理部门的事权划分不清，且由于缺少统筹协调机制，一定程度上容易引发"监管真空"。另一方面，在能源领域简政放权与"放管服"改革不断推进的背景下，部分地方能源管理部门成立了能源监管处，导致监管重叠，影响了能源监管的整体性、系统性和权威性。因此，要理顺中央和地方职能关系，更好地发挥中央和地方两个积极性。

（四）能源监管的监督机制不健全

监管机构的监督体系主要包括立法监督（人大）、司法监督（法院）、行政监督和社会监督，这也是提高能源监管绩效的重要保障机制。当前，立法监督的主要手段是预算监督，但是，中国当前的预算制度导致预算监督更多体现为事后审查，相应的审查机制尚不健全，很难对监管机构进行严格约束。中国司法监管在政府监督机制中还没有发挥很大的作用，对监管机构行为进行审查很难实施。近年来，中国行政体制改革越来越强化行政监督的有效性，已经形成了较为系统全面的多元化行政监督体系，主要包括上级主管部门、本级政府、专门监督机构。但是，在监督实践中，彼此之间只有协调一致，密切配合，才能增强其整体功能和监督合力，充分发挥多元化监督体系的优越性。能源监管职能往往涉及多个部门，所以导致监管机构的行政监督主体就更加复杂，也增加了行政监督协调、整合的难度。同时，由于缺乏立法监督和司法监督的配合，其监督成本高，有效性相对不足。

社会公众是能源监管的最直接利益相关者，政府监管机构能够积极回应公众的利益诉求、接受公众监督是民主化监督和监管机构可问责性的基本要求。由于能源行业比较复杂，公众直接接触的是能源供应企业，对能源监管机构了解不多，因此，社会监督的力度非常有限。当前能源行业已经建立了政务公开和专项监管报告制度等信息披露制度，但是，和公开、透明、可预测的监管要求还相去甚远。

三 中国能源监管机构和职能配置优化的导向

中国能源监管机构和职能配置优化，要基于能源行业发展需求和政府监管制度现实，重点是促进能源行业市场化改革，转变能源监管职能，全面提高能源监管效率，促进实现能源监管目标，这也是中国能源行业监管机构和职能配置优化的基本导向。总体来看，能源监管机构和职能优化与能源市场化改革协调推进，加强事中事后监管，优化能源监管职能的纵向配置，有利于提高监管效率。

（一）能源监管机构和职能优化与市场化改革协同推进

能源行业改革的总方向是放开竞争性环节价格，通过"管住中间、放开两头"的市场化机制改革，厘清市场和政府的边界。在这一过程中，通过政府力量和市场力量的动态博弈，促进政府和市场的边界动态调整优化。政府要实现职能转变，即政府主要负责制定政策和监管，由市场来提供产品和服务，监管是在市场化过程中需要不断强化的政府职能。政府监管是在充分发挥市场机制对资源配置决定性作用的基础上，消除市场失灵的主要手段，以保证社会公众获得良好的公共服务。能源监管机构发挥有效作用需要以能源市场化改革为前提，并在市场化过程中逐步明确和集中监管机构的职权与职责，实现政府职能的真正转变。在能源市场化条件下，能源监管机构需要建立与市场经济相适应的现代监管政策手段，通过立法明确监管内容、依法履行监管职责，更多地靠标准、激励性经济手段来调动企业高效、安全地提供能源产品和服务。因此，需要统筹设计和协调推进能源市场化改革和监管机构改革。

（二）能源监管机构和职能优化要有利于加强事中和事后监管

在中国"放管服"改革背景下，能源行业深化推进简政放权，职能转变。简政放权，一是要向市场放权，把将市场机制能发挥作用的领域交给市场。二是向社会放权，激发社会自治能力，发挥行业协会、公众和新闻媒体的作用。三是向地方放权，充分调动地方的积极性。在市场充分发挥资源优化配置的背景下建立"有限政府"，以简政放权为核心来转变政府职能。

能源监管职能由重审批向重监管转变，重点强化事中和事后监管。转变政府职能需要进一步厘清政府的职能，科学地定位能源行业监管机构的职能，把更多行政资源从事前审批转到加强事中和事后监管。取消和下放行政审批事项后，监管的权力和责任清单需要及时重新整合，明确监管责任主体，建立各监管部门之间的对接机制，即能源监管部门之间的横向协调、纵向联动和相互配合机制。加强能源事中和事后监管，要充分发挥中国当前"政监合一"模式的优势，积极探索创新事中和事后监管手段措施，避免放权后的监管失灵，确保放而不乱。

（三）能源监管机构和职能优化要体现集权与分权相结合

从一些发达国家能源监管机构的发展经验来看，既有设立专门监管机构进行全国集中统一的模式①，也有分级监管职能配置模式。② 纵向监管职能配置主要受各国的行政管理体制和能源行业技术经济特点等因素的影响。

中国幅员辽阔，地区之间的自然条件、经济发展水平等存在较大的差异，各地的能源行业发展水平也不一致，能源市场化改革需要地方发挥主体作用。而且在财政分权体制下，地方政府对能源产品和服务的供给负有保障责任，就要求赋予地方政府相应的监管职能。因此，能源行业需要实行监管重心下移，赋予地方政府更大的监管自主权。在确保国家能源监管政策和标准统一的前提下，将部分能源监管职能下放给地方，配备相应的监管人员，以减少监管真空的出现，切实维护能源消费者的合法权益，确保能源生产、运输、配送的稳定、安全和高效。

分权监管体制有利于充分调动地方的积极性，同时由于地方政府更熟悉本地的情况，能够采取更灵活、更有效的措施来实施监管。但是，在分权过程中如何调动地方政府及其监管机构保障能源安全、可靠供应的积极性，如何保证国家改革和监管政策落到实处，仍然面临众多体制冲突。因此，应该本着"集权与分权合理平衡"的原则来构建能源监管机构的纵向职权关系，既充分调动地方积极性，又保证国家整体改革政策得到有效的贯彻落实。

（四）能源监管机构和职能优化要有利于提高监管效率

当前，能源行业确立了大部制管理体制，要改变分头监管、分段监管的体制弊端，最大限度地整合分散在政府不同部门相同或者相似的职能，理顺部门之间的职能关系，实现监管职能相对集中，以明确监管责任和提高监管效率，实现有效监管。根据政府机构改革精简、统一、效能的原则和决策、执行、监督相协调的要求，完善能源监管机构设置，理顺职能分工，注重社会管理和公共服务，在政府行政机构内部组建专门的综合性能源监管机构。

能源监管机构监管职能综合化应该与部门之间的整体性协调性有机结合，建立一种协同的组织结构与责任框架，最大限度地减少部门之间

---

① 这一模式以英国为代表，对能源行业实行中央集中统一管理，并在地方设立执法机构统一执法，以减少地方政府的干预。

② 能源分级监管职能配置模式的代表性国家是美国和加拿大。

职能交叉、权限冲突、推诿扯皮等问题。各部门职能的相互衔接与补充，并由此形成高效运作、职能互补、整体联动的协调运行机制，实现监管部门与相关政府部门之间的无缝衔接，充分发挥政府监管的整体功能，为能源行业有效运行提供组织保障。为此，应以整体政府管理理念来优化能源行业的职权配置、业务流程、信息共享和协调组织机制。

第三节　中国能源监管机构有序度评价及优化

监管是由机构组织和监管职能共同构成的有机系统。从系统论角度出发，一个系统只有组织结构和功能体系协调一致，才能有效地实现其目标。因为能源监管机构不同于传统企业，它不以营利为目的，在组织内部以信息流为主，很少存在物流和资金流，信息传递时效和传递质量决定了组织有序度[①]，这是影响监管目标实现程度的重要影响因素。本节首先运用熵理论评价分析中国能源监管组织结构的有序度水平[②]，在此基础上，提出提高监管有序度的政策建议，并根据中国能源行业发展需求，设计中国能源监管机构的目标模式。

一　中国能源监管机构有序度评价

（一）组织机构有序度

香农（Shannon）首次将熵理论引入信息论，认为信息熵可以作为信息不确定程度的度量，并提出了信息熵的计算公式为：

$$H = -k \sum_{i=1}^{n} P_i \ln P_i \qquad (5-1)$$

式中，H 为信息熵，k 为常数；P_i 为系统处于第 i 种状态的概率。W. H. Qiu 指出，一个管理系统能否正常高效地运转，取决于很多因素，比如，系统的组织规章制度、人的因素以及外部环境等。[③] 在这些因素

[①] 根据熵理论，系统有序度是指系统内部各要素在一定时间和空间内相互作用表现出来的规律和规律的属性，是系统结构实现系统功能的程度。

[②] 熵理论在很多学科中都有广泛的使用，由于熵可以度量系统复杂程度，所以，在信息学、管理学等领域，经常把熵作为系统评价或组织优化的指标。

[③] Qiu, W. H., *Management Decision and Applied Entropy*, Chinese Machine Press, 2002, pp. 123–126.

中，最常见的是组织机构的设置问题，良好的组织结构能够保证系统的高效率运转，组织机构内部信息流的流通效率是衡量组织结构合理性的重要指标。因为系统面对动态的、复杂多变的内外部环境，系统各要素对信息要求是通畅、准确、及时地反映各方面的情况和问题，这样系统才能高效运转。

假设信息流在系统中逐层流动，没有越层流动的信息。如果管理层次越多，那么上下流动的信息中转次数也越多，流动的时效就会减慢。相反，如果减少管理层次，则必然会增加每层的管理跨度，这样虽然流通时效增强，但信息交叉点增多，准确性会受到影响，所以，管理层数和每层管理跨度是影响系统内信息流通的重要因素，应该从这两个方面对系统结构的有序度进行评价。基于信息熵原理，用结构熵 H 来描述系统结构，用系统结构有序度 R 来定义系统的组织化程度：

$$R = 1 - \frac{H}{H_m}^* \tag{5-2}$$

式中，H 为系统的结构熵；H_m 为系统的最大熵。R 越大，表示系统有序化程度越高，组织机构的效率越高。系统有序度的两个维度分别是信息传播的时效和质量，时效表示系统信息流通的及时性，质量表示系统信息流通的准确性。

1. 系统的时效

把信息在系统各元素之间的传递过程中信息流通速度大小称为系统结构的时效，而把反映信息在系统中或元素间流通时效性的不确定性大小的度量称为系统的时效熵。具体公式如下：

$$A_1 = \sum_i \sum_j L_{ij}(i \neq j) \tag{5-3}$$

$$H_{1m} = \log_2 A_1 \tag{5-4}$$

$$H_1 = \sum_i \sum_j H_1(ij) \tag{5-5}$$

$$H_1(ij) = -P_1(ij)\log P_1(ij) \tag{5-6}$$

$$P_1(ij) = \frac{L_{ij}}{A_1} \tag{5-7}$$

$$R_1 = 1 - \frac{H_1}{H_{1m}} \tag{5-8}$$

式中，A_1 为系统的时效微观态总数；H_{1m} 为系统的最大时效熵；H_1

为系统的总时效熵；$H_1(ij)$ 为系统纵向上下级任意两个元素之间联系的时效熵；$P_1(ij)$ 为信息在元素 i 与 j 间传递的时效微观态实现概率；L_{ij} 为系统中两元素的最短路径；R_1 为系统的时效。

2. 系统的质量

系统的质量是信息在系统或元素中流通时准确性大小的度量，质量熵则是描述信息质量不确定性的大小。具体公式如下：

$$A_2 = \sum_i k_i \qquad\qquad (5-9)$$

$$H_{2m} = \log_2 A_2 \qquad\qquad (5-10)$$

$$H_2 = \sum_i H_2(i) \qquad\qquad (5-11)$$

$$H_2(i) = -P_2(i)\log P_2(i) \qquad\qquad (5-12)$$

$$P_2(i) = \frac{k_i}{A_2} \qquad\qquad (5-13)$$

$$R_2 = 1 - \frac{H_2}{H_{2m}} \qquad\qquad (5-14)$$

式中，A_2 为系统的质量微观态总数；H_{2m} 为系统的最大质量熵；H_2 为系统的总质量熵；$H_2(i)$ 为元素的质量熵；$P_2(i)$ 为第 i 个元素的质量微观态实现概率；k_i 为系统中各元素的联系跨度；R_2 为系统的质量。

3. 系统的有序度

系统结构的有序度是在信息传输过程中考虑系统时效和质量时系统的确定性度量，用 R 表示，其具体公式为：

$$R = \alpha R_1 + \beta R_2 \qquad\qquad (5-15)$$

式中，R_1、R_2 分别为系统的时效和质量，α、β 为两者的权重，且满足 $\alpha + \beta = 1$，一般认为，在信息传递过程中准确性与时效性同等重要，故这里取 $\alpha = \beta = \frac{1}{2}$，即：

$$R = \frac{1}{2}(R_1 + R_2) \qquad\qquad (5-16)$$

4. 组织有序度的影响因素

在信息化时代，建立合理的、高效的组织结构，能够充分发挥组织合力，最大化实现其运行效能。有序度作为组织结构信息流通效率的度量，其大小能够反映组织结构的合理性。因此，有序度的影响因素同样影响组织运行效率。为了便于讨论，以四层次管理系统为例来探究有序度的影响因素。假设顶层为集权管理，只有一个管理者，第二层的机构数量为 m，第三层的机构分别为 x_1，x_2，$\cdots$，x_a，第四层的机构分别为 y_1，y_2，$\cdots$，y_b，其中，a、b 分别为第三层和第四层中有下级机构的结点数量，且满足 $a \leqslant m$，$b \leqslant \sum\limits_{i=1}^{a} x_i$，四层级组织结构示意图如图5－1所示。

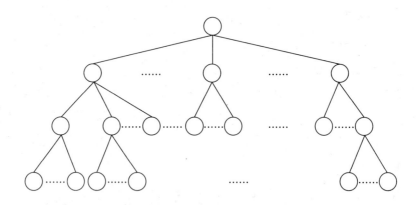

图 5 - 1　四层级组织结构

结合式（5－3）至式（5－16）可得时效熵、质量熵以及有序度如下：

$$H_{1m} = \log_2 \ (m + 3n + 6s) \tag{5-17}$$

$$H_1 = \frac{m+n+s}{m+3n+6s}\log_2(m+3n+6s) + \frac{2n+2s}{m+3n+6s}$$
$$\log_2(\frac{m+3n+6s}{2}) + \frac{3s}{m+3n+6s}\log_2(\frac{m+3n+6s}{3}) \tag{5-18}$$

$$H_{2m} = \log_2 2(s + m + n) \tag{5-19}$$

$$H_2 = \frac{s+(n-b)+(m-a)}{2(m+n+s)}\log_2 2(m+n+s) +$$
$$\frac{m}{2(m+n+s)}\log_2\left[\frac{2(m+n+s)}{m}\right] +$$
$$\sum_{i=1}^{a}\frac{x_i+1}{2(m+n+s)}\log_2\left[\frac{2(m+n+s)}{x_i+1}\right] +$$
$$\sum_{j=1}^{b}\frac{y_j+1}{2(m+n+s)}\log_2\left[\frac{2(m+n+s)}{y_j+1}\right] \tag{5-20}$$

$$R = \frac{1}{2}(R_1 + R_2) = \frac{1}{2}\left(2 - \frac{H_1}{H_{1m}} - \frac{H_2}{H_{2m}}\right) \tag{5-21}$$

式中，$n = \sum_{i=1}^{a} x_i, s = \sum_{j=1}^{b} y_j$，可以发现，$R$ 的大小与 m、n、s、x_i $(i = 1, \cdots, a)$，$y_j(j = 1, \cdots, b)$ 有关，故可以通过研究 m、n、s、x_i $(i = 1, \cdots, a)$，$y_j(j = 1, \cdots, b)$ 的变化来考察有序度 R 的变化。

（二）能源监管组织结构有序度的测算和优化

原国家电力监管委员会业相对独立的专业性监管机构，因此，本部分测度原国家电力监督管理委员会成立以来能源监管组织有序度的水平。根据能源监管机构的完善程度，将能源监管机构改革历程划分为三个阶段。第一阶段是专业能源监管机构初级阶段（2003—2004 年），原国家电力监督管理委员会内设了相关部门和直属单位，同时开始增设区域监管局（见图 5 - 2）。其中，第一阶段结构信息熵计算简图如图 5 - 3 所示。

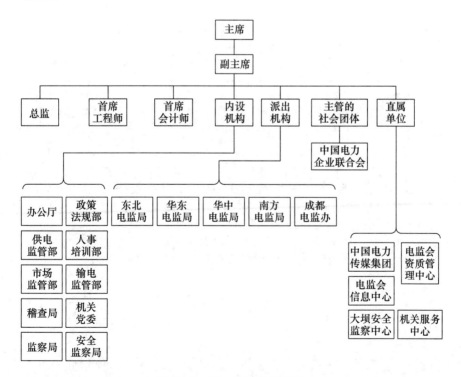

图 5 - 2　第一阶段组织结构

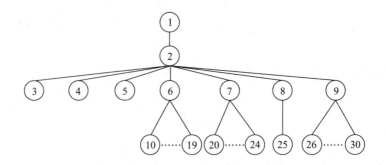

图 5 – 3　第一阶段结构信息熵计算简图

　　第二阶段是专业能源监管机构完善阶段（2005—2012 年）。截至 2005 年年底，6 个区域电监局全部组建完成，12 个城市电监办在 2010 年年底设立完成，全国范围的电力监管体系基本完善（见图 5 – 4）。其中，第二阶段结构信息熵计算简图如图 5 – 5 所示。

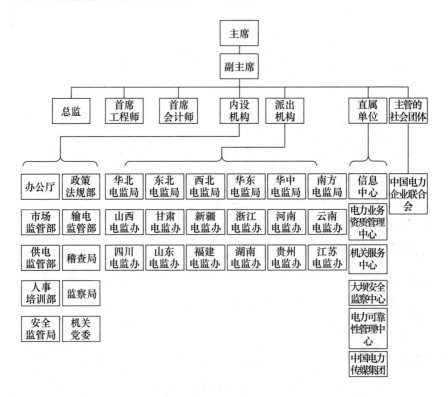

图 5 – 4　第二阶段组织结构

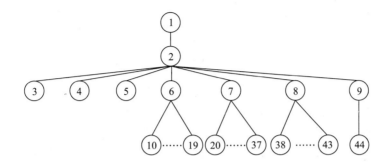

图 5 – 5　第二阶段结构信息熵计算简图

第三阶段综合能源监管机构阶段（2013 年至今）。原国家电力监督管理委员会与原能源局职能整合，成立新的能源局。能源监管机构从专业性监管模式改为"政监合一"模式的综合能源监管机构（见图 5 – 6）。其中，第三阶段结构信息熵计算简图如图 5 – 7 所示。

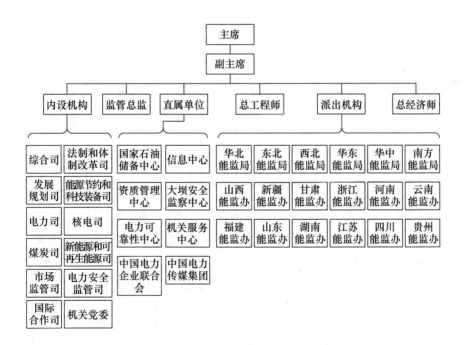

图 5 – 6　第三阶段组织结构

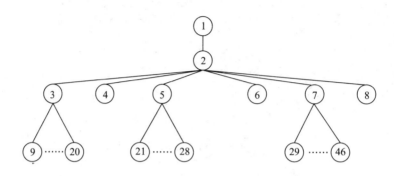

图 5 - 7　第三阶段组织信息熵计算简图

根据图 5 - 3、图 5 - 5 和图 5 - 7 得出的各级机构数量，运用组织结构信息熵及有序度计算公式，分别计算三个阶段的组织结构的质量熵、时效熵以及有序度，结果如表 5 - 1 所示。

表 5 - 1　　　　　　　　　三阶段组织结构有序度比较

结构类型	时效 R_1	质量 R_2	有序度 R
第一阶段	0.1461	0.2798	0.2129
第二阶段	0.1374	0.2975	0.2174
第三阶段	0.1369	0.3029	0.2199

为了更直观地突出三个阶段的有序度变化情况，将表 5 - 1 中的三个阶段的时效、质量和有序度表示为如图 5 - 8 所示的柱状图。

根据计算结果可以看出，从原国家电力监督管理委员会成立以来，能源监管机构的信息时效不断减少，质量不断增加，并且有序度也在增加。从组织结构有序度的角度来看，中国能源监管机构改革是有效的，有利于促进监管成效。另外，能源监管机构组织结构的信息时效在不断下降，说明监管机构组织结构在信息时效上存在优化空间，即可以通过监管机构组织结构优化来提高信息时效，从而增加监管机构的有序度。

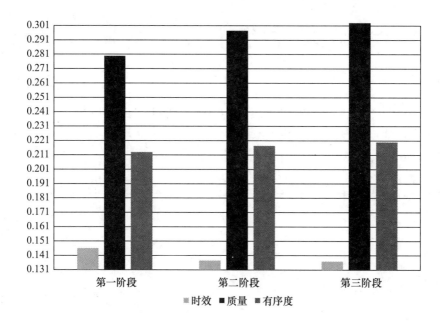

图 5 - 8　能源监管组织结构时效、质量和有序度

（三）中国能源监管机构有序度的优化路径

根据三阶段的组织结构信息熵计算简图，自原国家电力监督管理委员会成立以来，上面三个层级组织机构的数量不再变动，优化空间主要在第四层级。因此，本部分研究第四层级的内设机构、直属机构和派出机构数量的变动对能源监管组织有序度的影响，从而得出中国能源监管机构组织结构的优化路径。假设内设机构、直属机构和派出机构的数量分别为 m_1、m_2、m_3，由式（5 - 17）至式（5 - 21）可得时效、质量、有序度分别为：

$$H_{1m} = \log_2(19 + 6M) \qquad (5 - 22)$$

$$H_1 = \frac{7 + M}{19 + 6M}\log_2(19 + 6M) + \frac{12 + 2M}{19 + 6M}\log_2(\frac{19 + 6M}{2}) +$$

$$\frac{3M}{19 + 6M}\log_2(\frac{19 + 6M}{3}) \qquad (5 - 23)$$

$$H_{2m} = \log_2(14 + 2M) \qquad (5 - 24)$$

$$H_2 = \frac{4 + M}{14 + 2M}\log_2(14 + 2M) + \frac{7}{14 + 2M}\log_2(\frac{14 + 2M}{7}) +$$

$$\sum_{i=1}^{3} \frac{m_i + 1}{14 + 2M} \log_2 (\frac{14 + 2M}{m_i + 1}) \qquad\qquad (5-25)$$

$$R = \frac{1}{2}(R_1 + R_2) \qquad\qquad (5-26)$$

式中，$M = m_1 + m_2 + m_3$，为了便于分析，分别研究内设机构（m_1）、直属机构（m_2）和派出机构（m_3）与有序度 R 的关系，并做出 R 与 m_1、m_2、m_3 的函数图像，如图 5 – 9 所示。

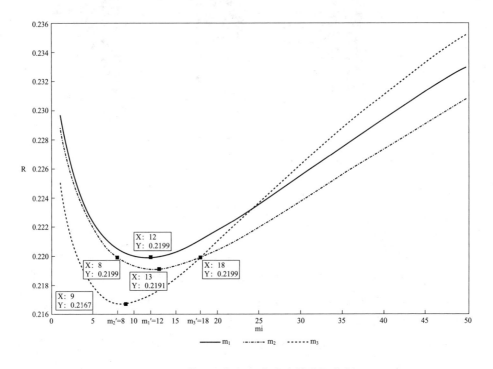

图 5 – 9　第四层级组织有序度的边际分析

从图 5 – 9 可以看出，随着 m_i（$i = 1$、2、3）的增加，有序度先减小后增加，并在 $m_1 = 11$、$m_2 = 13$ 以及 $m_3 = 8$ 附近取得极小值。对照现阶段能源局的部门设置，内部机构和直属机构偏多。从图中还可以看出，派出机构最先达到最低点，且对有序度的边际效应最大，说明派出机构偏少。

根据以上分析可以得出，中国能源监管机构的优化路径主要有：（1）增加派出机构数量。与直属机构、内设机构相比，派出机构最先达到最低点，且对边际有效度的贡献最大，因此，增加派出机构数量能够更快地提高有序度，促进中国能源监管机构组织结构优化。（2）适当精简能源局内设机构和直属单位。在能源机构有效履行职能的前提下，可适当减少内设机构和直属单位数量，以提高整体有序度，促进组织结构优化。

二　中国能源监管机构优化思路和政策建议

在中国能源监管组织有序度实证分析的基础上，结合中国行政管理体制改革和能源行业发展需要，提出中国能源监管机构调整的思路和政策建议。

（一）中国能源监管机构优化的思路

1. 能源监管机构采用部门内相对独立模式

当前，中国能源监管机构确立了"政监合一"模式，即国家能源局同时具有行业管理和市场监管职能，这一模式将在一定时期内保持不变。但在这一模式下，能源监管部门要具有相对独立性，与其他能源行政管理，尤其是政策制定部门在职能上相分离，独立地执行监管政策，摆脱行政管理部门干预和控制，也不受利益相关方的干扰。

2. 经济性监管机构和社会性监管机构分开

从能源监管的国际经验来看，经济性监管和社会性监管职能通常是由不同机构承担，涉及环境、安全和健康等方面的社会性监管职能由各专业化的社会监管机构负责，而涉及市场准入、定价、成本、投资和服务质量等方面的经济性监管职能则应该由一个监管机构统一负责，以保证经济性监管的系统性和有效性。

3. 实行中央和地方两级管理的监管机构组织体系

基于中国实行的是统一的经济管理体制，而且幅员辽阔，现行的监管组织机构体系是中央—区域—省级的垂直型组织体系。这种组织体系的优点是有利于中央政策的统一贯彻执行，但是，由于当前能源监管职能还分散在不同的部门，且单一垂直型监管组织体系不利于调动地方的积极性。因此，能源监管组织要更好地发挥中央和地方两个积极性，下移监管重心，在中央统一领导下，逐步建立中央垂直管理与地方分级监管相结合的监管组织体系。

4. 采取循序渐进的改革路径

能源监管机构要和能源市场化程度及政府行政管理体制改革进程相

匹配。当前，中国能源行业尚处于市场化改革进程之中，且行政管理体制改革没有到位。因此，中国能源监管机构改革要遵循循序渐进的改革路径，注重可操作性。

（二）中国能源监管机构优化的政策建议

为了更好地落实能源战略、规划、政策和标准，加强监管，在短期内通过在中央层级设立监管协调机构，并对省级能源管理部门和原派出机构进行整合，统一实行"政监合一"模式。

1. 成立能源监管协调议事机构

从国际经验来看，由于能源问题涉及国家战略、安全、环境、科技、外交、交通、建筑、农业等多个领域，能源管理，尤其是能源监管也势必涉及多个部门。换言之，能源管理事实上必然会形成"多头治理""多龙治水"的格局。在这种客观现实条件下，防止能源监管管理职能割裂、重叠并存等问题的关键不在于将所有职能放入一个部门，而是需要由一个机构或部门来统筹能源监管工作，加强协调，统一步调，以保证能源监管的统一性，增进能源监管的合力，避免政出多门、相互矛盾、互相掣肘。建议在国家层面成立能源监管协调领导小组，国务院有关负责同志任组长，国家发展和改革委员会、国家能源局、自然资源部、生态环境部、应急管理部、商务部等涉及能源监管职能的部委参加。建立定期或不定期会商制度，就能源监管中的重大问题进行协调会商，统筹部署重大能源监管任务，统一监管步调，形成监管合力。

2. 构建两级能源监管机构

当前，中央垂直管理的监管组织体系具有探索性和过渡性，监管机构的未来发展趋势可有三种模式：第一种模式是进一步充实目前国家能源局18家派出机构的监管职能，完善省级监管机构的建制，实现省级监管机构全覆盖，建立统一的能源监管体系；第二种模式是在目前国家能源局18家派出机构不变的情况下，由6家区域局向尚未设立省级监管机构的省份派驻监管业务办公室；第三种模式可概括为"两级五段"模式，由国家能源局和区域局作为"一级两段"，垂直分管到区域，而省、市、县作为"一级三段"，由地方政府监管，接受国家能源局的监督和指导。从三种模式来看，第一种模式和第二种模式都不能够解决当前中国省级层面监管机构职能交叉问题，因此，应采取第三种模式，即将国家能源局省级派出机构职能并入各省能源管理部门，保持和中央相同的"政监合一"模式，这也更有利于中央监管机构对地方监管机构的管理。

3. 设置专业的社会性监管机构

应当继续加强能源行业的社会性监管，重点是加强能源安全监管、能源环境保护监管。例如，设置由应急管理部管理的能源安全委员会，专门负责能源的生产安全职责，包括煤炭、电力、石油、天然气等行业的安全监管。设置由生态环境部管理的能源环境委员会和核能监管委员会，负责能源环境监管和核能监管。

三　中国能源监管机构的模式选择

中国能源改革是政府主导型，当前采用的是"政监合一"模式。随着中国能源产业监管体制改革的不断深入，监管机构模式的选择也成为体制改革和制度建设中的重要内容。根据各国能源监管机构的独立程度以及监管机构和行政系统的权力关系，通常可以将监管机构设置划分为三种模式：一是独立的、权力集中型的监管机构；二是在政府相关部门内设立相对独立的监管机构；三是政府部门直接承担监管职能，即"政监合一"模式。①

（一）独立监管机构模式

独立监管机构通常包括两层含义：一是指监管机构与被监管对象之间的独立；二是指监管机构与其他政府机构之间的独立。因此，独立监管机构意味着监管机构的监管职能与政府其他机构的政策制定职能的分离，实现独立监管，使监管机构的决定不受其他政府机构的不当影响。同时，监管机构与作为其监管对象的企业之间的分离，从而保证其独立性。

1. 独立监管机构的特征

其主要特征：一是法律授权独立。通过法律赋予监管机构独立的法律地位，使其能够独立行使职权。法律授权是独立监管机构设计中最重要的一项基本原则，以下各项均需要从法律层面落实。二是人事独立。监管机构的组织安排由法定程序完成，任何人无权任意变更，形成一定的独立性。比如通过对监管机构决策层的任期保障，使其在任期内可免

---

① 王俊豪、肖兴志、唐要家：《中国垄断性产业管制机构的设立与运行机制》，商务印书馆 2008 年版，第 100—132 页。

除因上级好恶的变动，避免因政党轮替或者更迭所带来的人事变动，以保持其独立性。三是职权独立。为避免因政府机关的不当干预与民意代表给监管机构带来过多的压力，法律赋予监管机构决策的独立性。此外，根据国际经验，监管机构所做的决定为行政层级的最终决定，具有类似于司法裁决的效力，只有司法机关才能够加以审查。司法机关在进行审查时，基于监管机构的独立地位，原则上也应该尊重监管机构的决定，只做法律适用的审查。四是经费来源独立。经费来源是监管机构的重要命脉，为避免因预算和经费来源的压力而影响决策的中立性，独立监管机构一般有足够的经费来源。

2. 独立监管机构模式的形成动因

监管机构之所以应具有独立性，主要依据包括：第一，监管对象具有复杂和易变的特征，行业监管、竞争监管、社会治理等要求具有专业化知识结构、技术化操作程式和灵活性的调整机制。因此，监管政策、工具乃至组织机构也必须及时进行适应性改造。第二，监管过程涉及各利益集团的博弈和冲突，监管机构必须被授予相应的职权，才能具备相当的独立性与权威性，保持中立地位，促进实现监管的政策目标。监管机构被赋予独立性的目的是与政治相对隔绝，以维护监管的权威与公正。独立监管机构设置有助于不受政治和行政影响，而秉持公共利益行事。此外，独立监管机构可以被衡量、被目标化、被审计、被分析、被预算，从而使其工作的绩效能够获得透明化的评价。

（二）政府部门内相对独立的监管机构模式

政府部门内相对独立监管机构是指承担政府监管职能，但隶属于政府管理部门的监管机构。政府部门内相对独立的监管机构存在于行政系统内，其决策受到部门领导（部长）或者最高行政首长的影响，但是，法律赋予他们很大的独立权力，在一定范围内可以单独地做出监管决策。从监管机构的独立程度来看，政府部门内相对独立的监管机构的独立性低于独立监管机构。

1. 政府部门内相对独立监管机构的特征

其主要特征：一是该机构既隶属于政府部门，同时又具有相对独立性。监管机构的权力和职责一般来自相关法律，但是，监管机构大多隶属于政府主管部门，因此是相对独立的体制。二是监管权力由政府部门和监管机构分割。政府部门内相对独立监管机构模式一般有两种：一种是设在相关部委之下，需要对其负责的监管机构；另一种是设在相关部委之下，但不需要对政府相关部委负责的独立监管机构，这类监管机构一般有独立的人事权和财权，前一种监管机构的独立性高于后一种。

2. 政府部门内相对独立监管机构模式的形成动因

由于企业相对于政府来说具有信息优势，而政府则处于信息劣势，政府获得的企业成本、产品或服务质量等方面的信息是不完全的，而且成本高昂。因此，政府为提高监管效率，往往采取分权的方式，在政府部门内设相对独立的监管机构。在这种情况下，可以将政府干预看作多个具有自己特定监管目标的委托人的综合，监管机构只在职责范围内对企业进行监管。政府部门内相对独立监管机构的优点在于这种监管机构位于行政系统内，有利于最高行政首长的统一指挥监督和整个行政系统的协调统一。

（三）政府部门和监管机构合一模式

在政府部门和监管机构合一模式即"政监合一"模式下，不区分宏观政策部门和监管机构，而由行政部门统一行使宏观政策制定职能和监管职能，内部各单位按照分工负责执行各自的职能。

1. 政府部门与监管机构合一的监管机构特征

其主要特征：一是主管部门直接行使监管职能。一般而言，主管部门既制定政策，又负责监督政策的执行情况。因此，政府部门行使监管职能时有很高的权威性。二是由于政府的政策制定职能和监管职能不分，导致在行使监管职能时不仅使用经济和法律手段，还会使用行政手段。

2. 政府部门和监管机构合一模式形成的动机

政府部门和监管机构合一模式一般出现在能源行业仍然属于国有股份占主导地位的国家，或者正处于转型时期的国家。在这些国家，由于能源行业一直由国家垄断经营，政企合一，政府确定企业的目标，能以预算的方式间接影响企业行为，也能以行政命令方式直接影响企业行为，监管机构没有分离的必要。在能源行业市场化改革初期，很多国家选择这种监管机构模式。

（四）中国能源监管机构的模式选择

从国际经验来看，一个国家能源监管机构模式和其能源市场发育程度密切相关。一般而言，能源市场化程度越高，能源监管机构的独立性越强，监管手段和监管内容也随之发生变化。党的十八届三中全会提出确立市场在资源配置中的决定性作用，为中国能源市场化改革确定了方向。基于中国能源行业的发展特点和改革需求，为减少政府行政部门与监管机构的矛盾，因此，在现阶段，中国能源行业采用"政监合一"模式，并且将在一定时期内保持这一模式。

随着能源管理体制改革推进和能源行业的发展，中国能源监管机构必然走向宏观政策、经济性监管、社会性监管相分离的"政监分离"模式，以保证宏观管理的统一性和能源监管的有效性。设立相对独立、专业的能源监管机构是大势所趋，符合能源市场进一步发展的需要，是其有效履行职责的前提条件，这也是各国有效监管模式的共同经验。

相对独立的能源监管机构设在国务院下，与其他政府部门或者相关部委平行，并且相对独立监管机构的监管职能与政府其他机构的政策制定职能相分离，实行独立监管，使监管机构的决定不受其他政府机构的不当影响，依法独立自主运作。相对独立能源监管机构与被监管企业之间也是独立关系。通过没有利益关系的第三方进行公正监管，有助于防止监管机构和垄断企业之间的利益纠缠关系，保证监管机构真正的独立。监管机构和其他机构，如立法机构、司法机构和政策部门之间是一种监督和制衡关系，不存在隶属关系（见图 5 – 10）。

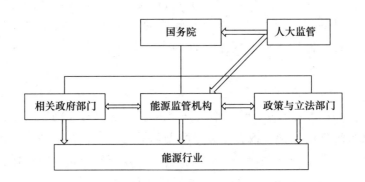

图 5 – 10　相对独立的源监管机构模式

构建相对独立的能源监管机构要解决三个核心问题：一是理顺监管机构和相关政府部门之间的职能关系；二是建立公开、透明、可预测的监管机构内部决策和运行机制；三是建立多元参与的监管机构监督机制。通过国家层面的能源大部制改革和行政管理体制改革,本着"权责对等、依法监管"的原则配备监管机构职能,尤其是准入职能和价格监管职能;进一步厘清相关监管部门之间的职权边界,理顺部门之间的职权关系,确保相关部门之间的分工合作、协调运行;完善立法和完备相关治理制度设计(预算报告制度、工作报告制度、监管影响评估制度、信息公开制度),逐步增强监管机构的独立性,使能源监管决策免受其他行政部门干预,并使其独立于被监管能源企业,以社会公众利益最大化为目标,客观公正地依法履行监管职能。

第四节　中国能源监管职能配置及监管协调机制

一　能源监管机构的基本职能

能源监管机构应当具有明确的法律地位,并得到法律的充分授权,这是监管机构维护其独立性、履行监管职能的基础。能源监管机构的各种监管权力是通过具体职能反映与实施的。根据发达国家能源监管经验,能源监管机构应该主要具备以下七项职能。

(一)制定监管法规、规章和标准

制定监管法规和规则、监督检查执法是能源监管机构的重要职责。这方面的职能主要包括制定能源监管法规、规则,制定能源市场运行规则,制定和参与制定能源市场准入管理、定价、技术、安全、环保和普遍服务等相关的法规、规则和规章,对相关法律、法规提出修改建议。

(二)能源市场准入监管

能源市场化改革的一个重要目标是在可竞争性业务环节建立竞争机制,充分发挥市场资源配置的作用,这要求允许新企业进入产业;另外,能源产业具有较显著的规模经济和范围经济,这又需要控制进入产业的企业数量,以避免过度竞争。这要求监管机构合理确定进入壁垒,对市场实行准入监管。准入监管实质上就是控制发放经营许可证的数量和进度。监管机构根据能源产业的需求与供应能力、企业的资质等因素,颁发企业经营许可证。经营许可证实际上是监管机构与企业间的一种合同,应详细规定企业应当承担的各项义务,在价格、服务质量、公平交易等方面的业务规范。同时，监管机构还应根据能源产业的发展状况和供求变化、技术进步等因素，修改经营许可证的部分条款。

（三）能源价格监管

价格监管实质上是监管机构确定能源垄断性业务环节的定价方法和价格调整机制。监管机构要根据能源行业的成本状况、技术进步、企业提高生产效率潜力等因素，剔除价格变化因素，制定科学的监管价格，并周期性地实行价格调整，以刺激企业提高生产效率，并将因效率提高而带来的部分利益让渡给消费者。加强成本监审，并组织召开价格调整的听证会，做出价格调整决策。

（四）监督并惩处企业的不正当行为

监管机构应对企业的经营行为实行监督，如发现企业违反经营许可证规定的条件、服务标准或其他应遵守的规则，监管机构可以中止许可或吊销其经营许可证。监管机构还可以发布禁止令，禁止有关企业采用不正当的竞争行为和各种欺诈行为。禁止令应详细规定被禁止行为的界限、范围，相关人如果违反禁止令，可申请法院实施强制和制裁。对监管机构而言，这是一种非常有用的监管手段，能够针对各种违法行为迅速采取措施，避免对经济和社会造成大的损害。此外，监管机构还可通过判付赔偿金，迫使责任人承担相应的经济责任，促使责任人实施一定行为或不实施一定行为，或改变一定行为。由于行政裁决赔偿程序比法院裁决程序简单、经济、迅速，因而能有效地实现监管目标。在开放竞争的市场，如果企业之间从事价格串谋等反竞争价格行为，监管机构要会同反垄断机构展开调查并对企业的反垄断行为做出处罚。

（五）能源质量监管

能源质量监管的主要政策措施是对能源产品和服务质量进行检测和评估，并向社会公布结果，接受公众监督，促使企业提高产品和服务质量。同时，制定质量标准，并将产品或服务的质量水平与价格挂钩，对低质量的企业进行经济制裁等。

（六）能源安全监管

能源安全监管职能是为了减少、消除能源行业从业主体在生产、经营过程中对他人人身及财产安全所造成的损害，监管机构对能源行业市场主体的生产经营行为所进行的控制。如关于能源生产设施存在状态所必须符合的安全技术标准，能源行业从业主体对有关能源安全方面的信息资料的披露义务等。从能源生产过程来看，主要包括能源生产安全监管（如煤矿生产安全监管）、能源运输安全监管（如电网可靠性监管）、能源供应安全监管（油气储备监管）等。从能源主要行业来看，主要包括煤矿安全监管、电力可靠性监管、石油与天然气管道安全监管、核安全监管等。比如，依据《安全生产法》《煤矿安全监察条例》，煤矿安全监察机构行使国家煤矿安全监察职能，主要职能是：对煤矿安全实施重点监察、专项监察和定期监察，对煤矿违法违规行为依法做出现场处理或实施行政处罚；对地方煤矿安全监管工作进行检查指导；负责煤矿安全生产许可证的颁发管理工作和矿长安全资格、特种作业人员的培训发证工作；负责煤矿建设工程安全设施的设计审查和竣工验收；组织煤矿事故的调查处理。

（七）能源环境监管

能源环境监管职能是为了减少、消除能源行业损害环境的负外部性，监管机构对能源行业市场主体的投资、生产经营行为所进行的控制。能源消费是环境污染和气候变化的主要源头，能源环境监管随着全球变暖和气候变化的形势日趋严峻而显得格外重要。能源环境监管的主要目的是尽量减少能源生产和消费过程中带来的环境污染，防止气候变化带来的灾难，让能源消费更清洁、更健康。如在电力行业，特别是火电行业，主要是防止温室气体排放和其他有毒物质排放；在煤炭行业，主要是防止固体废弃物、煤尘污染、地面下沉和温室气体排放；在核能领域，主要是防止核辐射和核废料处理问题等。

二　中国能源监管职能的优化配置

（一）能源监管职能配置原则

合理配置能源监管职能，建立监管机构和其他部门之间的协调机制，是有效实现监管目标的基础。根据中国行政管理体制改革目标和国外能源监管职能配置的经验，中国能源监管职能配置应当遵循以下三个基本原则。

1. 监管职能法定原则

职能法定是指监管职能的确定应当具有法律的授权，监管机构履行职能必须在法定的权限范围内，遵守法定程序，符合法定要求与条件，监管机构的职能不得与法律相抵触。职能法定是依法行政原则的具体体现，也是行政法治的基本要求。职能法定的具体要求有：一是立法先行，主要是指监管机构职能的确定要以立法的形式进行，通过法律授予相应的监管职能；二是监管机构不能确定自己职能范围，职能法定意味着监管机构无权在法律之外自定职能；三是职能的确定符合法定的程序，要经过合法程序和形式将职能确定下来。

2. 监管职能相对独立原则

在中国长期的计划经济体制之下，由于政企不分，政监不分，造成了政府行政职能的普遍错位和缺位现象。各政府机关之间职能交叉、相互扯皮、效率低下，成为非常严重的问题。职能独立是监管独立性原则在监管职能配置上的具体体现。在能源监管领域，主要是指能源监管机构的职能在外部应当独立于传统的行政管理部门和被监管的企业。在中国当前"政监合一"模式下，监管职能相对独立非常重要，特别需要独立于能源政策制定职能，这是监管独立的本质要求。

3. 监管职能效率原则

效率是监管制度产生的一个重要历史原因，也是监管制度存在的基础。失去了效率，也就使监管失去了存在的理由。监管职能的配置要体现效率原则，主要是指监管职能配置到相应的监管机构以后，组织效率和社会效益应当相对于以前有较大提高。为了保证监管职能配置的有效性，需要具备以下四个条件：

第一，专业性。监管机构相对于传统的行政管理部门的一个重要特点就是领域更加专业，需要专门的技术知识来解决专门问题，能源领域的专业性问题很多，如电网可靠性标准、煤矿安全技术标准等，这些都需要专业的人才和知识才能实现相应的监管职能。

第二，监管职权到位。为了提高监管效率，监管机构往往被赋予了制定规则、执行规则和裁决纠纷的权力。在美国，人们把行政权和准立法权、准司法权集于一身的独立管制机构称为"第四部门"。权力的集中确保了监管职能的及时实现，不过，也容易产生权力滥用，需要健全行政程序制度和司法审查制度来监督监管机构合法行使权力。

第三，职能范围合理。监管机构的职能范围不能无所不包，应当合理定位，能够由市场机制和行业自律组织解决的，尽量不管；在法律法规制约下，能够由被监管企业自己决定的事项，不予干预。

第四，程序设计科学。监管机构执法的行政程序要进行科学设计，确保程序规则的透明度和公众参与，保证及时有效地实现监管目标。

（二）中国能源监管职能的优化配置

1. 集中能源监管职能

由于能源监管职能配置还存在分散交叉、监管真空等问题，应该集中和加强能源监管部门的监管职能，将市场准入、市场秩序和垄断性企业成本和价格等监管职能集中到一个监管部门，实现能源监管转型。在能源行业，由于与市场经济体制相适应的管理体制尚未健全和完善，国家综合经济部门依靠行政手段对大型国有能源企业进行管理和协调仍然具有一定的积极作用，这也是中国当前采用"政监合一"模式的重要原因。针对当前能源监管管理和能源监管职能界限不清晰的问题，应尽快理顺能源监管管理机构内部能源管理部门和能源监管部门之间的关系，做到各司其职、加强沟通、分工负责、形成合力。

2. 中央和地方监管机构合理分权

考虑到中国幅员辽阔，各地能源发展情况也各不相同，在确保国家能源监管政策和标准统一的前提下，在中央和地方监管机构之间合理分配监管职权，以充分调动地方的积极性，发挥地方的作用，减少监管真空的出现，切实维护能源消费者的合法权益，确保能源生产、运输、配送的稳定、安全和高效。由国家能源局及区域监管局负责跨省的能源输配业务，而将省内的相关能源监管职能交给地方能源监管机构具体执行。这种分层模式具有以下优点：（1）针对性强。因为能源具有一定的区域性特点，采用中央和地方分层的监管权力结构，能够更好地反映地区差别，制定出反映地区实际的有针对性的监管政策。（2）有利于发挥地方的积极性。当前，中国能源行业的市场化改革思路是"省为实体"，有利于市场化改革和监管改革协同推进。同时，赋予地方监管权力，有利于缓解监管者和被监管企业之间的信息不对称问题。（3）促进竞争效应和示范效应。有利于各地根据地方特点进行监管改革探索和制度创新，产生示范效应，更好地推进能源监管改革。

3. 能源环境监管职能配置

生态环境部负责环境行政管理和环境监管职能，专业化程度比较高，而且属于部委行政部门，法律地位比较稳定，因此，能源环境监管职能由生态环境部负责是比较合理的。而且，鉴于能源环境问题在中国能源可持续发展战略中的重要地位，当能源监管机构的相关决定与环境保护机构的决定发生冲突时，应当尊重环境保护机构的决定。为了有效地执行能源环境监管职能，可以在环境保护机构和能源监管机构之间进行适当的职能分离，由环境保护机构制定能源环境监管的标准、制度和法规，具体执行可以让能源监管机构负责，比如，由生态环境部负责制定能源行业的节能减排标准和指标，由能源监管机构负责监管落实，并接受生态环境部的监督。

4. 能源安全监管职能配置

在放松经济性监管和加强社会性监管的发展趋势下，能源安全监管应当进一步得到加强。能源监管机构和安全监管机构的职能分配往往有些重叠交叉，比如，能源监管部门对电力企业的安全生产实施监管，特别是对于电网的安全性和可靠性，能源监管机构负有直接的监管责任。电力企业出现重大安全事故时，安全生产监管机构也可以介入。根据发达国家的经验，一般都设置独立的职业安全和健康监管机构负责能源安全生产和职业安全，独立履行安全监管职能。当前，中国成立了国家应急管理部，由其负责能源安全生产和职业安全的监管。由国家能源机构负责能源管网等基础设施的公平接入和能源管网设施的安全、能源输送安全的监管。比如，法国能源监管委员会既有负责保证市场参与者进入电力和天然气管网设施（包括电力的输送和配送公共网、天然气的输送和配送工程、天然气储存和液化天然气设施等）的权力，又负责确保电力和液化天然气管网和基础设施的良好运行和发展，并有权建议能源部长下令采取保全措施，以维护电力和天然气公共管网的可靠性和安全性，确保管网运行的连续性。

三 能源监管机构与反垄断机构的职能配置和协调机制

（一）能源监管机构与反垄断机构的职能配置

各国监管机构和反垄断机构之间的关系主要有三种模式：一是监管机构作为主要的反垄断执法机构，即监管机构就竞争问题做出的决定豁免反垄断机构的审查和反垄断法律的适用。例如，根据美国《克莱顿法》第7条，某些受到监管机构监管的交易，包括地面交通局、农业部和证券交易委员会所批准的某些交易，可以免除反垄断机构的审查。二是废除行业监管机构，反垄断机构行使监管权。典型例子是新西兰，它完全废止了行业监管机构，由反垄断机构集中行使反垄断权与监管权。这种模式的优点是形成了反垄断法律适用的统一性，不会出现监管机构与反垄断机构之间的管辖权冲突和对法律的不同解释，但缺陷是不能保证某些监管目标，如普遍服务、互联互通的实现。三是建立反垄断机构与监管机构之间的合作机制。主要分为两种：（1）分权型合作机制，是指反垄断机构与监管机构各自行使自己的职权，反垄断机构执行反垄断法律，监管机构执行监管；（2）权力共享型合作机制，是指监管机构与反垄断机构共同执行反垄断法律，这种权力配置主要适用于电信、电力与银行领域的企业合并审查方面。

2018 年的国务院机构改革中，组建了新的国家市场监督管理总局，其职责中包括承担反垄断统一执法、规范和维护市场秩序等。因此，需要建立能源监管机构和国家市场监管管理总局之间的协调机制，促进能源市场秩序监管和反垄断执法。根据中国实际情况，反垄断机构不具有能源监管职能，能源监管机构也不具有反垄断职能，所以，采用分权型合作机制比较合适。

（二）能源监管机构与反垄断机构之间的协调机制

由于能源行业自然垄断性业务和竞争性业务并存，反垄断机构和能源监管机构具有各自的特点，分权合作的执法体制是一种比较理想的模式选择，但是，这一模式需要两者之间的有效协调机制作为保障。

1. 职能法定

通过法律明确反垄断机构和能源监管机构的职权及职责划分，依法行政具有明确的法律基础和保障。首先，要明确反垄断法和能源监管相关法律的关系，确立反垄断法的基础性地位，防止两个机构之间的执法冲突。其次，明确反垄断机构和能源监管机构之间的职权范围。一般来说，对于合谋协议、掠夺性定价、价格歧视、不涉及网络连接的拒绝交易、搭配销售等限制竞争行为，应由反垄断机构处理；而对于许可证发放、垄断性环节价格确定、网络接入以及能源普遍服务等问题，则由监管机构负责。对于企业并购问题，则是权力共享基础上的共同监管。

2. 建立程序合作机制

首先，立案调查的事先通报制度。为了减少摩擦，在一方对反垄断案件进行调查之前，需要通告另一方，以免引起管辖权冲突或者是重复执法。另外，建立案件调查和审查阶段的互相磋商机制，因为能源具有专业技术性，反垄断机构在处理竞争案件时需要征求监管机构的意见。

其次，监管机构在处理竞争性案件时，因为会涉及竞争法相关的专业问题，如市场界定和市场支配地位认定等，应该征求反垄断机构的意见。

最后，能源行业的企业并购案件最终由反垄断机构或者法院做出裁决，监管机构批准后才能够生效执行。因此，任一方在做最后裁定时，应通过正式途径征求另一方的意见，并需要双方达成一致。

3. 信息共享

信息共享包括事前信息共享和事后信息共享。事前信息共享是指在日常管理中两个机构经常就能源行业内企业市场行为的重大事件互相通报。事后信息共享主要是指在案件调查取证阶段的信息共享。由于能源监管机构在行业信息方面具有优势，在能源行业重大的并购案件的调查和审查阶段，监管机构和反垄断机构要密切合作，提供相关信息，建立执法阶段的信息共享机制。可以通过建立信息共享平台，避免不必要的政策冲突和矛盾。部门之间工作通报和信息交流的具体内容、方式、时限等事项可以通过制定联合规章和签订行政合同的方式予以确定。

4. 建立联合执法制度

联合执法制度是指监管机构和反垄断机构相互配合、协调行动，共同实施执法活动，以加强执法力度，达到提高执法效率的效果。联合执法制度具有以下优势：一是综合治理效果。二是执法力度强。联合执法集中了各部门的执法力量，执法手段和措施更加丰富，比单个部门执法力度要强。三是执法效率高。联合执法能够协调各部门统一行动，提高行政机关的办事效率。不过，为避免职责不明确、相互推卸责任的现象，需要在联合执法中明确责任主体和责任范围。

在实践中，还可以根据需要采取联席会议制度等形式。这种协调方式主要为了解决职责不够明确或者双方都有职责的重大事项，由一方牵头，以召开联席会议的形式，在充分发扬民主的基础上，达成共识，消除矛盾，形成具有可操作性的政策措施，以有效解决实际问题。

第五节　中国能源监管监督机制

能源监管监督是指对政府能源监管行为的合法性、有效性、科学性、公平性和可持续性的全面监控与督导。对能源监管监督主要实现两个目标：一是克服政府监管失灵；二是提高监管效率。根据发达国家的经验，能源监管监督机制是由立法、行政、司法和社会监督构成的"四位一体"系统结构。

一　强化对能源监管的立法监督

立法监督是能源监管监督机制的核心和根本，具有统领地位。只有强化立法监督，才能真正体现公共利益，保障能源监管机构规范行使监管权力。

（一）完善能源监管立法监督的法律制度

第一，完善人大监督的配套立法。明确能源监管监督主体、客体的权利和义务、监督程序和实现方式，促进权力运行制度化、法制化，避免监督无法可依，对能源监管机构的监督行为依照法律法规进行，并且得到法律法规保障。

第二，完善能源监管立法监督的实体制度内容。一是完善听取和审议能源监管机构专项工作报告制度。除正常的报告工作制度之外，人大或者常委会要有计划地听取和审议能源监管的专项工作报告，并向社会公布。二是规范能源监管方面的法律、法规实施情况的执法检查制度。三是完善能源监管立法监督质询制度，使质询工作制度化和公开化。四是完善能源监管机构财政预算监督制度。

第三，完善能源监管立法监督的程序。一是构建完整协调的能源监管立法监督程序体系。二是建立完善能源监管立法监督的公开制度。要公开征集监督内容、公开监督结果，并进一步完善和实行公民旁听或常委会会议制度。三是建立完善能源监管立法监督的听证制度。

（二）明确能源监管立法监督主体

第一，赋予人大有关专门委员会能源监管立法监督权。由于人大专门委员会是人大常设机构，其活动不受人大闭会与否的限制。因此，应当修改组织法和人大议事规则，或者制定专门委员会组织法，明确授权全国人大及地方人大专门委员会行使人大部分职权，主要包括：一是提出质询案的权力和质询监督权；二是行政立法监督权；三是能源监管执法监督权；四是能源监管工作监督权；五是能源监管调查权。

第二，建立人大立法监督专员制度。一是在全国人大常委会设立专门的监督委员会，承担全国人大对能源监管的监督职能。二是根据需要在全国范围内跨行政区划有选择性地派出监督专员，在区域内对能源监管机构有监督权。

第三，建立专门调查委员会制度。人大或是人大常委会可以针对能源的重大环境或者安全事故组织专门的调查委员会。对事件中能源监管方面的执法情况、能源监管相关人员的渎职、腐败等进行独立全面调查。调查委员会需要向全国人大或者人大常委会提交调查报告，供其决策参考。

（三）健全能源监管监督的责任机制

第一，完善能源监管立法监督主体的责任机制。应通过立法对于人大监督主体责任制提供法律保障，要对有关人员失职行为进行必要的追究，确保依法行使监督权，这样，才能够把监督权落到实处。

第二，完善能源监管立法监督对象责任机制。一是强化人大的处置权，如定期和不定期地考察、评议能源监管机构任命人员履职情况，对违法者视情节做出限期改正、责令引咎辞职、免职、撤职的处置决定。二是对能源监管机构的工作人员因其过失造成不良后果的，采取询问和质询、特定问题调查、罢免和撤职等刚性监督手段来实现人大监督处置的威慑力。三是由一次性监督向连续性监督转变，由注重监督过程向过程与结果双注重转变。四是注重责任追责，以提高监督效果。五是完善各级人大及常委会对各级能源监管机构的问责制度。

二　理顺能源监管的行政监督

在能源监管的监督要素中，行政监督是一种最直接的、最经常的基础监督。"中国的行政机关内部监督既有一般监督又有专门监督。一般监督既有上下级政府及其官员的纵向监督，又有部门之间的横向监督；专门监督既有监管的行政监察系统，又有实力强大的审计监督系统。"[1]理顺行政监督既契合中国"议行合一"的政治体制，又有利于协调一般监督和专门监督之间的关系。

（一）促进能源监管的全面行政监督

能源监管的行政监督包括一般监督和专门监督。一般监督主要是指机构内部监督，专门监督是指能源监管的外部监督。通过内外行政监督配合实现全面监督。

第一，加强行政监督中的一般监督。行政监管中的一般监督是指依

---

[1] 邓频声等：《中国特色社会主义权力监督体系研究》，时代出版社2011年版，第100页。

法由行政机关系统内部实施上下级之间、平级之间所进行的一种经常性的工作监督，通过这种经常性的工作监督，保证行政行为合法、合理和高效。通常来说，监管机构内部工作关系的内容就是上级对下级的领导和指导，以及平级之间的分工和制约，这就是行政监督的一般监督。因此，要加强中央能源监管机构对地方能源监管机构的监督；加强地方各级人民政府对能源监管部门的监督；加强各级监管部门的主要负责人对其部署的监管行为的监督。

第二，创新行政监管中的专门监管。行政监督中的专门监督是指由法律规定独立行使监督权的行政机关对其他行政机关及其工作人员的行政行为实施监督。[1] 能源监管专门监督的目的是保证有关能源的国家法律、法规和政策的贯彻执行，是国家专门的监管机关用行政权力进行对能源监管机构或者部门的约束和监督。在中国行政机关内部，专门监督分为行政监察和审计监督两个部分，分别由行政监察部门和审计部门实施。建议在全国人大常委会内设立能源监管行政监督机构，受全国人大（常委会）领导，对全国人大（常委会负责），并下设地方各级监督机构，受地方人大（常委会）和上级专门监督机构的双重领导。这样有利于把《宪法》规定的各级人大（常委会）对于同级政府的监督权落到实处，同时可以保证对能源监管的行政监督和专门监督机构的独立性和权威性。[2] 对于能源监管的审计监督，一方面要加强国家审计机构的审计监督，另一方面赋予社会审计机构对能源监管机构的审计决定权，提高其对能源监管审计监督的强制性和权威性。

（二）注重能源监管的全过程行政监督

从时间维度来看，行政监督由事前监督、事中监督和事后监督三阶段构成。行政权力行使中的违法和违规行为问题往往发生于行政行为的整个过程。因此，有效的监督不仅应该注重事后监督，重视规范和健全事后监督的程序，更应该注重问题发生前和发生时的预防及控制，即事前监督和事中监督。

事前监督，就是建立健全并公开能源监管的行政监督程序。行政监

---

① 王臻荣：《行政监督概论》，高等教育出版社 2009 年版，第 205 页。

② 曾维涛：《完善我国行政监督体制的几点思考》，《江西财经大学学报》2006 年第 5 期。

督是一种具有合法性和权威性的监督行为，实现监管程序的公开性可以让政府监管主体更好地获取各种行政监督信息，以便更好地接受监督主体的监督。因此，监督机构要公开行政监督使用的法律法规，公开行政监督的权力、职责、手段和方式，公开政府监管相对人申诉、举报的条件、权限程序等。

事中监督，主要是规范行政监督的整个流程，实现监督过程的公开透明。要实行监督过程的信息公开，不但可以让其他政府监管的监督主体熟悉被监督对象的行政行为，还可以了解直接实施行政监督的监督主体在监督过程中是否客观公正。

事后监督，主要是对能源监管过程中出现的违法、违规的监管行为进行制止、纠正，并能追究监管责任主体相关责任，并公开监督结果，事后监督是一种补救式的监督方式，一方面，可以对违法、违规的政府监管主体进行惩戒；另一方面，可以更好地维护能源监管的公共性。

三 加强对监管机构的司法监督

司法对权力的监督已经成为法治国家的一个重要标志。司法监督作为一种审判权、检察权，对行政权有重要的约束作用，它保障了能源监管权力的合法性、强制性和有效性。

（一）强化能源监管的司法制约

中国在立法上将能源监管权力与司法监督权力的关系定位为：在分工合作的大前提下，能源监管的司法监督权维护和制约监管权。在能源监管司法监督权实践中，通常强调能源监管司法监督权对监管权的维护，而监督制约功能却不能得到应有的发挥。为此，法院要正确处理对监管权的维护与监督制约两种职能关系。一方面加强对能源监管权的维护，另一方面要强化能源监管的司法监督和制约。通过司法体制改革，逐渐提高司法独立性，充实和强化司法监督能力，提高法院地位和社会信任度。

（二）完善能源监管的司法审查制度

司法审查是法院监督行政权力遵守法律的工具，是最主要的、最有效的监督监管机构活动的方式，是行政法制的体现。司法审查是经常性的、局外的、有严格程序保障的、具有传统权威性的监督。能源监管机构可以根据需要制定行政规章，做出行政裁决，对相对人的利益影响极大，如果监管机构滥用权力或者失误可能对公众利益造成侵犯。因此，行政程序作为约束行政行为方式的事中制度，司法审查作为控制行政行为的事后制度，成为保护公众利益的重要机制。

司法审查主要包括：一是形式合法性审查。监管机构的奖励、确认、征收、许可、处罚和裁决等行为都是具体行政行为。法院主要审查程序合法和形式合法，即审查具体行政行为是否按照法律规定的形式做出的。二是实体合法性审查。法院主要审查内容包括：（1）权限，即审查具体行政行为是否在法定的权限范围内做出，又分为管辖权限和具体行为权限。（2）证据或事实，即审查监管机构的具体行政行为是否有确凿的证据。（3）法律法规的适用性，即审查具体行政行为是否正确地适用或者解释了法律、法规。（4）合理性问题，即审查具体行政行为是否存在滥用职权或者滥用自由裁量权的情形，行政处罚是否存在不公正的情况。三是行政法规审查。如果行政法规与上阶位的法律、行政法规相抵触，那么法院就会直接依据法律、行政法规做出裁决。若具体行政行为是按照与法律、行政法规相抵触的规章做出的，那么法院就会判决该行政行为违法。

（三）完善能源监管审判监督制度

第一，充实能源监管审判监督实体法律制度。首先要明确能源监管审判监督权的依据。对能源监管行为合法性审查的依据或者标准是立法机关制定的宪法和法律，而不应包括能源监管机构制定的规范。其次是要扩大能源监管机关审判监督的范围。将能源监管机构部分抽象行为纳入司法审查范围，扩大审判监督的范围，已经成为现实的需求和行政诉讼制度发展的必然趋势。

第二，探索设立简易诉讼程序。简易程序是对特定法律问题以简易、迅速处理为目的的诉讼程序，具有迅速、简单、低消耗的特征。

第三，强化司法监督对能源监管责任追究机制。强化检查审判监督机构对能源监管责任的追究机制。司法监督具有裁判性和惩戒性，裁判是对行政权是否依法使用的一种判定，惩戒是对行政违法的一种惩罚，通过裁判和惩罚维护公共利益。提升能源监管的司法监督就是要对行政权力的"乱作为"进行裁决和惩戒，才能保障司法监督的权威性。

四　鼓励社会公众参与监督制度

公众参与原则既是一项独立的原则，也是透明度原则的必然延伸，公众知情的目的正是为了参与，只有有效地参与，才能完全体现知情权的价值。参与原则在程序上的表现是要求监管机构在规则制定和规则执行的所有环节，均给予利害关系人表达意见的机会，听取其陈述和申辩，并在充分考虑这种意见的基础上做出最后的决定。

（一）公众多渠道了解监管信息

社会公众充分了解能源监管信息是他们参与和监督能源监管的前提条件。因此，能源监管部门要通过互联网、报纸、杂志、广播、电视等媒介，及时、高效地将有关能源监管信息传递给广大社会公众。当前，中国已经注重在能源监管领域建立信息披露机制，但是，与发达国家能源行业监管机构信息披露相比，无论在广度还是深度方面，都有很大差距，仍需要做出很大的努力。监管机构的监管依据、过程与结果均对公众公开，接受公众的监督，实行政府信息公开制度。

公众参与的形式因监管部门所做出决定的性质不同而有不同的形式，从最为正式的审判式听证会到非正式的征求意见等，可以有各种不同的形式。具体的形式及其适用范围，可以在实践中逐步明确、完善。

（二）确立社会公众参与制定有关监管法规的程序

监管法规的制定程序不仅是社会公众参与的制度保证，也是社会公众对制定法规过程实行监督的重要依据。其主要目的是让社会公众在确定具体法规的立法目标、形成法规框架、拟定法规草案、修改定稿等主要环节有充分机会发表意见。

（三）对事关社会公众利益的重要监管问题举行听证会

中国对能源监管价格调整举行听证会，并在各方沟通信息、缓解信息不对称方面取得了一定成效。但是，在听证会参与者的广泛代表性和听政程序方面仍然需要完善，以更好地发挥听证会的作用。除价格以外，在重要监管政策的制定和调整、能源企业之间重要争端的仲裁等方面也可以举行听证会，广泛听取社会公众的意见。

第六章　中国能源监管绩效评价与应用研究

能源行业具有显著的外部性。在市场经济环境下，科学有效的监管有利于促进能源行业更好地发挥其正外部性，减少甚至消除负外部性，保障行业健康有序地发展。① 而判断能源监管是否科学、有效则依赖于绩效评价。由于中国现阶段尚未建立能源监管绩效评价体系，本章对此进行专题探索和研究，将为监管部门合理、有效且有序地改进监管工作，提高监管水平提供科学依据，对进一步提高能源使用效率和降低能源消耗强度都具有重要的现实意义。

第一节　能源监管绩效评价相关研究述评

监管绩效的提法近些年才出现，而能源监管绩效评价的文献则非常匮乏。早期研究的监管绩效实质是监管效率，研究者多从监管成本与监管收益出发，采用单一的财务指标对监管行为进行评价。

一　监管效率与监管绩效

监管效率是指监管成本与监管收益的比较。监管成本与监管力度成正比，随着监管力度的提高，监管成本不断增加，而监管收益并不会等比例增加，因此，存在最优监管力度。此时，监管收益与监管成本比最大。查普曼和谢伊（Chapman and Shay）曾针对金融行业的监管提出监管力度超出临界点会导致监管成本上升和监管收益下降，不利于金融业

---

① 对能源行业实行政府监管的合理性通常体现在外部性、自然垄断性和信息不对称性等多个方面，本章讨论的外部性是指能源行业整体的、综合的外部性，覆盖了其他方面的因素。由于能源行业的外部性会导致资源配置偏离最优状态。因此，本章重点关注能源监管对有效控制能源行业外部性（特别是负外部性）的作用。

发展。① 针对监管效率评价的研究，国外已有文献主要是通过分析成本收益来评价监管效率。如里特森（Ritson）在对监管机构的成本收益进行分析时得出，企业是否选择执行监管措施取决于由此带来的成本大小，如果执行成本过大，比如需要新的生产设备或者技术、加大对从业人员的培训投入，这些投入带来的收益如果不能弥补成本，则企业会铤而走险选择生产劣质食品。② 因此，在制定监管政策时，要考虑企业所需要承受的成本；乌格兰和维格兰（Ugland and Veggeland）研究得出，监管政策能不能得到预期效果，关键在于监管部门要将相关部门的资源、成本投入有机协调，进行整合，而不是缺位和重叠等。③

监管绩效与监管效率相比，更加复杂且具有综合性。管理大师彼得·德鲁克认为："所有的组织都必须思考'绩效'为何物。这在以前简单明了，现在却不复如是。策略的拟订越来越需要对'绩效'重新定义。"④ 绩效的提法最早出现于企业当中，在管理主义思想的影响下，"绩效"逐步取代"效率"这一概念。在迅速变化的内外部环境和纷繁复杂的组织结构中，绩效实际上包含财务、人力资源、组织、产出和结果、竞争力等多项指标。阿尔方和安德鲁斯（Alfon and Andrews）曾提出应用成本—收益分析方法来评价监管绩效，这实际上仍然没有区分监管绩效与监管效率。⑤

在国内外的研究中，绩效与效率、效益、效果、责任、生产力这些概念相互交织，在不同的学科领域有不同的解释，也产生了不同类别的绩效。主要涵盖个人经济绩效、企业组织绩效、政府行政绩效、社会总体绩效。能源监管绩效应属政府行政绩效范畴。如果政府是监管主体，那么监管绩效具有行政绩效的特征，即监管效率和效能的总和。行政绩

---

① Laidler, D., "The Consumer Finance Industry: Its Costs and Regulation", by John M. Chapman, Robert P. Shay, *Economica*, 1968, Vol. 35, No. 140, 1968, p. 466.

② Wierenga, B., "Review of: D. I. Padberg, C. Ritson and L. M. Albisu (eds.): Agro Food Marketing", *Erim Article*, Vol. 25, 1998, pp. 269 – 271.

③ Ugland, T. and Veggeland, F., "*The European Commission and the Integration of Food Safety Policies across Levels*", Palgrave Macmillan UK: Multilevel Union Administration, 2006, pp. 143 – 162.

④ 葛玉辉等：《绩效管理实务》，清华大学出版社 2008 年版，第 5 页。

⑤ Alfon, I. and Andrews, P., "Cost – benefit analysis in financial regulation: How to do it and How It Adds Value", *Journal of Financial Regulation & Compliance*, Vol. 7, No. 4, 1999, pp. 339 – 352.

效，西方国家又称"公共生产力""国家生产力""公共组织绩效"
"政府业绩""政府作为"等，它是指政府在社会管理中的业绩、效果、
效益及其管理工作的效率和效能，是政府在行使其职能，实施其意志的
过程中体现出的管理能力。

二　有关能源监管的研究

能源监管是通过在能源领域实施监管职能以消除行业外部性，保障
能源行业健康有序发展的一系列活动的总称，越来越多的学者开始对能
源监管的影响进行研究。例如，Matsumura 等通过引入庇古税来内化能
源消费负外部性进而研究额外的能源监管对福利效应的影响。研究结果
表明，额外的节能监管在完全竞争市场中损害了长期的社会福利；而在
不完全竞争市场下，节能监管通过使企业加大对节能的投资以降低能源
消耗成本并加速市场竞争，从而增加了额外的社会福利。[1] 更进一步
地，许多学者就监管对某些具体能源行业所带来的影响进行研究。Zhao
等采用 ARDL（Autoregressive Distributed Lag）约束检验和 ECM（Error
Correction Model）方法研究了监管对可再生能源发电的影响，研究结果
表明，监管对可再生能源的发展有着显著的正向影响。[2] 布拉德肖
（Bradshaw）从电力监管和新能源角度，说明了电力体制改革的监管创
新对于克服风能和太阳能的技术及制度锁定具有重要的作用。[3] 更多的
研究在能源价格监管方面，Ju 等选择天然气、汽油、燃料油、动力煤
和炼焦煤五种能源的价格进行研究，分析指出，由能源价格管制引起的
能源价格扭曲有利于中国的经济发展。[4] 对此，Shi 和 Sun 则抱有不同
的观点，他们以两部门增长模型为基础对中国工业产出进行研究，实证
结果表明，监管价格扭曲对中国短期和长期的产出增长都具有负面

---

① Matsumura, T. and Yamagishi, A., "Long‐run welfare effect of energy conservation regula-
tion", *Economics Letters*, Vol. 154, 2017, pp. 64 – 68.

② Zhao, X. and Luo, D., "Driving force of rising renewable energy in China: Environment,
regulation and employment", *Renewable & Sustainable Energy Reviews*, No. 68, 2017, pp. 48 – 56.

③ Bradshaw, A., "Regulatory change and innovation in Latin America: The case of renewable
energy in Brazil", *Utilities Policy*, Vol. 49, 2017, pp. 156 – 164.

④ Ju, K., Su, B., Zhou, D. and Wu, J., "Does energy‐price regulation benefit China's e-
conomy and environment? Evidence from energy‐price distortions", *Energy Policy*, Vol. 105, 2017,
pp. 108 – 119.

影响。[1]

除了上述能源监管影响方面的研究，具体的能源监管方法也逐渐成为能源监管领域的研究焦点。Abrardi 和 Cambini 研究指出，最佳关税结构可以促使受管制的公用事业部门降低能耗提高能源效率以获得低油价来吸引消费者。曼德尔（Mandel）基于绩效监管，模拟研究了绩效激励措施对上游能源效率的影响。[2] 除此之外，为实现机械制造行业的能源管理和节能改进，Cai 等通过 TOPSIS（Technique for Order Preference by Similarity to an Ideal Solution）综合评价法，确定多目标能源基准，提出了一种基于能耗预测和综合评价的多目标能源基准方法。[3]

三 有关能源监管绩效的研究

能源监管绩效应包含两层含义：一是通过保护消费者的利益，促进被监管者的市场竞争能力的提高和抗风险能力的增强，并由此提高整个能源行业的效率，服务经济发展的需要；二是监管当局降低监管成本，提高监管机构本身的效率。能源监管绩效是监管的基本要素，是既定的能源监管过程的终点。从能源监管决策、实施到实现，最终的产出就是能源监管绩效。一句话，就是能源监管主体实施监管行为所取得的成果和实际功效，或者说是促使整个能源行业发展所达到的实际境况以及所产生的其他相关影响。

能源监管绩效的评估与政府绩效或公共组织绩效评估类似。公共组织绩效评估，是公共组织通过一定的绩效信息和评价标准，对公共组织所提供的公共物品和公共服务的效率及质量进行全面的控制和监测活动，是公共组织的一项全面的管理措施。也是根据管理的效率、能力、服务质量、公共责任和社会公众满意程度等方面的判断对政府公共部门管理过程中投入、产出、中期成果和最终成果所反映的绩效进行评定和划分等级。[4] 摩根和包国宪等提出了"基于价值的政府绩效管理"的概

[1] Shi, X. and Sun, S., "Energy Price, Regulatory Price Distortion and Economic Growth: A case Study of China", *Energy Economics*, Vol. 63, 2017, pp. 261–271.

[2] Abrardi, L. and Cambini, C., "Tariff regulation with energy efficiency goals", *Energy Economics*, Vol. 49, No. 35, 2015, pp. 122–131.

[3] Cai, W., Liu, F., Xie, J. and Zhou, X. N., "An Energy Management Approach for the Mechanical Manufacturing Industry Through Developing a Multi-objective Energy Benchmark", *Energy Conversion and Management*, Vol. 132, 2017, pp. 361–371.

[4] 蔡立辉：《政府绩效估计的理念方法分析》，《中国人民大学学报》2002 年第 5 期。

念和核心理论框架，以价值为基础的绩效管理，由三个相互关联的层次组成，它们分别是基本公共价值、以价值为基础的公共过程和以价值为基础的具体行为，公共价值链的每个环节都受到公共价值的约束，各个环节秉持的公共价值内容、通过的公共过程和实施的具体行为以公共价值为基础，从而产生基于价值的政府绩效。① 在公共组织绩效和行政绩效评估方面，包国宪等提出了甘肃模式，即以顾客导向为价值取向，以非公有制企业为评价主体，由专业学术机构组织实施，具有现代公共治理特征的第三方评价模式，其实质上是一种公共治理评价。② 在政府绩效改进方面，何文盛等通过建构一个理论分析模型，分析了中国地方政府绩效评价的甘肃模式，认为还需要从政治支持、法律保障、社会参与以及评估体系设计等方面进一步完善。③

四　有关能源监管绩效评价的研究

目前，有关能源监管绩效评价的研究基本上停留在政策评估阶段，而系统性的监管绩效评价研究较为匮乏。政策评估忽略了执行过程的评价，而且对执行机构自身的运作和成长并不关注，尽管如此，在进行监管绩效评价研究过程中，政策评估方法仍然是很好的借鉴。如雅各布斯（Jacobs）认为，监管绩效评估，是对拟议中的新监管政策的可能影响以及对已有监管方案的效果（包括正面和负面的）的一种系统评价方法，其目的是以经验调查的方式协助决策者了解与分析政府监管政策方案的效果，使其建立有效的监管相关措施的优先顺序，并且对政策资源做适当的分配与调整，以使监管政策的成本最低、效果最大。④

弗兰克·费希尔认为，"政策评估"是一种社会科学，主要是"政策分析"或者"政策科学"的应用活动。在实际评估过程中，由于评估主体在评估过程中的出发点具有差异性，会出现与社会公认的价值观不吻合的现象，这就要求公共政策评估标准的选择和确定要符合逻辑，

---

① 何文盛等：《政府绩效管理：通向可持续性发展的创新路径》，《中国行政管理》2012年第4期。

② 包国宪等：《第三方政府绩效评价的实践探索与理论研究——甘肃模式的解析》，《行政论坛》2010年第4期。

③ 何文盛等：《中国地方政府绩效评估的可持续性问题研究——基于"甘肃模式"的理论反思》，《公共管理学报》2012年第2期。

④ Jacobs，C.，"Improving the Quality of Regulatory Impact Assessments in the UK"，*Centre on Regulation & Competition Working Papers*，2005.

这是政策评估的前提和保障①，在此基础之上，技术可行性、经济和财政可能性、政治可行性和行政可操作性四种综合评估标准在特定的行政环境中应运而生。② 目前，国内外学者对公共政策评估的方法和模型研究颇丰。从成本角度看，目前收益成本分析法和效用成本分析法在计算公共政策受益和效益方面有着独特的效果。收益成本分析法的计量结果是可以用货币单位来计量的，效用成本分析法却不能③；从质和量的角度看，定性和定量同样适用于公共政策评估，通过构建数学模型，可以建立科学的评估体系和模型，更利于政策评估的科学性④，同时定性研究方法和定量研究方法相结合，恰好可以相互补充，不仅可以保证政策评估的科学性，还能够提高政策评估的客观性。相比较以上方法，目前国内普遍使用的还有专家评估法和前后对比法。专家评估法在某种程度上代表了某一领域的权威，一定程度上体现了决策的科学性。从政策本身的角度看，评估效果前后之间的对比，能说明公共政策评估方法的合理性。随着现代科学的不断发展和进步，西方国家对于公共政策评估理论的研究不断完善，在不断发展的过程中，逐渐形成了对于公共政策评估独特的研究模型。在这里，最早的概念是由"组织者"提出的。从政府干预的实质结果入手，奠定了组织模式、经济模式和职业化模式三大类评估分类模型，在这三大类中又分为八种不同的评估模式，在面对具体的评估政策时，可以发挥不同的优势，当然，也会存在某些方面的不足。在后来的研究中，目标获取模型、侧面影响模型、自由评估模型、综合评估模型和相关利益人模型在实际公共政策评估中得到应用。⑤⑥

可见，公共政策量化评估仍然受限于效率评估模式，多采用成本收益法，直到 1990 年由波士顿公司管理顾问诺顿（Norton）和哈佛大学卡普兰（Kaplan）两人共同提出了基于平衡计分卡的绩效分析（Balanced Score Card，BSC）方法。BSC 主要设计思路为：基于综合平衡的

---

① ［美］邓恩：《公共政策分析导论》，谢明译，中国人民大学出版社 2002 年版。
② ［美］卡尔·帕顿、大卫·沙维奇：《政策分析和规划的初步方法》，孙兰芝、胡启生译，华夏出版社 2003 年版。
③ 张金马：《公共政策分析：概念、过程、方法》，人民出版社 2004 年版。
④ 刘进才：《公共政策评估的模糊数学方法》，《中共中央党校学报》2001 年第 1 期。
⑤ 王瑞祥：《政策评估的理论、模型和方法》，《预测》2003 年第 3 期。
⑥ 胡倩琳：《公共政策评估研究综述》，《经贸实践》2017 年第 5 期。

战略理念，从财务、顾客服务、内部流程、学习与成长四个维度出发，分别将组织战略目标具体化，构建以四个维度为架构的绩效评价体系。该绩效评估方法最初是针对企业组织进行评估的，但渐渐地有学者将其评价方法引入监管绩效评估之中。①

虽然监管绩效评估研究有很长的历史，在食品、金融、民航等行业当中，绩效评估研究颇丰，但是，在能源行业中，国内学者的相关研究多关注能源企业本身的绩效评估，少量的有能源企业安全监管绩效评价②，针对能源监管机构进行能源监管活动本身的绩效评估的研究却非常匮乏，亟待加强。与此同时，国外学者对整体的能源行业监管绩效评价进行分析研究的文献也较为少见，现有文献主要集中在电力细分行业。例如，Thamae 等从治理、实质和影响三个方面对 2004—2014 年莱索托电力行业的监管绩效进行了评估。③ You 等运用 BWM 法（Best – Worst Method）来确定指标权重，进而构建 BMW – TOPSIS 法对电网企业的运营绩效进行了评价。④

第二节　能源监管绩效评价框架研究

近年来，学者就能源监管绩效评价的主客体划分以及评价内容的构成进行了深入的研究，并创新和完善了许多具有不同特点的能源监管绩效评价方法，为全面合理地构建能源监管绩效评价框架提供了坚实的基础，对深化能源体制改革具有重要的现实意义。

一　能源监管绩效评价主体

构建能源监管绩效评价框架，就是确定评价主体以确定"谁来评"的问题，确定评价客体以确定"评价谁"的问题，确定评价内容以确

---

① 李长健等：《中国食品安全监管绩效分析——基于 BSC 分析路径》，《江西社会科学》2017 年第 5 期。

② 付琳：《政府煤矿安全生产监管绩效评估研究——以山西省晋中市为例》，博士学位论文，中山大学，2009 年，第 78—93 页。

③ Thamae, L. Z. , Thamae, R. I. and Thamae, T. M. , "Assessing a decade of regulatory performance for the Lesotho electricity industry", *Utilities Policy*, Vol. 35, 2015, pp. 91 – 101.

④ You, P. , Guo, S. , Zhao, H. and Zhao, H. , "Operation Performance Evaluation of Power Grid Enterprise Using a Hybrid BWM – TOPSIS Method", *Sustainability*, Vol. 9, No. 12, 2017, p. 2329.

定"评什么"的问题以及确定评价方法以确定"怎么评"的问题。

（一）评价主体选取原则

评价主体解决的是"谁来评"的问题，合理选取评价主体关系到绩效评价的价值取向，是保证评价顺利进行并得到有效评价结果的前提条件。在选择评价主体时，应该满足代表性原则、独立性原则、广泛性原则和比例协调性原则。

1. 代表性原则

在能源监管绩效评价实施过程中，从开始的目标设计到管理过程，再到绩效评价、反馈以及评价结果应用，都需要耗费大量的人力、物力。评价主体的选择不但关系到目标设计的合理性，而且还影响到评价结果的有效性，进而影响评价结果的应用，导致政府在人力、财力、物力和时间上的严重浪费。能源行业的监管，涉及监管者、被监管者、消费者等和能源行业相关的群体，抓重点，找出具有系统性、代表性的能源监管主体能减少人力、财力、物力和时间的浪费。

2. 独立性原则

独立性原则是对于评价主体和评价客体而言的，评价主体对评价客体可以独立进行判断，评价主体和客体之间不应存在利益关系，防止监管俘获的发生以及因监管部门层级过低造成的监管不力等问题的发生。如能源监管部门主要针对能源市场进行监管，应该具有独立的法律地位，处于能源管理机构外部，以确保能够独立行使职权，对能源管理机构发布的方针、政策以及具体运行进行有效监管。

3. 广泛性原则

在日常生活中，享受到能源部门提供的产品或服务的普通消费者与能源部门有业务来往的企业、对评价客体监管内容有很深了解的专家以及对监管过程最为了解的能源部门监管人员等都和能源部门紧密相关。能源部门提供的产品或服务被居民和企业直接消费使用，因此会真切地感受到产品或服务的质量，构成了所有评价主体中最具话语权的部分。此外，相关专家对评价监管内容有深刻的了解，因此，他们的评价也非常重要。一方面，居民的相关知识不足，他们会主观地对产品或者服务的质量好坏以及价格的高低进行评价，做出更深层次的或更为专业客观的评价是比较困难的；另一方面，相关领域的评审专家一般是从技术可行性、科学合理性、安全性、效益、效率的角度对能源行业部门进行评价，他们的看法长远，专家群体评价的加入能使绩效评价变得更加完整。

4. 比例协调性原则

比例协调性原则是指按照广泛性原则使评价主体除了监管部门还有被监管部门和消费居民代表，这样，评价主体的属性繁多，需要科学合理地确定不同评价主体的比例使其协调。一方面，要充分考虑群众的话语权，做到发挥能源行业中的基础性作用来保证群众的利益；另一方面，为确保评价结果的完整性、科学性，还不能忽略其他利益相关群体的重要性。

（二）能源监管绩效评价主体选取

近年来，越来越多的学者就能源监管绩效评价的主体选取进行了深入研究并达成了基本共识，即能源监管绩效评价主体包括能源监管部门的上级主管部门、能源企业、消费者和第三方评价机构四个方面。

具体而言，中国能源监管部门的上级主管部门为国家发展和改革委员会、国家能源局，其作为政府的组成部门，也是综合研究拟订经济和社会发展政策、指导总体经济体制改革的宏观调控部门，因此，需要对能源监管进行相应的绩效评价。能源企业与消费者是直接涉及能源供给与需求的相关对象。能源企业包括参与或承担能源供给或相关服务的企业，消费者则是能源产品或相关服务的直接接受者。两者对能源监管部门进行的绩效评价将能更直接地反映能源监管部门的实际监管绩效，具有更现实的参考意义。第三方评价机构则是具有专业资质的非政府部门独立评价机构，其可以是能源产业的行业协会或具有能源研究背景的专业研究机构等。通过对能源监管部门的绩效进行评价，作为独立客观的第三方意见，具有一定的公信力。

从现有的研究和实践来看，中国能源行业监管绩效评价的主体意识相对不足，有些只是从单一的监管者角度出发，有些是从被监管的企业角度出发，还有些是从服务或产品的接受者角度出发，较少学者会就三者进行组合考虑。史小龙认为，消费者、垄断厂商和监管者构成自然垄断监管改革过程中的三大利益群体，最终的监管政策是各方政治影响均衡的结果。[①] 但是，经实证和案例分析后的结果表明，中国当前的自然

① 史小龙：《我国自然垄断产业规制改革中的利益集团研究》，博士学位论文，复旦大学，2005 年，第 23 页。

垄断产业的消费者处于绝对弱势地位，即作为能源事业直接参与者的消费者，其基本利益往往不能得到应有的保障。

针对以上问题，本章在对能源监管绩效进行评价时，结合了监管者、被监管者和公众三个利益群体，把评价结果作为监管行为的向导来平衡三大利益群体的利益关系。

二 能源监管绩效评价客体

评价客体又叫评价对象，是指评谁的问题，对于能源监管来说，其评价对象为提供监管服务的组织或者部门。

在选取评价客体时，既要把握关键又要保持完整，因为对于某一能源行业，监管涉及很多相关机构（价格、质量、安全等部门），如果考虑太多相关的能源监管部门，不但操作起来不可行，而且可能会造成很多其他方面（如时间、人力、财力、物力）的浪费，甚至评价结果失效；相反，如果考虑的评价客体太少，就会得到缺乏完整性的评价结果。此外，选择的评价客体概念不可模糊，否则评价结果的实际价值就相对较低，不能达到想要的效果。因此，在选择评价客体时，要做到化繁为简，把握关键的同时又不失其完整性，即要明确能源监管绩效评价的客体。

能源监管绩效评价的客体就是政府部门的能源监管机构与非政府部门的第三方监管机构，如能源产业的行业协会。能源监管机构主要负责监管能源市场运行，规范能源行业秩序，研究提出能源普遍服务政策的建议并监督实施，负责能源监管行政执法。陈森森指出，目前中国能源执法机构和能源管理机构未实现完全分离，如省级能源局既从事能源执法，又从事能源管理。[①] 因此，将能源监管机构作为能源监管绩效评价的客体具有明确的针对性，能对能源监管机构在执法和管理两方面的绩效做出综合性的评价，对能源监管事业的顺利推进具有重要的现实意义。

三 能源监管绩效评价内容

评价内容是来确定"评什么"。在中国，能源行业的运营主要涉及三个群体：政府监管部门（监管者）、提供产品和服务的能源行业生产

---

① 陈森森：《我国能源执法综合评价及其改进研究》，博士学位论文，中国科学技术大学，2015年，第17页。

者（监管对象）以及接受能源产品和服务的消费者。本节将对能源行业相关群体的目标及其绩效构成进行分析。这三个群体有着不同的目标。企业是以利润最大化为目的来进行生产经营活动的，而能源行业又是比较特殊的行业，它为社会生产活动提供基础性的服务，政府对其产品或服务的价格进行监管使其不能灵活地变动。此外，其还具有地域性和自然垄断性等特征。因此，能源监管部门的介入对能源行业的运营进行监管，能保障公众的利益。能源监管部门的监管目标是保障国家的安全和稳定，实现社会效益，并使能源行业的发展保持可持续的进程，减少国家的财政压力，提高监管工作效率。除此之外，居民是产品或服务的消费者，主要是对生产者的生产、监管活动进行满意度评价，因此不存在目标的说法。

监管政策是政府、企业和居民三方的博弈，所以，监管绩效主要从各方利益的满足情况得以体现。对政府部门（监管者）来讲，可以通过本身监管目标的实现程度来度量他的监管绩效；对企业（被监管者）而言，监管绩效不仅包括企业目标的实现程度，还包括企业对政府监管部门监管政策、监管行为的满意情况；对居民来说，监管绩效包括政府监管部门的监管政策或行为的满意度（直接的监管绩效），以及企业提供的产品或服务的满意度（间接的监管绩效）。

根据上述分析，可得到中国能源监管绩效评价内容的主要构成，如图 6-1 所示。

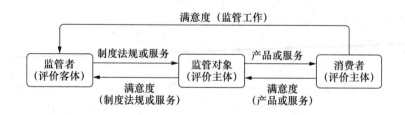

图 6-1　中国能源监管绩效评价的主要构成

具体而言，评价主体对监管者绩效评价的内容主要包括能源企业经济效益、能源监管社会效益、国家能源安全和监管工作效率等。

（一）能源企业经济效益

能源企业经济效益指的是通过商品和劳动的对外交换所取得的社会

劳动节约，即以尽量少的劳动耗费取得尽量多的经营成果，或者以同等的劳动耗费取得更多的经营成果。能源企业经济效益是资金占用、成本支出与有用能源生产成果之间的比较。能源企业的经济效益主要是指能源行业生产者的盈利能力，即能源行业生产者通过提供能源产品和服务来换取的社会劳动节约。对能源行业进行监管有助于提高中国能源企业的经济效益，有利于充分利用有限的资源创造更多的社会财富，进而增强能源企业的市场竞争力，是促进中国能源事业可持续发展的现实需要。

（二）能源监管社会效益

能源监管社会效益包括公众满意度和社会责任两部分。公众作为消费者可以对能源部门提供的产品或服务的质量进行直接的感受，其对政府的监管行为也可以进行间接的感受。因此，公众既可以对能源行业提供的产品或服务进行满意度评价，也可以对监管部门的监管行为进行满意度评价，前者是监管的间接绩效，后者是监管的直接绩效。公众满意度的评价对象主要包括能源产品或服务的价格、质量、安全等方面，其中最重要的是公众认可满意度。

社会责任主要体现在环境、公共产品或服务覆盖水平以及就业等方面。例如，石油污染是伴随着石油的发现和使用出现的，随着石油工业的发展，受石油污染的海洋面积不断扩大，污染程度也越发严重，其已成为海洋环境的主要污染之一，对海洋及近岸生态环境造成了严重的危害。除此之外，雾霾问题的日益严重也已经严重影响到了人们的经济生活与社会效益，过高的高耗能产业比例以及较低的能源有效利用率都是雾霾问题的主要原因之一。因此，必要的能源监管有利于促使能源行业履行社会责任，为公众提供更满意的产品或服务。

（三）国家能源安全

能源是社会发展的动力来源，是经济发展的基础。能源安全是指一个国家或地区可以获取稳定、足量、经济、清洁的能源供给来满足需求并保障经济社会稳健运行和持续、协调发展的能力和状态。能源安全问题是能源问题的核心，其涉及许多方面，主要包括能源供应的稳定性和能源使用的安全性。能源供应的稳定性是指能源供应需满足国家的生存与发展，能源使用的安全性是指能源使用不能对人类的生存和发展构成威胁。对能源供应的稳定性和能源使用的安全性进行监管，对于保障能源供需系统的可持续发展具有重要的战略意义。

（四）能源监管工作效率

能源监管工作效率是指能源监管工作单位投入的绩效产出，是能源监管执行质量的反映指标，主要包括能源监管相关部门的监管执行是否公平、公开、公正，相关的能源监管法律法规是否合理完备以及其对能源相关的突发事件与群众投诉的处理效率等。

四　能源监管绩效评价方法

目前，有关能源监管绩效的系统性评价方法较少，大多数研究仍然集中在监管政策的评估方面。本章借鉴基于平衡计分卡（BSC）指标体系，设计能源监管绩效评价指标体系，以量化中国能源监管的绩效水平，在此基础上，改进逼近理想解的排序法（TOPSIS）、超效率数据包络分析（DEA）方法和数据挖掘方法的缺陷，拓展其应用范围，分别对中国能源监管的外部绩效、内部效率和公众满意度进行评价。对于不同的监管绩效评价方法，其原理与特点均不同，可大致分为主观评价法、客观评价法和主客观相结合综合评价法。

（一）主观评价法

主观评价法是指评价结果与人的主观意愿强烈相关，主要是对定性指标的评价。常见的主观评价法包括层次分析法、标杆管理法等，这类方法均基于专家评分来对绩效指标进行分析。

（二）客观评价法

客观评价法是指评价结果与人的主观意愿基本无关，主要是对定量指标的评价。常见的客观评价法主要包括主成分分析法、因子分析法、TOPSIS法、双重差分法等。

主成分分析法是利用降维的思想，将多个线性相关的指标通过线性变换转化为几个相互独立并且能大致反映总体信息的指标。因子分析是用少数几个指标去描述多个指标间的协方差关系，将相关性较高的指标分在同一类中，每一类的指标代表了一个因子，从而可将原观测指标表示为新因子的线性组合。TOPSIS是根据各评价方案与正负理想解之间的距离来判断方案的优劣，可被视为标杆管理法的量化形式。

（三）主客观相结合综合评价法

主客观相结合综合评价法是将定性指标和定量指标结合起来进行分析。常见的方法包括平衡计分卡评价法、ELECTRE法、内涵解析法、模糊综合评价法等。

第三节 能源监管绩效评价指标体系

绩效评价指标经历了单一到系统的过程，早期仅仅采用财务指标，即收益—成本比值，作为绩效评价的标准。如 20 世纪初，杜邦公司提出的投资回报率指标，在国际上得到了广泛的推崇与应用。但是，随着互联网与科技的发展，传统的财务指标作为效率的衡量标准已很难对绩效进行全面分析。

为了弥补传统绩效分析体系的不足，哈佛大学商学院卡普兰与诺顿通过研究，提出了基于平衡计分卡（BSC）的绩效分析指标体系。分析体系主要从财务、客户、内部流程、学习与发展四个方面出发，根据四者的联系与逻辑关系研究企业、组织某些要求实现的程度，从而使企业、组织能够发展与进步。BSC 指标体系是当前最具影响力的管理工具之一。

虽然 BSC 以全方位、多维度的评价指标系统打破了传统单一经济指标衡量绩效的方法，其指标可量化、可测度、可评估性，对类似于政府执行绩效评价及其目标实现具有重要的现实意义。但并不能简单地作为能源监管绩效评价指标体系，能源监管机构作为行政部门，与企业不同，能源监管绩效的重点也并不是简单地体现在财务指标上，更重要的是体现在其对国家政策的执行和社会公共利益的保障上。本节借鉴 BSC 指标体系，设计能源监管绩效评价指标体系，以量化中国能源监管的绩效水平。

一 能源监管绩效评价的一级指标

能源监管机构作为行政单位，考察其执行监管的绩效，应当体现其在监管过程中机构运作效率以及监管行为实施后的结果，借鉴 BSC 分析框架，构建能源监管绩效评价的一级指标如图 6 - 2 所示，包含监管目标指标、受益人指标、监管机构管理指标及监管机构成长指标，其中，监管机构管理指标和成长指标体现了监管机构在执行监管过程中的运作效率，而受益人指标和监管目标指标则体现了监管的结果。

（一）监管目标指标

能源监管目标可以简单地概括为"消除行业外部性，保障行业健康

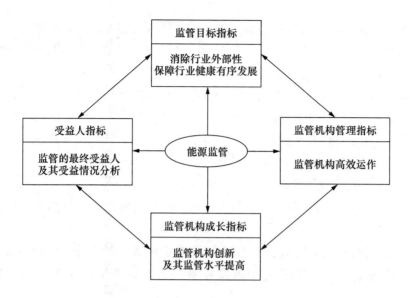

图 6 - 2　能源监管绩效评价一级指标

有序发展"。① 现阶段中国能源监管涉及的部门主要有国家发展和改革委员会、国家能源局、自然资源部、生态环境部、应急管理部等多个政府部门，虽然它们在具体职责和分工上有所区别，但最终的监管目标都是一致的。

能源行业作为基础性工业部门，其健康有序发展主要包括能源安全和能源市场有序发展两个方面；而行业外部性应该重点关注的是环境污染。能源监管目标指标的设计将以这三个方面作为细分要素。

（二）受益人指标

受益人指标主要考察的是能源行业的主体部分，涉及能源生产经营者、消费者和第三方监督机构。

生产经营者包括能源供应链所有环节的参与者，而监管部门的工作就是对生产经营者进行的监督与指引，维护行业生产经营标准与规范，保障产品质量和生产经营者的合法权益。

消费者是指能源消费的个人或实体，监管部门应当做到三点：一是要保障能源消费者所消费的能源产品质量，除了约束生产经营者提供高

---

① 能源行业既有正外部性也有负外部性，能源监管主要关注其负外部性，这里外部性即指负外部性。

质量的产品，还应当提高消费者的产品品质辨别能力；二是需要努力培养消费者在能源消费过程中的节约与安全意识；三是要培养消费者主体参与意识，积极参与并举报能源生产经营与消费过程中存在的问题。这三点的落实都需要监管部门对消费者进行宣传教育与引导。

第三方监督机构主要包括能源研究、宣传教育、风险评估、质量认证等社会组织机构，能源监管部门应当与第三方监督机构保持良好的关系，密切合作，保障监管目标的达成。

（三）监管机构管理指标

监管机构管理指标考察的是监管机构的运行效率。影响因素有监管机构的组织结构、管理制度、人员配置和执行能力。

组织结构由机构的层级设置和权力分配组成，影响着机构的决策模式和沟通效率。决策模式和沟通效率都是影响机构运行效率的关键要素。

管理制度是对一定的管理机制、管理原则、管理方法以及管理机构设置的规范。它是实施一定的管理行为的依据，合理的管理制度可以简化管理过程，提高管理效率。

监管行为需要通过监管人员来完成，能源行业的重要性赋予了能源监管的重要地位，在市场经济环境下，能源监管越来越向专业化发展，因此，监管人员中专家队伍的配套以及整体专业化水平对提高监管绩效尤为重要。

执行能力既反映了能源监管机构的整体素质，也反映出监管者的角色定位。监管者的角色不仅是制定策略和下达命令，更重要的是必须具备执行能力。能源监管机构作为行政管理部门，积极贯彻实施监管政策，依法依规实施监管行为，不折不扣地完成监管任务，是监管机构运行效率的保证。

（四）监管机构成长指标

BSC 的指标之间是相互联系、相互促进的，监管机构成长指标是另外三个指标成功实施的"强化剂"，也是 BSC 指标评价体系实现的根基。在实际的能源监管过程中，随着行业的发展和市场经济的推进，新的状况将层出不穷，监管方式方法也必须与时俱进，要求能源监管机构拥有良好的成长能力。监管机构成长指标应包含监管机构创新能力和监管水平提高两个核心要素。

图 6-3 进一步揭示了能源监管绩效评价各一级指标之间的相关关系。能源监管机构的成长能力是基础，直接影响了机构的管理效率，而管理效率则影响了监管活动受益人从中获得情况，这些最终都反映到能源监管目标的实现程度之上。

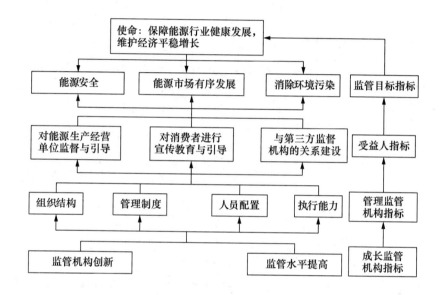

图 6-3　能源监管绩效评价指标之间的关系

二　能源监管绩效评价指标体系设计

以上一级指标尚不能计量，需要进一步细化与分解，明确每个一级指标的具体影响因素，确立二级指标和三级指标，从而构建能源监管绩效评价指标体系。

（一）监管目标指标分解

能源监管目标是"消除行业外部性，保障行业健康有序发展"，可分解为能源安全、能源市场有序发展和消除能源供给过程中的环境污染。而能源安全包含两部分：一是能源储备安全，可以通过能源对外依存度来反映；二是能源生产安全，涉及的具体要素主要有生产安全事故发生频率、生产安全意识和安全设施完备率；能源市场有序发展涉及的要素有能源产品达标率、是否存在垄断、垄断者是否获得垄断利润和生产经营者对市场的信心；能源供给过程中的环境污染则主要体现能源企业环保净化装置装配使用情况和"三废"排放达标率上。具体的二级、三级指标及定量打分的实施方法见表6－1。

表6－1　　　　　　　　**监管业绩指标的体系设计及实施方法**

一级指标	二级指标	三级指标	定量打分的实施方法
监管目标	能源安全	能源储备	根据能源对外依存度，分为安全和不安全区间，并采用定量打分
		生产安全事故发生频率	通过对有关年份数据的收集，进行分数的计算
		生产安全意识	根据网上调查问卷数据填写，计算平均分，从而确定出大致的分数
		安全设施完备率	通过实地抽查与上报数据相结合，进行分数的计算
	能源市场有序发展	能源产品达标率	抽查一定数量的产品，根据其达标率，进行定量打分
		生产经营者对市场的信心	设计调查问卷进行抽样分析，根据生产经营者填写的打分情况，计算平均分
		是否存在垄断	根据能源市场集中度，进行定量打分
		垄断者是否获得垄断利润	随机抽查垄断企业，根据其是否获得垄断利润，进行定量打分
	消除环境污染	能源企业环保设备装配率	通过实地抽查与上报数据相结合，进行分数计算
		能源企业环保设备使用率	通过实地抽查与上报数据相结合，进行分数计算
		能源企业废气排放达标率	通过实地抽查与环保统计数据相结合，进行分数计算
		能源企业废水排放达标率	通过实地抽查与环保统计数据相结合，进行分数计算
		能源企业固体废弃物妥善处置率	通过实地抽查与环保统计数据相结合，进行分数计算

（二）受益人指标分解

能源监管涉及的受益人主要指能源生产经营者、消费者、其他与能源生产消费相关的第三方监督机构等主体上。引导各相关主体的行动，保证有关政策落实到位，这是利用 BSC 分析绩效的重要条件。在受益人的各个主体上，可采用 3—4 个具体的主要因素进行定量打分，表 6-2 中列出了二级、三级指标，并给出三级指标定量打分的实施方法。

表 6-2　　　　　　　　　　　受益人指标的体系及实施方法

一级指标	二级指标	三级指标	定量打分的实施方法
受益人	对能源生产经营者监督与引导	严格按照行业标准生产经营	随机抽取部分企业分析，设定评分标准
		严格控制产品质量	随机抽取部分企业分析，设定评分标准
		全环节日常监管	通过实地抽查与资料数据相结合，设定评分标准
	对消费者进行宣传教育与引导	政府教育与宣传力度	查阅资料，判定得分与不得分
		消费者参与举报的积极性	设计调查问卷进行抽样分析，设定评分标准
		消费者所掌握的能源消费安全知识	设计调查问卷进行抽样分析，设定评分区间，获取相关得分
	与第三方监督机构的关系建设	与能源研究机构合作	查阅能源监管机构与能源研究机构合作资料，判定评分区间，得出分数
		与宣传教育机构合作	查阅能源监管机构与宣传教育机构合作资料，判定评分区间，得出分数
		与风险评估机构合作	查阅能源监管机构与风险评估机构合作资料，判定评分区间，得出分数
		与质量认证机构合作	查阅能源监管机构与质量认证机构合作资料，判定评分区间，得出分数

（三）监管机构管理指标分解

能源监管机构内部管理指标可以分解为组织机构、管理制度、人员配置和执行能力四个二级指标，每个二级指标又可以分解为 3—4 个可以定量打分的三级指标，表 6-3 列出了各级指标及定量打分的实施方法。

（四）监管机构成长指标分解

能源监管机构成长性主要通过机构"监管机构创新能力和监管水平

表 6 - 3 监管机构管理指标的体系及实施方法

一级指标	二级指标	三级指标	定量打分的实施方法
监管机构管理	组织结构	层级简单	查看机构层级设计，进行定量打分，并做分数化处理
		沟通通畅	查看机构沟通情况，进行定量打分，并做分数化处理
		权力分配清晰、合理	查看机构权力分配情况，进行定量打分，并做分数化处理
		各单位职责明确	查看会议记录，对有争议的职责是否进行明确与改进
	管理制度	行为规范的设置	查询资料，是否存在有关能源监管行为规范
		处理办法的制定	查询资料，是否制定了违规违法行为的处理办法
		社会监督透明度	在调查问卷中设置相关问题，分析民众对社会监督透明性的看法
		问责机制完备	查询资料，是否有完备的问责机制
	人员配置	岗位人员比例协调	查看监管机构内部岗位人员配置情况，进行定量打分，并做分数化处理
		机构人员学历水平	查看监管机构人员平均学历，进行定量打分，并做分数化处理
		专家配置比例	查看监管机构内专家配置比例，进行定量打分，并做分数化处理
	执行能力	领导重视	查看资料，考核能源监管工作是否在部门议事的范围之内
		政策有无保障	查询资料，是否制定了相关的政策
		完备的协调机制	查询资料，是否配置了相关的协调机制
		应急能力强度	查找往年记录，是否包含应急训练

提高"来反映。在机构管理创新性突破方面，主要考虑的要素有上级政府部门的认可、绩效较上年有所提高以及监管方式方法的改进。在监管人员教育与培训方面，考虑的要素是监管人员培训与方案制订、监管人员的文化程度提升和监管人员专业水平提升等。具体指标与定量打分的实施方法见表 6 - 4。

表 6 - 4 监管机构成长指标体系与实施方法

一级指标	二级指标	三级指标	定量打分的实施方法
监管机构成长	监管机构创新能力	上级政府部门的认可	查询资料,上级政府部门是否在能源监管方面有过认可与表彰
		监管绩效较上年有所提高	查询资料,监管绩效是否较往年有所提升
		监管方式方法的改进	查询历年监管典型案例,评价监管方式和方法的改进与创新,并定量打分
	监管水平提高	监管人员培训与方案制订	查询相关资料,了解是否有培训与方案制订,有即得分
		监管人员的文化程度提升	通过调查,了解人员在职学历晋升情况,进行定量打分
		监管人员专业水平提升	长期跟踪,在问卷调查中设置相关专业问题,分析监管人员专业知识掌握水平,进行定量打分

第四节 能源监管绩效评价技术和方法研究

不同的监管绩效评价方法具有不同的原理与特点,运用合适的能源监管绩效评价方法对能源监管绩效进行准确与合理的评价,对促进能源监管水平的提升,继而推动能源体制改革的进一步深化具有重要的现实意义。

一 政府监管绩效评价的经典方法

(一)平衡计分卡评价法

平衡计分卡评价法最原始的思想是通过财务、客户、内部流程以及学习和发展过程四个相关联方面,有效地展示其相互之间的因果关系图,形成一种动态的战略管理系统。

图 6 - 4 为传统的平衡计分卡框架,其综合考虑了股东、员工和客户三个群体的组织关系:股东追求利益最大化;企业以客户为中心,

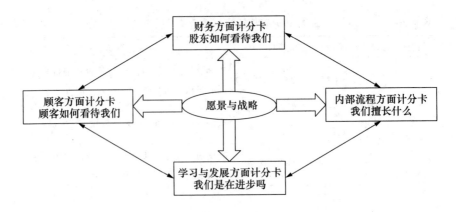

图 6 - 4   传统的平衡计分卡框架

为客户提供产品或服务；要注重对企业员工的培养，来提高企业内部运营效率，由此提高客户的满意度。

传统平衡计分卡评价法仅适用于传统企业评价，并不适用于政府监管的绩效评价。为使平衡计分卡评价法适用于政府监管绩效评价，有学者提出了对非营利组织和政府部门绩效进行评价的平衡计分卡模型，其把使命这一层面也加入考虑范围。[①] 营利性组织的目标是追求利润最大化，而非营利组织和政府部门的目标是追求公众利益最大化。张定安以美国北卡罗来纳州夏洛特市政府为例，研究将平衡计分卡引入政府部门绩效评价的可行性。[②] Guimares 等将平衡计分卡方法应用于城市废弃物管理中，并提出一系列绩效指标，用于葡萄牙废弃物管理。[③]

综上所述，用于能源监管绩效评价的平衡计分卡模型包括使命、能源监管经济效益、公众、监管流程、能源监管水平提高五个层次，该方法是经济效益和非经济效益指标、主观与客观、定性与定量等互补平衡的一种综合绩效评价方法（见图 6 - 5）。

---

① 王俊豪等：《中国城市公用事业政府监管体系创新研究》，中国社会科学出版社 2016 年版，第 237—239 页。

② 张定安：《平衡计分卡与公共部门绩效管理》，《中国行政管理》2004 年第 6 期。

③ Guimares, B., Simes, P. and Marques, R. C., "Does performance evaluation help public managers? A Balanced Scorecard approach in urban waste services", *Journal of Environmental Management*, Vol. 91, No. 12, 2010, pp. 2632 - 2638.

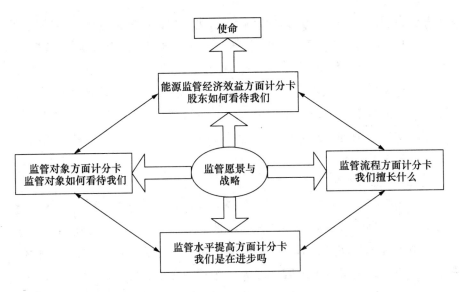

图 6 - 5　能源监管部门平衡计分卡

（二）标杆管理法

美国施乐公司在 1979 年创立了标杆管理法，标杆管理法是指企业在生产活动过程中，通过寻找一个在同行业中最强对手或在最关键业务的同类型企业中最有影响力、最有威望的企业作为对比对象，并以该对象为基准，与企业在组织机构、管理机制、业绩指标等方面进行对比分析，得出自身的不足与改进的方向，从而达到提高自身竞争力水平的评价方法。一般包括四个基本步骤：一是找出关键绩效指标；二是确定绩效管理"标杆"；三是优化关键绩效指标；四是实现绩效超越目标。在运用标杆管理法时，需要注意"标杆"对象的选取以及与"标杆"对象的比较分析以求不断进步。企业在学习标杆对象时，不但要"取其精华，去其糟粕"，而且要有侧重点，有明确学习的方向，否则会造成"贪多嚼不烂"的局面。对企业的现状要有准确的认识，以企业的当前水平来确定要达到的绩效目标。最后，标杆管理法是动态而非静态的过程，这意味着，在制定每期绩效水准时，要根据实际情况做出相应调整。

在实际应用中，政府监管绩效评价常常用到标杆管理法，特别是在垄断程度较高的行业，由于垄断行业一般具有地域性，而且在其进行生产经营区域内不存在竞争对象，政府为刺激处于垄断地位的企业提高生产率、降低生产成本会选择同行业不同地域的企业进行对比，促进相对效率低的企业向效率高的企业靠拢。陈小刚等以广州市黄埔区政府为例，分析了标杆管理法在政府管理中的作用，结果表明，引入标杆管理法后，政府管理绩效水平得到了提高。[1] 魏来研究了美国俄勒冈州政府结合标杆管理法的政府绩效评估方法，认为结合标杆管理法的政府绩效评估方法能有效地促进政府公共管理发展，直至实现标杆水平，进而确立更高的标杆目标。[2]

（三）主成分分析法

影响政府监管绩效的变量有许多，多变量不但会使计算更复杂，而且也会给合理地分析问题和解释问题带来困难。每个变量都在一定程度上反映了客体的信息，但反映的程度不同，而且变量越多，变量提供信息的重叠程度也就越大。因此，人们希望对现有的众多变量进行转化，用少量相互独立且能反映客体大部分信息的新变量来替代原有变量，通过对新变量的分析达到解决问题的目的。其中，应用最广泛的统计方法即为主成分分析法。主成分分析法是一种数学变换方法，其旨在利用降维的思想，把多指标转化为少数几个综合指标（主成分），其中每个主成分都能够反映原始变量的大部分信息，且所含信息互不重复。这种方法在引进多方面变量的同时将复杂因素归结为几个主成分，使问题简单化，同时得到更加科学有效的数据信息。能源监管绩效评价本质上是高维复杂变量评价问题，因此主成分分析法适用于能源监管的绩效评价。

主成分分析法（Principal Component Analysis，PCA）最初由卡尔·皮尔逊在1901年应用于非随机变量时提出，而后在1933年霍蒂林将此方法推广到随机向量。[3] 主成分分析法是利用降维的思想，通过建立一种从高维空间到低维空间并且能保持样本在高维空间的某种"固有结构"的映射，其中，"固有结构"通常是指总体的"方差结构"，将多个线性相关的指标通过线性变换转化为几个相互独立并且能大致反映总

---

① 陈小钢、夏洪胜：《标杆管理方法在政府管理中的运用——以广州市黄埔区政府为例》，《开放导报》2005年第3期。

② 魏来：《美国标杆管理法成功经验对我国政府绩效评估的启示》，《青春岁月》2013年第15期。

③ Karlpearson, F. R. S., "On lines and planes of closest fit to systems of points in space", *Philosophical Magazine*, Vol. 2, No. 11, 1901, pp. 559–572.

体信息的综合指标。因此，对于能源监管绩效评价问题，使用主成分分析法能将能源监管绩效包含的复杂变量进行转化，用少量相互独立但能反映能源监管绩效主要信息的新变量来代替原有的复杂变量，进而对新变量进行分析以解决能源监管绩效评价问题。

主成分分析法的数学原理如下：设有 p 个指标 x_1，x_2，$\cdots$，x_p，这 p 个指标反映了客观对象的各个特性，每个对象观察到的 p 个指标值就是一个样本值，是一个 p 维向量 $X = (x_1$，x_2，$\cdots$，$x_p)'$，设该 p 维向量的均值为 u。对向量进行线性变换，形成新的综合变量，用 Y 表示为：

$$\begin{cases} Y_1 = u_{11}x_1 + u_{12}x_2 + \cdots + u_{1p}x_p \\ Y_2 = u_{21}x_1 + u_{22}x_2 + \cdots + u_{2p}x_p \\ \quad\quad\quad\quad\vdots \\ Y_p = u_{p1}x_1 + u_{p2}x_2 + \cdots + u_{pp}x_p \end{cases}$$

为了取得较好的统计效果，我们希望 $Y_i = u'_i X$ 的方差尽可能大且各 Y_i 之间相互独立，由于 Y_i 的方差 $Var(Y_i) = Var(u'_i X) = u'_i \sum u_i$，而对任意给定的常数 c，有 $Var(cu'_i X) = cu'_i \sum cu_i = c^2 u'_i \sum u_i$，可以看出，对 u_i 的长度要做一些限制，否则 $Var(Y_i)$ 可以无限增大而没有意义，我们将线性变换约束在以下原则之下：

（1）$u_{i1}^2 + u_{i2}^2 + \cdots + u_{ip}^2 = 1$，其中，i = 1，2，$\cdots$，p。

（2）Y_i 与 Y_j 相互独立，其中，i，j = 1，2，$\cdots$，p，i≠j。

（3）y_i 是 x_1，x_2，$\cdots$，x_p 的所有满足原则 1 的方差最大的线性组合；y_2 是与 y_1 不相关的 x_1，x_2，$\cdots$，x_p 的方差最大的线性组合；y_p 是与 y_1，y_2，$\cdots$，y_{p-1} 都不相关的 x_1，x_2，$\cdots$，x_p 中方差最大的线性组合。

基于以上原则确定的变量 y_1，y_2，$\cdots$，y_p 分别称为可代表初始变量的第一，第二，$\cdots$，第 p 个主成分。各主成分在总方差中所占权重依次变小，在实际研究中，通常只选取前几个方差较大的主成分，从而简化系统结构，抓住问题的本质。

主成分分析法的基本步骤如下：

第一步：由 p 维随机向量 $X = (x_1$，x_2，$\cdots$，$x_p)'$ 的 n 个样本 $x = (x_{i1}$，x_{i2}，$\cdots$，$x_{ip})'$ 构成的原始数据矩阵 $X = (x_{ij})_{n \times p}$，其中，i = 1，2，$\cdots$，n。

第二步：对原始数据矩阵进行预处理，即对原始数据去量纲化，消除由于计量单位和数量级不同带来的影响。本章采用标准化方法对数据去量纲化，公式如下：

$$z_{ij} = \frac{x_{ij} - \overline{x_j}}{\sqrt{\mathrm{var}(x_j)}} \quad i = 1,2,\cdots,n; \quad j = 1,2,\cdots,p$$

式中，$\overline{x_j}$ 和 $\sqrt{\mathrm{Var}(x_j)}$ 为第 j 个变量的平均值和标准差。因此，得到标准化矩阵：

$$Z = \begin{bmatrix} z'_1 \\ z'_2 \\ \cdots \\ z'_n \end{bmatrix} = \begin{bmatrix} z_{11} & z_{12} & \cdots & z_{1p} \\ z_{21} & z_{22} & \cdots & z_{2p} \\ \vdots & \vdots & \ddots & \vdots \\ z_{n1} & z_{n1} & \cdots & z_{np} \end{bmatrix}$$

第三步：计算标准化矩阵 Z 的相关系数矩阵：

$$R = [r_{ij}]_{p \times p} = \frac{z'Z}{n-1}$$

第四步：求解相关系数矩阵 R 的特征方程，求出矩阵 R 的特征根及特征向量，将特征根由大到小排列，得到 p 个特征根：

$$\lambda_1 \geqslant \lambda_2 \geqslant \cdots \geqslant \lambda_p$$

第五步：从而得到主成分 $Y_i = u'_i X$，$i = 1, 2, \cdots p$，即 $Y = UX$，其中：

$$U = \begin{bmatrix} u'_1 \\ u'_2 \\ \cdots \\ u'_n \end{bmatrix} = \begin{bmatrix} u_{11} & \cdots & u_1 m \\ \vdots & \ddots & \vdots \\ u_{n1} & \cdots & u_n m \end{bmatrix}$$

$$u_{ij} = z'_i b_j^0$$

式中，b_j^0 是单位特征向量。

主成分分析法可以将政府绩效评价中的多个指标线性转化为几个相互独立的指标，同时，得到这几个指标每个方案的得分值。随后，根据每个指标方差贡献率的比重，确定每个指标的权重。最后，将各个方案的每个指标的得分值加权平均，得到每个方案的总绩效得分。王洋运用主成分分析法确定了政府部门绩效评价的指标体系，并用综合评价模型计算了政府部门绩效排名。[①] 张小亮则以甘肃省 2004 年 14 个市州政府的绩效评价数据为例，用主成分分析法计算了各市州政府的绩效得分及排名。[②] 除此之外，郝春旭等用主成分分析法对中国省级环境绩效进行了评估。[③]

（四）效用函数综合评价法

效用函数综合评价法又称当量平均法，即将每一个评价指标按照特定方法量化，变成对评价问题测量的一个"量化值"（效用函数值），然后再按选定的模型加权合成（汇总），求得总评价值，最后根据这一总评价值得出综合评价结论：排序、分类、判断。需要注意的是，由此得到的是相对评价结果，参照体系的选取会影响到评价结果。效用函数综合评价的主要步骤如下：

第一步：构建综合评价指标体系。根据研究方法、目的和研究对象的性质等因素，构建一个综合评价指标体系，假设某指标体系由 n 项指标构成，各个指标记为 x_1，x_2，$\cdots$，x_n。

第二步：对各个单项指标进行标准化（或无量纲化）处理。所有指标并不需要用同一个标准化函数进行标准化处理，在同时具有主观和客观指标的评价体系中，主、客观指标的标准化函数就有可能会不一样。记 f_i 为 x_i 的标准化函数，y_i 为 x_i 在标准化函数 f_i 下的标准化值，则有：

$$y_i = f_i(x_i), i = 1, 2, \cdots, n$$

第三步：确定评价指标体系中各个指标的权重。记 ω_i 为指标 x_i 的权重。

第四步：根据评价要求确定适当的合成函数，最终得到总评价值。记 Ψ 为合成函数，则总评价值 F 为：

$$F = \Psi(y_i, \omega_i), i = 1, 2, \cdots, n$$

第五步：根据总评价值 F 做出相应综合评价。由于效用函数综合评

① 王洋：《政府绩效评估方法研究与设计》，博士学位论文，哈尔滨工程大学，2012 年，第 33 页。

② 张小亮：《基于主成分分析法的政府绩效数据处理研究》，《财会研究》2010 年第 4 期。

③ 郝春旭、翁俊豪、董战峰：《基于主成分分析的中国省级环境绩效评估》，《资源开发与市场》2016 年第 6 期。

价法得到的是相对结果，一方面我们可以分析相对于参照体系被评价对象的相对情况，另一方面还可以根据评价总值对评价对象进行横向（水平比较）或纵向（垂直比较）的优劣对比。此外，还可以进一步分析影响评价结果的各个评价指标体系子系统优劣情况，以确定影响源和影响机制。

效用函数综合评价法也可用于政府监管绩效评价，最重要的是建立政府监管绩效评价指标体系，根据评价指标判断监管绩效水平，之后按照效用函数综合评价方法的步骤计算出监管绩效水平。李春杰等以云南省为例，基于效用理论，构建了电力普遍服务综合效用评价体系，并用效用函数综合评价法得到了电力普遍服务的综合效用评价值。[①] 梁俊红等则采用效用函数综合评价法对乡镇级土地利用规划成果质量进行了评估，该评价方法的评价结果可用于完善乡镇土地利用总体规划成果，为行政部门提供直接依据。[②] 综上所述，利用效用函数综合评价法对能源监管绩效进行评价，首先，构建能源监管绩效评价指标体系以及各指标权重；其次，以标准化的能源监管绩效评价指标构建效用合成函数；最后，根据评价对象的指标数值计算能源监管绩效水平。

（五）公共服务满意度评价法

为使满意度指数模型适合有无偿性特点的公共部门，研究者在 AC-SI（America Customer Satisfaction Index）的基础上发展美国公共服务消费者满意度指数 APSCSI（America Public Services Customer Satisfaction Index）。接受者满意度指数是通过衡量公共产品和服务接受者对产品和服务提供者的满意度来反映政府监管绩效的一种综合评价方法，两者的模型体系基本一致。由于 ACSI 是经济部门使用，而 APSCSI 则是在公共部门使用，两者又有一定的差异，这些差异主要体现在以下三个方面：

（1）满意度评价对象的属性不一样。ACSI 运用在经济部门，主要测量私人物品和服务，而 APSCSI 运用在公共部门，主要测量公共物品和服务。

（2）模型的原因变量存在差异。由于公共物品和服务可免费得到

---

① 李春杰、程艳丛、赵会茹：《基于效用函数的电力普遍服务综合效用评价》，《电力系统自动化》2012 年第 22 期。

② 梁俊红、念沛豪、樊芳：《基于效用函数综合评价法的乡镇级土地利用总体规划成果质量评价研究》，《国土与自然资源研究》2012 年第 1 期。

的特点，APSCSI 模型比 ACSI 模型少一个原因变量"感知价值"。

（3）模型的结果变量存在差异。对于一般经济部门，其产品和服务一般不存在垄断性，能在市场上找到替代品；而公共部门提供的产品和服务多具有较强的垄断性。因此，ACSI 模型中，顾客忠诚这一结果变量主要通过重复购买率来体现；而在 APSCSI 模型中，接受者忠诚主要表现为受众信任和支持上。综上所述，APSCSI 模型结构如图 6－6 所示。

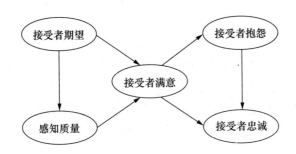

图 6－6　美国公共服务接受者满意度指数模型

该模型也常被用于政府绩效评估。例如，刘武和朱晓楠基于公共服务接受者满意度指数模型，初步建立了由接受者预期、感知质量、顾客满意、顾客抱怨和顾客忠诚等结构变量构成的中国地方政府服务接受者满意度指数模型，以沈阳市政府为测量对象，进行问卷调查，并对问卷数据进行分析，得到沈阳市各个区的服务接受者满意度指数及排名。[1]郑方辉和王玶则将 ACSI 模型简化，并将模型运用到广东省 21 个地级以上市政府及 121 个县级政府整体绩效评价的公众满意度调查中，得到了较好的效果。[2]

综上所述，本书在公共服务满意度评价法的基础上，运用数据挖掘技术，提出面向能源监管大数据的公众满意度评价方法。

---

[1]　刘武、朱晓楠：《地方政府行政服务大厅顾客满意度指数模型的实证研究》，《中国行政管理》2006 年第 12 期。

[2]　郑方辉、王玶：《地方政府整体绩效评价中的公众满意度研究——以 2007 年广东 21 个地级以上市为例》，《广东社会科学》2008 年第 1 期。

（六）双重差分法

在理想化的随机实验中，我们可以将某一处理随机分配给某些单位而构成所谓的处理组（或称实验组），为了估计处理效应，可以直接比较被处理单位在处理前后的平均变化。但是，现实中的实验或者准实验，我们很难控制所有条件保持不变；即使我们不对处理组进行任何处理，处理组在不同时期（指处理前后）也可能具有变化。因此，真正的处理效应估计应该是"处理组在处理前后的平均变化"减去"处理组在没有被处理时自身的平均变化"。如表 6 - 5 所示，处理效应 β 可表示为：

$$\beta = E(y_{iA}^1 - y_{iB}^1 \mid D_i = 1) - E(y_{iA}^0 - y_{iB}^0 \mid D_i = 1)$$

式中，y 表示政策绩效指标，i 表示个体序号，$D_i = 1$ 表示处理组；B 表示"处理之前"，A 表示"处理 $E(y_{iA}^1 \mid D_i = 1)$ 之后"，1 表示实际上进行了处理，0 表示没被处理。可以看到，处理效应是一种反事实效应，因为需要考察处理组不被处理的情形：第一，对于处理前而言，$y_{iB}^0 = y_{iB}^1$；第二，对于处理后而言，我们只能观测到 y_{iA}^1，而 y_{iA}^0 是不可观测的。

表 6 - 5　　　　基于处理组（$D_i = 1$）的处理效应

	处理组实际被处理	处理组没被处理
处理前	$E(y_{iB}^1 \mid D_i = 1)$	$E(y_{iB}^0 \mid D_i = 1)$
处理后	$E(y_{iA}^1 \mid D_i = 1)$	$E(y_{iA}^0 \mid D_i = 1)$

为了克服上述不可观测问题，我们可以引入对照组（或称控制组），此时基于处理组和对照组，可以方便地定义和计算处理效应，如表 6 - 6 所示。

$$\beta = E(y_{iA}^1 - y_{iB}^1 \mid D_i = 1) - E(y_{iA}^0 - y_{iB}^0 \mid D_i = 0)$$

表 6 - 6　　基于处理组（$D_i = 1$）和对照组（$D_i = 0$）的处理效应

	处理组实际被处理	处理组没被处理
处理前	$E(y_{iB}^1 \mid D_i = 1)$	$E(y_{iB}^0 \mid D_i = 0)$
处理后	$E(y_{iA}^1 \mid D_i = 1)$	$E(y_{iA}^0 \mid D_i = 0)$

　　上述双重差分法的思想是用实验期间处理组中 Y 的样本平均变化，减去同一时期对照组中 Y 的样本平均变化，如果样本被随机地分配，那么由此得到的双重差分估计量 β^{DID} 是处理效应 β 的无偏且一致的估计量。

　　上述双重差分法估计量也可以通过一个面板回归模型进行估计，设模型为：

$$y_{it} = \alpha + \alpha_1 d_{it} + \alpha_2 T_{it} + \beta d_{it} T_{it} + \varepsilon_{it}$$

　　式中，y_{it} 为个体 i 在 t 时期的（政策绩效）结果值，d_{it} 为组别虚拟变量，$d_{it} = 1$ 表示个体 i 属于处理组，$d_{it} = 0$ 表示个体 i 属于对照组；T_{it} 为时期虚拟变量，$T_{it} = 1$ 表示处理之后的时期，$T_{it} = 0$ 表示处理之前的时期，$d_{it} T_{it}$ 表示交互作用，α，α_1，α_2，β 为回归系数，ε_{it} 为随机误差项。从图 6 – 7 可以直观地看出，双重差分估计量已经剔除了实验组与参照组"实验前差异的影响"。

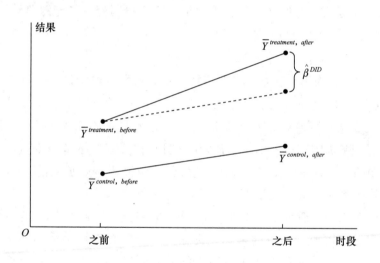

图 6 – 7　双重差分估计量示意

　　双重差分法最先由 Ashenfelter 和 Card 引入政策评估领域，如果一项政策并没有全面铺开，而是有选择地实施，则通过比较受政策影响的群体和不受影响的群体的差异便可以判断政策效应如何。[1] 但前提是该

<hr />

　　[1]　Ashenfelter, O., Card, D., "Using the Longitudinal Structure of Earnings to Estimate the Effect of Training Programs", *Review of Economics & Statistics*, Vol. 67, No. 4, 1985, pp. 648 – 660.

政策要符合外生性要求，即政策是随机选择对象实施的，并且在样本的选择上要尽量避免一些政策所引起的内生性反应。梅耶（Meyer）对该方法进行了深入探讨并加以规范，他假定：待观察的经济体（处理组）在 t 时刻发生了一个政策变动，并且该经济体在 t 时刻前后都可以被观察到；存在一个控制组，其他方面与处理组近似相同，但 t 时刻前后并不发生政策变化。通过比较两个组在 t 时刻之后某时段上的差，就可以得到政策实施效果。该方法也适用于能源监管绩效评价，实验组为受到能源监管的样本，控制组为没有受到能源监管的样本。

记样本的分组虚拟变量为 d^j，实验组的 $d^1 = 1$，表明该组样本受到了能源监管；控制组 $d^0 = 0$，表明没有受到能源监管。记所有样本的时间虚拟变量为 d_t，实验处理前 $d_t = 0$，实验处理后 $d_t = 1$，表明能源监管已发生。时间虚拟变量 d_t 与分组虚拟变量 d^j 的乘积即为双重差分估计量 d_t^j，$d_t^j = d_t \times d^j$。d_t^j 是实验处理（能源监管政策）对实验因变量（能源监管绩效）的影响是否显著的判别依据。双重差分计量模型一般可表达为：

$$y_{it}^j = \alpha_0 + \alpha_1 d_t + \alpha_2 d^j + \beta d_t^j + \alpha_3 x_{it}^j + \varepsilon_{it}^j$$

式中，y_{it}^j 为第 i 个个体的被解释变量，x_{it}^j 为考察个体差异的控制变量，ε_{it}^j 为随机扰动项，α、β 为回归系数。β 正是研究者最关心的实验变量（双重差分估计量）对实验因变量（能源监管绩效）的影响效果，即所谓的能源监管政策效应。$\beta > 0$ 表明监管政策对被解释变量的影响是正向的，$\beta < 0$ 表明监管政策对被解释变量的影响是负向的，$\beta = 0$ 表明监管政策对被解释变量不存在影响。

对于能源监管绩效，我们可以用双重差分法，研究具体的能源监管措施对能源监管绩效的影响。例如，孟庆国和刘翔宇采用栅格精确匹配和双重差分法研究了地方政府绩效管理工具运用机制对政府绩效的影响，研究表明，采纳自主性增强、政府间竞争增强等管理工具都有助于显著提升政府绩效。[1] 本书利用双重差分法从能源效率的视角评价能源监管绩效，具体内容可见本章第五节。

（七）不同评价方法的比较

本章所提到的常见的政府监管绩效评价的六种方法各有其优缺点，

---

① 孟庆国、刘翔宇：《地方政府绩效管理工具运用机制对政府绩效的影响——基于我国地级市层面的实证研究》，《中国行政管理》2017 年第 5 期。

对其进行归纳总结，得到结果如表6 - 7所示。

表6 - 7　　　　　　　　　　　常见评价方法比较

	优点	缺点
平衡计分卡评价法	1. 通过细化组织层的绩效指标实现绩效评价的准确性和逻辑性 2. 通过平衡监管部门内部、企业及居民的利益，实现三方利益的协调 3. 通过构建政府使命与战略绩效管理体系，实现公用事业部门长期目标和短期目标的平衡	1. 实施过程中的工作量过大 2. 有些指标的量化工作难以实施 3. 战略目标与战术目标的结合较难 4. 不能适用于所有城市公用事业行业的政府监管绩效评价
标杆管理法	1. 评价指标的选取比较灵活 2. 不需复杂的计算过程 3. 能给监管部门提供明确目标	1. 所参照的标杆难以确定 2. 评价需要经历一个较长的过程 3. 忽视服务质量和居民满意度
主成分分析法	1. 可消除评价指标之间的相关影响 2. 可减少指标选择的工作量 3. 当评级指标较多时还可以在保留绝大部分信息的情况下用少数几个综合指标代替原指标进行分析 4. 主成分的权数为其贡献率，客观性较强	1. 进行主成分分析时，所提取的前几个主成分的累计贡献率需要达到一定水平 2. 在使用主成分分析对绩效进行评价时，被提取的主成分需满足对实际背景的解释，且具有实际意义 3. 对提取的主成分进行解释时，会伴有模糊性，不像原始变量的含义那么清楚、确切
效用函数综合评价法	1. 评价过程系统、全面，计算简单 2. 评价结果的信息量丰富，可以通过效用函数综合指数对评价对象进行横向、纵向比较，也可以通过分析具体指标，找出薄弱环节，为改进监管绩效提供依据	1. 对比较的标准体系依赖太强，而标准值的确定通常存在一定难度 2. 得到的结果为相对结果，不能说明评价主体的绝对情况
公共服务满意度评价法	1. 操作简单，可行性强 2. 以公用事业服务的对象满意度为导向进行的绩效评价，更符合城市公用事业的社会价值 3. 能清晰地刻画绩效的影响因素，以及影响因素之间的相互影响机制	1. 评价主体过于单一 2. 评价内容不全面，仅从接受者满意度的角度来概括监管绩效，没有考虑国家和企业的利益 3. 评价主体对期望、感知之间的差异难以确定 4. 公用事业不同于其他行业，对居民提供的产品和服务是长期、稳定的，在长期的使用产品和服务过程中弱化了期望意识

续表

	优点	缺点
双重差分法	1. 计量模型简单易用，回归估计方法成熟 2. 能够避免政策作为解释变量所存在的内生性问题，即有效地控制了被解释变量和解释变量之间的相互影响效应 3. 既能控制样本之间不可观测的个体异质性，又能控制随时间变化的不可观测总体因素的影响	具有相对严苛的前提条件，保证分组事件的随机性，使分组虚拟变量为外生变量，保证实验发生时间的随机性，使时间虚拟变量为外生变量

二 能源监管绩效评价技术和方法创新

可以看到，上述六种政府监管绩效评价方法各有其优缺点，因此，本章在以上评价方法的基础上进行方法创新。首先，在传统的 TOPSIS 方法上引入马氏距离①，以消除指标间的线性相关性，运用基于马氏距离的 TOPSIS 法对中国能源监管外部绩效进行评价。其次，在超效率 SBM 模型的基础上加入非期望产出对中国能源监管的内部效率进行综合平滑。最后，还构建公众满意度评价指标体系，基于数据挖掘技术对中国能源监管的公众满意度进行评价。

（一）能源监管外部绩效评价：基于马氏距离的 TOPSIS 方法

对能源监管外部绩效进行评价，首先要建立能源监管外部绩效指标评价体系。能源监管过程直接或间接地影响了国家的社会效益、经济效益、能源安全与供给稳定以及国家的持续发展。因此，能源监管外部绩效评价指标体系从能源监管引起的结果入手，合理地选取能反映能源监管水平的指标，以对能源监管绩效水平进行评价。

TOPSIS 评价方法为标杆管理法的量化形式，又具有综合效用函数评价法的多指标综合功能，不但考虑了正向目标，还考虑了负向目标。本章在传统 TOPSIS 法的基础上引入马氏距离对其进行改进，记为 M –

---

① 马氏距离由 Mahalanobis 提出，是一种具有尺度无关特性的统计距离度量。具体而言，对于多元向量 $x = (x_1, x_2, \cdots, x_n)^T$，均值向量 $\mu = (\mu_1, \mu_2, \cdots, \mu_n)^T$ 以及协方差矩阵 $\sum$，马氏距离的数学表达式为：$D_M(x) = \sqrt{(x-\mu)^T \sum^{-1} (x-\mu)}$。

TOPSIS。其中，马氏距离是一种统计距离，其特点是独立于测量尺度，不受坐标之间的量纲影响，并且能排除变量间相关性的干扰（能消除属性指标间的线性相关性带来的影响）。除此之外，本章还引入信息熵客观地确定指标间的权重，这里将熵权—马氏距离—TOPSIS 简记为 E – M – TOPSIS。

假设存在一个评价体系，有 m 个方案集 $A = \{A_1, A_2, \cdots, A_m\}$，n 个指标集 $F = \{f_1, f_2, \cdots, f_n\}$，将所有指标分为效益型和成本型。基于熵权和马氏距离改进的 TOPSIS 法用于绩效评价的具体方法步骤如下：

第一步：构造评价方案 A_i 的指标向量 $r_i = (r_{i1}, r_{i2}, \cdots, r_{in})^T$。$r_i$ 是第 i 个评价方案 A_i 所对应的属性值的空间坐标。对应的评价矩阵为：

$$R = \begin{bmatrix} r_{11} & r_{12} & \cdots & r_{1n} \\ r_{21} & r_{22} & \cdots & r_{2n} \\ \vdots & \vdots & \ddots & \vdots \\ r_{m1} & r_{m2} & \cdots & r_{mn} \end{bmatrix}$$

第二步：对数据进行标准化处理。对评价矩阵 R 做标准化处理，得到：

$$O = (o_{ij})_{m \times n}, \quad i = 1, 2, \cdots, m; \quad j = 1, 2, \cdots, n$$

式中，o_{ij} 为第 i 个评价方案 A_i 在第 j 个评价指标下的值，又 $o_{ij} \in [0, 1]$，且

$$o_{ij} = \begin{cases} \dfrac{r_{ij} - \min\limits_i \{r_{ij}\}}{\max\limits_i \{r_{ij}\} - \min\limits_i \{r_{ij}\}}, & \text{效益型指标} \\[4mm] \dfrac{\max\limits_i \{r_{ij}\} - r_{ij}}{\max\limits_i \{r_{ij}\} - \min\limits_i \{r_{ij}\}}, & \text{成本型指标} \end{cases}$$

第三步：计算第 j 个评价指标的信息熵值 H_j：

$$H_j = -k \sum_{i=1}^{m} \frac{o_{ij}}{\sum\limits_{i=1}^{m} o_{ij}} \ln \left(\frac{o_{ij}}{\sum\limits_{i=1}^{m} o_{ij}} \right)$$

式中，$k = \dfrac{1}{\ln m}$，且当 $\dfrac{o_{ij}}{\sum\limits_{i=1}^{m} o_{ij}} = 0$ 时，$\dfrac{o_{ij}}{\sum\limits_{i=1}^{m} o_{ij}} \ln \left(\dfrac{o_{ij}}{\sum\limits_{i=1}^{m} o_{ij}} \right) = 0$。

第四步：计算第 j 个评价指标的熵权 ω_j：

$$\omega_j = \frac{1 - H_j}{n - \sum\limits_{j=1}^{n} H_j}$$

且满足 $0 \leqslant \omega_j \leqslant 1, \sum\limits_{j=1}^{n} \omega_j = 1$。

第五步: 确定正理想解 S^+ 和负理想解 S^-:

$S^+ = \{s_1^+, s_2^+, \cdots, s_n^+\}^T$ 和 $S^- = \{s_1^-, s_2^-, \cdots, s_n^-\}^T$ 分别表示正、负理想解所对应的空间坐标。

对于效益型指标:

$S_j^+ = \max\{r_{ij} | 1 \leqslant i \leqslant m\}, S_j^- = \min\{r_{ij} | 1 \leqslant i \leqslant m\}$

对于成本型指标:

$S_j^+ = \min\{r_{ij} | 1 \leqslant i \leqslant m\}, S_j^- = \max\{r_{ij} | 1 \leqslant i \leqslant m\}$

第六步: 计算各方案与正、负理想解的加权马氏距离 $mahal_i^+$、$mahal_i^-$:

$$mahal(r_i, S^+) = \sqrt{\{r_{ij} - S_j^+\}^T \Omega^T \sum\nolimits^{-1} \Omega \{r_{ij} - S_j^+\}}, i = 1, 2, \cdots, m$$

$$mahal(r_i, S^-) = \sqrt{\{r_{ij} - S_j^-\}^T \Omega^T \sum\nolimits^{-1} \Omega \{r_{ij} - S_j^-\}}, i = 1, 2, \cdots, m$$

式中,$\sum\nolimits^{-1}$ 是 n 个属性变量 $r_1, r_2, \cdots, r_n$ 的协方差矩阵 $\sum$ 的逆矩阵,$\Omega = diag(\sqrt{\omega_1}, \sqrt{\omega_2}, \cdots, \sqrt{\omega_n})$。

第七步: 计算各方案与正理想解的相对贴近度 c_i:

$$c_i = \frac{mahal(r_i, S^-)}{mahal(r_i, S^-) + mahal(r_i, S^+)}, i = 1, 2, \cdots, m$$

第八步: 根据 c_i 的大小进行排序,c_i 值越大,方案越优。

(二) 能源监管内部效率评价: 考虑非期望产出的超效率 SBM 模型

对于监管效率的测算,传统的研究一般采用成本收益法、参数化计量模型等方法。对于多投入多产出的能源监管问题而言,这些方法并不合适: 成本收益法需要对不同投入要素与产出的权重进行选择,会存在主观性问题,参数化计量模型会因为先验的方程形式与分布假设受到限制。DEA 则较好地避免了这些问题,由于可以方便地将污染物引入分析框架,近年来,DEA 被广泛用来分析环境和能源问题。

传统的 CCR (Chames, Cooper and Rhodes, 1978) 和 BCC (Banker，Chames and Cooper，1984）模型都是采用径向的和角度的度量办法。[1][2] CCR 模型是不变规模报酬下的 DEA 模型，因此，也被称为不变规模报酬模型。由于并不是每个决策单元的生产过程都处在固定规模报酬下，为测算决策单元的纯技术效率水平，班克、查尼斯和库珀（Banker，Charnes and Cooper）提出了可变规模报酬假设下的 BCC 模型，又称可变规模报酬模型。

此后，有学者对以上模型进行改进，托尼（Tone）提出了一种非径向 DEA 模型——基于松弛变量测度（Slacks – based Measure，SBM）评价决策单元效率的方法。[3] 与传统的 CCR 或 BCC 模型不同，SBM 模型直接将松弛变量加入目标函数中，SBM 模型的经济解释是使实际利润最大化，而不仅仅得到效益比例最大化。同时，托尼提出了超效率 SBM 模型，用于评价 SBM 有效的决策单元，弥补了不能将所有决策单元效率值计算出来并排序的缺陷，超效率 SBM 评价时需要先对决策单元使用 SBM 模型评价，对 SBM 有效的决策单元在运用超效率 SBM 进行评价。

由于能源在使用过程中不可避免地会产生废气和一般固体废物等污染物，因此，在进行能源监管效率评价时，要考虑这些非期望产出以与实际情况保持一致。本章将非期望产出引入能源监管超效率 SBM 中，这样能得到一个将非期望产出考虑在内的改良超效率 SBM 模型，考虑 n 个决策单元，每个决策单元由投入 m、期望产出 r_1 和非期望产出 r_2 三个要素构成。以实数域 R 上的向量空间形式分别表示为 $x \in R^m$，$y^d \in R^{r_1}$，$y^u \in R^{r_2}$；X、Y^d 和 Y^u 是矩阵，$X = [x_1, \cdots, x_n] \in R^{m \times n}$，$Y^d \in [y_1^d, \cdots, y_n^d] \in R^{r_1 \times n}$ 和 $Y^u = [y_1^u, \cdots, y_n^u] \in R^{r_2 \times n}$，我们假设这些数据都是正数。SBM 模型表示如下：

① Charnes, A., Cooper, W. W. and Rhodes, E., "Measuring the efficiency of decision making units", *European Journal of Operations Research*, No. 2, 1978, pp. 429 – 444.

② Banker, R. D., Charnes, A. and Cooper, W. W., "Some models for estimating technological and scale inefficiencies in Data Envelopment Analysis", *Journal of Economics*, No. 9, 1984, pp. 1078 – 1092.

③ Tone, K., "A slacks – based measure of efficiency in data envelopment analysis", *European Journal of Operational Research*, Vol. 130, No. 3, 2001, pp. 498 – 509.

$$\min\rho = \frac{1 - \frac{1}{m}\sum_{i=1}^{m} w_i^- / x_{ik}}{1 + 1/(r_1 + r_2)(\sum_{s=1}^{r_1} w_s^d / y_{sk}^d + \sum_{q=1}^{r_2} w_q^u / y_{qk}^u)}$$

$$\text{s. t. } x_{ik} = \sum_{j=1}^{n} x_{ij}\lambda_j + w_i^- \quad i = 1, \cdots, m$$

$$y_{sk}^d = \sum_{j=1}^{n} y_{sj}^d \lambda_j - w_s^d \quad s = 1, \cdots, r_1$$

$$y_{qk}^u = \sum_{j=1}^{n} y_{qj}^u \lambda_j + w_q^u \quad q = 1, \cdots, r_2$$

$$\lambda_j > 0 \quad j = 1, \cdots, n$$

$$w_i^- \geqslant 0 \quad i = 1, \cdots, m$$

$$w_s^d \geqslant 0 \quad s = 1, \cdots, r_1$$

$$w_q^u \geqslant 0 \quad q = 1, \cdots, r_2$$

当且仅当 $\rho = 1$ 时，即 $w^- = 0$、$w^u = 0$、$w^d = 0$ 时，DMU_k 为 SBM 有效。在讨论超效率 SBM 时，本章定义 DMU_k 是 SBM 有效的，含有非期望产出的超效率 SBM 模型表示如下：

$$\min\varphi = \frac{1/m\sum_{i=1}^{m}(\overline{x}/x_{ik})}{1/(r_1 + r_2)(\sum_{s=1}^{r_1}\overline{y}^d/y_{sk}^d + \sum_{q=1}^{r_2}\overline{y}^u/y_{qk}^u)}$$

$$\text{s. t. } \overline{x} \geqslant \sum_{j=1, \neq k}^{n} x_{ij}\lambda_j \quad i = 1, \cdots, m$$

$$\overline{y^d} \leqslant \sum_{j=1, \neq k}^{n} y_{sj}^d \lambda_j \quad s = 1, \cdots, r_1$$

$$\overline{y^d} \geqslant \sum_{j=1, \neq k}^{n} y_{qj}^b \lambda_j \quad q = 1, \cdots, r_2$$

$$\lambda_j > 0 \quad j = 1, \cdots, n_j \neq 0$$

$$\overline{x} \geqslant x_k \quad i = 1, \cdots, m$$

$$\overline{y}^d \leqslant y_k^d \quad s = 1, \cdots, r_1$$

$$\overline{y^u} \geqslant y_k^u \quad q = 1, \cdots, r_2$$

最后的能源监管效率用 ξ 表示。由模型的特点可知，ξ 是无量纲的。因此，地区 k 在 t 年的能源监管效率为：

$$\xi_{kt} = \begin{cases} \rho_{kt}\,(\rho_{kt} < 1) \\ \varphi_{kt}\,(\rho_{kt} = 1) \end{cases}$$

$$k = 1, \cdots, n$$

（三）能源监管公众满意度评价：面向大数据的数据挖掘技术

在能源监管中，大数据的应用有利于提升能源监管机构的科学决策能力，进而提高能源监管水平。基于大数据的时代背景，各种监管政策不可避免地会受社会舆论影响和引导，公共决策的制定将逐渐趋于"社会化"。通过对网站浏览、论坛留言、微博转发、网络问卷等网络舆情的深度分析，能源监管机构可以更准确地把握公众关注的热点问题，了解民众真实的社会需求和政治期望，提高公众参与度，从而为科学决策提供坚实的社会基础。

在大数据时代背景下，如何利用能源监管大数据对能源监管公众满意度进行评价，是能源监管机构在"政监合一"模式下必然要面临的重要课题。公众满意度是建立在公众主观体验基础上的情感反应，是受益者指标的核心部分。公众满意的程度，取决于公众接受某项服务或产品后的感知与公众在接受之前的期望之间的比值，比值越大，即公众满意度越高。基于此，能源监管公众满意度是指公众对能源监管效果的感知与他们的期望值相比较后形成的一种满意程度。通过对能源监管公众满意度进行评价，可以较直观地反映能源监管效益的好坏和水平的高低。

1. 能源监管公众满意度评价指标的选取

本章借鉴公共服务公众满意度理论模型（PSPSI）中设置潜在变量及观测变量的方法，构建能源监管公众满意度评价指标体系，如表6-8所示。

表6-8　　　　　　　　能源监管公众满意度测评量

潜在变量	可测变量
公众期望（X_1）	公众对结果的期望
	公众对监管机构可靠性的期望
能源监管机构响应（X_2）	反应速度
	处置能力

续表

潜在变量	可测变量
监管信息透明度（X₃）	公开信息时效性
	公开信息准确性
	公开信息实用性
危机处理（X₄）	恢复秩序
	动态反应
	问责力度
感知质量（X₅）	整体感知应对能力
能源监管成熟度（X₆）	能源监管覆盖范围（广度）
	能源监管完善程度（深度）
公众抱怨（X₇）	公众对能源监管的抱怨行为
公众信任（X₈）	公众对能源监管政策的信心程度
	公众对能源监管政策的支持程度
公众满意（Y）	能源监管的整体满意度

2. 面向大数据的能源监管公众满意度评价指标数据收集

大数据时代下的能源监管公众满意度评价不仅是考量能源监管机构监管水平和评估监管业务能力的重要创新，而且是提高能源市场监管绩效、促进生产结构转型、推动社会经济发展的关键。基于大数据的能源监管公众满意度评价指标的数据收集主要有电子邮件调查、基于移动互联网的问卷调查和网站信息爬取分析三种方法。

（1）电子邮件调查。电子邮件调查法类似于传统的邮寄调查法，该方法是由调查者将设计好的问卷发送到被调查者电子邮箱的一种调查方法，其具有方法便捷、省时省力、经费节约、覆盖范围广等优点。但是，不少被调查者可能会将调查问卷等同垃圾邮件，进而导致问卷回收率不高。

（2）基于移动互联网的问卷调查。移动智能手机的普及使基于移动互联网的问卷调查逐渐成为最为常用的数据收集与调查方式。基于移动互联网的问卷调查最大的优势是反馈速度快、费用低廉、覆盖面广，被调查者顾虑较少因此更容易获取真实信息。

（3）网站信息爬取分析。随着"互联网+"政策导向的逐渐深入，

"万物互联"的概念更加深入人心，随之而来的网络信息数据开始呈现爆炸式增长。公众关注的热点话题、新闻跟帖，社交媒体如论坛、博客、微博等形成的网上舆论与网上民意层出不穷。除此之外，个人用户的网络使用记录数据也包含了丰富的信息可用于数据挖掘，包括服务器的日志记录、浏览器端日志、注册信息、用户会话信息、用户查询以及鼠标点击流等一切用户与站点之间可能的交互记录。分析这些海量的网络信息数据，获取能源监管公众满意度评价所需的基础信息，其结果可与能源监管公众满意度调查问卷所获取的结果相互补充。

3. 基于数据挖掘技术的能源监管公众满意度评价

面对大数据带来的巨大便利，基于数据挖掘技术的能源监管公众满意度评价方法应运而生，主要包括决策树、最近邻方法、随机森林、支持向量机、神经网络以及集成学习等多种评价方法。通过运用这些评价方法对能源监管绩效水平进行评价分类，具体介绍如下：

（1）决策树分类。根据分层和分割的方式将预测变量空间划分为一系列简单区域，对某个给定待预测的观测值，用所属区域中训练集的平均值或众数对其进行预测，这类方法被称为决策树方法。决策树又称为判定树，是运用于分类的一种树结构。其中的每个内部节点代表对某个属性的一次测试，每条边代表一个测试结果，叶节点代表某个类或者类的分布，最上面的节点是根节点。决策树提供了一种展示在什么条件下会得到什么类别这类规则的方法。

（2）最近邻方法分类。最近邻方法是基于训练集对测试集进行分类，每个分类问题都有一些自变量，它们组成一个多维空间。首先在空间中假定一个距离，比如，在连续型自变量的情况下，可用欧氏距离、平方欧氏距离、绝对距离等。在分类问题中，测试集的一个点应该被判为训练集中离该点最近的 k 个点中多数点所属的类型，这种"多数投票方法"一般都加有权重，离得越近的点，投票权重越大。

（3）随机森林分类。随机森林和使用决策树作为基本分类器的 bag-ging 法有些类似。以决策树为基本模型的 bagging 法在每次自助法放回抽样之后都产生一棵决策树，抽多少样本就生成多少棵树，在生成这些树的时候没有进行更多的干预。而随机森林也是进行许多次自助法放回抽样；所得到的样本数目及由此建立的决策树数量要远远多于 bagging 法的样本数目。随机森林与 bagging 法的关键区别在于，在生成每棵树的时候，每个节点的变量都仅仅在随机选出的少数变量中产生。因此，不但样本是随机的，就连每个节点变量的产生都有相当大的随机性。随机森林不惧怕很大的维数，即使有数千个变量也不必删除，它还会给出分类中各个变量的重要性。

（4）支持向量机分类。支持向量机分类的中心思想是把结构风险最小化原则应用于分类领域中。如何从训练样本中找到一个支持向量，能够构建出最好的分类超平面，这是支持向量机的核心内容，它是从线性可分情况下的最优分类超平面发展而来的。支持向量分类器依据测试观测落在超平面的哪一侧来判定测试观测的类别，所选的超平面能够将大部分的训练观测正确区分开来，但是，可能会误分小部分训练观测。可以证明，只有落在间隔上的观测以及穿过间隔的观测会影响超平面，根据这些观测就能得到分类器。

（5）神经网络分类。人工神经网络是对自然神经网络的模仿，它可以有效地解决很复杂的有大量互相相关变量的分类问题。在训练神经网络时可能很费时间，但一旦训练完毕，代入新数据进行计算时则很快。

神经网络的因变量可以有多个，隐藏层也可以有多个。隐藏层的节点可多可少，太多导致过度拟合，太少则可能拟合不好，一般由交叉验证来选择隐藏层的节点数目。神经网络的原理是把上层节点的值加权平均送到下层节点，最终到输出层节点，然后根据误差大小反馈回到前面的层，再重新加权平均，如此反复训练，直到误差在允许的范围之内。一般神经网络的加权过程可以按如下表示：

$$y_j = f^* \Big(\sum_k w_{kj} z_k + w_{0j} \Big) = f^* \Big\{ \sum_k w_{kj} \Big[f \Big(\sum_i w_{ik} x_i + w_{0k} \Big) \Big] + w_{0j} \Big\}$$

式中，y_j 是第 j 个因变量；w_{ik} 是自变量 x_i 在隐藏层第 k 个节点的权重，w_{0k} 是隐藏层第 k 个节点的阈值；w_{kj} 是隐藏层第 k 个节点对于第 j 个因变量的权重，w_{0j} 是第 j 个因变量的阈值；z_k 是在隐藏层第 k 个节点的值。这里 f 和 f^* 为激活函数，通常定义为 S 形的 Logistic 函数：

$$f(x) = \frac{1}{1 + e^{-x}}$$

（6）集成学习方法。集成学习通过构建并结合多个学习器来完成学习任务，有时也被称为多分类器系统。集成学习通过将多个学习器进行结合，常可获得比单一学习器显著优越的泛化性能。Stacking（Wolpert，1992；Breiman，1996b）是学习法的典型代表。[1][2][3]

Stacking 先从初始数据集训练初级学习器，然后"生成"一个新数据集用于训练次级学习器。在这个新数据集中，初级学习器的输出被当作样例输入特征，而初始样本的标记仍被当作样例标记。在训练阶段，次级训练集是利用初级学习器产生的，若直接用初级学习器的训练集来产生次级训练集，则过度拟合风险会比较大。因此，一般是通过使用交叉验证或留一法这样的方式，用训练初始学习器未使用的样本来产生次级学习器的训练样本。以 k 折交叉验证为例，初始训练集 D 被随机划分为 k 个大小相似的集合 D_1，D_2，$\cdots$，D_k。令 D_j 和 $\overline{D}_j = D/D_j$ 分别表示第 j 折的测试集和训练集。给定 T 个初级学习算法，初级学习器 $h_t^{(j)}$ 通过在 $\overline{D}_j$ 上使用第 t 个学习算法而得。对 D_j 中每个样本 x_i，令 $z_{it} = h_t^{(j)}(x_i)$，则由 x_i 所产生的次级训练样例的示例部分为 $z_i = (z_{i1}; z_{i2}; \cdots; z_{iT})$，标记部分为 y_i。于是，在整个交叉验证过程结束后，从这 T 个初级学习器产生的次级训练集是 $D' = \{(z_i, y_i)\}_{i=1}^m$，然后 D' 将用于训练次级学习器。

综上所述，运用能源监管公众满意度评价方法对能源监管公众满意度进行评价，其具体应用流程如图 6 - 8 所示。

三　能源监管强度测度方法

（一）能源监管强度测度理论基础

监管强度是用来衡量监管力度的指标。由于能源行业具有自然垄断性，这就在客观上存在政府监管需求，要求政府对市场准入实行监管，当然，这需要对不同业务领域区别对待，实行不同的政府监管政策。此外，能源行业由于其垄断性、外部性等特征，政府不仅需要对价格制定、市场进入与退出等方面进行监管以确保城市居民的利益，还需要对行业的竞争秩序等方面进行监管以刺激行业的创新能力，使公共资源得以被有效分配和利用。提高监管强度一般需要通过增加财政支出来达到目的，这种方式通常会提高社会效益以及促进国家安全与稳定，但同时也会减少相应的经济效益，付出较高的经济成本。在一定范围内，监管

① Breiman, L., "Stacked regressions", *Machine Learning*, No. 24, 1996, pp. 49 - 64.

② Wolpert, D. H., "Stacked generalization", *Neural Networks*, No. 5, 1992, pp. 241 - 260.

③ 周志华：《机器学习》，清华大学出版社 2016 年版，第 171 页。

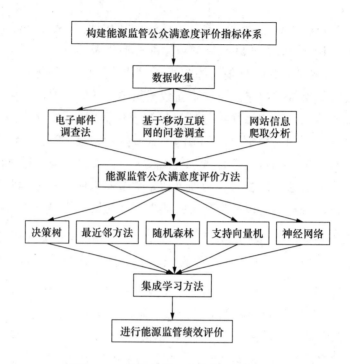

图6-8 能源监管公众满意度模型流程

强度的增加会使正向变化的程度大于反向变化的程度，从而提高监管绩效；当监管强度提高到使监管绩效的反向变化大于正向变化时，则会降低监管绩效水平。因此，合理准确地衡量与测度监管强度，对提高监管绩效水平具有重要的实际意义。

从现有研究中可知，主要存在三种监管强度测度方法：（1）通过分析政策或法律法规的完善程度来评价监管的强度；（2）以监管投入的成本来度量监管的强度；（3）以监管的效果（结果）来衡量监管的强度。三种方法各有优劣，具体而言，政策或法律法规的完善程度属于监管强度的制度建设方面，不能全面表现监管强度，也无法代表实际的监管强度。监管投入（如财务、建设和人力投入）的成本虽然在一定程度上体现了监管强度，但是，由于监管部门实施情况、法律法规的完善度等因素都会影响监管投入后的效果，仅用监管投入成本度量监管程度不适合实际情况。此外，第三种以监管效果来衡量监管强度的方法没有考虑当时监管环境的影响，并且放大了监管者监管行为的影响力，无法客观地对实际的监管强度进行测度。因此，本章从制度强度与建设强度来衡量监管强度。

制度强度又称"软强度"，可以分为制度建设强度和制度执行强度。制度建设强度主要包括法律法规的完备性和监管范围的划定。在能源行业监管中，政府监管部门主要承担能源生产、输送和配送的市场准入与退出监管政策，产品（服务）价格，产品（服务）质量，成本和投资，安全和标准以及竞争秩序六个方面的监管，因此，在对能源行业政府监管强度进行测度时要对这几个方面的法律法规政策完备性进行分析。此外，这些法律法规的实施范围也会影响到监管的强度，一般来说，监管范围与监管力度呈正相关关系。执行强度有广义和狭义之分，广义执行强度是指所有监管行为的执行强度，狭义的执行强度是指特定的法律法规在现实过程中的执行强度。由于中国监管环境的问题以及法律法规的不完善，本章用狭义的执行强度来表示监管执行强度，即政府监管部门在对能源行业进行市场准入与退出、产品（服务）价格、产品（服务）质量、成本和投资、安全和标准以及竞争秩序六个方面的监管过程中，对相关的法律法规政策的执行强度。

建设强度，即"硬强度"，可以分为监管机构建设强度和监管人员建设强度两个方面。机构建设强度主要是指监管机构设置是否完善，包括是否有独立的监管机构、监管机构职责是否分割到位；人员建设强度主要是指监管机构的人力设置是否充足，可以体现为监管机构从业人员的资质是否能胜任监管任务与监管人员的数量。其中，可以用监管人员的平均文化水平或从业人员在相关行业的资质水平对监管机构从业人员的资质是否能胜任监管任务进行衡量。

（二）能源监管强度

根据上节监管强度的内容，本章将能源行业监管强度分为制度强度和建设强度。其中，制度强度反映实施监管的参照体系完善度，以及监管部门对现有监管制度的执行能力，建设强度反映监管的物质基础和人力配置情况。制度强度是指市场进入与退出监管、价格监管、质量监管、成本和投资监管、安全和标准监管以及竞争秩序监管六个监管内容的监管制度设置情况及依据这六个方面的制度而实施的监管力度情况。建设强度包括监管机构的职能设置情况和监管机构的人员设置情况两个方面。监管机构越独立、职能划分越明确，说明监管强度越大；监管机构从业人数越多、监管人员文化水平越高，其对应的监管强度也越大。在数据方面，制度强度和建设强度的监管机构职能设置情况的指标数据通过相关领域专家评分，建设强度的监管机构的人员设置则为客观数据。

据此，本章构建了能源监管强度指数体系框架如图6-9所示，具体指标内容如表6-9所示。

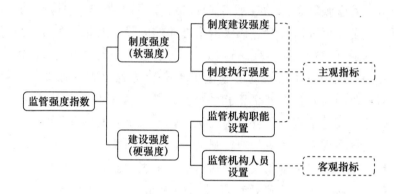

图6-9　能源监管强度指数体系框架

表6-9　　　　　　　　　能源监管强度指数体系和数据采集方式

一级指标	二级指标	评价指标	指标	指标量化方式
制度强度（软强度）	制度建设强度	市场进入与退出监管法律法规完善程度	正指标	专家评分
		价格监管法律法规完善程度	正指标	专家评分
		质量监管法律法规完善程度	正指标	专家评分
		成本和投资监管法律法规完善程度	正指标	专家评分
		安全和标准监管法律法规完善程度	正指标	专家评分
		竞争秩序监管法律法规完善程度	正指标	专家评分
	制度执行强度	市场进入与退出监管执行强度	正指标	专家评分
		价格监管执行强度	正指标	专家评分
		质量监管执行强度	正指标	专家评分
		成本和投资监管执行强度	正指标	专家评分
		安全和标准监管执行强度	正指标	专家评分
		竞争秩序监管执行强度	正指标	专家评分
建设强度（硬强度）	监管机构人员设置	单位城市人口监管机构从业人员数	正指标	客观数据
		监管机构从业人员平均文化水平	正指标	客观数据
	监管机构职能设置	监管机构独立性	正指标	专家评分
		监管机构职能划分明确度	正指标	专家评分

（三）能源监管强度集成方法

1. 基于算术集成技术的监管强度指数模式

根据对能源行业监管强度内涵的界定，监管强度包括制度强度和建设强度两个方面，根据效用函数综合评价法的构建方法，得到本章的监管强度指数模型如下：

监管强度指数 = α × 制度强度 × 执行强度 + （$1-\alpha$）× 建设强度

式中，$1-\alpha$ 为建设强度指标的权重，$\alpha \in$（0，1）。

制度强度 × 执行强度 = $\omega_1 \times x_1 + \omega_2 \times x_2 + \cdots + \omega_6 \times x_6$

并且，$\omega_1 + \omega_2 + \cdots + \omega_6 = 1$，$\omega_i \in$（0，1），$i = 1$，2，$\cdots$，6 分别表示制度强度和执行强度各个对应的分量相乘后的结果的权重，x_1，x_2，$\cdots$，x_6 分别表示制度强度和执行强度各个对应的分量相乘的结果。

2. 基于马氏距离测度的融合有序加权技术监管强度指数模式

从制度强度和建设强度的内涵与定义可以看出，制度强度和建设强度包含大量主观指标，在数据信息获取方面，主观指标的数据主要来自专家打分，在实际评价过程中，由于客观环境和问题的复杂性，以及人的思维能力、知识结构和偏好的差异，导致某些情况下专家给出的信息会出现较大偏差，从而导致基于算术集成方法得到的监管指数与实际差异较大。为减少专家主观偏差对集成结果的影响以及消除指标间线性相关的影响，避免信息重复，我们提出一种基于马氏距离的有序加权集成方法，简称为马氏有序加权距离（MOWAD）集成方法。

对于某一多指标集成问题，设 X = {x_1，x_2，$\cdots$，x_n} 为某方案的指标集，E = {e_1，e_2，$\cdots$，e_m} 为专家集[其权重向量为 v = （v_1，v_2，$\cdots$，v_m），$v_k \geq 0$，且 $\sum\limits_{k=1}^{m} v_k = 1$]。假设专家 e_k（$k = 1$，2，$\cdots$，m）对指标 x_j（$j = 1$，2，$\cdots$，n）的评价值 a_{kj}（$k = 1$，2，$\cdots$，m；$j = 1$，2，$\cdots$，n），为书写方便，记 e_k 对 n 个指标 x_j 的评价值记为向量 A_k = （a_{k1}，a_{k2}，$\cdots$，a_{kn}）（$k = 1$，2，$\cdots$，m），则基于 MOWAD 集成方法的方案综合评价值步骤如下：

第一步：计算 m 个专家的群体综合评价向量 A_0 = （a_{01}，a_{02}，$\cdots$，a_{0n}），其中：

$$\alpha_{0j} = v_1 \alpha_{1j} + v_2 \alpha_{2j} + \cdots + v_m \alpha_{mj} \quad j = 1, 2, \cdots, n$$

第二步：计算专家个体与群体在指标 x_j（$j = 1$，2，$\cdots$，n）评价的差异，用马氏距离 $mahal_{xj}$（A_k，A_0）（$j=1$，2，$\cdots$，n）表示：

$$mahal_{xj}(A_k,A_0)=\sqrt{\{\alpha_{kj}-\alpha_{0j}\}^T \sum{}^{-1}\{\alpha_{kj}-\alpha_{0j}\}}$$

式中，$\sum{}^{-1}$ 是 n 个指标变量 α_1、α_2、$\cdots$、α_n 的协方差矩阵 $\sum$ 的逆矩阵。

第三步：计算 EOWAD 集成算子的权重 ω_j（$j=1$，2，$\cdots$，n）

$$\omega_j=\frac{1/mahal_{xj}(A_k,A_0)}{\sum_{j=1}^{n}[1/mahal_{xj}(A_k,A_0)]}(j=1,2,\cdots,n)$$

第四步：基于 MOWAD 的方案集成结果：

$$MOWAD(\alpha_{01},\alpha_{02},\cdots,\alpha_{0n})=\omega_1\alpha_{01}+\omega_2\alpha_{02}+\cdots+\omega_n\alpha_{0n}$$
$$=\sum_{j=1}^{n}\omega_j\alpha_{0j}$$

由以上分析可看出，MOWAD 集成方法的特点是其权重与待集成的数据的位置无关，其权重大小仅依赖被集结的评价数据，突出了权重与数据之间的联系性，可通过对错误或偏见较大的评价值赋予较低的权重来减轻不公平性对评价结果的影响，即若评价值接近平均值，就给予较高的权重；如果评价值远离平均值，就给予较低的权重，从而保证了集成结果的公平性，可以得到更客观的集成结果。

根据 MOWAD 集成方法，分别计算出制度强度 MOWAD、执行强度 MOWAD 和建设强度 MOWAD，从而求出监管强度指数：

监管强度指数 = α × 制度强度 MOWAD × 执行强度 MOWAD +（$1-\alpha$）× 建设强度 MOWAD

第五节　能源监管绩效评价实证研究与结果应用

本节分别运用基于马氏距离的 TOPSIS 法和双重差分模型对中国能源监管绩效进行实证研究，并对评价方法和结果的应用前景进行展望。

一　基于 E – M – TOPSIS 方法的中国能源监管外部绩效评价

本章基于结果导向原则构建中国能源外部绩效评价体系，用 E – M – TOPSIS方法进行实证研究，并分别引入等权传统 TOPSIS 以及熵权 TOPSIS（以下简称为 E – TOPSIS）对 1999—2015 年中国能源外部绩效数据进行比较分析。

（一）能源监管外部绩效评价指标

结果导向是绩效管理理论的基本概念和核心思想之一，其强调经营、管理和工作的结果，即经济效益、社会效益和客户满意度。能源监管外部绩效评价的结果导向，也应关注能源监管产生的经济和社会效益以及公众的满意程度。考虑到能源监管相应的公众满意程度数据的缺失，本章将能源监管外部责任绩效指标分为外部经济绩效和社会责任绩效两类进行选取与构建。

经济绩效主要是指资源分配与利用的效率评价。能源监管的外部经济绩效主要包括能源消费弹性系数、电力消费弹性系数、单位能耗产出和单位电耗产出四个指标。社会责任绩效指标则主要考虑与能源消耗有关的环境绩效指标和能源安全绩效指标。环境绩效指的是能源使用过程中对社会产生的负外部效应，其具体指标包括单位国内生产总值（GDP）二氧化硫排放量、单位 GDP 烟尘排放量和单位 GDP 废水排放量，这些指标反映了能源利用过程中对环境所造成的影响。能源安全绩效主要考虑能源安全的核心问题，即能源供应是否充足与稳定，其具体指标包括对外依存度、一次能源产量占世界总产量比例以及一次能源自给率。

（二）中国能源监管外部绩效评价

基于能源监管外部绩效评价方法的设定与评价指标的构建选取，下面运用 E – M – TOPSIS 法对中国能源监管的外部绩效进行评价。

首先，计算各评价指标的信息熵值，再根据信息熵值确定评价指标的权重，将各权重以权重向量 W 的形式表示。即：

$$W = \{0.055 \quad 0.092 \quad 0.116 \quad 0.158 \quad 0.098 \quad 0.057 \quad 0.076 \quad 0.135$$
$$0.110 \ 0.104\}$$

其次，构造决策判断矩阵以确定各指标的正负理想解 S^+ 和 S^-。即：

$$S^+ = \{0.130 \quad 0.070 \quad 0.910 \quad 7.630 \quad 0.005 \quad 0.003 \quad 0.002 \quad 0.068$$
$$0.185 \quad 0.932\},$$

$$S^- = \{1.670 \quad 1.560 \quad 0.644 \quad 6.172 \quad 0.021 \quad 0.013 \quad 0.004 \quad 0.184$$
$$0.094 \quad 0.818\}。$$

最后，分别计算 r_i 和 S^+、r_i 和 S^- 的马氏距离，并计算相对贴近度，结果如表 6 – 10 所示。除此之外，为了比较不同能源监管外部绩效评价方法带来的评价结果差异，基于 E – TOPSIS 法对中国能源监管外部绩效进行评价的结果也在表 6 – 10 中进行了报告。

表 6 – 10　　　E – M – TOPSIS 法和 E – TOPSIS 法评价结果比较

年份	马氏距离 + (mahal +)	马氏距离 – (mahal –)	E – M – TOPSIS		E – TOPSIS		差距
			贴近度 (c_i)	排序	贴近度 (c_i)	排序	
1999	10. 307	13. 397	0. 565	1	0. 461	10	9
2000	11. 416	12. 644	0. 526	4	0. 387	13	9
2001	11. 044	12. 544	0. 532	2	0. 414	12	10
2002	11. 482	12. 202	0. 515	5	0. 383	14	9
2003	11. 198	12. 420	0. 526	3	0. 304	16	13
2004	13. 080	10. 555	0. 447	17	0. 291	17	0
2005	12. 302	11. 128	0. 475	9	0. 380	15	6
2006	12. 530	10. 987	0. 467	13	0. 454	11	2
2007	12. 753	10. 783	0. 458	15	0. 532	7	8
2008	12. 198	11. 329	0. 482	8	0. 655	2	6
2009	12. 016	11. 607	0. 491	6	0. 594	4	2
2010	12. 398	11. 204	0. 475	10	0. 511	8	2
2011	12. 587	11. 057	0. 468	12	0. 497	9	3
2012	12. 860	10. 713	0. 454	16	0. 583	5	11
2013	12. 631	10. 854	0. 462	14	0. 558	6	8
2014	12. 442	11. 015	0. 470	11	0. 628	3	8
2015	11. 999	11. 433	0. 488	7	0. 681	1	6

　　从表 6 – 10 可以看到，指标间相关性的存在造成了上述两种评价方法计算得到的能源监管外部绩效排序结果的显著差异，考虑了外部经济绩效指标和社会责任绩效指标间相关关系的 E – M – TOPSIS 法由于避免了信息的重叠计算问题，在总体上得到了较 E – TOPSIS 法更低的相对贴近度水平，这在某种程度上说明了指标间相关性的不可忽略性。因此，正是由于考虑了各绩效指标间的相关性关系，E – M – TOPSIS 法因而能更真实地揭示能源监管的外部绩效特征，反映能源监管的绩效水平，从而用于进行更科学的决策制定。图 6 – 10 为三种不同的能源监管

外部绩效评价方法相应的相对贴近度①波动趋势。

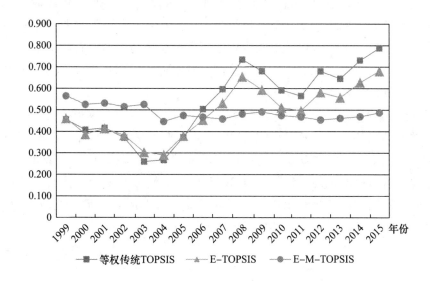

图 6 - 10　等权传统 TOPSIS 法、E - TOPSIS 法和
E - M - TOPSIS 法相对贴近度的波动趋势

　　从图 6 - 10 可以看到，等权传统 TOPSIS 法由于不能有效地处理信息重叠问题，其在一定程度上放大了相对贴近度的震荡区间并提高了相对贴近度的波动幅度。E - M - TOPSIS 法则避免了信息的重叠从而将相对贴近度保持在一个幅度更小的震荡区间并在总体上降低了贴近度水平，进而能基于相互独立的绩效指标得到反映能源监管真实水平的绩效评价结果。具体而言，从图 6 - 10 中 E - M - TOPSIS 法相对贴近度的波动趋势可以看到，总体上看，中国能源监管外部绩效在震荡区间内呈稳定波动趋势，中国能源监管质量水平在 1999—2015 年保持相对稳定。具体而言，中国能源监管外部绩效在 2004 年达到阶段低谷后开始波动上升，这与 2004 年国家电监会及其派出机构相继成立并逐步完善、区域电监局也先后成立的事实相符。2013 年以后，中国国家能源机构改革继续深入，国家电力监督管理委员会与原国家能源局合并组建成新的

―――――――――

　　①　相对贴近度综合反映了能源监管绩效指标与其正理想解的接近程度和负理想解的远离程度。相对贴近度的数值越大，表示能源监管的外部绩效越好。

国家能源局，意味着"政监分离"向"政监合一"模式转变，能源监管内容由电力监管转为能源监管。同时也可以看到，2013年以后，中国能源监管外部绩效水平保持持续增长，意味着中国能源体制改革初显成效。因此，进一步促进能源机构改革，健全大能源监管背景下的法律体系与执法系统，保证能源监管制度的顺利运行，都将更好地提高中国能源监管的质量水平。

图6-11为基于E-M-TOPSIS评价的外部经济绩效和社会责任绩效的波动趋势。具体而言，外部经济绩效波动较为剧烈且震荡幅度较大，其在2004年和2005年达到波谷后开始迅速震荡上升，并随着中国能源监管机构改革的持续深入在2013年后开始加速上升；社会责任绩效则在区间内保持相对稳定波动。可以看到，外部经济绩效的波动较社会责任绩效更敏感地受能源监管的影响。

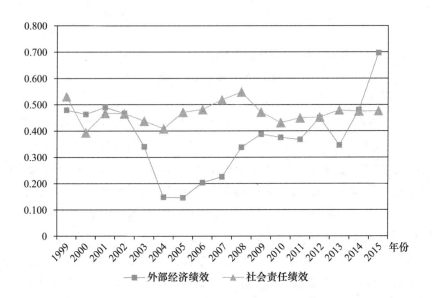

图6-11 基于E-M-TOPSIS评价的外部经济绩效和社会责任绩效的波动趋势

除此之外，基于信息熵方法对能源监管外部责任绩效指标体系进行权重确定后也可以看到，单位能耗产出是影响能源监管外部绩效水平最重要的指标，其反映了经济活动中对能源的利用程度和产出效率，是影响能源使用效率和能源强度的直接指标。因此，提高能源使用效率和降低能源强度都将对改善和提高能源监管外部绩效水平具有直接作用；反之亦然。

综上所述，基于熵权的马氏距离 TOPSIS 法在解决绩效指标之间信息重叠问题的同时，充分体现了不同指标在绩效评价中的重要性，因而更适用于中国能源监管外部绩效水平的评价，为能源监管实践提供更科学的参考依据。

二　基于双重差分法的中国能源监管绩效评价：能源效率视角

能源监管内部效率评价是一个典型的多投入多产出分析问题，其评价涉及能源监管内部投入产出数据，而这部分数据往往不可得或有缺失。同时，能源监管的目标之一是保障能源的稳定持续供应以及减少能源使用造成的环境问题。以上目标实现的重要途径之一是提高能源的使用效率，即提高能源效率。因此，考虑数据的可得性与完备性，本书转变视角，从能源效率角度切入对中国能源监管绩效进行评价。

具体而言，本书引入双重差分模型，以设立电力监管派出机构的 18 个省份[①]作为实验组，其他省份（不含西藏）作为对照组，对设立电力监管派出机构是否能提高地区能源效率进行"反事实"因果检验，其可以系统地考察电力监管派出机构的设立对地区省市能源效率的影响，进而对能源监管绩效进行评价。

（一）双重差分模型构建

双重差分模型具有将自然科学实验方法与统计科学相结合的特性，其可以通过对比政策发生前后处理组和对照组之间变动的差异来检验政策干预效果，常常被用于公共政策的效果评估。本书参照刘瑞明和赵仁杰的做法[②]，构建多期的双重差分模型，具体如下：

$$EE_{it} = \beta_0 + \beta_1 DID_{it} + \alpha X_{it} + \gamma_t + \lambda_i + \varepsilon_{it}$$

式中，EE_{it} 表示第 i 个省份在 t 年的能源效率。DID_{it} 是政策虚拟变量 PY_{it} 与控制虚拟变量 CT_{it} 的乘积，其中设立电力监管派出机构的省份 CT_{it} 取 1，没有设立电力监管派出机构的 CT_{it} 取 0，设立电力监管派出机构的省份在设立电力监管派出机构之前 PY_{it} 取 0 之后 PY_{it} 取 1，对照组

---

① 18 个省份包括 12 个省级电力监管办所在的省份及 6 个区域电力监管局所在的省份。

② 刘瑞明、赵仁杰：《国家高新区推动了地区经济发展吗？——基于双重差分方法的验证》，《管理世界》2015 年第 8 期。

的省份 PY_{it} 都取 0。X_{it} 指的是其他控制变量，本书中包括产业结构 IS_{it}、对外开放程度 EX_{it}、政府干预程度 GV_{it}、技术进步 TP_{it}、能源价格 EP_{it}、城镇化程度 CZ_{it}、外商投资水平 FDI_{it}。λ_t 表示年份固定效应，λ_i 表示个体固定效应。对于上述模型系数 β_1 的估计值是我们关心的重点，它度量了电力监管派出机构的设立对地区能源效率的净影响。如果能源监管派出机构真的能够提高地区的能源效率，那么 β_1 应该显著为正。

（二）变量与数据说明

能源效率是指能源产出和能源投入之比，能源效率的评价指标分为单要素能源效率和全要素能源效率两种。单要素能源效率是指把能源作为燃料、动力的能源投入与最终经济产出之比，学术界通常采用地区生产总值（GDP）作为产出指标，如史丹与杨中东等学者都是利用此指标来衡量能源效率。[1] 与单要素能源效率相比，全要素能源效率能够更为全面地考虑能源、资本与劳动等投入要素在产出中的相互作用，但其计算过程相对复杂，选择不同的计算方法或投入指标均会对能源效率的计算结果产生影响，甚至出现相互矛盾的问题。由于单要素能源效率计算简单且经济含义明确，结果较为稳健。因此，本书使用 GDP 与能源消耗总量之比来衡量综合能源效率，2003—2012 年中国各省份（西藏除外）[2] 能源效率如表 6 - 11 所示。

表 6 - 11　　　　　　　2003—2012 年各省份的能源效率

单位：亿元/万吨标准煤

地区	2003 年	2004 年	2005 年	2006 年	2007 年	2008 年	2009 年	2010 年	2011 年	2012 年
北京	1.08	1.17	1.26	1.37	1.57	1.76	1.85	2.03	2.32	2.49
天津	0.80	0.84	0.95	0.99	1.06	1.25	1.28	1.35	1.49	1.57
河北	0.45	0.49	0.51	0.53	0.58	0.66	0.68	0.74	0.83	0.88
山西	0.27	0.32	0.34	0.36	0.41	0.47	0.47	0.55	0.61	0.63
内蒙古	0.41	0.40	0.40	0.44	0.50	0.60	0.63	0.69	0.77	0.80

---

[1] 史丹：《中国能源效率的地区差异与节能潜力分析》，《中国工业经济》2006 年第 10 期；杨中东：《中国制造业能源效率的影响因素：经济周期和重化工工业化》，《统计研究》2010 年第 10 期。

[2] 数据来源于 2004—2013 年《中国统计年鉴》及各省份统计年鉴。由于西藏数据缺失，因此不予考虑。

续表

地区	2003 年	2004 年	2005 年	2006 年	2007 年	2008 年	2009 年	2010 年	2011 年	2012 年
辽宁	0.53	0.51	0.55	0.59	0.64	0.77	0.80	0.88	0.98	1.06
吉林	0.51	0.56	0.61	0.65	0.72	0.89	0.95	1.04	1.16	1.26
黑龙江	0.60	0.64	0.69	0.71	0.76	0.83	0.82	0.92	1.04	1.07
上海	0.98	1.09	1.11	1.18	1.28	1.38	1.45	1.53	1.70	1.78
江苏	1.13	1.10	1.10	1.16	1.26	1.39	1.45	1.61	1.78	1.87
浙江	1.02	1.08	1.12	1.19	1.29	1.42	1.48	1.64	1.81	1.92
安徽	0.72	0.79	0.82	0.86	0.95	1.06	1.13	1.27	1.45	1.52
福建	1.04	1.06	1.06	1.11	1.22	1.31	1.37	1.50	1.65	1.76
江西	0.82	0.91	0.95	1.03	1.15	1.30	1.32	1.49	1.69	1.79
山东	0.73	0.77	0.78	0.84	0.90	1.01	1.05	1.13	1.22	1.29
河南	0.65	0.65	0.72	0.76	0.84	0.95	0.99	1.08	1.17	1.25
湖北	0.62	0.62	0.67	0.71	0.79	0.88	0.95	1.05	1.18	1.26
湖南	0.74	0.74	0.72	0.78	0.87	0.94	0.98	1.08	1.22	1.32
广东	1.21	1.24	1.27	1.35	1.45	1.57	1.60	1.71	1.87	1.96
广西	0.80	0.82	0.80	0.86	0.95	1.08	1.10	1.21	1.36	1.42
海南	1.04	1.10	1.12	1.17	1.23	1.32	1.34	1.52	1.58	1.69
重庆	0.83	0.83	0.80	0.83	0.90	0.90	0.93	1.01	1.14	1.23
四川	0.58	0.60	0.65	0.69	0.77	0.83	0.87	0.96	1.07	1.16
贵州	0.26	0.28	0.31	0.33	0.37	0.50	0.52	0.56	0.63	0.69
云南	0.57	0.59	0.57	0.60	0.67	0.76	0.77	0.83	0.93	0.99
陕西	0.62	0.66	0.73	0.80	0.87	0.99	1.02	1.14	1.28	1.36
甘肃	0.40	0.43	0.44	0.48	0.53	0.59	0.62	0.70	0.77	0.81
青海	0.35	0.34	0.33	0.34	0.38	0.45	0.46	0.53	0.52	0.54
宁夏	0.22	0.23	0.24	0.26	0.30	0.37	0.40	0.46	0.49	0.51
新疆	0.45	0.45	0.47	0.50	0.54	0.59	0.57	0.66	0.67	0.63

　　为了考察国家能源局电力监管派出机构对能源效率的影响，以反映能源监管绩效，在建立计量实证模型时还须排除控制变量对能源效率的影响。本书从以下三个方面选择控制变量：一是结构变动，包括产业结构以及城镇化结构；二是技术与创新，即新技术、新设备、新工艺的出

现，使技术上提高能源效率成为可能；三是制度因素，如对外开放程度、外商投资水平、政府干预程度等，良好的制度与完善的市场有助于企业微观效率的改进，进而促进能源效率的提高；四是价格因素，一般认为，能源价格越高则能源消费者越会减少能源的浪费并提高能源效率。考虑到数据的可获得性，本书选取的变量及解释说明如表 6 – 12 所示，有关变量的描述性统计如表 6 – 13 所示，所有资金类数据均采用相应的价格指数以 2000 年为基期进行平减处理。

表 6 – 12   变量说明

属性	变量	变量符号	定义及说明
因变量	能源效率	EE	GDP 与能源消耗总量之比
自变量	政策虚拟变量 × 控制虚拟变量	DID	政策虚拟变量与控制虚拟变量的乘积
虚拟变量	政策虚拟变量	PY	实验组中省份在设立电力监管机构后取 1，之前取 0，对照组都取 0
	控制虚拟变量	CT	实验组取 1，控制组为 0
控制变量	产业结构	IS	第三产业的总产值占 GDP 比重
	对外开放程度	EX	进出口总额占 GDP 比重
	政府干预程度	GV	政府支出总额占 GDP 比重
	技术进步	TP	R&D 经费总额占 GDP 比重
	能源价格	EP	原材料、动力、燃油购进价格指数
	城镇化程度	CZ	城镇人口总数占当地人口总数比重
	外商投资水平	FDI	实际利用的外商直接投资占 GDP 比重

表 6 – 13   有关变量的描述性统计

变量	个数	平均值	标准差	最小值	最大值
EE	300	0.391833	0.160131	0.128281	0.848329
DID	300	0.533333	0.499721	0	1
IS	300	0.027269	0.039166	0.001919	0.281394
TP	300	0.012326	0.009886	0.001681	0.059476
EX	300	0.346334	0.429741	0.03572	1.722371
GV	300	0.187147	0.08189	0.079176	0.612107

续表

变量	个数	平均值	标准差	最小值	最大值
EP	300	1.611912	0.389364	0.994324	3.390593
CZ	300	0.48338	0.145977	0.2196	0.893
FDI	300	0.02696	0.021491	0.00068	0.10512

注：以上表中需要的数据来源于《中国统计年鉴》《中国能源统计年鉴》《中国物价统计年鉴》、各省份统计年鉴以及国家数据中心。

可以看到，除了产业结构（IS）和对外开放程度（EX）的样本标准差略大于均值，其他变量的样本标准差均小于均值，即样本变异系数小于1，表明样本数据结构较为稳定，不存在极端异常值，因此可以在此基础上进行后续的实证分析。

需要说明的是，以上描述性统计结果均为不区分具体省份个体的全国总体情况。考虑到双重差分法只能比较政策实施组与非政策实施组之间绩效差异的大小及其显著性水平，因此，剔除控制变量影响之后的监管绩效也不能反映具体省份的个体情况，即本书主要在全国总体层面上就国家能源局电力监管派出机构对能源效率的影响进行考察。

基于上述分析，本书把设立国家能源局电力监管派出机构视为政策实施，因此，以各省份的电力监管派出机构的设立时间作为政策实施时间（见表6-14）。设置电力监管派出机构的省市作为实验组，以其他未设置监管机构的12个省份（不包含西藏、台湾、香港、澳门地区）为参照组，各项数据均来源于《国家电力监督管理委员会十年概览》。①

表6-14　　　　部分省份设立电力监管派出机构的时间

分级	机构名称	所在省份	设立时间（年）
6大区域监管局	华北电监局	北京	2005
	东北电监局	吉林	2004
	西北电监局	陕西	2005
	华东电监局	上海	2004
	华中电监局	湖北	2004
	南方电监局	广东	2004

① 谭荣尧：《国家电力监督管理委员会十年概览》，中国电力出版社2014年版。

续表

分级	机构名称	所在省份	设立时间（年）
	山西电监办	山西	2005
	山东电监办	山东	2006
	甘肃电监办	甘肃	2005
	新疆电监办	新疆	2010
	浙江电监办	浙江	2005
12个省级监管办	江苏电监办	江苏	2005
	福建电监办	福建	2005
	河南电监办	河南	2005
	湖南电监办	湖南	2006
	四川电监办	四川	2004
	云南电监办	云南	2005
	贵州电监办	贵州	2005

（三）实证分析

1. 稳健性检验：实验前测

根据准实验及双重差分的理论基础，应用双重差分计量模型需要进行适用性检验，检验设立电力监管机构的对象是否是"随机"的。如是否设立电力监管派出机构与能源效率相关，如政府选择能源效率高的省市设立电力监管派出机构，则其与未设立电力监管派出机构的省市之间不能构成有效的对照，双重差分计量模型无效，因此，要检验电力监管派出机构的设立对象是否受到与能源效率相关变量的影响。

有鉴于此，本书使用 Logit 模型前测法，检验实验对象的选择是否"随机"。以分组虚拟变量 CT 为被解释变量，选取能源效率 EE 为解释变量，从而考察能源效率 EE 是否影响省份电力监管派出机构的设立，若检验确实发现该因素在统计意义上显著地影响了分组虚拟变量，那么双重差分计量模型将存在严重的内生性问题。实验前测结果如表6－15所示。

表6－15　　　　**Logit 模型检验结果：实验前测（N = 300）**

变量	EE	TP	GV	截距项
分组虚拟变量 CT	6.83（0.79）	303.57（1.51）	—	-3.59（-0.77）
	7.30（0.68）	—	-7.78（0.02）	0.17（0.02）

注：括号内数据为 Z 值；＊、＊＊、＊＊＊分别表示在10%、5%、1%的显著性水平下显著。为了检验的稳健性，Logit 回归分别加入了技术进步 TP 和政府干预 GV 作为控制变量。

检验结果显示，研究样本的分组具有显著的"随机性"，样本数据满足双重差分的使用前提。

2. 实证结果

在使用双重差分模型之前需要测算出能源效率，然后使用Stata14.0软件进行计量分析。2003年3月，中国启动新一轮电力体制改革，国家电力监督管理委员会正式挂牌成立，在2013年3月国家电力监督管理委员会和国家能源局组建为新的国家能源局，不再保留国家电力监督管理委员会。因此，本书选择2003—2012年这段由国家电力监督管理委员会履行电力监督管理的十年作为样本区间，结果如表6-16所示。

表6-16　　　　　　　　　　　　双重差分结果

能源效率	模型1	模型2	模型3
DID	0.00356 (-0.39)	0.0135* (-1.66)	0.00223 -0.22
IS	—	-0.658*** (-4.64)	-0.593*** (-4.25)
TP	—	-4.201*** (-3.52)	-4.286*** (-3.57)
EX	—	0.0559** -2.27	0.0573** -2.31
GV	—	-0.210** (-2.21)	-0.192** (-2.00)
EP	—	0.0359** -2.23	0.0394** -2.35
CZ	—	-0.314*** (-3.76)	-0.327*** (-3.91)
FDI	—	1.104*** -5.24	1.035*** -4.95
地区效应	控制	控制	控制
时间效应	控制	控制	控制
_cons	0.502*** (-78.52)	0.644*** (-14.61)	0.642*** (-14.38)

续表

能源效率	模型 1	模型 2	模型 3
样本数	300	300	300
R^2	0.735	0.826	0.824

注：***、**、*分别表示变量系数在 1%、5%、10% 的显著性水平下显著，括号里面表示的是 t 统计量。

  表 6 - 16 中模型 1 是没有增加控制变量进行回归的模型，其结果显示，电力监管派出机构的设立对能源效率有推动作用，但是，其 DID 的系数估计值不显著。此结果可能是没有排除其他控制变量的影响，因此，增加其他控制变量之后的模型为表 6 - 16 中模型 2，其结果显示，电力监管派出机构的设立能够提高能源效率，而且排除了其他影响因素之后，其 DID 的系数估计值在 10% 的显著性水平下显著。这说明设立电力监管派出机构地区的能源效率比不设立电力监管派出机构地区的能源效率平均高 0.0135，即电力监管机构的设立能够提高所在省份的能源效率。

  表 6 - 16 中模型 2 的结果显示了选择的控制变量回归系数均通过显著性检验，其中技术进步与能源效率负相关，这是因为，技术进步使能源服务的有效价格降低，增加了能源服务的需求，部分或全部地抵消了能源效率提高所导致的能源消费的减少，从而间接地抑制了技术进步对能源效率的推动作用。能源价格与能源效率呈正相关，说明能源价格越高，市场机制会引导资源的有效配置，从而使能源的利用更充分，提高能源效率。城镇化水平与能源效率呈负相关，大规模的城镇化的基础设施和住房建设耗费大量的高耗能材料，而且城镇化之后的生活质量的提高及生活方式的转变，也会导致对能源的需求增长迅速。此外，城镇化会由于人口与经济的高度集聚而产生规模经济效果，从而降低能源消费强度，对能源效率有正面影响。这两种作用相反效应的综合影响，是导致城镇化对能源效率有负面影响的原因。政府干预对能源效率有着显著的负面影响，与一些学者认为，政府干预会扭曲资源配置降低能源效率的结论吻合。对外开放程度对能源效率呈负相关，一方面是对外开放程度越高，除引入外商投资的先进技术和管理水平外，还引入了高耗能高污染的产业；另一方面是政府规制力度及节约能耗

的意识不足，导致地区的经济陷入粗放型的增长方式，会使能源效率降低。FDI 与能源效率呈现显著的正相关，原因是外商直接投资是技术进步的重要来源，外资企业采用先进能源使用技术会促进行业能源效率的提高，能源利用技术的溢出效应体现在地区能源效率的提高上。

3. 稳健性检验

为了验证结果的稳健性，通过改变电力监管派出机构设立的时间进行反事实检验，即设立电力监管派出机构的时间统一提前一年，例如，北京市于 2005 年设立电力监管机构，但在表 6–16 中的模型 3 北京市设立电力监管派出机构的时间为 2004 年，其他控制组的电力监管派出机构设立时间也同样变化。以上做法是为了排除设立电力监管机构这一政策以外影响地区能源效率差异的其他政策或随机因素。如果是其他因素导致能源效率差异则前文结论不成立，因此，需要进一步进行稳健性检验。如果稳健性检验的结果显示我们最关心的主要变量 DID 的系数估计值显著为正，则说明能源效率很可能来自其他政策变革或者是随机因素的影响，而不是电力监管派出机构的设立。如果主要变量 DID 的系数估计值不显著为正，则说明经济发展的增量贡献来自电力监管派出机构的设立。表 6–16 中的模型 3 的结果显示，DID 的系数估计值不显著为正，这表明能源效率的变化不是由其他因素导致的，而是来自电力监管派出机构的设立。

（四）主要结论

电力监管派出机构的设立是国家实施能源监管的重要举措，自 2003 年国家电监会成立以来，监管职能不断深化，有效地促进了能源使用效率的提高。本节运用双重差分模型就 2003—2012 年国家电力监管派出机构的设立对能源效率的影响进行实证检验，结论如下：

第一，设立能源监管派出机构的省份的能源效率显著高于未设立能源监管派出机构的省份，表明能源监管派出机构的监管工作取得一定成效。

第二，电力监管派出机构的设立使能源效率提升的幅度相对较小，表明能源监管机构的监管措施还有待于进一步加强。

第三，鉴于能源监管机构对所在省份的能源效率方面的正向作用，因此可以增加能源监管机构的覆盖范围。

三 评价结果应用

(一) 能源监管外部绩效评价结果应用

能源行业具有十分明显的正负外部性，能源监管的目标就是通过监管促进正外部性，减少甚至消除负外部性。对能源监管的外部绩效进行评价，为合理、有效和有序地进行能源监管提供评价指标与方法，对进一步提高能源监管水平、构建高效的能源监管模式至关重要。

能源监管外部绩效评价结果具有丰富的应用场景。能源监管机构可以依据能源监管外部绩效评价结果对能源监管质量水平进行优化提高，有利于能源监管工作的推进，更好地适应国家能源监管机构的动态改革。更多地将能源监管外部绩效评价结果作为相应的绩效考核指标有助于建立起以能源监管机构为主导的监督制衡体制，从而促进中国能源机构改革的继续深化，对优化能源监管资源配置和促进社会效益最大化具有重要的现实意义。除此之外，对能源监管的绩效进行评价，还有助于加强政府绩效评价结果的对内与对外公开，增进能源监管执法的透明度，进而促进能源监管水平的提高。

(二) 能源监管内部效率评价结果应用

能源监管机构的职能配置要体现效率的原则。能源监管内部效率是能源监管制度的核心组成部分，是保证能源监管职能有效行使的重要基础。对能源监管内部效率进行评价能对能源监管机构职能配置的效率水平进行准确定位，从而有效地提高能源监管政策的实施效果。

能源监管内部效率的评价结果能在一定程度上反映了能源监管机构职能配置的有效性水平。较高的能源监管内部效率表示监管机构当前的职能配置较为有效，职能集中且权责明晰，较少产生监管职能的浪费与滥用；较低的能源监管内部效率则表示监管机构当前的职能配置较为低效，职能分散且权责不明晰，监管机构职能存在一定程度的浪费与滥用。能源监管机构可以根据能源监管内部效率评价结果对能源监管的职能配置进行优化并对职能范围进行相应调整，从而促进组织效益的最大化，保证能源监管政策的高效实施。同时，根据能源监管内部效率的评价结果可以建立相应的责任追溯机制，进而可以直接从内部部门切入对能源监管水平与效率进行相应的提高与完善。

(三) 能源监管公众满意度评价结果的应用

随着信息技术的快速发展与大数据应用的不断深化，蕴含着海量信息的大数据正以指数级的增长并进入人们的日常生活。在大数据时代背景下，基于能源监管大数据对能源监管公众满意度进行实时评价，能有效地提升能源监管机构的科学决策能力，进而提高能源监管水平。

　　具体而言，能源监管过程中产生的能源大数据已不是能源监管系统的副产品，而已成为联系能源监管过程各个环节的关键纽带。基于数据挖掘技术有助于厘清能源监管过程中数据交互产生的复杂性以及数据的冗余性，进而可以根据实际的监管需求挖掘其所蕴含的价值。基于数据挖掘技术得到的能源监管公众满意度评价结果可以作为能源监管机构绩效水平的动态监督指标，其能实时反映能源监管机构的监管绩效波动，体现公众对能源监管绩效评价的即时反馈。能源监管机构可以根据公众满意度评价结果对能源监管政策的执行与实施进行动态调整，对能源监管法规政策的制定进行优化与完善，从而能更加有效和具有针对性地进行能源监管工作。

　　除此之外，通过数据挖掘技术对能源监管公众满意度进行评价，可以从不同时间与空间维度精确把握能源监管主体与监管对象的各种行为与其变化过程，有助于真实而准确地把握能源监管系统的运行状态，及时地获知公众诉求和了解舆论民意，从而能更准确地把握公众关注的热点问题，提高公众参与度，进而强化能源监管机构的公共受托责任，保证能源监管政策的有效实施。

第七章　中国能源行业主要监管政策优化研究（上）

能源行业是国民经济的基础性产业，具有一个健康稳定发展的能源行业是国家经济发展、社会稳定的重要保障，而科学有效的能源监管又是保证其健康发展的必要条件。本专题在把握监管理论和能源行业发展趋势的基础上，结合中国实际从市场准入、价格、反垄断、环境、安全生产等方面研究能源监管政策优化问题。新能源的发展已经成为中国能源行业的重要组成部分，本专题也专设一节讨论新能源产业的激励与监管政策。由于本专题内容涵盖广泛、篇幅较大，考虑到各章分布的均衡，本专题分两章研究（第七章和第八章）。本章的主要任务是在系统分析中国能源行业的市场准入监管、价格监管、反垄断政策现状与问题的基础上，提出如何促进监管政策优化的对策。

第一节　中国能源市场准入监管政策优化

能源市场准入是市场化改革的重要内容。计划经济时期，能源供应严重不足，国家对能源行业进行严格的计划管理。改革开放以来，中国逐步在能源行业各领域放松准入，并建立准入监管制度，促进能源行业快速发展。在能源市场化背景下，能源行业准入监管还面临一些问题，需要进一步优化准入监管促进能源发展。

一　中国能源行业准入监管的改革历程

在计划经济时期，中国能源行业是完全的国有资本垄断经营模式，禁止社会资本进入，并且能源的生产和供应完全按照国家计划。因此，计划经济时期没有准入和准入监管的概念。中国能源行业准入监管与能源行业市场化改革相伴而生，能源行业的市场化改革初期表现为"集资办电"等放松准入形式，即允许更多的市场主体进入能源行业，投资主体日益多元化，能源供给能力大大提高。随着能源市场化改革不断深入，建立和完善准入监管制度，明确市场准入标准，是推进能源行业发展的客观要求。能源行业准入监管初期注重事前监管，即实行严格的集中审批制度。随后，能源行业开始实行准入许可证制度，所有能源项目均需要获得行业生产或经营许可证，才能在工商部门登记，这些准入监管制度维护了市场竞争秩序，规范了市场主体行为。但是，行政审批效率低下且容易滋生腐败，限制行业竞争。随着中国能源行业市场化改革的不断深入和政府机构职能转换，能源领域开始实施"放管服"改革，即下放和取消部分行政审批权，部分行业或环节取消许可证制度，同时重视市场监管，加强事中事后监管，这些准入监管改革举措有力地推进了能源行业市场化改革。

由于能源行业包括煤炭、电力、石油和天然气等具体行业，它们的市场化改革进程不一致，阶段性特征也不相同。本书将分别阐述煤炭、电力、石油和天然气行业的准入监管改革历程。

（一）煤炭行业准入监管发展历程

1. 粗放型准入监管阶段（1980—1993 年）

1978 年开始中国实施改革开放政策，经济快速增长，煤炭作为最主要的一次能源，市场需求量迅速增加。因此，20 世纪 80 年代初期煤炭供应开始紧张，供需矛盾成为制约国民经济发展的"瓶颈"。针对这一情况，国家首先放宽了煤炭行业准入，提出"发展煤炭工业必须坚持'两条腿'走路的方针，即在重点发展国家统配煤矿的同时，在有条件的地区积极发展地方国营煤矿和小煤矿"，并规定："开办小煤矿应由省（区）政府或煤炭主管部门审批，合格者发给开采证。工商行政管理部门凭开采证再发放营业执照。对已进行开采的小煤矿进行清理，没有审批的补办批准手续。凡持有开采证和营业证的小煤矿，受国家法律保护。"① 1984 年和 1985 年政府分别提出"有水快流"和"国家、集体、个人一齐上，大中小煤矿一起搞"的方针，进一步促进全国小煤矿数量突飞猛进，煤炭产量快速增加。

---

① 国务院：《国务院批转煤炭部关于加快发展小煤矿八项措施的报告的通知》，1983 年 4 月 22 日。

这一时期供需矛盾是能源行业发展的主要矛盾,为了快速增加供给,准入审批较为放松,中小煤矿的审批权在省级政府或煤炭主管部门,为鼓励民间资本进入,部分地方甚至出现小煤矿"先上马、后补办(手续)"的情况,煤炭行业准入监管相当粗放。

2. 基于许可证的准入监管阶段(1994—2012 年)

经过粗放式的放松准入监管阶段,大量小煤矿进入市场,煤炭总产量迅速增长,导致较为严重的过度竞争,致使行业出现整体性亏损,部分中小煤矿的生产安全隐患日益凸显。1994 年中国税收体制改革,由于煤炭行业具有一定的特殊性,煤炭企业税收负担大大增加。"九五"时期成为煤炭行业最困难的时期,隶属于中央财政的煤炭企业有 2/3 出现亏损。

为了加强煤炭行业的管理,国务院于 1994 年颁布《煤炭生产许可证管理办法》(国发〔1994〕168 号),提出国有煤矿企业、外商投资煤矿企业、乡镇煤矿企业实行生产许可证制度,开始加强煤炭准入监管。1996 年,全国人民代表大会常务委员会颁布《中华人民共和国煤炭法》(主席令〔1996〕第 75 号),其中,第四十八条规定:"设立煤炭经营企业,须向国务院指定的部门或者省、自治区、直辖市人民政府指定的部门提出申请;由国务院指定的部门或者省、自治区、直辖市人民政府指定的部门依照本法第四十七条规定的条件和国务院规定的分级管理权限进行资格审查;符合条件的,予以批准。申请人凭批准文件向工商行政管理部门申请领取营业执照后,方可从事煤炭经营。"1999 年,国家经贸委实施《煤炭经营管理办法》(国经贸运行〔1999〕11 号),开始实行煤炭经营资格审批制度,整顿全国煤炭经营秩序,煤炭经营主体过多过乱、竞争无序,特别是非法经营等现象得到了初步遏制。

2000 年,国家煤炭工业局、国内贸易局撤销后,两局负责的全国煤炭经营资格审查和监督管理等工作划入国家经济贸易委员会。2002 年,国家经济贸易委员会发布《关于加强煤炭经营资格管理工作的通知》(国经贸运行〔2002〕493 号),进一步加强煤炭行业准入监管。2005 年,国务院发布《关于促进煤炭工业健康发展的若干意见》(国发〔2005〕18 号),规定由国家投资完成煤炭资源的找煤、普查和必要的详查,统一管理煤炭资源一级探矿权市场,在此基础上编制矿区总体开发规划和矿业权设置方案。国家规划矿区、对国民经济具有重要价值矿区的资源开发由国有资本控股。《煤炭产业政策》（发改〔2007〕80号）明确提出，"十一五"期间，一律停止核准审批年产能30万吨以下的新建煤矿项目，在安全、环保、资源节约等一系列标准得到严格规范，限制了小煤炭企业进入，同时鼓励大型煤炭企业发展。

这一时期煤炭行业准入监管渐渐收紧，关注事前准入监管，所有煤炭生产经营企业均需获得许可证，才可以进入煤炭行业，许可证制度对规范煤炭行业经营秩序起到了重要作用。煤炭行业准入许可证制度在一定时期确实起到维护行业秩序的作用，但其弊端也慢慢凸显。办证难和办证周期长，使许多企业选择挂靠持有许可证的煤炭企业，缴纳代理费。而这些费用通常都会被加到煤炭价格中，中国煤炭价格6年间上涨5倍。另外，煤炭价格的暴涨也刺激着企业的生产。2006年，中国煤炭产量26亿吨，至2012年达到了35亿吨，6年间增长35%。过度开采以及国外煤炭的大量进口导致中国煤炭企业出现了严重的供大于求，2012年开始煤炭价格持续下跌。同时，由于煤炭经营许可证数量的限制，参与煤炭交易的企业数量有限，出现了煤炭经营领域的相对垄断。

3. 基于市场的准入监管阶段（2013年至今）

全国人民代表大会于2013年修订《煤炭法》，取消了煤炭生产许可证和煤炭经营许可证。国家煤炭主管部门对于煤炭生产企业和煤炭经营企业的生产经营干预实质性减少，有利于煤炭生产经营企业轻装上阵，煤炭生产、交易的市场化程度进一步提高，增强行业竞争，促进行业市场化改革。与《煤炭法》修订相对应，2014年，国家发展和改革委员会对《煤炭经营监管办法》进行修订。对煤炭行业准入制度做了新的调整，煤炭企业在工商登记注册后，只需到煤炭经营监管部门备案，即可参与煤炭经营。

（二）电力行业的准入监管发展历程

1. 发电环节放松准入阶段（1985—1997年）

1985年，电力行业放开了发电侧的投资准入，吸引多渠道的投资者，经国务院同意国家经济委员会、国家计划委员会、水利电力部、国家物价局制定的《关于鼓励集资办电和实行多种电价的暂行规定》（国发〔1985〕72号），鼓励多种资本进入发电行业，强调为加速中国电力建设和搞活电力工业，用经济办法管理发电工作，决定把国家统一建设电力改为鼓励地方、部门和企业投资建设电厂。1986 年 5 月，国务院召开会议研究电力工业体制改革问题；同年 6 月，电力体制改革小组提出了《加快电力工业发展的改革方案（草案）》的报告，再次提出加快集资办电。1995 年 12 月八届全国人大通过《电力法》（主席令〔1995〕第 60 号），国家鼓励、引导国内外的经济组织和个人依法投资开发电源，兴办电力生产，实行自主经营、自负盈亏，并接受电力管理部门的监督。到 1996 年，发电企业所有制比例中央仅占 54%，其他所有制占 46%；然而，输配电环节改革仍比较迟缓，中央占输配电资产90%，地方配电资产仅占 10%。① 全国装机容量达到 2.4 亿千瓦，全国性的严重缺电局面基本得到缓解。这一时期鼓励社会资本进入发电环节，准入监管较为放松。电厂投资审批权从中央下放到省级政府，中央只保留大型项目及国外直接投资的审批权。

2. 基于许可证的准入监管阶段（1998—2014 年）

1998 年，国家经贸委会同财政部、水利部、国家电力公司提出《国家经贸委关于深化电力工业体制改革有关问题的意见》（国办发〔1998〕146 号），提出了积极稳妥地推进电力工业体制改革的意见，强调推进厂网分开，引入竞争机制，建立规范有序的电力市场。2000年，国务院办公厅发布《关于电力工业体制改革有关问题的通知》（国办发〔2000〕69 号），进一步强调促进电力工业引入竞争机制，建立符合社会主义市场经济要求的电力工业管理体制。2002 年，国务院发布《电力体制改革方案》（国发〔2002〕5 号），强调建立政企分开、公平竞争、开放有序、健康发展的电力市场体系。

为规范电力业务许可，维护电力市场秩序，保障电力系统安全、优质、经济运行，2005 年，国家电力监督管理委员会通过《电力业务许可证管理规定》（国家电力监督管理委员会令第 9 号），规定："在中华人民共和国境内从事电力业务，包括发电、输电、配电业务和售电业务，应当按照《电力业务许可证管理规定》的条件、方式取得电力业务许可证。除国家电力监督管理委员会规定的特殊情况外，任何单位或者个人未取得电力业务许可证，不得从事电力业务。"电力业务许可证

---

① Chi Zhang and Thomas C. Heller, "Carbon intensity of electricity generation and CDM base-line: case studies of three Chinese provinces", *Energy Policy*, 33 (4), 2005, pp. 451–465.

制度加强了电力行业准入监管，发电环节主体过多、竞争无序特别是非法经营等现象得到了有效遏制。

3. 配售电环节放松准入阶段（2015 年至今）

2015 年，中共中央、国务院发布《关于进一步深化电力体制改革的若干意见》（中发〔2015〕9 号），规定向社会资本开始放开配售电市场，售电新进企业不再需要电力业务许可证。2016 年，国家发展和改革委员会和国家能源局联合印发了《售电公司准入与退出管理办法》《有序放开配电网业务管理办法》（发改经体〔2016〕2120 号）。《售电公司准入与退出管理办法》规定："售电公司资产总额不得低于 2000 万元人民币，资产总额在 2000 万元至 1 亿元人民币的，可以从事年售电量 6 亿至 30 亿千瓦时的售电业务；资产总额在 2 亿元人民币以上的，不限制其售电量。"《有序放开配电网业务管理办法》则鼓励社会资本投资、建设、运营增量配电网，规定："符合条件的市场主体依据规划向地方政府能源管理部门申请作为增量配电网项目的业主。"售电市场和配电市场主体迅速增加，截至 2018 年上半年，全国注册成立的售电公司已经超过 3400 家[①]，增量配网试点项目累计有 292 家[②]，为配售环节市场化改革奠定了基础。

（三）石油行业

石油行业引入社会资本的进程比较缓慢。自 1982 年石油行业首次引入外资，设立中国海洋石油总公司[③]，直到 2004 年商务部发布《成品油市场管理暂行办法》（商务部令〔2004〕第 23 号），才真正意义上向社会资本开放。《成品油市场管理暂行办法》明确规定了石油行业准入流程。规定申请从事成品油仓储、零售经营的企业，应当向所在地市级（设区的市，下同）人民政府商务行政主管部门提出申请。市级人民政府商务行政主管部门审查后，将初步审查意见及申请材料报省级人民政府商务行政主管部门，由省级人民政府商务行政主管部门决定是否

---

① 北极星售电网：《全国已公示售电公司盘点：从增长趋势看，2018 年售电市场跨省交易成新亮点》，http://shoudian.bjx.com.cn/news/20180404/889717.shtml，2018 年 4 月 4 日。

② 根据国家发展和改革委员会网站公布的三批增量配网试点企业数量计算而得。

③ 《中华人民共和国对外合作开采海洋石油资源条例》（国发〔1982〕19 号），国家对参加合作开采海洋石油资源的外国企业的投资和收益不实行征收，外国合同者可以将其应得的石油和购买的石油运往国外，也可以依法将其回收的投资、利润和其他正当收益汇往国外。

给予成品油仓储或零售经营许可。2006年，商务部发布《原油市场管理办法》（商务部令〔2006〕第24号）和《成品油市场管理办法》（商务部令〔2006〕第23号），进一步规范了石油行业准入许可证制度。石油行业准入许可证制审批流程见图7-1。

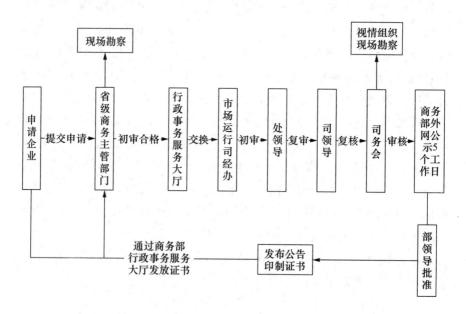

图7-1　石油成品油批发、仓储经营资格审批流程

2014年以来，政府积极推进能源领域的混合所有制改革，鼓励和引导民间资本进一步扩大能源领域投资。2014年9月，中石化中国石化销售有限公司引进战略投资者，进行了混合所有制改革。2015年7月7日，国土资源部发布《新疆石油天然气勘查区块招标出让项目（2015）公告》，加大油气勘查开采投入力度，促进油气上游投资主体多元化，招标出让勘查区块的勘查许可证。

当前，中国拥有油气勘查和开采资质的企业只有中石油、中石化、中海油和陕西延长集团。油气行业下一步市场化改革将完善并有序开放油气勘查开采体制，实行勘查区块竞争出让制度和更严格的区块退出机制，允许符合准入要求并获得资质的市场主体参与常规油气勘查开采，同时，进一步加强油气资源调查和潜力评价工作，拓展油气勘查开采的新领域，不断提升油气资源接续保障能力。

（四）天然气行业

天然气行业在上游市场引入社会资本进程较慢，但是，下游城市燃气市场则通过特许经营制度促进市场准入，引入社会资本，极大地增强了燃气供应能力。在 2002 年以前，城市燃气实行垄断专营制度，政府财政是城市燃气行业投资建设的主要资金来源，民间资本禁止进入。2002 年，建设部出台了《关于加快市政公用行业市场化进程的意见》（建城〔2002〕272 号），从投资主体、选择投资主体的方式、特许经营权的授权主体等多个方面进行了规定。2004 年，建设部出台了《市政公用事业特许经营管理办法》（建设部令〔2004〕126 号），对城市燃气行业准入的进入条件、进入监管等方面进行了明确规定。[①] 为了进一步加强政府监管，建设部出台了《关于加强市政公用事业监管的意见》（建城〔2005〕154 号），从进入与退出、运行安全、产品与服务质量、价格、市场秩序等方面提出监管要求。

为规范燃气行业准入监管，促进燃气事业健康发展，维护燃气经营者和燃气用户的合法权益，2010 年，国务院第 129 次常务会议通过了《城镇燃气管理条例》（国务院令〔2010〕583 号），为后来的燃气行业准入许可证制度奠定了基础。2014 年，住房和城乡建设部印发了《燃气经营许可管理办法》（建城〔2014〕167 号），规定从事燃气经营活动的企业，应当依法取得燃气经营许可证，并在许可事项规定的范围内经营。符合上述规定条件的企业，由县级以上地方人民政府燃气管理部门核发燃气经营许可证。2015 年，国务院出台了《基础设施和公用事业特许经营管理办法》（国务院令〔2015〕25 号），规定了特许经营原则、方式、期限、方案、部门职责、协议内容与履行以及协议变更终止等内容。

二　中国能源行业准入监管的改革成效

改革开放四十年，中国能源行业准入监管经历了放松监管到加强监

---

① 《市政公用事业特许经营管理办法》（建设部令〔2004〕126 号）第三条规定，实施特许经营的项目由省、自治区、直辖市通过法定形式和程序确定。第七条规定，参与特许经营权竞标者应当具备以下条件：（一）依法注册的企业法人；（二）有相应的设施、设备；（三）有良好的银行资信、财务状况及相应的偿债能力；（四）有相应的从业经历和良好的业绩；（五）有相应数量的技术、财务、经营等关键岗位人员；（六）有切实可行的经营方案；（七）地方性法规、规章规定的其他条件。

管，再到放管结合的过程。每一个过程都有特定的行业发展背景，相应的准入监管政策的出台都具有针对性，虽然时到今日，有些准入监管政策已修改或已废止，但在当时对能源行业发展都起到了较为积极的作用。

（一）能源行业放松准入缓解了能源供需矛盾

1978 年，中国开始实行改革开放政策，社会经济迅速发展，能源供需矛盾突出，能源行业放松准入极大地促进能源行业投资，增加了能源供给，缓解了经济发展过程中的能源供需矛盾。

从表 7-1 可以看出，改革开放以来，能源行业固定资产投资基本保持增长趋势。其中，煤炭行业由于准入限制和市场秩序规范，在 2012 年达到最高水平后开始下降，电力行业作为社会经济最重要的二次能源，固定资产投资一直保持较高的增长速度。随着能源行业投资的增长，生产供应水平也不断提升（见表 7-2）。

表 7-1	能源行业固定资产投资额		单位：亿元
年份	煤炭开采和 洗选业	石油、天然气 开采业	石油和炼焦 加工业	电力、热力、燃气 生产和供应业
2003	436.4	946.0	322.0	3803.9
2004	690.4	1112.3	637.9	5064.2
2005	1162.9	1463.6	801.3	6777.8
2006	1459.0	1822.2	939.3	7605.8
2007	1804.6	2225.5	1415.4	8253.2
2008	2399.2	2675.1	1827.5	9443.7
2009	3056.9	2791.5	1839.8	11789.7
2010	3784.7	2928.2	2035.1	12879.4
2011	4907.3	3022.0	2268.5	12847.9
2012	5370.2	3076.5	2500.5	14552.6
2013	5212.6	3820.6	3039.1	16936.6
2014	4684.5	3947.9	3208.5	19674.1
2015	4006.7	3424.9	2538.6	22591.9
2016	3037.7	2331.0	2696.2	24772.5

资料来源：《中国统计年鉴》（2003—2016），中国统计出版社。

表 7-2   改革开放后能源行业的供应水平

年份	煤炭（亿吨）	石油（万吨）	天然气（亿立方米）	电力（亿千瓦时）
1978	6.18	10405.00	137.30	2566.00
1980	6.20	10594.60	142.70	3006.30
1985	8.72	12489.50	129.30	4106.90
1990	10.80	13830.60	152.98	6212.00
1995	13.61	15004.39	179.47	10077.30
2000	13.84	16300.00	272.00	13556.00
2005	23.65	18135.29	493.20	25002.60
2006	25.70	18476.57	585.53	28657.26
2007	27.60	18631.82	692.40	32815.53
2008	29.03	19043.96	802.99	34668.82
2009	31.15	18948.96	852.69	37146.51
2010	34.28	20301.40	957.91	42071.60
2011	37.64	20287.55	1053.37	47130.19
2012	39.74	20747.80	1106.08	49875.53
2013	39.74	20991.85	1208.58	54316.35
2014	38.74	21142.92	1301.57	57944.57
2015	37.47	21455.58	1346.10	58145.73
2016	34.11	19968.52	1368.65	61424.87

资料来源：《中国统计年鉴》（1978—2016），中国统计出版社。

从表 7-2 可以看出，改革开放以来，中国能源行业的供给能力大大提高，这在很大程度上得益于能源行业放松准入、市场秩序的规范。特别是在煤炭行业和电力行业，面对供需矛盾，国家大力鼓励社会资本进入煤炭和电力生产环节，降低准入门槛，除必要的审查，不做过多限制。

到 1990 年，煤炭年产量接近 11 亿吨，与 1978 年 6.18 亿吨的年产量相比，增长近 78%，基本解决煤炭短缺的局面。2017 年，全国一次能源生产总量 35.9 亿吨标准煤，比上年增长 3.6%；其中，原煤生产

35.2 亿吨、增长 3.3%，天然气生产 1480 亿立方米、增长 8.2%。[①]
1995 年，全国电力供应量达到 10077.30 亿千瓦时，与 1978 年 2566.00
亿千瓦时相比，增长 3 倍多，全国性的严重缺电局面也基本得到缓解。
到 2017 年，电力供应量达到了 64171 亿千瓦时，是改革开放初期的 20
多倍。

（二）准入监管有效地维护了市场秩序

从能源行业准入监管的发展历程来看，都经历过放松准入导致的市
场竞争无序，又通过准入监管改革规范市场秩序的过程。如煤炭是中国
重要的一次能源，在过去的十多年里，通过放松准入得到高速发展，创
造了显著的经济效益和社会效益。与此同时，煤矿投资急剧攀升，煤矿
开工建设规模大且范围广，出现部分未批先建等违法违规项目，扰乱了
煤炭市场正常秩序，也给生态环境保护等带来了较大的压力。如在
1997 年年底，大小矿井 6.4 万处，其中 6.1 万处为小矿井，占比接近
总数的 94%。[②]竞争无序加上安全隐患已经阻碍了行业发展，行业准入
亟待规范。通过准入监管改革，对部分省份煤矿未批先建、无证生产等
问题进行了规范，淘汰落后产能，有效地规范了市场秩序。电力行业通
过厂网分开、发电企业重组、售电市场化、增量配网试点等市场化改革
措施，打破了传统的电力行业管理格局，电力市场投资主体日益多元
化、市场主体数量日趋增加。电力业务许可证监管是在市场经济条件下
电力行业实施准入监管的一项重要手段，通过电力业务许可和其他创新
性准入监管制度，明确了市场准入标准，保障和规范了中国电力行业良
好的市场秩序。

（三）为能源市场化改革提供良好的基础

能源市场化改革，需要建立全国统一开放的市场体系，清除分割、
封锁市场的行政性壁垒，营造公平竞争的市场环境，鼓励多元投资主体
进入，建立以市场形成价格为主的价格机制。能源行业通过准入监管改
革，促进了能源投资主体多元化，投资主体数量增加，为能源行业市场
化改革提供了良好的条件和基础。

① 中国电力企业联合会网站：《2017 年中国电力发展情况综述》，2018 年 6 月 14 日，ht-tp：//www.cec.org.cn/yaowenkuaidi/2018－06－14/181768.html。
② 新浪财经：《煤炭采选：需求与价格同增行业持续景气》，2008 年 1 月 21 日，ht-tp：//finance.sina.com.cn/stock/hyyj/20080121/11284430768.shtml。

　　从表7-3和表7-4可知，各产权主体在中国能源行业的投资额都逐步增长，社会资本占比也不断提高。通过放松准入积极创新社会资本在能源领域的参与模式，充分调动社会资本参与能源领域项目建设的积极性，有效地提高能源领域公共服务能力和水平，满足人民群众对能源安全、可靠、清洁供应的要求。在降低能源市场准入门槛、促进市场主体进入的同时，通过明确准入标准，运用许可证、专项监管、重点监管等措施手段，加强市场秩序监管，公平公正维护投资者、经营者、使用者的合法权益，为建立主要由市场决定能源价格机制创造了有利条件。

表7-3　　　　　　　　　电力、热力生产和供应投资结构　　　　单位：亿元

年份	中央	地方	内资	港澳台	外商投资	国有控股	集体控股	私人控股
2005	2194	4309	6016	313	174	5077	60	120
2006	2662	4612	6822	274	178	5717	424	803
2007	3051	4856	7554	212	141	6269	427	971
2008	3910	5114	8582	290	152	7157	435	1140
2009	4517	6622	10624	293	222	8972	464	1428
2010	4478	7437	11475	247	193	9247	507	1731
2011	4312	7292	11248	216	139	8637	459	2000
2012	4372	8576	12599	239	110	9438	476	2290
2013	4364	10362	14266	322	138	10432	466	2923
2014	5172	12261	16865	393	174	11981	503	3831
2015	5399	14862	19738	350	172	12851	442	5484
2016	6714	15924	21704	628	305	13735	557	6402

　　资料来源：《中国统计年鉴》（2005—2016），中国统计出版社。

表7-4　　　　　　　　　　燃气生产和供应投资结构　　　　　单位：亿元

年份	中央	地方	内资	港澳台	外商投资	国有控股	集体控股	私人控股
2005	39.2	235.5	215.3	14.0	45.3	156.6	5.4	15.2
2006	50.7	280.8	265.4	20.2	45.8	185.7	16.6	72.5
2006	43.0	303.6	289.1	17.8	39.8	172.1	22.9	100.8
2008	42.7	377.3	362.4	20.7	36.9	209.7	27.2	138.1

续表

年份	中央	地方	内资	港澳台	外商投资	国有控股	集体控股	私人控股
2009	54.2	596.4	575.5	34.0	41.2	368.8	38.0	193.6
2010	145.5	818.7	860.6	32.7	70.9	568.3	28.4	279.1
2011	140.4	1104.0	1150.6	41.3	52.5	610.1	41.7	503.2
2012	194.4	1410.2	1501.5	50.5	52.7	750.6	76.8	629.0
2013	215.7	1994.6	2079.8	51.1	79.3	1056.9	107.6	834.0
2014	128.2	2113.4	2106.9	98.3	36.4	991.3	82.4	946.3
2015	107.2	2224.3	2219.8	58.6	53.1	845.5	52.1	1140.0
2016	143.4	1991.4	1973.1	101.7	60	771.2	64.1	1022.1

资料来源:《中国统计年鉴》(2005—2016),中国统计出版社。

三 中国能源行业准入监管存在的问题及原因分析

(一) 能源行业市场机制不健全导致进入不足

根据国家对垄断性行业"放开两头,管住中间"的改革目标,能源行业竞争性业务需要逐步放松准入,建立市场机制。煤炭、电力、油气各行业市场化进程存在差异,还存在市场机制不健全限制进入的问题。

能源准入存在"所有权歧视""区域性歧视"现象,导致社会资本的投资积极性不高。尽管政府监管部门建立了市场负面清单制度,但是,民营企业在能源项目市场准入层面依然存在"旋转门""玻璃门"和"弹簧门"现象。如电力施工民营企业在"承装修试"工程招投标中存在不公正、不公平待遇,区域性歧视和所有权歧视现象严重,进而导致国有能源企业一股独大,投资主体较为单一,缺乏市场必要的竞争性。

能源行业存在行政性垄断导致市场进入限制。煤炭行业行政性垄断主要体现在进出口方面。目前,中国具备煤炭进出口资格的企业只有神华集团、中煤集团、五矿集团和山西煤炭进出口集团4家,在一定程度上限制了煤炭的进出口贸易和市场进入。在油气行业上游领域,除页岩气作为独立矿种实行矿权招投标制度外,其余天然气资源的勘探开采实行国家一级审批登记制度,且未赋予合作勘探企业独立的销售权,造成三家国家石油公司控制了98%的上游供应局面。中国长期实行"申请在先"的矿权出让方式，中石油、中石化和中海油三大油气企业无偿取得了国内大部分油气区块的探矿权。油气矿权持有成本低，大量矿区投入开采动力不足，制约了国内油气供给能力的提高，未能充分体现国家对资源的所有者权益和企业有偿使用矿权的原则。

　　在油气进口环节，中国允许一定数量的非国营贸易，但是，三大油气企业、珠海振戎公司和中化集团5家国有企业的原油进口量占整个原油进口总量的90%以上，原油国有贸易配额只能用于中石油和中石化的炼厂加工。在天然气气源进口方面，根据《关于深化石油天然气体制改革的若干意见》，允许符合条件的企业参与天然气进口。但是，限于进口基础设施的排他性，民营企业很难实现从国外进口天然气，一般还是通过三大油气企业代为进口（见表7-5）。

表7-5　　　　　　　　　　　　原油加工和绝对集中度　　　　　　　　单位：万吨

年份	中石油		中石化		中海油		全国	绝对集中度（%）
	原油加工量	市场份额	原油加工量	市场份额	原油加工量	市场份额	原油加工量	
2006	11586	38	16038	52	—	—	30651	90
2007	12272	37	17047	52	—	—	32889	89
2008	12529	36	17813	52	—	—	34375	88
2009	12512	34	18758	50	1200	3	37349	87
2010	13528	32	21214	50	2785	7	42824	88
2011	14483	32	21737	49	2610	6	44729	87
2012	14716	31	22131	47	3008	6	46791	85
2013	14602	31	23195	48	2961	6	47857	85
2014	14631	29	23269	46	3137	6	50352	82
2015	19524	37	23649	45	3262	6	52200	88
2016	19167	35	23553	44	3231	6	54101	85
2017	19822	36	23850	42	3592	6	56777	83

　　注：2014年中石油、中石化数据用该年度上半年增长率推算，中海油数据和全国数据用近6年的年均增加值估算；中石油原油加工数据的单位转换采用1吨=7.389桶，中石化原油加工数据的单位转换采用1吨=7.35桶。

　　资料来源：企业数据来自企业年报，全国数据来自中国经济与社会发展统计数据库。

在油气批发零售环节，国家赋予中石油和中石化在成品油批发与零售环节的专营权。全国各地炼油厂生产的成品油全部交由两大集团的批发零售企业经营，各炼油厂一律不得自销成品油。新建加油站由两大集团全资或者控股建设，这一政策近年来有所放松，如陕西延长石油进入了零售业，三大油气企业开始与民营企业合作。但是，三大油气企业仍然在批发零售环节占据绝大部分份额，其他市场主体难以自由进入（见表7－6）。

表7－6　　　　　　　　三大油气企业加油站的数量和市场份额　　　　单位：座、%

| 年份 | 中石油 | | 中石化 | | 中海油 | | 全国 |
	加油站数量	市场份额	加油站数量	市场份额	加油站数量	市场份额	加油站数量
2010	17996	18.80	30116	31.46	237	0.25	95740
2011	19362	20.29	30121	31.56	320	0.34	95438
2012	19840	20.60	30836	32.02	356	0.37	96313
2013	20272	20.90	30536	31.48	455	0.47	97000
2014	20422	20.90	30551	31.27	570	0.58	97700
2015	20714	21.40	30560	31.57	713	0.74	96800
2016	20895	21.52	30603	31.52	828	0.85	97100
2017	21399	21.50	30633	30.78	1166	1.17	99530

资料来源：企业数据根据中石油、中石化、中海油的企业年报整理，全国数据来自中国市场调研在线：《中国加油站行业分析报告》（2010—2017年）。

（二）自然垄断性领域改革滞后限制有效进入

从理论上看，能源行业网络型环节具有自然垄断性，和竞争性环节之间需要高度的协调性，对网络型环节加强监管，促进其公平开放是能源行业建立市场机制的基础。当前，中国能源行业网络性环节改革相对滞后，制约了竞争性领域的有效进入。

1. 能源价格改革不到位，限制市场进入

能源行业监管价格改革，既是"管住中间"的核心内容，也是"放开两头"的前提之一。能源市场化改革本质上是给予"两头"（企业和能源用户）以能源买卖的自由选择权。需要尽早核定"过网费"，为能源市场化改革创造条件。

早在 2010 年中国出台政策，鼓励民间资本参与石油天然气行业建设，支持民间资本参股建设原油、天然气、成品油的储运和管道输送设施及网络。[①] 事实上，包括管道、LNG 接收站、储罐和地下储气库在内的天然气等基础设施一直以来也是不同经济主体积极探索投资机会的热点领域。但是，由于天然气基础设施投资大、建设周期长、风险较高，且没有有效的投资回收途径，成本回收和效益难以保证，企业投资意愿仍然不高。

2. 能源行业网络性业务开放度低，限制市场进入

能源行业网络性业务公平开放是竞争性业务环节有效进入的基础条件。2015 年开始的新一轮电力体制改革中，改革重点包括输配电价，放开售电业务，鼓励社会资本有序投资、运营增量电网，促进电网建设发展。[②] 调度和交易中心的职能独立正是输配电网公平开放的关键，本轮电力改革没有提及调度独立，交易中心都是电网公司参股，可能会造成电网公司和其他市场主体之间的不公平竞争。在下一步的改革中，电网公平开放将是增量配网、微电网、分布式能源等发展的重要影响因素。在中国天然气管网主干线中，三大油气企业占据绝大部分，但彼此间互联互通较差。而省级管网大多由省属国有企业和三大油气企业合资建设，一般由省属国有企业控股，与国家主干管网互不隶属，互联互通程度也不够。尽管国家出台了《油气管网设施公平开放监管办法（试行）》（国能监管〔2014〕84 号），油气管网设施运营者向其他市场主体开放的前提是油气管网设施有剩余能力，但是，由于缺少有关"剩余能力"的客观判断标准及具体监管措施，管网设施是否对外公平开放往往受到管道拥有者主观意志控制。

（三）"放管服"新形势下亟待加强事中和事后监管

根据国务院机构改革和职能转变要求，国家能源管理部门陆续取消和下放了大批能源项目审批核准权限，工作重心也从事前审批转到事中和事后监管。通过"放管服"改革，大批行政审批项目陆续取消和下放，包括固定资产投资项目中风电站、火电站中的分布式燃气发电项目等，以及发电类、输电类、供电类电力业务许可证等重点项目，地方的

①　《国务院关于鼓励和引导民间投资健康发展的若干意见》（国发〔2010〕13 号）。
②　《中共中央国务院关于进一步深化电力体制改革的若干意见》（中发〔2015〕9 号）。

自主性和积极性被进一步激发，市场竞争活力逐步得到改善。

在"放管服"的大背景下，事中和事后监管滞后缺位，缺乏有效的衔接机制。随着能源领域简政放权的实施，很多的审批事项陆续下放，地方政府的资源配置能力逐步增强，若不对地方承接执行情况予以有效监管，可能会加剧地方保护主义。地方政府对核准权限的偏袒性行使，干预了市场的公平竞争，不利于国家能源矿产资源的优化配置。

取消和下放行政审批事项后，监管的权力和责任清单重新整合不及时，导致监管主体不清晰，对接机制不通畅。能源主管部门各业务司、监管司与派出机构、省级能源机构部门之间上下联动、横向协同、相互配合的监管联动机制尚未形成。由图7-2可以看出，2014年火电站投资项目审批权下放省级政府核准后，由于缺乏有效监管，导致2015年之后火电装机7200万千瓦，是历史上仅次于2006年的第二高水平。这与煤电明显过剩、火电机组年发电只有约4000小时的现状相比，形成显著反差，造成了巨大的浪费。因此，针对能源领域审批权下放所带来的新问题，应采取相应的对策措施强化事中和事后监管。

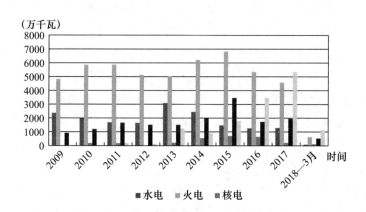

图7-2 各类型发电电源年度增量

资料来源：根据中国电力企业联合会网站相关数据整理。

（四）能源行业市场化改革要求准入监管创新

能源行业市场化改革过程中不断出现新的市场主体，如在电力行业的售电企业和增量配网企业、油气行业的储气设施经营主体。为对这些市场领域市场准入和市场秩序进行更好的监管，国家出台了《售电公

司准入与退出管理办法》《有序放开配电网业务管理办法》（发改经体
〔2016〕2120号）、《关于加快储气设施建设和完善储气调峰辅助服务
市场机制的意见》（发改能源规〔2018〕637号）等。但是，通过准入
监管促进能源行业新主体有序进入，建立规范竞争秩序，还需要进一步
探索。根据《有序放开配电网业务管理办法》规定，要"通过市场竞
争确定投资主体"，这不是真正意义上的市场竞争，需要政府通过市场
准入制度设计，模拟市场竞争机制，促进规范进入和良好的市场秩序。
从增量配网试点项目实践来看，地方政府通常以竞争性磋商方式优选业
主，采用特许经营权模式。

　　在储气方面，中国当前地下储气库工作气量仅为全国天然气消费量
的3%，LNG接收站罐容量占全国消费量的2.2%，远低于10%的国际
平均水平。因此，需要大力促进市场进入。当前，有新奥等社会资本进
入储气站建设市场，但是，仅限定在参股或者参与，而不是作为单独的
市场主体进入。在全国已经制定的区域发展规划和天然气发展专项规划
中，基本上由三大油气企业和省属国有企业承担，其他市场主体仍然被
排除在外，需要打破限制，促进社会资本进入储气行业。

四　中国能源行业准入监管政策优化

（一）推进能源市场机制化改革，放松准入监管

　　根据中国能源行业"管住中间，放开两头"的市场化改革目标，
进一步深化改革，促进放松能源市场进入。根据《关于深化能源行业
投融资体制改革的实施意见》（国能法改〔2017〕88号）规定，实行
能源投资项目管理负面清单制度，进一步取消下放能源投资项目核准权
限，以充分激发社会资本参与能源投资的动力和活力。放松准入监管，
允许更多市场主体参与能源行业的上游和下游环节。在煤炭、石油、天
然气的上下游市场，主要采用注册制，鼓励民营企业进入，增加能源供
应。在进出口市场，则要降低市场准入的门槛，采用许可制度，增加有
资格进行进出口贸易的企业的数量，增发进口许可证。在电力市场的中
游输配电环节，采用备案制，使新型发电形式（如光伏发电、太阳能
发电）等有权力进入管网运输市场，缓解电力市场的压力。在下游售
电环节，采用备案制，政府可对企业提交的基本资料进行保存和监督，
提高市场竞争。

　　油气行业以矿权改革为核心，放开上游市场。通过矿权改革，建立

油气上游市场，引入更多市场主体，从而提高国内油气资源的勘探开发和供应能力。一是放开矿权市场。参照国际一般做法，从"申请在先"方式，改为"竞争性出让"方式，通过公开招标，有偿出让矿权。二是松绑勘探资质。将探矿权出让与勘查资质分开，勘查资格证不再只作为申请矿权的必要条件。取消上游油气勘探开发的限制准入条款，允许各类市场主体参与油气勘探开采。① 三是提高持有成本。提高最低勘查投入标准，不能达到投入标准的企业要退出矿权。允许企业在满足法定条件下转让矿业权或者股份，活跃矿权市场。四是合同约定权利。矿业权竞争性出让改革，将完全改变现行法律规定的权利义务，在进行监管时无法可依。今后，国家在出让油气矿业权时，可以采用油气租约形式，制定出一套油气矿业权出让行政合同，与受让方约定权利和义务。五是全面对外开放。取消三大油气企业对外合作专营权，获得矿业权的企业可自主决定对外合作相关事宜。

建立竞争性油气流通市场。一是取消原油进口资质条件。放开原油进口权，取消国有贸易企业对原油进口的特许经营，任何企业均可从事原油进口和国内贸易。配合进口权开放，取消排产计划，国内炼化企业均可公平地进行原油交易。二是取消成品油批发零售环节的特许经营权。三是放开下游零售市场。放开加油站业务的市场准入，允许两大集团对其全资或者控股拥有的加油站企业进行混合所有制改造或者剥离，逐步实现加油站行业多元化主体经营。

（二）加强能源行业垄断性业务监管

政府应该加强垄断性业务监管，建立有效竞争的市场条件促进新企业进入。管道运营商的独立、管输价格透明化和无差别的第三方公平准入是能源市场化发展的重要环节。

1. 促进能源垄断性环节公平开放

为了确保新企业进入放松监管的能源市场，现有垄断性能源企业所拥有的网络应该向新进入企业开放，其开放原则应该是无歧视、公平和透明的。建立促进新企业接入网络的制度，这样的制度应该包括互联互通，使用网络的费用和条件以及纠纷解决等规则的建立，并且建立有利

---

① 国务院于 2017 年 9 月决定取消地质勘查资质审批（国发〔2017〕47 号），同时要求国土资源部门（2018 年 3 月后改为"自然资源部"）加强事中和事后监管。

于新企业进入已有设施的规则。为确保公平接入管道网络等基础设施，政府监管机构有必要制定接入的透明规则，公布并公平执行这些规则。

2. 建立公平竞争的市场条件

对于放松进入监管后的能源行业，需要创造新进入企业和现有垄断企业之间的公平竞争条件。首先，防治现有垄断企业在垄断性经营业务与竞争性业务间的交叉补贴。垄断性企业可以按照全成本定价获取一定的利润。因此，在放松进入管制的市场，有必要制定相应的制度，以防止垄断性业务与竞争性业务间的内部交叉补贴。其次，管道网络经营企业在经营网络过程中应保持中立。为确保网络接入的公平，对于网络接入费用，必须建立通过公平成本分摊来收取适当费用的制度。因此，经营自然垄断性的管道网络的企业，或者网络企业内负责运营管道网络的部门核算必须与其他经营业务分开，应建立由政府监管部门审核其经营成本的制度。

3. 加快能源垄断环节价格监管改革

当前，能源行业根据"管住中间，放开两头"的价格改革方向，基本确立了"准许成本＋合理收益"的价格监管思路。垄断性环节监管价格改革，既是能源行业"管住中间"的核心内容，也是"放开两头"的前提之一。所谓能源市场化改革，本质上是给予"两头"（如电力行业的发电企业和电力用户）能源产品或服务买卖的自由选择权。通过制定实施能源行业价格监管政策体系和改革实践探索，为能源行业市场化改革奠定重要基础。

（三）加强能源行业市场准入的事中和事后监管

能源和其他商品一样，可以由资源的稀缺性和供求关系决定价格，在竞争性业务环节不存在市场失灵问题，市场可以在能源的资源配置中起决定性作用。因此，政府的能源监管方式从注重事前行政审批向注重事中和事后监管转变，从管制型、粗放型向服务型、精细化转变，从分散型、封闭型向集约型、开放型转变，加快构建行政监管、风险监测、信用管理、行业自律和社会监督相结合的综合监管体系，增强事中和事后监管措施的系统性、整体性、协同性，营造良好的发展环境，维护公平竞争市场秩序，促进能源行业可持续发展。

在审批权的下放和取消、权力实现由审批向监管服务的转变过程中，有效的监管能防止权力"自由落体"。一是坚持信用监管。积极推进社会信用体系建设，加快完善市场主体信用公示系统，推进各部门、各方面信息互联共享，构建以信息公示为基础、信用监管为核心的监管制度体系，包括诚信档案制度、失信惩戒制度、黑名单制度等，形成高效的信用监管平台，让失信者和违法经营者付出高昂代价，凸显信用的市场软约束功能。二是加强科技监管。积极运用互联网、云计算、大数据技术等新技术新手段，加强非现场监管。探索实行"互联网＋监管"模式，全面开发和整合各种监管信息资源，实现中央、地方和职能部门之间信息资源共享、互联互通，实现全覆盖、立体化、实时性监管。三是注重创新监管方式和监管手段。面对能源监管的新形势新任务，既要注重创新监管理论问题，包括创新和加强监管的依据、内涵、原则和演进规律，也要注重创新监管方式和监管手段，推广随机抽查监管，创新12398能源监管热线平台的运行管理方式，实现在线监测和动态监管的有机结合。四是重视垄断环节的监管。政府应核定油气管网、输电网络等自然垄断环节的输配成本，确定企业的合理回报率，加强价格和成本的有效监管。搭建多层次能源市场化交易平台，上收本应由政府行使的能源管网规划、标准、分布式能源发电并网准入、油气管网准入等行政权，避免出现政策缺位和管理"真空"，避免下放权力被垄断企业"接住"，使电网、油气管网经营者回归到企业本来的角色，不再承担行政职能，真正按现代企业制度履行职责。

（四）创新能源行业市场准入监管方式

在能源市场化改革新形势下，面对不断增加的市场主体，探索创新能源准入监管方式。能源项目核准方式创新应把握好以下三个方面：

一是在探索创新项目核准方式层面，应利用大数据、互联网等现代信息技术手段，深入调查研究，大胆创新试验。在增量配电网、规划内风电、背压式热点联产、燃气分布式等领域推行先行试点企业投资项目承诺制，推动以产业政策性条件引导、企业信用承诺、监管有效约束为核心的治理模式。

二是优化能源投资项目核准流程。核准机关要依托全国投资项目在线审批监管平台或政府服务大厅实行并联核准，项目核准的前置许可条件不得互为前置。按照并联办理、联合评审的要求，配合推动相关部门协同下放审批权限，探索建立多评合一、统一评审的新模式。向纵深推进的以简政放权为重点的行政审批制度改革，要进一步改革备案制，切实再砍掉一批审批过程中的繁文缛节。

三是放宽市场准入，充分激发社会资本参与能源投资的动力和活力。创新能源投资项目业主确定方式，切实拆除"旋转门""玻璃门""弹簧门"，放宽市场准入，助推公平竞争。既要市场竞争活力，又要市场规范有序发展。以包容审慎监管培育新动能，为能源领域的新产业、新业态、新模式规范发展留足空间。要清理和规范政府中介收费，利用市场化竞争机制引导企业理性投资。在光伏、生物质、火电站、水电站、风电等项目开展以竞争方式确定项目业主试点，在市场准入方面，让国有资本和社会资本享有平等的参与权，通过招投标、竞争性磋商等方式，公开、公平和公正地确定业主。

第二节　激励性价格模型与价格监管政策优化

能源行业自然垄断性业务主要包括输配电网和油气管网，它们和竞争性业务之间需要高度的协调性，因此，价格监管政策是能源行业政府监管政策的重要内容。促进社会分配效率、刺激企业生产效率和维护企业发展潜力共同构成能源价格监管政策的三维目标体系。在能源行业发展的不同阶段，价格监管政策目标的权重存在差异，因此会采用不同的定价方法和措施。

一　中国能源行业价格监管现状及成效

价格机制是中国能源行业监管改革的核心内容，也一直是改革的难点。中国出台了一系列能源行业价格改革相关的规章文件。[①] 在这些政策措施的推动下，能源行业价格机制改革逐步深化，在自然垄断性业务的成本监审和价格核定方面取得了实质性进展，能源价格监管取得了一定成效。

（一）基本确立了"准许成本＋合理收益"的价格监管思路

在能源行业，价格监管主要针对自然垄断性产品和服务。当前，能源行业根据"管住中间，放开两头"的价格改革方向，基本确立了"准许成本＋合理收益"的价格监管思路。

---

① 《中共中央国务院关于进一步深化电力体制改革的若干意见》（中发〔2015〕9 号）和《中共中央国务院关于推进价格机制改革的若干意见》（中发〔2015〕28 号）等。

电力行业在能源行业中监管价格改革起步最早。2002 年开始推进"厂网分开"为核心的电力体制改革，但电网公司的输、配电业务成本和价格一直未单独核定，其收入主要来自购电和售电的价差（以下简称"购销差"），既不利于约束其成本支出，也无法为电力市场化交易提供输配电的价格信号。2015 年开始了新一轮电力体制改革，改革的重要目标之一是建立独立输配电价体系，确立输配电价的"准许成本＋合理收益"定价办法及操作规则。政府通过一系列规章文件①，对"合理"成本、"有效"资产、"准许"收益率等做出了相对明确、细化的规定。在成本监审的基础上，按"准许成本＋合理收益"的定价方法核定输配电价。截至 2017 年年底，全国各省级电网均进行了输配电价改革。除黑龙江、蒙东地区、新疆（含新疆生产建设兵团）以及西藏等四地暂未公布输配电电价外，其他各省级价格部门均已先后向社会公布国家发展和改革委员会审核后的输配电价政策，基本实现省级电网输配电价改革的全面覆盖。并建立了跨省跨区、区域电网和省级电网三个层次的价格体系，同时也就地方电网和增量配网价格核定出台了指导意见。

在电力行业价格监管探索的基础上，天然气行业也出台了《天然气管道运输价格管理办法（试行）》和《天然气管道运输定价成本监审办法（试行）》（发改价格规〔2016〕2142 号），各省份相继出台省级天然气管道运输价格管理办法、天然气管道运输定价成本监审办法等。因此，能源行业基本确立了"准许成本＋合理收益"的价格监管思路和方法（见表 7 - 7），以促进对被监管企业的价格以及与之相关的投资、成本、质量等内容进行"精细化"深度干预。

（二）通过价格监管推进能源成本节约

在国家能源价格监管政策的指导下，各地价格监管部门根据合法性、合理性、相关性原则对能源行业垄断性环节进行严格的成本监审，核减了不相关、不合理成本，促进垄断性企业定价成本具有社会平均成本的特性，同时，激励企业提高管理效率和生产效率，推进社会能源成本节约。

----

① 《输配电定价成本监审办法（试行）》（发改价格〔2015〕1347 号）和《省级电网输配电价定价办法（试行）》（发改价格〔2016〕2711 号）。

表7-7　　　　　　　能源行业各业务环节的定价方法

业务环节	省级电网输配电价格	区域电网输电价格	跨省跨区专项工程输电价格	地方电网和增量配电网配电价格	跨省（自治区、直辖市）输气管道	省级天然气管网运输价格
定价方法	准许成本+合理收益	准许成本+合理收益	新投产专项工程（经营期电价）、多条专项工程统一运营（准许成本+合理收益）	可选择三种方法：准许收入法、最高限价法和标尺竞争法（基于"准许成本+合理收益"）	准许成本+合理收益	准许成本+合理收益

资料来源：根据相关文件整理。

　　根据已经批复的输配电价结果，各省份输配电价绝大多数有不同程度的降低。国家发展和改革委员会发布的数据显示，输配电价改革共核减与输配电业务不相关或者不合理的成本费用达到1180亿元，平均核减比例为14.5%。与购销价差比较，实施输配电价改革后的平均独立输配电价减少近1分/千瓦时，32个省级电网准许收入减少约480亿元。[①] 国家将输配电价改革的降价空间全部用于降低终端电力用户尤其是工商业用户的用电价格，降低了企业的用电成本。

　　天然气管道运输属于自然垄断环节业务。截至2016年年底，中国共有跨省管道运输企业13家，拥有长输管道6.8万千米左右。2017年上半年，根据《天然气管道运输价格管理办法（试行）》和《天然气管道运输定价成本监审办法（试行）》的规定，国家发展和改革委员会组织对13家企业开展了成本监审，并在此基础上核定了跨省管道运输价格。经过成本监审，共剔除13家企业无效资产185亿元，核减比例7%；核减不应计入定价成本总额46亿元，核减比例16%，核定准许成本242亿元。在此基础上，进一步计算确定了各管道运输企业的准许收益及年度准许总收入，结合各企业管道负荷率水平，核定13家天然

　　① 人民网：《降电价，还有哪些空间？》，2018年6月14日，http://finance.people.com.cn/n1/2018/0614/c1004-30056026.html。

气跨省管道运输企业管道运输平均价格，比此前下降了15%左右。①

（三）在回报率价格监管框架下使用激励性机制

中国能源价格监管采用"准许成本＋合理收益"的思路，这本质上是回报率监管方法，在价格监管改革起步阶段，采用回报率监管有利于平稳推进改革，也可为后期实行激励程度更高的监管方法积累数据、经验和制度基础。

中国能源价格监管在回报率监管框架下还建立了激励机制。一是采用面向未来的定价机制。目的是主动引导和约束能源企业行为，提高能源企业规划和投资合理性。在电力行业，强化投资约束机制，电网投资与电量增长、负荷增长、供电可靠性不匹配的成本费用暂不予纳入输配电价，抑制电网过度投资，鼓励工程造价节约，减少不必要投资；同时，建立投资定期校核机制，防止电网企业虚报投资，当电网企业实际投资额低于规划投资额时，对差额投资对应的准许收入的70%予以扣减；反之，差额投资对应的准许收入不再上调。根据《天然气管道运输价格管理办法（试行）》规定，天然气管道运输价格的准许收益率是8%，高于长期国债利率3—4个百分点，有利于仍处在发展初期的管网建设，调动各方投资积极性，同时考虑了下游用户承受能力。二是局部结合使用了上限制、区域比较竞争、分享等激励机制。根据《省级电网输配电价定价办法（试行）》规定，实行费率上限管控，材料费、修理费、其他费用等高出上限部分不计入输配电价，激励企业以费用上限为目标尽可能地通过节约成本费用来获得收益；还建立成本节约分享机制，规定企业实际借款利率、线损率低于政府核定标准的，节约部分按1:1由企业和用户共同分享，调动企业降成本的积极性。《天然气长输管道价格管理办法（试行）》规定，负荷率高于75%的管道企业才能享受到8%的投资回报率，其中75%的负荷率通常难以实现，这也是为了激励负荷率低的管道公司选择向第三方开放的方式来增加收益。三是核价周期是3年而不是1年，有利于鼓励企业降低成本，这也是国际主流做法，以3—5年最为常见。

（四）价格监管为能源行业市场化改革奠定基础

通过制定实施能源行业价格监管政策体系和改革实践探索，为能源

---

① 《发展改革委关于核定天然气跨省管道运输价格的通知》（发改价格规〔2017〕1581号）。

行业市场化改革奠定重要基础。垄断性环节监管价格改革，既是能源行业"管住中间"的核心内容，也是"放开两头"的前提之一。所谓能源市场化改革，本质上是给予"两头"（如电力行业的发电企业和电力用户）能源产品或服务买卖的自由选择权。在电力行业，电网不仅是发电企业向电力用户输送电力商品的通道，而且也是集成各类电源功能、保障供电质量和系统可靠性的物理依托。输配电"过网费"占消费者电费支出比例达1/3以上，并且对发电和用电环节的效率有直接影响。因而，输配电价改革核定的"过网费"，为现阶段的电力市场化改革创造了条件。当前，以独立输配电价为基础，开展电力中长期交易，还将启动电力现货交易市场试点，有力扩大市场交易规模。天然气中游运输价格公开透明，将推动天然气长输管网向第三方公平开放，为推动天然气市场化价格改革积累经验，并为最终实现输配分离，推动天然气市场化交易奠定基础。

二　中国能源价格监管面临的问题

中国能源价格监管政策在实践中还面临很多问题，如中央和地方能源价格监管目标不一致、监管价格体系尚不健全、能源监管价格结构不合理、能源监管价格定价规则不完善、能源价格监管约束机制不健全、能源监管价格激励性不足等问题，这些问题将影响能源价格监管成效。

（一）中央和地方能源价格监管目标不一致

中国能源价格改革主要目标应该是使价格反映用户的真实使用成本和投资者的机会收益，在促进资源最优配置的同时，促进自然垄断环节（电力和油气输配管网）开放和能源市场化改革。因此，国家为能源价格改革确立了"准许成本＋合理收益"的定价思路，以控制和规范成本和收益。但是，从电力行业的改革实践来看，省级政府对输配电价改革目标是降低价格，即不管实际成本大小，只能在原来购销差价的基础上降低价格。电网企业的目标则是实现准许收入最大化，而不是获得准许收益。因此，相关决策主体及对决策结果有影响力的相关利益主体在定价目标上的不一致导致出台的定价办法本身存在明显缺陷。如《输配电定价成本监审办法（试行）》和《省级电网输配电价定价办法（试行）》中对输配电准许成本以及有效资产的存量部分和增量部分核定均做出了详细规定，但是，许多核价参数规定可选择的范围大，如非政策性有效资产权益准许收益率可在国家10年期国债平均收益率（2.5%左

右）基础上加上不超过 4% 的范围内选择，这意味着权益收益率的选择
范围为 2.5%—6.5%，最大值是最小值的近 2.6 倍。可选择范围的核
价参数越多且对应范围越大意味着最终测算出来的准许收入最大和最小
值的差额越大，电价可选择空间也越大。在中央和地方政府改革目标存
在差异的情况下，政府的自由裁量权会影响价格监管成效，也意味着电
网企业有较大的"寻租"空间。

（二）能源监管价格体系尚不健全

中国已经初步建立了覆盖跨省跨区输电工程、区域电网、省级电
网、地方电网、增量配电网的输配电网全环节价格监管制度框架。区域
电网是指跨省共用网络，是省级电网的向上延伸。跨省跨区专项工程主
要服务于远距离大容量输电，是共用网络的必要补充。地方电网是指省
内配电网，是省级电网的向下延伸，增量配网特指新增的配电网。其
中，跨省跨区输电工程、区域电网和省级电网完成了成本监审和定价核
定，地方电网和增量配网在定价方法上则存在较多争议，需要在省级电
网价格监管经验基础上积极探索。在天然气行业，只完成了跨省天然气
管道运输成本监审和价格核定。根据《关于加强地方天然气管网输配
价格监管降低企业用气成本》的通知，各省陆续出台了省级天然气管
道运输价格管理办法、省级天然气管道运输定价成本监审办法等政策文
件，具体的成本监审和价格核定还需要进一步推进落实。

（三）能源监管价格结构不合理

就输配电价来看，国际经验表明，政府在核定电网企业总收入或平
均价格后，仍需制定价格结构设计的具体原则和方法。其原因是价格结
构直接关系到公平负担、资源配置，特别是市场化交易的位置信号和市
场主体间的公平竞争。为了使电价更加准确地反映用电成本，国外输配
电价体系设计一般在结构上至少分为接入（或接出）价格和电网使用
价格（类似于中国目前的省级电网输配电价）两个部分，并以两部制
为核心，在基于用户电压等级分类的基础上，综合考虑用户用电特性
（如用户负荷特性、用电时段、规模与密度等）以及输配电阻塞特性等
因素，另外，还提供多种电价方案供用户选择。和国外成熟电力市场的
输配电价相比，中国输配电价改革形成的分省份分电压等级输配电价是
最基础的输配电价，尚没有根据用户用电特性和输电阻塞情况进行细
分，不能够充分反映实际成本或机会成本，发挥的作用还十分有限，用

户分类和价格设计"精细化"程度亟须提高。

（四）能源监管价格定价规则不完善

电网输配电成本监审和价格核定已经基本完成，天然气管网输气价格改革基本参照输配电价，因此本部分以省级电网输配电价为对象，分析和说明输配电价定价规则中存在的不足。

1. 准许成本和有效资产等核定范围比较笼统

《省级电网输配电价定价办法（试行）》将输配电准许成本分为折旧费、材料费、修理费、职工薪酬以及其他费用五类，并以这五类成本为基础进行成本归集、核算与调整。中国电网企业目前按通用会计准则进行成本分类及核算，至少导致两个方面的问题：一是成本监审和核定准许收入时判断成本合理性十分困难；二是成本分摊和设计价格结构时没有对应口径的数据，优化结构很难。同目前国外按业务项目进行成本精细划分和核定的方式相比较，这种成本分类方式还比较粗放，既不能保证最终核算出的输配电价准确反映成本，也不利于对各项业务成本项目实施有效监管。

2. 准许收益率核定规则不明确

目前的定价办法允许准许收益率在较大范围内变化，但是，对如何在这个范围内取值却没有具体规定。理论上说，输配电阻塞情况是决定准许收益率大小的重要指标，如果输配电阻塞严重，则应该选择较高的准许收益率；反之亦然。但是，定价办法中没有具体规定，也没有做相应的要求。

3. 没有建立准许收益的校准机制

主要表现为：一是准许收益用绝对指标和相对指标衡量不明确和不统一，定价办法中虽然使用相对收益即准许收益率，但是却没有对实际年度收益率的评价制度，监管周期内输配电价调整的规则中也没有强调和使用这个指标，而是使用了投资差异等指标。二是由于实际经营数据与核价时的预测数据的差异所造成的电网企业准许收益（权益收益率）差异没有控制或调校机制。由于实际数据与核价参数会有差异，实际收益率与准许收益率也会有差异，如果不进行年度实际收益率与准许收益率比对，准许收益定价规则就失去了意义。这种情况也适用于准许成本的分析，如果不对实际发生成本进行是否符合准许条件的界定，准许成本规则也就失去意义。因此，准许成本与准许收益都没有形成闭环控制机制。

（五）能源价格监管约束机制不健全

1. 尚未建立第三方参与机制

就电力行业来说，由于输配电成本监审以及评估执行工作具有很强的专业性，目前，这项工作基本上是由国家委托省级电网企业之间交叉完成。省级电网企业同属于一个母公司，在制度上不能够保证公正性。在这种情况下，不管政府说成本监审如何有效，剔除了多少无效资产和不合理成本，仍然缺乏公信力。由于输配电价格监管的专业要求高，由政府价格主管部门评估输配电价执行结果也不可行。国内外的通行做法是引入第三方参与机制。目前中国的定价办法对实际投资、成本、电量等与核价投资、成本和电量等发生的差异及准许收益缺乏第三方评估机制，甚至缺乏评估机制。

2. 能源价格监管的信息机制不健全

相比政府和消费者，垄断性能源企业始终拥有信息优势，直接影响价格监管预期目标的实现，这是任何一个国家和地区都面临的难题。中国能源价格监管处于起步阶段，采取回报率价格监管模式，信息不对称问题更为突出，因为回报率价格监管模式对信息的要求很高。除对企业的成本费用要进行估算外，还需要确定投资回报率和投资回报率基数。而监管机构和被监管企业之间的信息不对称，企业往往采取策略性行为，即通过提高成本和投资来增加收益，监管机构很难得到真正的相关信息，并且即使获得相关信息也需要付出相当大的成本。因此，很难确定企业的最优运行水平，也很难通过监管投资回报率来引导企业最优化资源的利用和提高管理水平。因此，需要建立有效机制，激励企业披露真实的成本信息。

（六）能源价格监管价格激励性不足

能源行业采用回报率监管模式，政府监管机构不直接制定产品最终价格，而是通过设定确定回报率来控制价格构成中的利润，来平衡社会福利和企业利益。它能使企业得到合理的回报，有利于鼓励企业投资，但该模式对信息要求很高，不利于激励企业提高效率，降低成本。[1]

---

① 王俊豪：《A—J效应与自然垄断产业的价格管制模型》，《中国工业经济》2001 年第 10 期。

1. 不利于激励企业降低成本

根据《省级电网输配电价定价办法（试行）》，目前准许成本和有效资产等主要只考虑成本或资产是否与输配电业务直接相关，却没有考虑成本或资产的使用情况。如果低使用率的成本全部计入准许成本，或使用率低的资产全部作为有效资产，必然诱导投资过剩，易产生扭曲资源配置的 A—J 效应。[①] A—J 效应体现在投入要素之间的比例分配上，就是更多地使用资本投资，减少劳动、技术等其他投入，造成资本的边际生产率下降、生产技术进步缓慢、生产效率低下等弊端。同时，监管机构与被监管企业的目标差异使被监管企业为了追求自身利润的最大化，不一定会按照监管机构所希望的那样选择具有最高效率的生产要素组合来进行生产。

2. 不利于激励企业提高效率

企业在一定时期内按照固定的投资回报率定价，企业的各项运营成本都能够得到回收，企业运营成本上升以及减少的风险和利益都由消费者承担，缺乏对企业减少成本和提高效率的刺激，因为成本的节省将导致价格的下降，进而导致利润的下降。因此，投资回报率监管下的垄断性企业普遍存在生产效率低下现象。回报率监管是对利润的监管，政府无法控制企业生产成本的变化带来的价格变动，监管的结果不能最终控制价格的实际水平。

此外，由于回报率监管一般采用基于历史成本的会计方法，由此而来的较低的折旧率也抑制了技术革新，且导致管理低效率，因为与回报率监管有关的复杂的监管成本是相对较高的。[②]

三　中国能源价格监管政策优化思路

基于中国能源行业的发展现状和技术经济特性，借鉴国外能源价格监管政策经验和考虑中国能源体制（市场化）改革的需要，从长期来看，中国需要逐步建立基于激励的能源价格监管政策。在短期内，中国还应进一步深化能源监管价格改革，需要从完善监管价格体系、提高监管价格激励性、建立监管成本信息公开机制等方面加以完善。

---

① Averch, H. and L. Johnson, "Behavior of the Firm under Regulatory Constraint", *American Economic Review*, 1962 (52), pp. 1052 – 1069.

② Kwoka, John Jr., "Implementing Price Caps in Telecommunications", *Journal of Policy Analysis and Management*, 1993 (12), pp. 26 – 52.

（一）明确能源价格监管目标

中央政府要在定价办法中强调准许收益率的核心价值，突出准许成本和准许收益（率）的闭环控制机制。地方政府不能以纯粹降低能源价格为目标，要和中央政府的改革目标一致，即通过能源价格监管促进管网投资、提高效率和加快能源行业发展。能源企业要主动适应监管价格改革及管网开放所带来的商业模式的转变，逐步放弃收入最大化目标，以政府事先核定的准许收益（率）为财务目标。在省级电网输配电价监管实现全覆盖的基础上，按照电压等级和供电范围划分，积极探索地方电网和增量配电网配电价格机制。还要尽快制定完善天然气管网输配价格改革政策，推进天然气管网输配价格改革。

（二）优化能源监管价格结构

国际经验表明，政府在核定能源企业总收入或平均价格后，仍需制定价格结构设计的具体原则和方法。优化价格结构，最重要的原则是责任者负担，即"谁用谁出钱，多用多出钱"，同时兼顾可执行性。

优化能源价格结构，首先要引入"接入费"设计。用户接入电网或者输气网时发生的专用连接线路、设备等成本费用，有明确的受益对象，在国外通常设立专门的接入费收回，而非某个用户接入系统，但却由全部用户共同分担，既不公平，也不利于节约资源。比如说引入发电接入费，能在一定程度上提高电厂的位置信号，使"坑口"电厂、负荷中心电厂具备公平竞争的条件。在用户侧特别是对大用户收取接入费，能避免"大马拉小车"和随意变更接入位置而造成的电网资源浪费。

从输配电价来看，除专用连接成本以外，剩余的共用网络成本，因为没有明确的受益对象，需采用一定的方法在各类用户之间分摊。既要考虑电压等级因素，也要考虑峰荷责任、用电负荷率等因素。在确定各类用户应分摊的成本后，还需要优化各类用户内部价格结构，促进用户提高用电负荷率、降低最大用电负荷、减少高峰用电，目的是降低电网未来投资需求和用户整体电价。

为了优化能源监管价格结构，要尽快促进交叉补贴显性化。工商业对居民的交叉补贴，不仅降低了工商企业的经济竞争力，补了不该补的中高收入家庭，而且制约了能源价格结构的优化，扭曲了"过网费"和能源价格市场化交易信号。取消交叉补贴可以通过三方面的措施加以解决：一是完善财政对特定困难群体的用电用气补贴，如随低保发放和调整。二是完善居民阶梯电价和阶梯气价，第一档定位于满足基本用能需求，维持低价，大幅度提高第二档电量比例和价格，反映居民用户对输电和输气网的实际"耗费"成本。三是建立能源普遍服务基金。在用户间交叉补贴取消以前，建议尽快测算并公布交叉补贴标准，将交叉补贴"显性化"，减少价格信号的扭曲。

（三）完善能源监管价格的定价规则

1. 基于用途和功能划分能源输送成本

在国外，电网行业大都有专门的监管会计准则，由政府根据价格监管的需要设置，其中最核心的理念是根据用途和功能对能源输送成本进行分类。在中国能源行业后期监管价格改革中，要根据能源行业垄断性环节成本特性，制定实施能源监管会计制度，以有效核算能源输送成本。

2. 建立准许收益率的评估与调整制度

根据输配电价改革实践，输配电价监管无论在办法上还是在执行上主要集中在事前定价这个阶段，而实际上，目前国家批复和公布的各省份输配电价只是预收电价或预收电费，年度经营结果产生后还需要根据事先确定的准则对准许收益率进行评估和调整。有三种情况：一是实际收益率与准许收益率相等，则不做调整；二是实际收益率与准许收益率有差异，但是差异不大，这时通过平衡账户制度将差异结转到下个会计年度进行调整，保证当年企业实际收益率等于准许收益率，但不调整已经核定的次年度的输配电价；三是如果实际收益率与准许收益率相差较大，则把差异结转到核价时次年的准许收入中，重新计算并调整次年的输配电价。只有建立收益率的评估与调整制度，才能真正促进收益率合理化，也可避免企业的策略性行为。

3. 针对不同情况设计参数和确定参数标准

如对于输配电价来说，在准许收益率标准的确定上，输配电阻塞严重或电网投资不足的省份可以取较高投资回报率，电网投资过剩的省份则要取较低的投资回报率；甚至可以对特定类别的资产确定不同的投资回报率，以刺激电网投资。假设农村配电网投资不足，则可以提高相应资产的投资回报率；有些输电线路经常出现阻塞，也可以提高相应资产的投资回报率。在材料费、修理费的标准确定上，山区多的省份与以城市电网为主的省份的输配电网资产结构与规模有较大差异，材料费、修理费标准也就应该不同；沿海省份经常遭遇台风，台风对电网的损坏较大，因此，沿海省份的材料费、修理费标准应该比内陆省份更高。

（四）提高能源价格监管的激励性

激励性就是在监管机构和被监管对象信息对称的条件下，通过机制设计促进能源企业降低、提高效率和产品或服务质量。

1. 制定基于设备利用率的有效资产定价办法

如果只核定准许成本而不核定有效资产，"准许成本＋合理收益"的定价方法会导致投资过剩效应。建议在"相关"和合法合规的基础上，再按"有用"和"有效"四个标准界定有效资产。"有用"是指线路或设备必须是已经投入使用的资产；"有效"是指线路或设备能够降低供电成本或提高供电服务质量，而且其利用率必须要达到设定水平。如果资产不符合"有用"的条件，将不能计入定价成本（以折旧形式体现）或作为有效资产；如果资产不符合"有效"的条件，则只能将相关固定资产按照其利用程度折算比例计入定价成本和作为有效资产。显然，有效资产进行界定的前面三个标准相对简单，较为复杂的是"有效"标准的使用。原则上说，可以根据设备投入使用的年限，考虑适当的超前性和备用标准，为设备经济寿命期各年确定不同利用率标准，超过标准的全部计为有效资产，达不到标准的则按比例扣减有效资产。

2. 进一步引入并强化激励机制

可以在部分地区探索上限规制模式，逐步延长核价周期，关键成本参数核定引入"对标"，实际成本与核价成本的差异按一定比例由企业和消费者共享和分担等。也可以用区域比较竞争法来确立能源企业的运营成本，通过收集监管区域内的企业运营成本信息并且进行相互比较，从而发现它们之间的相对运营绩效与技术前沿面的变化趋势。区域间比较竞争可以从两个维度进行：一个是横向企业之间的比较，另一个是单个企业历史成本的纵向比较。最终的准许成本是以有效率企业的运营成本为基准，以此激励所有企业向有效率的企业看齐。

（五）加强对能源价格监管的监督约束

1. 建立专业机构参与监管机制

由专业性的第三方监审机构对被监管能源企业的各项业务项目成本进行严格监审与评估，是目前国际上的基本做法。例如，美国加州等能源管制委员会专门委托成立第三方监审机构对所在州电力公司输配电成本按照业务项目类型进行严格监审，在具体操作上，首先，由电力公司提出下一监管周期公司各项业务成本预测数；其次，州能源管制委员会委托第三方监审机构对电力公司提出各项业务成本预测数进行逐条审核，并将审核意见提交给州能源管制委员会；最后，州能源管制委员会根据电力公司提交的成本预测数和第三方监审机构的审核意见做出最后的审核意见，并给出成本审核结果的理由。最终由州能源管制委员会向社会公布对电力公司准许收入调整审核的情况。随着能源监管价格改革的深入推进，建议中国政府能源主管部门按照政府购买服务的思路，将能源企业业务成本监审和价格评估两项业务向社会招标，提出专业性的要求，委托有能力的第三方监审机构完成。

2. 尽快完善能源成本信息公开制度

客观准确的成本数据是有效能源价格监管的基础，要尽快完善能源成本信息公开制度。首先，制定能源成本信息公开办法，统一能源企业成本信息披露规范与披露质量评价标准，促进能源成本信息及时、全面、真实地披露。其次，建立能源成本信息监管数据库，保证价格监管部门对企业成本信息的掌握。最后，通过多种渠道披露企业成本数据信息资料，加强社会监督。

3. 提高政府监管和消费者参与能力

增加相关部门人员编制和经费保障，加强专业化培训和国际交流。加强价格、投资、国资管理等相关部门间的协调，形成对投资等关键成本参数的约束。能源价格监管涉及能源技术、经济、会计、法律等多个专业，消费者因缺乏专业能力，很难实质性参与，可以在政府内部设立专职的消费者保护部门，聘请专家顾问，鼓励行业协会作为消费者一方参与决策。

四　中国能源监管价格定价方法优化

价格上限监管模型既能有效激励企业合理补偿成本，获取正常利润，又能增加消费者剩余，提高客户满意度，使全社会处于帕累托改进状态。但是，激励性价格监管模型设计需要考虑中国能源发展现状和改革需要，价格上限模型不适合直接应用于中国，需要加以改进后应用。

（一）激励性模型设计的原则

与回报率监管相比，激励性监管可以通过给出绩效指标以激励降低成本，增加效率，提高绩效。监管机构不需要进行行为控制或者微观管理，只需要对结果进行考核。可以说，激励性监管在一定程度上弥补了监管机构缺乏信息的固有缺陷，并且充分利用了企业的信息优势和利润动机。激励性监管具有两个比较明显的特征：（1）它弱化了被监管企业的成本与所允许的价格或收益之间的联系。（2）它将允许的价格或收益与其他外部指标相联系，如零售价格指数，其他可比较的被监管企业的成本等。激励性监管模式在一定程度上避免回报率监管模式中存在的问题。

首先，价格上限初始值要结合能源行业实际情况。价格上限模型实质上只是规定监管价格上升（或下降）幅度，它是以一个合理的基价为前提的，价格上限的初始价格设定必须紧密结合中国的国情。

其次，主要变量要随着行业发展而不断调整。在一些实行价格上限监管的国家，如英国，能源产业基础设施处在成熟期，投资需求相对不大，能源价格相对稳定，能源企业面临的主要问题是提高效率。但目前在中国能源各行业发展阶段不同，如电网前些年的投资速度增长很快，油气管网还需要大量的投资，因此，能源行业需要解决的主要问题不仅是效率问题，还有发展问题，所采用的监管模型还要有利于吸引投资，而直接应用价格上限监管模型可能会抑制企业投资，特别是越接近价格调整期，企业投资动力越小。为鼓励投资，可以考虑适当调整价格上限。当投资需求趋缓后，该因素则可以被弱化。

最后，价格监管模型要体现质量监管等非价格因素。除促进企业降低成本、提高效率外，还需要在监管价格模型中体现能源供应质量等因素。根据理论研究和实践经验，在没有质量监管的情况下，纯粹的价格上限监管会影响能源企业在能源质量方面的投资，可能使能源供应质量水平下降，而低质量带来的低价格并不是监管机构所期望的，因此，必须要在采用价格上限监管的同时，辅以能源供应质量的监管。

（二）模型的构建

根据中国的实际情况，并借鉴发达国家的监管价格模型，一种可供选择的垄断性能源企业价格监管基本模型是：[①]

$$P_{t+1} = C_t = C_t[1 + (CPI + PPI)/2 - X] + P_{t+1} \times r \qquad (7-1)$$

---

① 为简便起见，在（7-1）式中（CPI + PPI）/2 是对消费价格指数和生产价格指数实行简单算术平均，但对特定能源行业来说，消费价格指数和生产价格指数对成本往往具有不同程度的影响，因此，可对这两个指数实行加权平均，其计算公式为：$\alpha \cdot CPI + (1-\alpha) PPI, 0 < \alpha < 1$。

式中，等号右边第一项为单位成本项，第二项为单位利润项，经整理并考虑产品与服务质量系数（Q）可得：

$$P_{t+1} = \frac{C_t[1 + (CPI + PPI)/2 - X]}{1 - r} \times Q \qquad (7-2)$$

式中，P_{t+1} 为下一期的监管价格，C_t 为本期的单位成本；CPI 为消费价格指数；PPI 为生产价格指数；X 为政府规定的生产效率增长率（成本下降率）；Q 为产品与服务质量系数；r 为销售利润率，通常取社会平均水平。

在上面的模型中，$C_t[1 + (CPI + PPI)/2 - X]$ 为成本上限控制项。在制定下一期的能源垄断性领域监管价格时，首先要考虑本期的成本情况和成本变动因素，在影响成本的众多因素中，消费价格指数（CPI）和生产价格指数（PPI）共同构成综合性价格变动因素，随着 CPI 和 PPI 的变化，企业的原材料、工资成本等也会发生相应的变化。因此，下一期的成本水平决定是 C_t 加上 C_t(CPI + PPI)/2[在正常情况下，CPI 和 PPI 是一个正数，因此，C_t(CPI + PPI)/2 为成本增量]。为了促使企业提高生产效率，降低成本，政府为企业规定一个下一期必须达到的生产效率增长率（X），即成本下降率，因此，C_tX 为成本减量。当 (CPI + PPI)/2 − X > 0 时，在下一期的监管价格中，成本可以增加，其净增量为 C_t[(CPI + PPI)/2 − X]；反之，如果 (CPI + PPI)/2 − X < 0，则下一期的成本必须减少，其净减量为 C_t[X − (CPI + PPI)/2]。由于 CPI 和 PPI 是客观的，对垄断性能源企业来说，是一个外生变量，而 X 是由政府规定的，因此，在销售利润率一定的情况下，企业要取得较多的利润，必须使企业的实际生产效率增长率大于政府规定的 X 值。这就会刺激企业自觉提高生产效率，努力降低成本。而成本降低的结果也能使消费者享受较低的价格，分享因企业提高生产效率而带来的利益，从而促进社会分配效率。

在上面模型中，实行质量系数（Q）与监管价格挂钩，目的是促使企业在成本上限控制的情况下，符合政府规定的产品质量标准，并向消费者提供较好的服务质量。同时，在模型中，不是以投资利润率而是以销售利润率决定企业的利润水平，其主要考虑的是为了避免在投资利润率下企业可能采取的过度投资行为，从而产生低效率的 A—J 效应，而且，对企业投资所形成的资产额的正确核算也是一件比较复杂的监管工作。相比之下，销售利润率比较客观，因为销售额的大小取决于销售量和销售价格，其中销售价格受政府约束，而销售量受市场约束，企业既要增加销售量又要控制成本，就必须适度增加投资，扩大经营范围，提高产品或服务质量等措施，以便更好地满足市场需要。

（三）主要影响因子的确定思路

1. C_t 的确定

C_t 为企业基期的成本项，在第一次使用模型时，确定初始的 C_t 特别重要。当前，电力行业和天然气行业都陆续进行成本监审，因此，可以将成本监审结果作为基期的成本。

2. 生产效率增长率 X 的确定

为了促使企业提高生产效率，降低成本，政府为企业规定一个下一期必须达到的生产效率增长率（X），即价格下降率。

在模型中，参数 X 的确定是一个难点，也是监管机构与被监管的能源垄断企业间的谈判焦点。X 值的确定要考虑的主要因素是：①能源行业现有生产效率与国外先进生产效率的差距，如果现有生产效率较低，则挖掘生产效率的潜力越大，X 值也应较大；反之则相反。②能源行业的技术进步率。技术进步能降低成本，技术进步率应作为规定 X 值的重要因素。③管理效率。即考虑提高管理效率的潜力。X 值应综合反映根据能源企业的实际能力应该达到的生产效率增长率（或成本下降率），它应是能源企业通过努力不仅可以达到，而且能够超越的，以刺激企业努力降低成本。

对 X 值的确定，运用最广泛的是区域比较竞争理论。荷兰、英国和挪威等国都运用了区域比较竞争理论来确定X 值。[1] 区域比较竞争方法首先需要确定一个地区内效率高的标杆企业，并测度效率较低企业的相对绩效，然后根据它们的相对效率制定出各个企业的 X 值。一般来说，企业效率越低，X 值越大。其特点是它的激励是建立在绩效相对比较的基础之上的，通过奖励那些比参照绩效具有更好绩效的企业来促进企业效率的提高。区域比较竞争方法的应用有两个关键的因素：一是选择合

---

① Tooraj Jamasb, Michael Pollitt, "*Benchmarking and Regulation of Electricity Transmission and Distribution Utilities: Lessons from International Experience*", Department of Applied Economics, University of Cambridge, 2000, p. 12.

适的参照绩效；二是绩效测量使用的方法。对于参照绩效的选择，监管机构可以选择绩效最好的领先企业作为基准；也可以选择有代表性企业的绩效，比如平均值作为基准。根据参照绩效选择的不同，绩效测量的方法也不同。

3. 质量因子

能源企业提供的产品（包括服务）质量和成本密切相关，因此，能源监管价格应与质量指标挂钩，促使企业自觉提高质量水平。模型中 Q 表示实际的能源产品或服务质量绩效相对于目标基准水平的偏离程度。当实际供电质量优于目标基准值时，Q 的取值大于 1，企业以相对较高价格的形式获得奖励；反之，Q 的取值小于 1，能源企业被赋予更低的价格上限，以收入损失的形式被征收罚款。

Q 值的确定需要选择一个恰当的基准来比较被监管能源企业的实际供给质量绩效水平。这个比较基准就成为激励方案给予奖励或惩罚的基础。基准值的选取有两种方法：

第一，以能源企业多年的实际质量绩效，采用移动平均的方法作为基础。这是企业内部历史绩效的纵向比较方法。在监管的初期，能源企业，如电网企业供电质量近期绩效的平均值很容易被定为初始基准，这对被监管企业而言具有一定的吸引力，应用这种方法还有利用消除一些外在因素对能源企业实际供电质量水平的影响。

第二，采用横向比较，即引入区域比较竞争的方法。通过区域比较竞争，刺激质量绩效低的能源企业努力改善水平。应该说，这种外在的基准，可以给企业更大的激励。同时，外部基准的使用也具有一定的吸引力，因为它与将 X 值加入价格上限监管的概念一致，以被监管企业当前的质量绩效信息和与该企业几乎没有直接影响的外部其他被监管企业的质量绩效水平为基础。

总体来说，上述监管价格模型能刺激能源企业自觉提高生产效率，降低成本，使消费者能享受到较低的价格。政府能使能源企业获得合理的销售利润，而且，只要能源企业实现的生产效率高于政府规定的生产效率，企业就能获得较多的利润，从而使能源企业具有一定的发展潜力。因此，这一监管价格模型能实现促进社会分配效率、刺激企业生产效率和维持企业发展潜力三大价格监管政策目标。

第三节　能源行业市场势力测定与反垄断政策优化

　　能源行业反垄断的历史可以追溯到1911年美国的标准石油公司反垄断案，该案以标准石油公司的分拆宣告终结。此后，随着世界政治经济局势的变化，针对能源市场的反垄断监管在世界各国能源治理体系中的地位也波动起伏。20世纪七八十年代，西方国家掀起了"放松管制"的热潮，电力行业市场化改革率先在智利和英国开启，并在此后迅速发展成为一种世界性趋势。与此同时，石油、天然气、煤炭等能源领域中的市场化改革也在世界范围内展开，反垄断监管重新回归到能源治理体系的核心位置。

　　中国正在对能源体系进行一场革命性的重构，能源革命对反垄断监管提出了更高的要求。本节以中国能源体制改革为背景，对改革后能源市场中市场势力的成因以及可能发生的各种垄断行为进行分析，以期为优化中国电力、石油、天然气等能源市场的反垄断政策提供借鉴。

一　中国能源市场的竞争环境

　　在新一轮电力、石油和天然气体制改革的顶层设计中，还原能源商品属性和以市场作为主要资源配置方式的改革方向，为能源市场的反垄断监管提供了发挥作用的空间。

（一）电力市场的竞争环境

1. 电力行业市场竞争机制初步确立

　　本轮电力改革的体制架构是"管住中间，放开两头"。"放开两头"就是要在竞争性的发电和售电环节充分引入竞争，允许符合准入条件的发电企业、售电公司和用户自主选择交易对象，确定交易量和价格，打破电网企业单一购售电的局面，形成"多买方—多卖方"的市场格局。"管住中间"就是要加强对电力输配环节的监管，保障电网的公平开放。电网企业按照政府核定的输配电价收取过网费，保障电网企业的稳定收入和合理收益，推动电网建设协调健康发展，为电力市场提供覆盖范围更广、资源配置能力更强的输配平台。

　　"管住中间，放开两头"的纵向市场结构设计，使电网企业的商业模式发生了根本性的变化。电网企业的主要收入不再是"销售—采购价差"，而是转变成以政府核准的价格收取"通道费"。电网公司的角色由唯一的电力采购商和零售商，转变为电力系统和电力交付通道的运营商。商业模式的转变，降低了电网公司对发电企业给予不同接入条件和费用的激励，在一定市场范围内，实现了电网企业的竞争中立，减少了行业关键基础设施对电力市场竞争的约束和扭曲。

发用电计划的逐步放开、电力交易价格的逐步放开、电力交易市场的建立，将电力市场的纵向关系由原来的电网企业的买方垄断和卖方垄断转变为"多买方—多卖方"结构。在市场化交易机制下，发电企业必须为了争取最终用户而展开价格竞争，发电环节的竞争程度将得到显著提高。售电侧市场的逐步放开，提高了最终用户选择电力供应商的自由度，售电侧对发电侧提供的竞争激励得到了增强，发电环节的竞争收益通过售电业务竞争让渡给最终用户。

2. 建立了优先发电和优先用电制度

为了促进高效环保机组建设和可再生能源发展以及保障民生底线，本轮电力体制改革在强调有序放开发用电计划的同时，还在发电侧和售电侧分别设计了优先发电制度和优先用电制度。优先发电制度和优先购电制度，实际上建立起了一套与市场化电力体系并行的计划性电力供应和销售体系。

优先发电是指根据政府定价或者同等优先原则，优先出售电力电量，不参与市场竞争。为落实可再生能源发电保障性收购制度，纳入规划的风能、太阳能、生物质能等可再生能源发电优先发电；调峰调频电量优先发电；供热方式合理并符合环保要求的热电联产机组在采暖期优先发电，以上发电原则上列为一类优先保障。为落实国家能源战略、确保清洁能源送出，跨省跨区送受电中的国家计划、地方政府协议送电量优先发电。为减少煤炭消耗和污染物排放，水电、核电、余热余压、余气发电、超低排放燃煤机组优先发电，以上发电原则上列为二类保障。

优先购电是指按照政府定价优先购买电力电量并获得优先用电保障。优先购电用户在编制有序用电方案时列入优先保证序列，原则上不参与限电，初期不参与市场竞争。优先购电的适用范围包括第一产业用电，第二产业中的重要公用事业、公益性服务行业用电，以及居民生活用电。重要公用事业、公益性服务包括党政军机关、学校、医院、公共交通、金融、通信、邮政、供水、供气等涉及社会生活基本需求，或提供公共产品和服务的部分和单位。

（二）石油和天然气市场的竞争环境

1. 石油和天然气行业体制改革的基本方向

根据《中共中央国务院关于深化石油天然气体制改革的若干意见》确立的指导思想、基本原则、总体思路和主要任务，石油和天然气行业的体制改革将从打破油气产业链各环节的行政性垄断着手展开。中国石油和天然气行业市场化改革的主要内容包括：

（1）有序放开油气勘查开采体制。实行勘查区块竞争出让制度和更加严格的区块退出机制。在保护性开发的前提下，允许符合准入要求并获得资质的市场主体参与常规油气勘查开采，逐步形成以大型国有油气公司为主导、多种经济成分共同参与的勘查开采体系。

（2）完善油气进出口管理体制。建立以规范的资质管理为主的原油进口动态管理制度，完善成品油加工和一般贸易出口政策。

（3）改革油气管网运营机制。分步推进国有大型油气企业干线管道独立，实现管输和销售分开。完善油气管网公平接入机制，油气干线管道、省内和省际管网均向第三方市场主体公平开放。

（4）深化下游竞争性环节改革。制定更加严格的质量、安全、环保和能耗等方面的技术标准，完善油气加工环节准入和淘汰机制。提高国内原油深加工水平，保护和培育先进产能，加快淘汰落后产能。加大天然气下游市场开发培育力度，促进天然气配售环节公平竞争。

（5）改革油气产品定价机制。完善成品油价格形成机制，发挥市场决定价格的作用，保留政府在价格异常波动时的调控权。推进非居民用气价格市场化，进一步完善居民用气定价机制。依法合规加快油气交易平台建设，鼓励符合资质的市场主体参与交易，通过市场竞争形成价格。加强管道运输成本和价格监管，按照准许成本加合理收益原则，科学制定管道运输价格。

（6）深化国有油气企业改革。完善国有油气企业法人治理结构，鼓励具备条件的油气企业发展股权多元化和多种形式的混合所有制。推进国有油气企业专业化重组整合，支持工程技术、工程建设和装备制造等业务进行专业化重组，作为独立的市场主体参与竞争。

2. 石油和天然气产业链各环节的竞争环境

（1）勘查开采环节。长期以来，中国石油和天然气行业的勘查开采环节具有强烈的行政性垄断色彩，中石油、中石化、中海油等大型国有石油企业垄断了陆地和海上油气勘查开采业务。油气矿业权出让制度改革的实施，将通过引入竞争性出让机制、建立勘查区块公平准入机制和区块退出机制，在大型国有油气企业之间、国有油气企业与非国有油气企业之间形成有效竞争。不过，由于石油和天然气勘查开采的技术难度大、专业性强、风险高，市场进入壁垒较高，因此，在相当长的时间里，中国的油气勘查开采市场仍将是大型国有油气企业之间的寡头竞争格局。

（2）石油炼化环节。随着国内石油和天然气消费需求的快速增长，中国石油和天然气的对外依存度逐年提高，进口原油成为中国炼油企业的主要生产原料来源。2015 年，《国家发展和改革委员会关于进口原油使用管理问题的通知》（发改运行〔2015〕253 号）出台之前，中国对原油进口权和进口原油使用权采取了严格的限制政策，非中央管理企业无权使用进口原油。

由于原油是炼油环节最主要的生产投入品，上游进口原油使用权和原油进口权的行政性垄断，直接导致炼油环节严重缺乏竞争。油气进出口体制改革后，原油进口权和进口原油使用权的有条件放开，将使一些技术和资金实力更雄厚的地方炼化企业在提升技术装备水平和产品质量的同时，获得更通畅的生产原料渠道，这将有力地提高地方炼化企业的竞争力，炼油环节的竞争程度有望得到提升。

（3）天然气输配环节。管道运输是天然气主要的运输方式，天然气管道具有典型的自然垄断特征。中国的天然气管道主要由大型国有油气企业以纵向一体化的方式运营，中石油的天然气管道里程数占全国总里程数的 75.8%。[①] 即使是在竞争性的液化天然气（LNG）市场上，大型国有油气企业拥有的液化天然气（LNG）接收站数量也占有垄断地位。管网运营机制改革对于天然气上下游市场竞争将产生极其重要的影响。管网的独立、管输与销售的分离，降低了管网运营商给予第三方歧

[①] 中国石油天然气集团公司：《中国石油天然气集团公司 2016 年度报告》，2017 年 3 月 31 日。

视性接入条件的激励，提高了其他市场主体参与天然气上下游市场竞争的经济可行性。

（4）成品油与天然气零售环节。中国目前的成品油批发和零售市场均由大型国有油气企业控制，民营加油站数量少、货源单一，难以对大型国有油气企业构成实质性的竞争挑战。完善成品油定价机制，破除成品油批发零售市场的行政性限制，将促进各类市场主体公平参与成品油批发市场交易，为民营企业参与成品油零售市场竞争创造更有利的条件。非居民用气价格市场化改革，天然气管网设施的互联互通与公平接入，将打破关键基础设施对上下游市场竞争的限制，有力地推动各类市场主体参与天然气下游市场竞争，国内市场需求的快速增长也为天然气下游竞争提供了比较充裕的市场空间。

二　能源市场对反垄断的需求分析

（一）加强能源市场反垄断的趋势

从微观经济理论视角分析，能源市场几乎无法满足完全竞争的任何假设条件。过去几十年世界各国能源市场化改革的实践经验也表明，能源市场中很难避免显著市场势力的形成。一旦市场势力遭到支配地位企业的滥用，就会对能源市场的正常竞争秩序造成严重的破坏。为了避免市场势力和垄断行为损害新建立起来的脆弱的能源市场竞争机制，世界各国都在市场化改革后纷纷加强了对能源行业竞争性环节的反垄断监管，通过反垄断执法确立能源市场的竞争规则，形成了一种世界性的趋势。

能源市场反垄断既有一般性也有特殊性。一方面，随着价格和进入管制的放松，能源行业的竞争性环节具备了许多与普通产品市场相似的特征。从这个意义上说，反垄断法律法规所确立的一般性竞争规则可以适用于能源行业，各国反垄断法都极少明确赋予能源行业豁免地位，反垄断法在能源市场的适用性不存在法理上的限制。另一方面，能源具有很强的特殊性并且对国计民生和国家安全具有极端重要性，这不仅要求反垄断机构在违法行为的认定、救济措施的使用以及竞争政策的制定等方面更具行业针对性，同时还要求能源市场的竞争政策与国家宏观能源政策保持协调和一致。

（二）反垄断与政府监管在能源市场化中的互补关系

能源行业的结构重组与市场化改革，其实质是一个在逐步打破行政性限制的同时引入市场竞争机制的过程，但是，这并不意味着能源行业不再需要接受政府的监管，或者将政府监管的职能完全让位于反垄断执法。在能源行业市场化改革进程中，政府监管与反垄断不是非此即彼的替代关系，而是相辅相成的互补关系。

首先，能源行业市场化改革是一个长期过程，培育有效率的竞争者、形成有利于竞争的市场结构以及确立规范的竞争规则，都需要经历相当漫长的时间。在这样的市场环境中，仅仅依靠反垄断无法有效地解决能源市场存在的市场失灵问题。

其次，能源是由上下游竞争性环节与中间自然垄断环节紧密结合构成的特殊产业，上下游竞争性环节的市场机制是否运行顺畅，在很大程度上取决于政府能否对自然垄断环节的接入价格、接入条件、安全性和服务质量等实施有效监管。

再次，能源行业竞争性环节放松监管后，政府依靠反垄断执法来规范约束各类市场主体的竞争行为将成为常态，但是，在能源发展规划的制定与实施、市场准入条件的设定、市场交易机制的设计与修正、市场运行情况的实时监控、危机状况出现时的紧急干预等方面，都需要政府监管机构的直接参与。

最后，反垄断执法对于能源行业竞争性环节市场结构的影响非常有限。如果企业是在不违反反垄断法的情况下获得了支配性地位，那么反垄断执法机构很难通过拆分现有企业来促进能源行业竞争性环节形成更有利于竞争的市场结构。

由此可见，对于建立与完善能源市场竞争机制而言，反垄断与政府监管各自发挥着独特但又相互补充的作用，任何一方面受到削弱都会对市场化改革造成极端不利的影响。

（三）能源市场化改革对反垄断执法的需求分析

能源市场化改革后，如果反垄断执法缺位，在位企业就可以通过串谋或合并形成垄断，或者利用已有的支配性地位排斥和限制竞争。垄断协议和市场支配地位的滥用，不仅降低了经济效率，而且将财富从消费者手中转移到生产商手中，这就严重地违背了市场化改革的初衷。因此，随着能源行业竞争性环节中市场机制的逐步确立，反垄断工作也必须同步跟进并切实发挥作用，以维持正常的市场竞争秩序，保障市场化改革顺利实施。

1. 能源行业市场势力的成因分析

市场势力，或者说支配性企业对市场的支配权，主要表现在它们对产品的定价权上。当企业在市场上占据过大的市场份额时，它就有能力抬高市场价格以获得超额利润，而且为了维护产品的高价，它会减少对市场的供给。同时，支配性企业为了维护其超额利润，还会采取各种反竞争行为来限制和排斥实际或潜在的竞争对手，降低市场中的竞争程度。也就是说，在垄断或者存在市场支配地位的情况下，产品价格大大高于边际成本，形成了资源配置的无效率。除支配性企业单边滥用市场势力的行为外，即使在单个企业不具备市场支配地位的情况下，多个同类企业之间的横向限制竞争协议和协同行为也同样能够造成严重的竞争损害。

（1）电力行业市场势力的形成。相比于石油和天然气行业，电力行业中更容易形成市场势力。首先，电力难以储存。这意味着当出现短缺时，生产者和消费者无法像石油和天然气一样，通过库存来弥补供给缺口。其次，电力产品具有很低的需求价格弹性。对于大多数消费者来说，他们实际支付的电价是一种平均价格，并没有完全反映出电力批发市场的实时价格波动，即使这种价格波动实际上非常剧烈。再次，发电企业面临产能的硬约束，电力供给曲线的形状类似于一个倒"L"形。当发电量接近产能约束时，发电企业的生产边际成本将陡峭式上升。最后，电力是一种在少数生产者重复交易的市场中出售的同质产品，发电企业彼此了解对方的生产成本并能够快速地学会对竞争对手的竞价行为做出反应，这种市场条件有利于在发电企业之间形成隐性合谋。

（2）石油行业市场势力的形成。石油产业本身的技术经济特性有助于市场势力的形成。石油产业链由上游、中游和下游不同的环节构成，各环节之间联系紧密，任何一个石油产业链环节中形成的市场势力都可以被轻易地向上下游延伸。随着勘探开采活动的风险和难度不断加大，只有少数具备较强资金和技术实力的石油公司有能力参与这些活动。炼油环节具有较强的规模经济性和资产专用性，规模经济性导致炼油行业的集中度水平不断提高，单体炼油厂的规模不断扩大，资产专用性则导致上游的市场势力容易被延伸到下游的炼油环节。最后，在下游的批发零售环节也可能形成一定的市场势力，一方面是由于纵向一体化企业市场势力的扩展，另一方面是因为加油站的选址和服务差异化都具有一定的垄断特性。

（3）天然气行业市场势力的形成。天然气上游勘查开采环节的情况与石油产业非常相似，由于勘探开采的风险和资金、技术要求都很高，因此，能够参与天然气上游生产环节的市场主体数量有限。天然气行业的特点是天然气的运输和配送严重依赖于天然气管网设施，管网的里程和运输能力决定了天然气市场的地理范围。天然气管网设施具有典型的自然垄断特征和很高的资产专用性，采用上下游一体化运营具有经济合理性。然而，如果天然气管网采用的是纵向一体化经营方式，那么即使上游的天然气市场是竞争性的，由于管道的"瓶颈"约束，上游的供给竞争也难以传递到下游批发和零售市场，一体化天然气公司在特定的地理市场中将具有极强的市场势力。如果天然气管网是独立的经营实体并且从事销售业务，那么在特定的地理市场中，管网企业就成为一个在上下游市场都具有极强市场势力的买方垄断者和卖方垄断者。只有在管网实现"竞争中立"的情况下，才能够实现上游供给和下游销售市场之间直接相互的作用。随着液化天然气（LNG）的快速发展，天然气上游市场正在变得越来越具有竞争性，LNG对管道天然气形成了有力的竞争。然而，LNG的接收站和LNG的销售终端也具有与管道运输相似的特点，纵向一体化企业也具有较强的市场势力。

2. 能源市场的反垄断监管需求分析

反垄断的基本目的是保护竞争、增加消费者福利并保障消费者公平待遇。然而，在能源产业中，长期以来，都是以管制而不是竞争作为实现消费者公平待遇的工具，反垄断很少有发挥作用的空间。随着能源市场化改革的推进，政府管制逐步让位于市场竞争，反垄断在能源产业中保护竞争和消费者的作用日益得到重视。[①]

能源市场化改革的初始条件往往不利于市场竞争。

首先，由于历史的原因，能源行业竞争性环节形成了不利于竞争的市场结构。世界各国能源市场化改革的第一步往往是从对一体化能源企业的纵向与横向分拆开始，将自然垄断环节在功能或者财务上与竞争性环节分离，并尽可能地在竞争性环节横向结构上创造足够多的竞争者。

---

① Bolze, R. S., Peirce, J. C. and Walsh, L. L., "Antitrust Law Regulation: A New Focus for a Competitive Energy Industry", *Energy Law Journal*, Vol. 21, 2000, p. 79.

由于政策制定者在事前很难确定竞争性环节中合适的企业数量，而过度分拆又会引发强烈的抵制，因此，横向分拆往往很难实现创造竞争性市场结构的目的。这样，从横向结构来说，市场的初始条件往往不利于市场竞争。

其次，输配网络容量约束缩小了相关市场的地理范围。如果相关市场的地理范围很大，那么在市场中就会出现更多的企业参与竞争，单个企业滥用市场势力的行为就不容易发生，企业之间的合谋也不容易实施。然而，由于输配网络容量存在限制，电力、天然气市场被分割为独立的、地理范围有限的区域性市场。在这种情况下，当地的电力和天然气需求难以从区域外的企业处得到满足，只能依赖少数上游企业供应。这样，即使是一个在整个上游市场中所占市场份额很低的企业，它也可能在其所处的特定区域市场中拥有很强的市场势力。此外，在地理范围有限的区域性市场中，由于参与竞争的企业数量较少，这也提高了企业之间进行横向合谋的可行性。

最后，能源供给和需求在短期内缺乏弹性，这一点在电力市场中表现得尤为突出。如前所述，电力供给曲线的形状类似于一个倒"L"形。在没有达到产能硬约束之前，发电边际成本上升趋势平缓，而当发电量接近产能极限时，发电的边际成本将出现陡峭式上升。如果相关市场中其他企业的发电量都已经接近或者达到了产能极限，那么仍然拥有剩余产能的企业将具有很强的市场势力，即使这个企业的市场份额很低。从电力需求角度来说，由于缺乏需求价格弹性，消费者在面对价格波动时不会做出及时快速的反应。也就是说，支配性企业滥用市场势力提高价格的行为不会因为消费者需求的降低而受到遏制，支配性企业的市场势力得到了相对增强，其垄断行为造成了更大的福利损失。

能源市场化改革需要同步加强反垄断的主要原因在于，能源市场的有效竞争并不会自然而然地发生。即使完全消除了行政性限制因素的影响，在位企业的市场势力也足以在能源市场中形成新的经济性垄断。这些垄断企业既具有强烈的排斥和限制竞争的动机，也具备实施排斥和限制竞争行为的能力，有可能对能源市场竞争和消费者福利产生严重的损害。因此，只有加强对能源市场中各类垄断行为的反垄断监管，预防和制止各类垄断行为损害能源市场竞争机制，才能够有效地保障能源市场化改革的顺利进行。

三　能源市场中的垄断行为及其表现形式

反垄断并不反对经营者通过公平竞争获得市场支配地位和市场势力，反垄断反对的是具有市场支配地位的经营者通过垄断行为限制和排斥竞争。中国《反垄断法》针对的垄断行为包括垄断协议行为、滥用市场支配地位行为和经营者集中行为。由于能源市场的自然垄断环节（原油、天然气和电力输配网络）受到政府价格监管和公平接入监管，不属于反垄断监管的范围，因此，本小节着重分析体制改革后能源市场竞争性环节中可能引发反垄断关注的垄断行为及其对竞争的影响。

（一）能源上游市场中的典型垄断行为

1. 发电侧市场中的垄断行为

（1）横向垄断协议。在电力市场发电侧的一个特定相关市场中，即使每一个发电企业的市场份额都很低，它们也可以通过达成限制价格和产量的协议来使市场出清价格远高于其边际成本。由于存在电力传输容量限制，能够服务特定区域的发电企业数量是有限的，这种结构条件便于发电企业之间达成垄断协议。有限数量的发电企业在现货市场上竞价出售同质化的商品，它们了解彼此的运营成本，并接受同一个批发市场价格。这些发电企业很快就会发现依据边际成本竞价将会减少它们的集体利润，而容量持留则更符合它们的集体利益。在一个重复竞价的市场中，数量有限的发电企业之间不仅可以通过书面或者口头意思联络达成并执行限制价格和发电量的协议，甚至可以在完全不需要直接沟通的情况下通过隐性串谋达到同样的效果。

（2）滥用市场支配地位。容量持留是发电企业在发电侧滥用市场势力的一种典型的垄断行为，可以分成物理持留和经济持留两种主要类型。[①] 物理持留是指发电企业采用关停其所控制的部分发电机组的方式来减少发电量，并将批发市场的出清价格显著地提高到竞争水平之上。经济持留是指发电企业通过有意将其控制的部分发电量的市场报价提高到竞争水平之上（因此不会被出售）来减少实际发电量并显著地提高市场出清价格。

发电企业的容量持留的反竞争影响主要出现在电力现货批发市场

---

① Tsangaris Panagiotis, *Capacity Withdrawals in the Electricity Wholesale Market*, Springer, 2017, p. 12.

上。电力现货批发市场与其他产品批发市场的运作机制相似，但是，由于电力的特性而使其存在几个重要的例外：一是在传输网络上，供给与需求必须在任何时刻、任何地点都相等。二是所有发电机组生产的电力都必须通过输电网络来传输，任何两地之间的输电网络容量都是有限的。三是电力生产显著地受到发电能力的约束，即使勉强超越发电能力发电也会导致边际成本的陡峭式上升并使机组运行风险大大提高。四是电力的储存成本极高，也就是说，所有本期生产的电力都必须在本期消费掉。五是电力的实时需求几乎是完全缺乏弹性的，需求量不随实时价格波动变化。电力系统运行企业必须在上述条件的约束下，在保证电力系统安全稳定的前提下，完成对批发市场交易结果的交付。这些条件也为发电企业的容量持留行为提供了有利的市场环境。

在一个单一市场出清价格的竞价型电力现货批发市场上，电力供给曲线是所有发电机组在特定价格下的供给意愿的水平加总，供给曲线与需求曲线的交点就是市场出清价格，所有要价等于或者低于市场出清价格的发电机组都按照市场出清价格完成交易并有义务供应电力。如果市场是竞争性的，那么参与竞价的发电机组将根据其生产的边际成本要价，边际成本高于出清价格的发电机组的要价没有被接受。当现货批发市场中存在较强的市场势力时，支配性发电企业可以通过限制自身的发电量来影响市场出清价格。物理持留的经济学原理是：当支配性企业不管以何种理由导致实际发电量减少时，由于总需求没有发生变化（缺乏需求价格弹性），竞争性市场中无法交易的机组（其边际成本高于竞争性出清价格）在此时将进入市场交易以实现市场均衡，市场出清价格因此被提高了。除限制实际的发电量以外，支配性发电企业在竞价时故意提高部分较高边际成本机组的要价也可以达到相似的效果，这时，要么这个过高要价被接受，要么这个机组的发电量被市场中其他更高边际成本的机组替代，从而实现了提高市场出清价格的目的，这就是物理持留的经济学原理。

容量持留是否有利可图取决于发电侧电力供给曲线的形状。供给曲线越平缓，持留的产能就越可能被其他低边际成本的机组取代，支配性企业通过容量持留行为获利的可能性就越小；供给曲线越陡峭，更高边际成本的机组就不得不被利用，容量持留导致市场出清价格的提高幅度就越显著，支配性企业通过容量持留行为获得超额利润的可能性就越大。容量持留的反竞争效果是使支配性企业有能力通过人为控制产量来提高市场出清价格并获取超额利润。只要市场出清价格提高导致边际内机组收入增加的幅度足以弥补其因减少发电量造成的经济损失，支配性发电企业就有激励进行容量持留，需求侧电力需求价格弹性的缺乏则更进一步提高了这种激励。

（3）经营者集中。经营者横向集中行为对上游发电侧竞争最直接的影响是减少了市场中竞争者的数量，竞争者数量的减少不仅有可能导致集中后的企业具有较强的市场势力，也提高了横向垄断协议的可行性。不过，经营者集中也能够产生提高生产运营效率、促进竞争的效果。因此，世界各国反垄断法或竞争法对经营者集中行为的态度并不是一味地禁止，而是要求有可能产生反竞争效果的合并行为必须通过反垄断审查。

经营者集中行为是发电侧市场化改革后引发世界各国反垄断机构关注的一个重点。在市场化改革的初期阶段，即使经过了纵向和横向分拆，发电侧大多也只是形成了以少数大型发电企业加上部分边缘发电企业的寡头垄断结构。在这样的市场结构下，如果不对发电企业之间的横向并购加以严格控制，那么发电侧的市场结构将进一步朝不利于竞争的方向发展。此外，由于电网传输容量的限制以及远方发电企业的线路损耗，集中后企业在相关市场中的市场势力将很难受到外部竞争者的约束，发电企业横向集中产生的反竞争效果可能非常显著。

2. 油气上游市场中的垄断行为

（1）横向垄断协议。串通投标是油气上游市场中的一种比较典型的横向垄断协议。除少数国家外，世界上大多数油气生产国都是由政府部门（或者国家石油公司）通过矿业权出让招投标方式，来选择油气勘查开采项目的运营商。由于油气勘探开采的技术难度大、风险高，因此，政府部门会对竞标人设置一定的资质要求。在资质门槛的限制下，仅有少数企业有资格重复参与招投标活动，从而为竞标企业之间实现串通投标创造了有利条件。

当竞标人之间通过合谋成功实现串通投标时，它们就可以使用约定竞标条件、轮流中标或者以放弃某个区块的投标换取竞争对手放弃另外区块的投标，以及事前通过内部竞标决定中标人等方式分享串通投标的额外收益。串通投标行为在油气勘查开发环节中竞争损害主要有两个方面：一是直接损害了招标人（政府部门）代表的公共利益；二是限制、排斥了不参与合谋串通的竞争者。中国反垄断法中虽然没有针对串通投标行为做出明确规定，但是，在执法实践中，串通投标行为被认定为属于违反《反垄断法》第十三条规定的垄断协议。[①]

（2）天然气长期交易合同。长期交易合同是天然气市场交易中常见的一种合同类型。长期照付不议合同为天然气交易提供了一个类似于纵向一体化的治理形式，在长期相对稳定的供给、需求和价格环境下，生产商和采购商能够分别对天然气生产、运输、储存和下游市场开发进行专用性很强的资产投资，而无须担心受到交易相对人"道德风险"行为的损害。不过，随着天然气市场的逐步放开，长期交易合同开始显现出反竞争效果。当长期照付不议合同在天然气交易中占据了主导性市场份额时，就会产生"市场封锁"效应，对新竞争者的进入构成了限制和排斥。此外，长期交易合同中的目的地条款以及其他相似的条款使生产商（或出口商）有能力对采购商（或进口商）实施禁止转售、价格歧视等纵向限制。[②] 也就是说，长期交易合同中的某些特定条款，违反了《反垄断法》关于纵向垄断协议和禁止单边滥用市场支配地位的规定。

自能源市场化改革以来，欧盟已经发起了多项针对天然气长期交易合同的反垄断调查，但是，出于对能源供应安全的考虑以及受到政治因素的影响，处罚力度和采取的救济措施都比较温和。欧盟的经验对于中国的反垄断执法有较强的借鉴意义。中国正在积极加大下游天然气的使用力度，强劲的需求增长需要有稳定的供应作保障。因此，在相当长的一个时期里，天然气长期交易合同仍将在天然气进口和国内天然气开发项目中发挥极其重要的作用，反垄断执法部门需要在约束长期合同的反竞争效果与保障能源供应安全之间取得平衡。

---

① 陈媚、杨天翼：《串通投标行为的反垄断分析》，《中国价格监督检查与反垄断》2016年第S1期；国家发展和改革委员会价监局：《八家滚装货物国际海运企业串通投标行为被处罚款4.07亿元》，《中国价格监督检查与反垄断》2016年第1期。

② Talus, K., "Long – term Natural Gas Contracts and Antitrust Law in the European Union and the United States", *Journal of World Energy Law and Business*, Vol. 4, No. 3, 2011, p. 287.

（二）能源下游市场中的典型垄断行为及其表现形式

1. 电力售电侧市场中的典型垄断行为

电力行业下游市场垄断行为，主要是指输配售一体化企业滥用市场势力的行为。如果输配电环节与零售环节实现了完全纵向分割，那么输配电企业与零售企业之间就不存在明显的利益冲突，所有零售企业都平等地为了争取客户展开竞争，并从输配电企业获得同等的接入服务。然而，在实践中，世界上只有少数国家采取了或者准备采取完全纵向分割的做法，大多数国家仍然允许输配一体化在位企业从事电力零售业务并提供接受价格管制的"保底"服务，这种市场格局为支配性的一体化企业滥用市场支配地位排斥和限制竞争提供了很强的激励。

（1）低于成本销售。为了限制竞争对手的销售，占市场支配地位的售电企业可能实施低价倾销策略，持续以低于竞争者甚至低于成本的价格销售产品，以达到驱逐和排挤竞争对手的目的。电力零售市场出现掠夺性定价行为有其经济合理性。如果在位一体化供电企业被要求提供"保底"服务，那么在驱逐竞争对手之后，竞争对手的用户就直接重新转化为在位企业的用户，支配性在位企业可以轻易地将电力零售价格恢复到垄断水平。同时，一旦在位企业通过掠夺性定价策略成功排挤驱逐了竞争对手，它就会在市场中建立起"掠夺者"的名声，吓阻新的竞争者进入市场。

（2）提高竞争对手成本。提高竞争对手成本也称作"价格挤压"，是指纵向一体化企业利用其在上游市场的支配性地位，控制下游企业的必要的投入要素，并利用上游产品和下游产品的定价，将相同效率或者更高效率的竞争者排挤出下游市场的行为。输配电网是电力行业的"瓶颈"和必要设施，所有的电力交付都必须通过输配电网完成。输配电零售一体化企业有能力也有激励提高竞争对手的输配电网使用费用，以增加竞争对手在下游零售市场的供电成本，使其在下游市场中处于竞争劣势。即使输配电价是由政府管制定价，一体化在位企业仍然有可能通过影响政府管制机构来提高输配电价格，"成本＋合理收益"的定价方法为在位企业提高输配电价提供了相当大的空间。

（3）价格歧视。价格歧视是指支配性企业对相同交易条件的交易相对人在交易价格上实行差别待遇的滥用市场势力行为。价格歧视需要满足两个主要的条件：一是能够区分出两个或两个以上的不同市场；二是不同市场之间可以通过转售套利。这两个条件在电力零售市场中都能够得到满足。首先，根据用户不同的转换成本、转换倾向或者对价格的敏感程度，可以将用户区分为不同的细分市场。其次，套利意味着购买低价电的用户可以转售给其他客户，这在电力零售市场中几乎是不可能的。

价格歧视的反竞争效果主要体现在两个方面：一是支配性电力零售企业通过价格歧视可以获得超额利润，事实上，只要支配性企业有能力进行价格歧视，它们就一定会这样做。二是支配性企业可以通过价格差别待遇来锁定转换倾向高的用户，从而对竞争者形成排斥和限制。除价格歧视外，一体化的支配性企业还可以采取非价格差别待遇来使自己的零售部门在竞争中处于有利地位。例如，当出现线路故障需要抢修时，一体化供电企业可能优先考虑维修自己的客户。或者，一体化供电企业也可能快速地重新装设电线以避免使自己的客户出现过载或者停电的危险。

2. 石油下游市场中的典型垄断行为

（1）横向垄断协议。中国的炼油产能主要集中在中石油、中石化两家大型国有企业，合计占全国产能比重约为 59.5%，独立炼油厂占全国产能的比重约为 32.9%，中海油占全国产能比重约为 5.1%，此外，还有少量煤基油品企业和外资企业。[1] 随着成品油价格由政府定价向市场定价转变，寡头垄断的市场结构、同质化的产品结构、长期重复博弈市场中的相互依赖等因素，有利于炼油企业之间达成并实施分割市场、固定或变更价格、限制产量或销售量等方面的横向垄断协议。炼油与零售的纵向一体化，使参与合谋的经营者更加容易监督垄断协议的执行。[2]

由于炼油企业之间有可能会达成互惠购销协议，零售市场中就更有可能发生隐性或者明示的合谋。互惠购销协议允许协议双方在己方没有自营炼油厂（而对方有炼油厂）的区域采购并销售对方的产品，从而实现降低运输成本并维持炼油厂产量的目的。当炼油企业之间建立起这

---

① 金云、费华伟：《中国炼油工业现状与发展趋势》，《国际石油经济》2015 年第 5 期。

② Borenstein, Bushnell and Lewis, "Market Power in California's Gasoline Market", Center for the Study of Energy Markets Working Paper #132, University of California Energy Institute, May 2004.

种协议时，它们之间的竞争就不可能过于激烈，因为在对方炼油厂邻近区域内采取激烈的竞争行动将导致己方炼油厂邻近区域内遭到同样的报复。在极端情况下，互惠购销协议能够为隐性或者明示的合谋行为营造有利的环境。[①]

独立炼油企业针对原油进口成立的正式的或非正式的采购联盟，严格意义上说，也属于一种横向垄断协议，但是，根据中国《反垄断法》的相关规定，这种垄断协议可以依法向反垄断部门申请反垄断豁免。2016年2月29日，中国（独立炼厂）石油采购联盟正式成立。该联盟的功能是组织有进口原油配额的地炼企业建立进口原油集中采购平台，实现集中采购、一致谈判、统一价格、集中结算、集中贷款和按配额分量使用进口原油。从反垄断执法角度看，该石油采购联盟是一个典型的横向垄断协议，应当依法予以禁止。不过，如果该联盟能够证明其功能符合《反垄断法》第十五条第三款的规定，并按程序向中国反垄断执法机构提出豁免申请，那么，在获得豁免之后该联盟将不再违反中国《反垄断法》的规定。

（2）经营者集中。炼油行业的经营者集中行为长期以来一直是世界各国反垄断机构关注的焦点。根据中国《反垄断法》和《国务院关于经营者集中申报标准的规定》的要求，符合申报标准的经营者集中行为必须向反垄断机构申报并接受反垄断审查。油气体制改革后，油气行业的经营者集中行为必须遵守反垄断审查标准和程序的相关规定。反垄断机构在执行经营者集中反垄断审查时，也需要充分考虑中国炼油行业经营者集中行为的促进竞争效果。

油气体制改革后，中国炼油行业中的经营者集中有可能发生在独立炼油厂之间或占市场支配地位的纵向一体化企业与独立炼油厂之间，以及不具有市场支配地位的纵向一体化企业与独立炼油厂之间。中国独立炼油企业的单体生产规模普遍较小、技术工艺相对落后，难以适应市场化改革后的成品油市场竞争，因此，具有通过合并实现规模经济、提高生产效率的客观需求。尽管经营者集中减少了炼油企业的数量，但是，此类集中能够提高独立炼油企业的经济效率，因而具有促进竞争的效

① OECD, "Competition in Road Fuel", *Competition Policy Roundtables*, November 21, 2013, Paris, France.

果。如果经营者集中是发生在不具备市场支配地位的纵向一体化企业与独立炼油厂之间,那么这种集中的促进竞争效果可能更为显著。例如,中海油收购和控股独立炼油企业扩大了炼油产能,被收购和控股的独立炼油企业也获得了稳定的原油供应和资金、技术支持,能够提高经济效率。可是,如果经营者集中是发生在占支配地位的纵向一体化石油企业与独立炼油厂之间,这种集中将进一步削弱独立炼油厂作为一个群体的竞争实力,将对炼油行业的竞争产生不利影响。

零售业务的经营者集中与炼油业务的情况相似。中海油通过收购或控股民营加油站增加了加油站数量,对成品油零售市场的竞争将产生积极影响。部分有实力的独立炼油企业也在谋求通过收购和控股建立自己的零售渠道,独立炼油企业直接进入成品油零售市场也具有明显的促进竞争效果。在零售业务领域值得反垄断机构关注的是在位垄断企业(如中石油和中石化)对民营加油站的收购。由于成品油零售业务存在比较高的进入壁垒,在位垄断企业进一步扩大市场份额,将对未来的成品油零售市场竞争产生不利影响。

(3)滥用市场支配地位。中国原油进口权和进口原油使用权的有条件放开,削弱了一体化大型石油企业将上游市场势力延伸至炼油环节的能力,石油下游市场中的滥用市场支配地位行为更有可能出现在成品油零售环节。

中国成品油销售市场是典型的双寡头垄断结构,中石油和中石化两家纵向一体化公司控制了中国绝大部分的成品油销售市场。[①] 炼油与零售一体化经营有提高经济效率的作用,纵向一体化避免了双重加价、降低了炼油企业与零售终端的交易成本。但是,占支配地位的纵向一体化企业也存在滥用支配地位排斥和限制竞争的动机,并具备实施滥用行为的能力。

成品油零售市场中可能出现的滥用行为主要有以下两种:一是价格歧视。占支配地位的纵向一体化企业对自营加油站、特许加盟加油站和其他独立加油站给予不同的批发价格,有可能产生阻止新零售商进入成品油零售市场,也有可能将已经进入的独立零售商驱逐出市场。二是低

---

① 王俊豪、穆秀珍:《中国石油产业市场结构重组与分类管制政策》,《财贸经济》2015年第 5 期。

于成本销售。占支配地位的纵向一体化企业持续以低于成本的零售价格销售成品油，以实现驱逐竞争对手或者阻止潜在竞争对手进入的目的。由于中国的成品油零售业务存在较高的进入壁垒，这种掠夺性定价策略在特定相关市场内获得成功的可能性较大，占支配地位企业在驱逐竞争对手后，可以通过重新提高价格弥补掠夺性定价造成的损失。

3. 天然气下游市场中的典型垄断行为[①]

与上游的情况类似，长期交易合同在天然气下游市场交易中也具有重要的地位。长期交易合同有利于保障用户获得充足的供应，也有利于上游天然气生产或进口项目获得稳定的市场和现金流。但是，下游市场的长期交易合同同样具有市场封锁效应，对新供应商进入市场形成排斥和限制。此外，长期交易合同还降低了天然气现货交易市场的流动性。

天然气下游市场长期合同的反竞争效果受到了欧盟竞争机构的关注，在 2007 年的 Distrigaz 公司反垄断案中，欧盟首次将竞争法适用于天然气下游市场的长期交易合同。竞争执法机构认定 Distrigaz 公司在比利时天然气下游市场中与大量用户签署了长期交易合同，占据了绝大部分市场份额，构成了对比利时天然气下游市场竞争的排斥和限制。[②] 很显然，如果一个占有市场支配地位的上游供应商与相关市场内绝大多数的用户签署了长期交易合同，那么新的供应商在合同期内就很难进入市场参与竞争。市场集中的程度越高，合同期限越长，长期合同的封锁效应就越强。

四　能源市场反垄断政策优化

反垄断政策是中国能源监管政策体系的一个重要组成部分，在中国能源市场化改革进程中必将发挥积极的作用。中国能源市场不仅是一种特殊的市场，还是一个不断改革变化中的市场，将反垄断法确立的一般性竞争原则应用于能源市场，需要根据中国能源市场化改革的目标和进程做出适应性调整。

（一）选用适应能源行业特殊性的市场势力测定方法

能源行业的特殊性，导致传统的市场势力测定方法不适用于某些能

---

① 在讨论天然气上游和下游市场的反垄断问题时，我们假设政府对天然气输配网络的监管是有效的，输配网络资产的所有者或实际运营者在天然气上下游市场竞争中严格保持中立。

② Scholz, Ulrich and Stephan Purps, "The application of EC competition law in the energy sector", *Journal of European Competition Law & Practice*, Vol. 1, No. 1, 2009, pp. 37 – 51.

源市场（如电力市场）的反垄断经济分析。中国反垄断执法机构在进行经营者集中、滥用市场支配地位等方面的反垄断经济分析时，需要根据不同能源行业的具体特点，选择合适的市场势力测定方法。

1. 赫尔芬达尔—赫希曼指数

传统上，反垄断机构一般采用赫尔芬达尔—赫希曼指数（HHI 指数）作为衡量石油、天然气市场并购前后市场势力变化的主要指标。HHI 指数被定义为一个产业中 n 个企业的市场份额的平方和，如式（7-3）所示[①]：

$$H = \sum_{i=1}^{n} \left(\frac{Q_i}{Q_t} \right)^2 \tag{7-3}$$

式中，Q_i 是产业中第 i 个企业的销售额，Q_t 是产业中所有企业总的销售额。

美国司法部和联邦贸易委员会在《横向并购指南》中将 HHI 指数作为衡量并购竞争影响的指标。在《横向并购指南》中，根据 HHI 指数将市场划分成三种类型：HHI 指数低于 1500 点的属于低度集中市场，HHI 指数在 1500—2500 点的属于中度集中市场，HHI 指数高于 2500 点的属于高度集中市场。在对横向并购行为的反垄断审查中，如果并购导致的 HHI 指数增加少于 100 点，那么这种并购不可能产生负面竞争影响，无须进一步分析。低度集中市场中的并购行为不可能产生负面竞争影响，也无须进一步分析。中度集中市场中的并购行为如果导致超过 100 点的 HHI 指数增加，那么并购行为会引发竞争关注，通常需要进一步详细审查。高度集中市场中的并购如果导致了 100—250 点的 HHI 指数增加，那么并购行为将引发竞争关注，通常需要进一步详细审查。

由于市场份额通常是外界最容易观察到的企业数据，而且市场集中度以及单个企业的市场份额与市场势力有着密切的关系，因此，将 HHI 指数作为市场势力的一般性衡量指标是反垄断机构的一种合理选择。然而，当应用到电力市场时，HHI 指数这一结构性指标存在明显的缺陷。第一个缺陷是 HHI 指数考虑需求弹性对市场势力的影响。一个给定的 HHI 指数水平在低需求弹性的市场中代表着更大的市场势力。第二个缺

---

① 伯纳德特·安德鲁索、戴维·雅各布森：《产业经济学与组织——一个欧洲的视角》，经济科学出版社 2009 年版。

陷是 HHI 指数没有考虑供给弹性对市场势力的影响。当发电企业面临产能约束（特别是在需求波峰）时，电力供给曲线的形状变得陡峭，这时仍然拥有剩余产能的企业拥有很强的市场势力，即使整个市场的 HHI 指数并不高。第三个缺陷是 HHI 指数没有考虑输电网的容量限制。当存在容量限制时，相关市场的地理范围被缩小了，简单地计算 HHI 指数将过高估计市场的竞争程度。第四个缺陷是 HHI 指数没有考虑长期合同对市场势力的影响。即使是在集中程度很高的市场，如果支配性发电企业的大部分产能已经被长期供电合同固定，那么这个支配性企业滥用市场势力提高价格的激励会大大降低。

在认识到 HHI 指数的局限之后，国外理论界针对电力行业的特殊性又发展出了一些新的市场势力指标和测度方法，如关键供应商指标（PSI）、剩余供给指标（RSI）、市场行为分析以及市场仿真方法等。

2. 针对电力市场特殊性的结构与行为指标

当必须使用某个发电企业的产出才能平衡特定时刻的电力供给和需求时，这个发电企业就是所谓的"关键供应商"。当且仅当给定时点的批发市场需求超过所有其他发电企业的产能之和时，一个发电企业才被称作是"关键供应商"。关键供应商指标捕捉了电力市场的一个重要特征，即市场势力在高需求时期更加显著，并且发电企业的规模本身不是市场势力的唯一决定因素。

记批发市场需求为 D_t，其他发电企业的产能为 C_j，发电企业 i 的关键供应商指标可以表示为[①]：

$$P_{it} = \begin{cases} 1, \text{如果 } D_t \geqslant \sum_j \neq iC_j \\ 0, \text{如果 } D_t \geqslant \sum_j \neq iC_j \end{cases} \quad (7-4)$$

剩余供给指数（RSI）是给定时刻其他发电企业的全部产能与总市场需求之间的比率。当剩余供给指数大于 1 时，说明其他厂商的发电量能够满足市场需求，被考察的发电企业不是关键供应商。当剩余供给指数小于 1 时，被考察的发电企业是关键供应商。原则上说，剩余供给指

① Twomey, P., Green, R. and Neuhoff, K. et al., "A Review of the Monitoring of Market power: The Possible Roles of TSOs in Monitoring for Market Power Issues in Congested Transmission Systems", Research Paper, MIT Center for Energy and Environmental Policy Research, 2005.

数越低，关键供应商市场势力就越强。

同样，记市场总需求 D_t，其他发电企业的产能为 C_j，某个发电企业 i 的剩余供给指数可以表示为[①]：

$$RSI_{it} = \frac{\sum_{j \neq i} C_j}{D_t} \qquad (7-5)$$

HHI、PSI 和 RSI 等结构性指标主要用于分析和评估潜在的市场势力，对于经营者集中反垄断审查来说，这些指标非常重要。但是，对于单边滥用市场势力行为的反垄断调查和市场监管来说，仅依赖事前的结构性指标显然是不充分的，必须对市场行为及其后果进行深入分析。市场行为分析通常包括对市场竞价和产量的考察，分析的重点在于区分真正的稀缺租与市场势力的滥用，主要分析方法包括价格—成本边际分析和容量持留分析等。

价格—成本边际分析的基本假设是：在竞争性竞价拍卖市场中，作为价格接受者的企业将会基于其生产的边际成本要价。因此，发电企业的要价与其边际成本的比较就成为判断其是否滥用市场势力的一个重要的测度方法，勒纳指数（LI）和价格成本边际指数（PCMI）是"竞价—成本边际分析"的主要指标，如式（7-6）所示[②]：

$$LI = \frac{P - MC}{P} \qquad (7-6)$$

$$PCMI = \frac{P - MC}{MC} \qquad (7-7)$$

式中，P 是发电企业在批发市场中的要价，MC 是该企业的边际成本。

在单一竞价市场中，这两个指数可以用于分析单个企业的竞价行为。在差异化竞价市场中，价格—成本边际分析仅适用于边际发电企业的竞价行为。无论在哪一种情形下，完全竞争的市场都不会提供高于边际成本的利润，因此，勒纳指数和价格成本边际指数都将为零。

容量持留分析的基本目的是识别在当前价格下可以有利可图地出售

---

① Twomey, P., Green, R. and Neuhoff, K. et al., "A Review of the Monitoring of Market power: The Possible Roles of TSOs in Monitoring for Market Power Issues in Congested Transmission Systems", Research Paper, MIT Center for Energy and Environmental Policy Research, 2005.

② Ibid.

但没有被出售的发电产能。如前所述，发电企业的容量持留主要有两种形式：一种是经济持留；另一种是物理持留。经济持留可以通过估计"产出缺口"来加以判断。产出缺口被定义为一个发电机组在现时市场价格下的经济产能与该机组的实际产能之差，如式（7-8）所示[1]：

$$OUTGAP = Q_i^{econ} - Q_i^{prod} \qquad\qquad (7-8)$$

在没有其他理由解释的情况下，产出缺口为正值时标志着厂商存在经济持留行为。物理持留也称作"降额"，有两种表现形式：一种是发电机组停止运行，另一种是减少机组的发电量。在进行物理持留数量分析时，需要扣除计划中的停止运行和长期强制停止运行的机组产能。

3. 市场仿真方法

除上述的市场势力衡量指标外，经济学家还开发出更复杂的市场仿真方法来测量电力市场中的市场势力，如竞争标杆分析和寡头垄断仿真模型等。[2]

竞争标杆分析的基本思路是：利用计算机建模估计完全竞争市场中的市场价格，并将这一仿真结果与市场中观察的实际价格进行比较。竞争标杆分析的最常见形式是通过模拟一个假设的竞争性市场来估计边际发电企业的生产边际成本。其基本流程是：收集市场中现有发电技术的相关数据，将发电企业按照从低成本到高成本的方式堆叠，从而估计出每一个交易时期的电力供给曲线。

寡头垄断仿真模型能够与市场势力相关的集中度、需求弹性、供给曲线竞价、远期合约乃至输电容量约束等因素，合并到一个模型中进行分析。基于博弈理论框架，这些模型能够根据成本数据校准并预测市场价格和勒纳指数等指标。市场仿真研究中最流行的模型是古诺竞争模型和伯川德竞争模型，这两个模型分别对应了电力市场中的价格竞争和产量竞争。

（二）制定适应能源市场化改革的经营者集中政策

1. 电力行业经营者集中反垄断政策优化

经济学理论研究以及国际电力行业反垄断与政府监管的实践经验都

---

① Twomey, P., Green, R. and Neuhoff, K. et al., "A Review of the Monitoring of Market power: The Possible Roles of TSOs in Monitoring for Market Power Issues in Congested Transmission Systems", Research Paper, MIT Center for Energy and Environmental Policy Research, 2005.

② Ibid..

表明，在发电侧拥有数量足够多的、有竞争力的独立发电企业是促进电力市场竞争，抑制发电侧市场势力形成和滥用的关键。

从 2002 年 5 号文件发布之日算起，中国电力行业真正意义上的市场化改革已经历了十多年的历程。发电与输配电环节的纵向分割，在全国范围内形成了以五大发电集团为主并辅之以大量中小发电企业的低集中寡占市场格局。但是，由于受到跨省区电力交易机制和电力系统管理体制的约束，在部分区域性和地方性电力市场发电侧的集中度水平实际上可能远高于全国水平，这意味着即使经过了长期的市场化改革，发电侧的市场竞争程度和市场竞争环境也并不容乐观。在这样的背景下，如果不加强对发电侧横向并购行为的反垄断审查力度，横向并购将有可能在区域和地方发电市场中产生很强的反竞争效果。

电力行业的特点决定了横向集中反垄断政策的"伪阳性"和"伪阴性"错误对市场竞争和消费者造成的损害程度不同，相比过低估计反竞争效果的"伪阴性"错误，过高估计反竞争效果的"伪阳性"错误造成的损害程度更低。虽然反垄断执法优化市场结构方面的作用有限，但是，反垄断机构可以通过制定更严格的电力行业经营者集中反垄断审查标准，来维持现有市场结构并降低发电侧横向并购可能造成的反竞争影响。

中国对电力行业的经营者集中反垄断审查可以从以下几个方面做出调整：一是降低发电侧横向经营者集中反垄断审查的申报标准；二是扩大经营者集中反垄断审查的申报范围，即对《反垄断法》第二十二条规定的情形予以申报审查；三是在行业监管机构的协助下加强对经营者集中反竞争效果的经济分析。

2. 炼油和成品油零售行业的经营者集中反垄断政策优化

与电力行业市场化改革的初始条件不同，中国石油行业的市场结构是由少数几家大型国有石油公司主导的寡头垄断结构。这些大型国有石油公司采用纵向一体化的经营模式，业务范围涵盖了上游石油勘探开采到炼油和成品油零售，在每个业务环节中都具有极强的市场势力。虽然炼油行业中存在为数众多的独立炼油厂，但是，无论从企业规模、技术实力还是市场拓展能力、产品品质以及品牌声誉来看，单个的独立炼油企业都难以对大型国有石油公司构成实质性的竞争挑战。

石油行业市场化改革后，为了在中国炼油和成品油零售业务领域实现有效竞争，就需要在炼油行业中培育有竞争力的独立炼油企业，扩大零售市场的供给来源。在中国特定的石油行业改革背景下，占有市场支配地位企业与独立炼油厂或民营加油站之间的合并将产生排斥和限制竞争效果，而不具有市场支配地位企业之间的集中行为将产生提高经济效率和促进竞争效果。因此，反垄断机构在进行石油行业经营者集中反垄断审查时，应当将市场支配地位作为一个重要的参考指标。

（三）防治能源市场中的垄断协议和滥用市场支配地位行为

本轮能源体制改革的一个重点内容是建立和完善能源市场体制机制。在能源行业中引入市场机制，不仅要降低行政性进入限制、给予不同市场主体平等地位，更需要通过强有力的反垄断监管，预防和制止经营者采用垄断协议和滥用市场支配地位等行为限制和排斥竞争。

1. 电力市场垄断协议和滥用市场支配地位行为的反垄断关注重点

根据电力体制改革的顶层制度设计，中国未来的电力交易市场将由现货交易和长期合同两部分构成。长期合同对于批发市场中的滥用市场势力行为有较强的抑制作用，但其缺陷是难以对发电侧和售电侧的投资发出明确的价格信号，在改革初期交易成本也比较高，而且会限制电力批发市场的流动性。现货批发交易市场的缺点是价格波动大且容易受到单边滥用市场势力与合谋行为的损害，但是，交易成本低、结算便利并且对于电力系统的实时平衡而言不可或缺。电力行业改革重组的国际经验也显示，交易和结算的便利性往往导致供需双方更愿意选择在现货批发市场完成电力交易。也就是说，尽管目前还无法准确判断，但是，电力现货批发交易市场极有可能成为中国电力交易的主要市场。根据前文的分析，电力现货批发交易市场的反垄断监管重点是发电企业单边滥用市场势力行为以及发电企业之间的垄断协议行为。

在电力市场的售电侧，中国的电力零售市场竞争实质上将是电网企业售电公司与社会资本投资的配电零售一体化售电公司争夺增量市场配电权的竞争，以及电网售电企业与独立售电公司在存量市场的竞争。允许电网企业经营售电业务的政策，将产生影响售电侧竞争的效果。纵向分割的不完全，造成了电网企业与其他售电公司的利益冲突。一方面，电网企业售电公司有很强的激励在存量市场上利用其绝对支配地位，排斥和限制独立售电公司进入。另一方面，电网企业售电公司也有很强的激励在增量市场上利用其掌握关键设施的优势，排斥和限制社会资本投资配售电公司进入。可见，售电侧反垄断监管的重点是电网企业售电公司滥用市场支配地位的行为。一旦社会资本投资的售电公司获得了增量市场配电权，那么它就在增量市场中取得了与电网企业售电公司在存量市场中相似的地位，这时它在增量市场中的行为也应当引起反垄断机构足够的重视。

2. 油气市场垄断协议和滥用市场支配地位行为的反垄断关注重点

在石油和天然气行业的勘查开发环节，由于参与竞争的经营者数量较少，油气勘查开发企业之间比较容易通过隐含或者明示的垄断协议，实现串通投标的目的，需要引起反垄断监管机构的重点关注。同时，随着天然气市场国际化水平不断提高，上游天然气长期交易合同导致的"市场封锁"效应可能会阻碍新的供应商进入中国市场，反垄断监管机构应根据国际国内天然气供需状况的变化，重点评估天然气长期交易合同的反竞争影响。

在炼油环节，由于受到原油进口和使用政策限制，独立炼油厂需要大量使用国产原油进行生产，反垄断监管机构应重点防范大型纵向一体化石油企业滥用市场支配地位提高竞争对手成本。在成品油零售价格放开后，反垄断监管机构应重点防范大型纵向一体化企业采用价格歧视和低于成本销售等手段，限制和排斥市场竞争。与天然气上游市场相似，反垄断监管机构应重点评估下游天然气长期交易合同的反竞争影响。

综上所述，能源市场非常容易受到垄断协议和滥用市场支配地位行为的损害。垄断协议和滥用市场支配地位行为一旦发生，不仅使社会财富从消费者转移到市场经营者手中，更有可能导致能源价格不合理上涨，破坏正在进行中的市场化改革。因此，中国反垄断执法机构需要重点关注、预防和制止能源市场中的垄断协议和滥用市场支配行为，有力地维护中国能源市场竞争秩序。

（四）适时启动对能源输配网络第三方公平接入的反垄断监管

输配网络是电力和天然气行业最重要的基础设施。电力和天然气上下游市场是否能够实现有效竞争，取决于输配运营商能否严格保持竞争中立。从目前的情况看，中国将采取接入价格监管、接入条件监管的方式，来保证能源输配管网设施的公平接入。理论上说，如果政府监管是有效的，那么输配网络这一关键基础设施就不会对电力和天然气上下游市场竞争产生扭曲。

　　然而，如果天然气输配管网不能保持严格的竞争中立，那么控制输配管网设施的纵向一体化企业就有能力将其市场势力延伸至相邻市场，这将对上下游市场竞争造成严重的扭曲。世界能源改革经验显示，当行业监管机构的第三方公平接入监管无法取得令人满意的效果时，各国政府通常会采用反垄断执法来保障第三方公平接入的执行。因此，中国反垄断监管机构需要持续评估电网和天然气管网公平接入的实施情况，并适时采取反垄断监管措施，维护电力和天然气上下游市场的正常竞争秩序。

　　（五）加强反垄断机构与行业监管机构的密切合作

　　反垄断机构与行业监管机构之间的密切合作，是维持能源市场竞争秩序、保证中国能源市场化改革顺利进行的关键。

　　首先，反垄断机构与能源行业监管机构在职能上有较强的互补性。能源行业监管机构在"事前"设计了市场参与者的行动框架，反垄断机构在"事后"确保行动框架内市场主体的行为不对竞争造成损害。能源行业监管机构的"事前"制度设计与调整需要征求反垄断机构的专业意见，以避免制度设计对市场竞争构成严重的威胁。反垄断机构的执法工作也需要行业监管机构的紧密配合和支持才能有效开展。

　　其次，能源行业经营者集中案件的反垄断审查需要得到行业监管机构的配合和参与。能源行业经营者集中反垄断审查涉及的相关市场界定方法、反垄断审查申报标准等问题，需要根据行业的特殊性进行相应的调整，反垄断审查经济分析模型和方法的采纳也需要得到行业监管机构的认可。鉴于能源行业的技术复杂性和专业性，有些国家甚至将经营者集中反垄断审查同时授权给能源行业监管机构。

　　最后，能源反垄断执法的调查取证需要得到行业监管机构的密切配合。行业监管机构掌握的成本和交易数据，是反垄断机构认定垄断违法行为的重要证据，对大量成本和交易数据的分析及处理也需要得到行业监管机构的专业性和技术性支持。如果没有行业监管机构的密切配合，能源市场的反垄断调查很难顺利开展。

第八章 中国能源行业主要监管
政策优化研究（下）

本章是第七章的延续，首先系统地阐述中国能源行业的安全生产、环境监管的现状、问题及政策优化。然后以太阳能、风能为代表，对中国新能源行业鼓励政策的主要内容、成效与问题进行梳理，并在原因分析与国际经验借鉴的基础上，提出新能源行业政策的优化思路。

第一节 能源安全生产监管政策优化

中国能源安全生产监管的相关法规政策较多，监管框架呈现"多主体、自架构"特征。近年来，中国能源安全生产监管取得的主要成效是：生产事故率总体下降，安全生产态势逐步改善；安全生产专项监管进一步加强；油气领域安全生产监管迈出新步伐；应急管理体系建设逐步开展。当前能源安全生产监管存在的主要问题在于：监管立法繁杂，法出多门不易衔接；事故责任追究的专项法律欠缺；监管主体分散，监管职能条块分割；监管力量严重不足，社会力量参与监管力度不够。能源安全生产监管面临的挑战是：煤矿顶板事故和瓦斯事故仍然较多；石油、天然气重特大事故偶有发生，形势不容乐观；发生电力生产重特大事故的风险点依然存在；燃气事故发生率较高，对城市公共安全构成严重威胁。中国能源安全生产监管政策优化的基本思路应当是：修改、完善能源安全生产监管相关法律法规；制定安全生产事故责任追究专项法律，修订相关条例；明确应急管理部作为能源安全生产的监管主体，集中统一监管；完善能源安全生产的监管体系，加强监管力量。

一　中国能源安全生产监管的现状

（一）能源安全生产监管的相关法规政策

经过多年探索、实践和努力，中国能源安全生产监管的相关法规政策逐步完善，已初步形成了一般通用法规政策与行业专门法规政策相互搭配的安全生产监管法规政策体系。现有法规政策体系主要有两个层级（见表8－1）：一是主要能源行业安全生产监管通用的法规政策，主要是《安全生产法》（2014年修订）和《突发事件应对法》（2007年）。二是在上述两部法律基础上逐步制定和完善的，针对煤矿、电力、石油、天然气以及城镇燃气①等主要能源行业的专门的安全生产监管法规政策。

表8－1　　　　　　中国能源安全生产监管的相关法规政策

能源领域	法规政策
主要能源行业通用	《安全生产法》（2014年修订）
	《突发事件应对法》（2007年）
	《生产安全事故报告和调查处理条例》（2007年）
	《特种设备安全监察条例》（2009年修订）
	《国家安全生产事故灾难应急预案》（2006年）
	《安全生产监管监察职责和行政执法责任追究的规定》（2009年）
	《安全评价与检测检验机构规范从业五条规定（试行）》（2015年）
	《企业安全生产应急管理九条规定》（2015年）
	《生产安全事故罚款处罚规定（试行）》（2015年修订）
	《安全生产违法行为行政处罚办法》（2015年修订）
	《安全生产监管监察职责和行政执法责任追究的暂行规定》（2015年修订）
	《安全生产执法程序规定》（2016年）
	《生产安全事故应急预案管理办法》（2016年修订）
	《国务院办公厅关于加强安全生产监管执法的通知》（2015年）
	《省级政府安全生产工作考核办法》（2016年）

---

① 城镇燃气是指用于生产、生活的天然气、液化石油气、人工煤气等气体燃料的总称。城镇燃气行业是国家重要的能源生产和供应行业，城市燃气管网是重要的城市基础设施。

能源领域	法规政策
煤矿	《煤矿企业安全生产许可证实施办法》（2017 年修订）
	《煤矿安全监察条例》（2013 年修订）
	《国务院关于预防煤矿生产安全事故的特别规定》（2013 年修订）
	《强化煤矿瓦斯防治十条规定》（2015 年）
	《煤矿重大生产安全事故隐患判定标准》（2015 年）
	《关于开展煤矿建设秩序专项监管的通知》（2014 年）
	《2016 年 7 项专项监察方案的通知》（2016 年）
电力	《电力安全事故应急处置和调查处理条例》（2011 年）
	《电力安全生产监督管理办法》（2015 年）
	《国家能源局关于印发〈单一供电城市电力安全事故等级划分标准〉的通知》（2013 年）
	《国家能源局关于印发〈电力安全事件监督管理规定〉的通知》（2014 年）
石油、天然气及城镇燃气	《石油天然气管道保护法》（2010 年）
	《陆上石油天然气长输管道建设项目安全设施设计编制导则（试行）》（2015 年）
	《油气罐区防火防爆十条规定》（2015 年）
	《城镇燃气管理条例》（2016 年修订）
	《关于调整油气管道安全监管职责的通知》（2014 年）

（二）能源安全生产监管的主体与架构

"多主体，自架构"是当前中国能源安全生产监管框架的主要特点。所谓"多主体，自架构"是指主要能源行业的监管主体呈现多元化，各自形成多重的自成一体的监管框架。具体而言，主要能源行业的监管主体有原国家安监总局（现归属应急管理部）、国家能源局、住房和城乡建设部、原国家质量监督检验检疫总局（现国家市场监督管理总局）和消防部门（现归属应急管理部）。①

在主要能源行业中，原国家安监总局（现应急管理部）负责煤矿

---

① 2018 年 3 月，根据十三届全国人大一次会议批准的国务院机构改革方案，组建国家市场监督管理总局，将原国家质量监督检验检疫总局的职责整合进国家市场监督管理总局，不再保留国家质量监督检验检疫总局。公安消防部队转制后作为综合性常备应急力量，由应急管理部管理。但原有政府行政部门和改革后成立的新政府行政部门的整合还需要一个过程。

安全生产监管，也负责石油、天然气安全生产监管。在名义上，包括能源在内的所有行业的安全生产监管都应当是原国家安监总局（现应急管理部）的监管职责范围。但是，实际上，原国家安监总局负责安全生产监管的行业还是非常有限的，其监管架构也自成一体。

目前，国家能源局主要负责电力安全生产的监管，也承担煤炭、石油和天然气等行业安全生产的部分监管职能。国家能源局的监管架构自成一体，除了直属司，还有华北能源监管局、东北能源监管局、西北能源监管局、华东能源监管局、华中能源监管局和南方能源监管局六大区域监管局，下面还有诸多的省级监管办公室作为国家能源局的派出机构。

住房和城乡建设部主要负责城镇燃气安全生产监管。城镇燃气安全生产的监管架构是自上而下，自成体系，实行"住房和城乡建设部—省建设厅—市建设局—县（区）建设局"的垂直管理体制。

此外，原国家质量监督检验检疫总局（现国家市场监督管理总局）主要负责能源行业生产涉及的特种设备的安全监察工作。而能源安全生产所涉及的消防设施监管，则归于消防部门（现归属应急管理部）。

（三）能源安全生产监管的成效

1. 能源生产事故率总体下降，安全生产态势逐步改善

"十二五"期间，中国煤炭产量从整体上呈上升趋势，但煤矿事故次数、死亡人数及百万吨煤炭死亡率都有所降低。2015年，百万吨煤炭死亡率为0.157，比2011年的0.654下降76%；煤矿事故发生次数从2011年的1201起下降为2015年的345起，降低了71.3%；煤矿事故死亡人数从2011年的1973人下降为2015年的588人，降低了70.2%。这表明中国煤炭行业"十二五"期间安全生产状况呈逐步改善态势。[①]

"十二五"以来，电力安全生产形势总体稳中向好。电网安全风险管控、网络与信息安全和电力工程建设施工安全等专项监管取得较好成效。迎峰度夏季及汛期的供电安全和水电站大坝运行安全得以保障。成功地应对了台风、地震等自然灾害，圆满地完成了抗战胜利70周年阅

① 邓奇根、张赛、刘明举：《2006—2015年我国煤矿安全形势好转原因分析及建议》，《煤炭工程》2016年第12期。

兵活动，北京"两会"、南京青奥会、上海亚峰会等重要保电任务。[①]

2. 能源安全生产的专项监管进一步加强

2014 年 10 月，针对部分地区煤矿违法违规建设仍然突出的情况，国家能源局发布《关于开展煤矿建设秩序专项监管的通知》（国能煤炭〔2014〕380 号），在重点产煤省（区）集中开展煤矿安全生产领域"打非治违"专项监管。专项监管按区域分布成立督查组督查在建煤矿，对在建煤矿进行抽查或全面检查。[②] 国家煤矿安全监察局（现归属应急管理部）于 2016 年 3 月印发《2016 年 7 项专项监察方案的通知》（煤安监监察〔2016〕7 号），启动煤矿瓦斯防治、水害防治、超能力生产、安全投入、安全培训、设备安全和建设项目 7 项专项监察。其中煤矿建设项目专项监察方案要求各省级煤矿安监局组织对辖区内建设项目开展专项监察，国家煤矿安监局对部分省份做抽查。[③] 2015 年 10 月，国家发展和改革委员会颁布《电力建设工程施工安全监督管理办法》，（国家发展改革委〔2015〕28 号），进一步明确国家能源局对电力建设工程专项监管的具体职责和各建设主体的安全责任。该办法着重阐述监理单位的安全管控职能，对其监理职责要求更为细化，强调工程的全周期监理。[④]

3. 油气领域安全生产监管迈出新步伐

近年来，面对油气领域安全生产监管工作内容新、手段少等困难，国家能源局印发《关于加强天然气合理使用监管工作的通知》（国能综监管〔2014〕12 号），开展民生用气"长供久安"监管工作，建立油气企业信息报送制度。印发《关于做好油气监管相关信息报送工作的通知》（国能综监管〔2014〕701 号），建立供需情况日报制度，每日报送天然气供需情况，开展"煤改气"情况统计，对民生用气情况进

---

① 谭荣尧、赵国宏等：《中国能源监管探索与实践》，人民出版社 2016 年版，第 325—326 页。

② 国家能源局：《关于开展煤矿建设秩序专项监管的通知》（国能煤炭〔2014〕380号），2014 年 10 月 29 日。

③ 国家煤矿安全监察局：《关于印发 2016 年 7 项专项监察方案的通知》（煤安监监察〔2016〕7 号），2016 年 3 月 3 日。

④ 国家发展和改革委员会：《电力建设工程施工安全监督管理办法》（国家发展改革委〔2015〕28 号），2015 年 8 月 18 日。

行监测与预测预警。[①]

2014 年 7 月，鉴于近年来油气管道事故多发，国家安监总局印发《关于调整油气管道安全监管职责的通知》（安监总厅〔2014〕57 号），要求将油气管道安全监管纳入危险化学品安全监管范畴，严格按照有关危险化学品安全监管法律法规、规范标准，做好石油天然气长输管道及其辅助储存设施安全监管工作。纳入危险化学品安全监管范围的油气管道范围为陆上油气田长输管道（城镇燃气除外）、海上油气田输出的长输管道和进口油气长输管道。[②]

4. 能源安全生产应急管理体系建设逐步开展

能源安全生产应急管理的法规制度建设稳步推进。2014 年，《安全生产法》修订增加了应急管理相关条款，着力推动的《生产安全事故应急条例》立法工作取得了重要进展。国家层面制定颁布了一系列规章、标准和规范性文件，地方政府及其有关部门加强了法规制度体系建设，高危行业企业基本完善了相关规章制度。部分地区积极开展安全生产应急管理执法检查工作，推动了安全生产应急管理法规制度的落实。

能源安全生产应急管理的体制机制正在逐步完善。全国 31 个省份及新疆生产建设兵团、316 个市、551 个县以及纳入统计的 50 家中央企业建立了安全生产应急管理机构。应急联动、预警预报、指挥协调工作机制不断健全，化工园区安全生产应急管理创新试点和企业安全生产应急管理标准化等工作取得丰硕成果。能源安全生产应急救援队伍建设稳步推进。全国共有专职矿山和危险化学品救援队伍 960 支，人员总数 6.8 万人，基本形成了国家、骨干和基层三级安全生产应急救援队伍体系。[③]

二　中国能源安全生产监管存在的问题

（一）监管立法繁杂，法出多门不易衔接

一方面，中国当前能源安全生产监管的法规政策依据繁杂，既有国家层面的法律，有国务院的法规，也有部门规章，更有部门制定的文

[①] 谭荣尧、赵国宏等：《中国能源监管探索与实践》，人民出版社 2016 年版，第 325 页。

[②] 国家安监总局：《关于调整油气管道安全监管职责的通知》（安监总厅〔2014〕57 号），2014 年 7 月 7 日。

[③] 国家安监总局：《关于印发〈安全生产应急管理"十三五"规划〉的通知》（安监总应急〔2017〕107 号），2017 年 9 月 22 日。

件。另一方面,法出多门,全国人大、国务院、原国家安监总局、国家
能源局、住房和城乡建设部和原国家质量监督检验检疫总局等都出台了
与能源安全生产监管相关的法规政策。这很容易造成各项法律、规章之
间或者各个文件之间的衔接困难。例如,能源安全生产工作涉及众多领
域,特别是一些敏感、重大的工程,安全生产工作的开展对整个工程起
到至关重要的作用。原国家安监总局和国务院其他分行业、跨领域监管
安全生产工作的部门公布了众多的部门规章,但由于目前安全生产法规
不系统,各行政部门制定的部门规章之间衔接不够,导致相关内容存在
交叉冲突。① 又如,《石油天然气管道保护法》是石油天然气安全生产
监管的重要法律,但该法律没有明确执法主体,导致石油管道的安全监
管体制与法制达不到预期效果,直接制约了石油管道安全管理的有效开
展。现有的《石油天然气管道保护法》与国务院颁布的《特种设备安
全监察条例》存在一定的冲突,两者都表述了石油天然气管道保护,
但重点和关注的内容都存在差异,导致石油天然气管道的保护机制不统
一,不利于管道安全管理的实施。②

(二) 事故责任追究专项法律欠缺

能源安全生产中的事故责任追究是多方面的,既包括事故预防中的
责任追究,也包括事故应急行动中的责任追究,更包括对监管主体职责
不到位、监管缺位的责任追究。

第一,虽然我国的《安全生产法》也有关于安全生产法律责任的
规定,但是,随着中国供给侧结构性改革和经济结构的不断调整,能源
企业的经济发展方式逐渐转变和产业结构转型升级,能源生产的新工
艺、新技术、新设备、新材料给安全生产工作带来了诸多不确定因素,
涉及企业安全生产工作的部门除安全部,技术部、生产部、财务部等诸
多部门都对安全工作的开展起到关键作用。而《安全生产法》只规定
了主要负责人、专职安全管理人员和机构的职责,未明确涉及安全生产

---

① 赵光萍、普兴林、陈玉明等:《矿山企业安全生产责权清单建立存在的问题及对策分
析》,《黄金》2017 年第 6 期。

② 梁泉水、朱赟:《石油天然气管道安全管理存在的问题及对策》,《中小企业管理与科
技》2017 年第 11 期。

工作的各个岗位和机构的职责。①

第二，2007 年国务院颁布的《生产安全事故报告和调查处理条例》（国务院令第493 号）是查明能源安全生产事故原因，明确责任，防止事故再次发生的重要手段。但是，该条例至今尚未进行修订，对于能源安全生产的事故调查，该条例只明确了安全生产管理机构的责任追究，而没有明确能源安全生产其他相关部门的追责依据，从而无法明确追责。因此，该条例已经不能适应新形势下能源安全生产工作的需要。

第三，目前虽然也有一些责任追究相关的法规和文件，但是，事故责任追究专项法律依然欠缺。如2015 年4 月2 日国务院办公厅下发《国务院办公厅关于加强安全生产监管执法的通知》（国办发〔2015〕20 号）分为健全完善安全生产法律法规和标准体系、依法落实安全生产责任、创新安全生产监管执法机制、严格规范安全生产监管执法行为和加强安全生产监管执法能力建设五部分，共计20 条。在事故应急行动中的责任追究方面，2006 年国务院发布的《国家安全生产事故灾难应急预案》虽然有对事故应急预案中处罚的规定，但其效力仍在法律之下。②

第四，安全生产法律责任的实现方式过于片面。目前，关于安全生产法律责任的规定主要体现在《安全生产法》中。《安全生产法》的立法目的在于"加强安全生产监督管理，防止和减少安全事故，保障人民群众生命和财产安全，促进经济发展"。故将监督管理放在首位，表明中国在安全生产上重视发挥政府的积极作用，为经济发展服务。因此，在中国的安全生产法律责任中，追究的大部分是行政责任，鲜见民事赔偿和刑事处罚。这种责任实现形式向行政处罚、党纪处分倾斜的倾向，造成了责任实现方式的片面化。③

（三）监管主体分散，监管职能条块分割

目前，中国煤矿、电力、石油和天然气、城镇燃气等主要能源行业的安全生产监管主体较为分散，主要有原国家安监总局及其各地派出局

①　赵光萍、普兴林、陈玉明等：《矿山企业安全生产责权清单建立存在的问题及对策分析》，《黄金》2017 年第6 期。
②　杨柳、张德、王伟：《燃气突发事件应急管理法律法规研究》，《中国燃气运营与安全研讨会论文集》，2016 年。
③　袁庆丽：《安全生产过程中的法律问题及对策研究》，《法制博览》2016 年第20 期。

（现归属应急管理部）、国家能源局、住房和城乡建设部、国家质量监督检验检疫总局（现归属国家市场监督管理总局）等多个主体。能源安全生产的监管职能在总体上各主体相互之间呈现条块分割、各自为政的状况，局部上则职能重叠，权责不清，导致协同困难，监管效率低下。

从理论上讲，能源安全生产的监管职责应毫无疑问属于原国家安监总局（现归属应急管理部），但实际情况却不然。原国家安监总局成立的最重要初衷在于应对煤矿事故频发的严峻形势。可见，其监管重心在于煤矿生产安全。原国家安监总局（国家煤矿安监局是其管理的国家局，国家安全生产应急救援指挥中心是其管理的事业单位）为国务院直属正部级机构。煤矿安全生产的监管职责在于原国家安监总局，这一点是相对明确的。不过，虽然国家能源局煤炭司的主要职责是承担煤炭行业管理工作，协调有关部门开展煤层气开发、淘汰煤炭落后产能、煤矿瓦斯治理和利用工作，但后者显然包括煤矿安全生产的部分监管职责。

对于石油、天然气，部分安全生产的监管职责被归入原国家安监总局（现归属应急管理部）。如陆上石油天然气在勘探、开发、储运环节的安全监管属于原国家安监总局。天然气、液化石油气的生产，城市门站以外的天然气管道输送，燃气作为工业生产原料的使用，沼气、秸秆气的生产和使用，这方面的安全监管也属于原国家安监总局。但是，国家能源局设有石油、天然气司（国家石油储备办公室），在承担石油、天然气的行业监管职责的同时，承担国家石油、天然气储备管理工作，监督管理商业石油、天然气储备。由于现实中并不存在不涉及安全生产的纯粹的行业监管，因此，石油、天然气安全生产的某些监管职责，并不在原国家安监总局，而在国家能源局。例如，商业石油储备的监督管理中所涉及的安全问题，在目前实践中更多地属于国家能源局职责范围。因此，在实践中，原国家安监总局和国家能源局在石油、天然气安全生产监管上的界限划分是比较模糊的，各地往往并不统一。

首先，在实践操作中，虽然地方安全监管部门通常担负主要监管责任（组织事故调查），但是，对监督事故查处的落实工作，安监部门只是参与，而将事故查处落实情况的监督职能交给国家能源局。例如，2017 年温州市人民政府办公室就印发的《温州市石油天然气长输管道

突发事故应急预案的通知》（温政办〔2007〕58 号）指出，本预案主
要用于指导预防和处置发生在温州市行政区域内的石油、天然气长输管
道及附属设施的各类突发事故。应急组织指挥的领导机构是市石油天然
气长输管道突发事故应急处置领导小组。组长为市政府分管副市长，市
发改委、市安监局分管负责人皆为副组长。其中，市发改委的职责是：
向市政府提出启动本预案的建议；参加事故应急救援指挥协调工作，提
供事故救援辅助决策相关信息；参与事故调查处理，并监督事故查处的
落实情况。负责组织修订本应急预案，指导县（市、区）政府和省级
产业集聚区管委会、企业做好石油天然气管道突发事故应急预案的编
制、修订和备案工作。市安监局的职责是：向市政府提出启动本预案的
建议；组织专家开展应急救援技术支撑工作；牵头协调或组织事故调
查，按规定时限向相关应急机构和省安监部门报告事故情况，参与监督
事故查处的落实工作。①

　　其次，对于能源生产事故，也有能源局担负主要监管责任（督促企
业落实安全生产主体责任）的情况。例如，2016 年安徽省石油天然气
长输管道安全事故（特别重大石油天然气长输管道安全事故）发生后，
安徽省政府办公厅下发《关于印发安徽省石油天然气长输管道安全事
故应急预案的通知》（皖政办秘〔2016〕182 号），适用于该省行政区
域内发生的石油天然气长输管道安全事故的应对工作。该通知指出，安
徽省政府设立省石油天然气长输管道安全事故应急救援指挥部（以下
简称省指挥部）。省指挥部指挥长由分管副省长担任，省能源局主要负
责同志担任副指挥长，以统一领导、指挥特别重大、重大石油天然气长
输管道安全事故的应对处置工作。省能源局作为指挥部成员单位的职责
是：省能源局负责指导全省石油天然气长输管道安全事故应急准备能力
建设；组织协调重大以上石油天然气长输管道安全事故应急处置；督促
企业落实安全生产主体责任，强化风险控制和隐患排查等。省安全监管
局配合开展石油天然气长输管道安全事故应急救援。依据有关规定组织
事故调查处理和办理结案工作，监督事故查处和责任追究落实情况。省

---

① 温州市人民政府办公室：《温州市人民政府办公室关于印发温州市石油天然气长输管
道突发事故应急预案的通知》（温政办〔2017〕58 号），2017 年 7 月 10 日。

质监局参与事故中特种设备的应急处置、检测检验，预防次生事故发生。①

至于城镇燃气，根据国务院《城镇燃气管理条例》（2016 年修订），住房和城乡建设部门是城镇燃气的行业主管部门和安全生产的直接监管机构，负责燃气管理工作，依法实施燃气经营许可审批，宣传普及燃气法律、法规和安全知识，建立健全燃气安全监督管理制度，监督指导燃气行业的安全生产等。燃气安全事故应急预案管理和燃气安全事故牵头组织实施救援也是其职责。当然，天然气、液化石油气的生产和进口，城市门站以外的天然气管道输送，燃气作为工业生产原料的使用，沼气、秸秆气的生产和使用，不适用该条例。然而，城镇燃气生产使用安全，安全监管部门也有职责，或称为承担综合监管职责，负责燃气安全的综合指导、监督工作。例如，2004 年，在四川省泸州市发生天然气泄漏爆炸事故及安徽省淮北市因煤气中硫化氢严重超标导致 2 人中毒死亡并全市停气事故之后，当时的建设部和国家安全监管局联合发出了《关于加强城镇燃气安全管理工作的通知》（建城〔2004〕105 号）。② 又如，有地方安监部门以地方政府安全生产委员会的名义，发布通知要求加强城镇燃气安全监管，如浙江省金华市安监局以金华市安全生产委员会办公室名义出台了《关于加强市区企业燃气使用安全监管的实施意见》（金安办〔2015〕51 号）③，四川凉山州人民政府安全生产委员会公布了《关于进一步加强城镇燃气安全监管工作的意见》（凉安委〔2014〕21 号）。④

此外，能源安全生产监管的特种设备方面归于质量技术监督部门（原国家质量监督检验检疫总局，现国家市场监督管理总局）。原国家质量监督检验检疫总局特种设备安全监察局的职责是：负责压力容器、压力管道、电梯、起重机械、场（厂）内专用机动车辆等特种设备的

---

① 安徽省人民政府办公厅：《关于印发安徽省石油天然气长输管道安全事故应急预案的通知》（皖政办秘〔2016〕182 号），2016 年 11 月 8 日。

② 建设部和国家安全监管局：《关于加强城镇燃气安全管理工作的通知》（建城〔2004〕105 号），2004 年 6 月 29 日。

③ 金华市安全生产委员会办公室：《关于加强市区企业燃气使用安全监管的实施意见》（金安办〔2015〕51 号），2016 年 1 月 7 日。

④ 凉山州人民政府安全生产委员会：《关于进一步加强城镇燃气安全监管工作的意见》（凉安委〔2014〕21 号），2015 年 1 月 7 日。

安全监察、监督工作；监督检查特种设备的设计、制造、安装、改造、维修、使用、检验检测和进出口；按规定权限组织调查处理特种设备事故，监督管理特种设备检验检测机构和检验检测人员、作业人员的资质资格。该部门还对燃气质量进行监督检查，负责城镇燃气行业特种设备的安全监察工作。

（四）监管力量严重不足，社会力量参与监管力度不够

第一，能源行业安全生产监管的人员配置严重不足，未能制定相应管理制度的问题也普遍存在。例如，由于经济发展和城市的建设，管道交叉、交汇的工程数量不断增加，导致石油天然气管道管理难度增大，无法全天候监护管道周围的施工安全，无法及时跟进重点作业环节，导致管道安全风险加大。又如，有些地区的石油天然气管道隐患排查监管无相关部门专项管理，只实施了每季度的徒步巡检工作来核实隐患项目，隐患的核实也只是根据各输油库站或燃气场站报送的资料来监管，监管制度不完善、不系统，起不到真正的作用。①

第二，能源安全生产监管的技术装备配备也普遍不足。例如，随着互联网技术的发展，电力系统生产运行越来越依赖于计算机通信与程控技术。这也导致电力行业所面临的网络信息安全风险与日俱增。在中国电力系统安全稳定运行监管方面，尤其是网络安全接入、电力监管系统安全防护、信息安全保护等领域的监管技术力量还比较薄弱。又如，石油管道泄漏事故是管道安全运行的关键性问题，需要运用管道泄漏与定位技术，提升监管成效。目前，单一的泄漏监测方式难以同时满足管道泄漏监测灵敏度、定位准确度以及及时报警等多方面的要求。

第三，社会力量参与能源安全生产监管的力度不够。一方面，公众、公益组织、中介组织、媒体等社会力量参与能源安全生产监管的渠道相对匮乏，参与条件也比较欠缺，参与监管的体制、机制尚不完善。另一方面，有待参与的重要社会力量如公众、公益组织等的参与意识、参与能力有待引导、培育和建设。这些都导致当前中国社会力量参与能源安全生产监管的力度不足。

（五）能源安全生产事故依然面临高发风险

总体上看，虽然近年来中国能源安全生产监管的成效稳中有进，安

---

① 梁泉水、朱赟：《石油天然气管道安全管理存在的问题及对策》，《中小企业管理与科技》2017 年第 11 期。

全生产态势逐步改善，但不容乐观，仍然面临诸多挑战。煤矿、石油、天然气等主要能源生产领域重特大事故仍然较多。城市燃气事故也是威胁中国城市公共安全的重要因素。

1. 煤矿顶板事故和瓦斯事故仍然较多

目前，煤矿顶板事故和煤矿瓦斯事故是中国煤矿事故中最主要的两项事故，其占比和死亡率仍然较高，重特大事故依然较多。从事故总量上看，"十二五"期间，中国共发生煤矿事故 3438 起，死亡 5943 人。其中，顶板事故 1537 起，死亡 1912 人，占比分别为 44.7% 和 32.2%，平均死亡率为 1.2 人/起，是所有事故类型中发生次数和死亡人数最多的。瓦斯事故 342 起，死亡 1668 人，占比分别为 9.95% 和 28.1%，平均死亡率达 5 人/起，是"较大及以上事故"中发生次数和死亡人数最高的。①②

"十三五"首年即 2016 年，煤矿重特大事故达 31 起，其中，4 起"特别重大事故"，分别是"9·27"宁夏回族自治区石嘴山市林利煤矿三号井事故、"10·31"重庆市永川区金山沟煤矿事故、"11·29"黑龙江省七台河市景有煤矿事故和"12·3"内蒙古自治区赤峰市宝马矿业事故。③ 2017 年第一季度，就接连发生煤矿生产安全事故共计 30 多起，造成 90 余人死亡，危害严重、影响恶劣。其中，重大事故 4 起，重大事故同比增加 2 起。从类型上看，各类煤矿事故主要以顶板事故、机电运输事故为多数。如 2 月 14 日，湖南省娄底市涟源市祖保煤矿暗主斜井超负荷串车提煤时发生跑车，并引发井筒内煤尘爆炸，造成 10 人死亡。3 月 9 日，龙煤集团双鸭山矿业公司东荣二矿副井电缆起火，罐笼坠落，造成 17 人死亡的重大事故。同日，山西省长治市长治联盛煤业公司井下发生顶板事故，造成 3 人死亡、2 人受伤。④⑤

---

① 张畅、王召同、杨得玉等：《煤矿安全生产事故原因分析研究》，《煤炭技术》2016 年第 6 期。

② 田浩、张义平、严鸿海等：《"十二五"期间我国煤矿安全生产状况及对策研究》，《煤矿安全》2017 年第 10 期。

③ 煤矿事故网：《1—5 月全国煤矿发生重大事故 4 起》，2017 年 6 月 16 日，http://www.7coal.com/shigutongji/20170626/16294.html。

④ 煤矿事故网：《2017 年一季度全国煤矿事故统计分析》，2017 年 5 月 2 日，http://www.7coal.com/shigutongji/20170502/12620.html。

⑤ 国务院安委会办公室：《国务院安委会办公室关于近期煤矿事故的通报》（安委办明电〔2017〕6 号），2017 年 3 月 10 日。

2. 石油、天然气重特大事故时有发生

近年来，石油、天然气重特大事故时有发生，形势不容乐观。2013年11月22日，中石化青岛公司东黄输油管道泄漏原油进入市政排水暗渠，在形成密闭空间的暗渠内油气积聚遇火花发生爆炸，造成62人死亡、136人受伤，直接经济损失7.5亿元。2014年6月30日，中石油大连分公司新大一线输油管被钻漏引发爆炸。2010—2014年4年间，中石油大连分公司共发生输油管道爆炸、厂区起火、爆炸起火等6起重特大事故，成为"火药桶"。2016年，安徽省发生石油天然气长输管道特别重大安全事故。2017年，中石油贵州晴隆沙子段，因持续强降雨引发边坡下陷侧滑，挤断输气管道，引起天然气输气管道泄漏燃爆事故。事故当时造成8人死亡，35人受伤，其中，重伤8人，危重4人。此外，随着城镇化的不断推进，油气管网与市政管网的矛盾冲突在全国成为一个普遍现象，还有相当比例的管线进入"老龄期"，油气管网的安全形势比较严峻。

3. 电力生产重特大事故风险点依然较多

电力安全生产方面，虽然2016年以来全国安全生产形势总体稳定，但是，重特大事故多发势头仍然没有得到有效遏制，造成的重大人员伤亡和财产损失令人痛心，也暴露出电力安全生产相关领域的工作仍然存在诸多不足与隐患。[1] 数据显示，在各项电力生产中，电力建设施工的安全形势非常严峻。初步统计，2014年，全国共发生电力建设人身伤亡责任事故17起，死亡30人，同比上升113%和173%。2015年上半年，全国共发生一般电力人身伤亡责任事故17起，死亡24人，其中，电力建设人身伤亡事故达4起，死亡9人。[2]

4. 较为频繁的燃气事故对城市公共安全构成威胁

近年来，城市燃气生产或使用事故已经成为威胁中国城市公共安全的重要因素之一。仅2016年，中国共发生城市燃气爆炸事故805起，造成1100余人受伤，95人死亡。[3] 据博燃网不完全统计，2017年，中

① 国家能源局综合司：《关于切实做好当前能源安全生产工作的紧急通知》（国能综安全〔2016〕450号），2016年7月21日。

② 新华网：《国家能源局：电力建设施工安全存在七方面问题》，2015年9月17日，http://www.xinhuanet.com/2015-09/17/c_128241178.htm。

③ 温帅：《浅议燃气企业安全生产主体责任落实》，《城市燃气》2017年第9期。

国共发生燃气爆炸事故 702 起，造成 1100 余人受伤，126 人死亡。其中，民居、饭店燃气爆炸事故发生率居高不下，其中，发生在居民家庭的燃气爆炸事故为 465 起，占全年事故的 66%，饭店、商户发生 164 起，占 23%。① 目前，中国城市燃气管网不同程度地存在管理不当、缺乏质量监管、违章建筑、施工破坏、安装管理等安全隐患。一方面，由于城市燃气本身覆盖面大，输配管网及设施分布较为集中，在输送环节和使用环节中出现问题都极易发生事故。另一方面，燃气泄漏后会出现易聚集、不易扩散的情况，如遇明火则极易引发事故。而且，在燃气事故发生后，一旦应急处置不当，极易引发二次事故，对公众的生命和财产安全造成进一步危害。② 因此，城市燃气已经成为中国能源安全生产监管面临的不可忽视的新挑战之一。

三 中国能源安全生产监管政策优化对策

（一）修改完善能源安全生产监管的相关法律法规

应当围绕能源安全生产监管的"事故预防、应急预案、事故查处"的前、中、后三个关键环节，完善相关法律法规。

1. 完善能源安全生产事故预防阶段的监管立法

这方面最重要的是尽快制定《安全生产法实施条例》作为《安全生产法》的配套行政法规。其立法应遵循的主要原则是：补充、细化、完善新修改的《安全生产法》规定，使相关内容更加明确、具体，增强可操作性；注重发挥地方立法作用，将不适宜做出全国统一规定、需要进一步探索推动的事项，明确授权地方立法做出规定。《安全生产法实施条例》重点应明确以下问题：一是明确各部门安全监管职责。按照"三个必须"（管业务必须管安全、管行业必须管安全、管生产经营必须管安全）的要求，对安全生产监管部门和有关部门的安全生产监督管理职责予以明确。二是明确安全生产管理机构设置、人员配备比例要求。对煤矿等高危生产经营单位从业人员超过一定数量的，明确规定设置安全生产管理机构，按照从业人员的比例配备安全生产管理人员；从业人员低于一定数量的，明确规定可以不设置安全生产管理机构，但

---

① 博燃网：《2017 年我国燃气爆炸事故分析报告》，2018 年 1 月 3 日，http：//news. gasshow. com/article/detail？id＝964。

② 杨柳、张德、王伟等：《燃气突发事件应急管理法律法规研究》，《中国燃气运营与安全研讨会论文集》，2016 年。

必须按照从业人员的比例配备安全生产管理人员。同样，对于其他生产经营单位也做出相应的规定。三是充分发挥注册安全工程师队伍作用。四是明确建设项目安全设施竣工验收监督核查有关问题。五是进一步明确重大隐患的排查治理和挂牌督办有关问题。六是进一步明确事故应急救援有关问题。①

　　2. 完善能源生产安全事故应急监管立法

　　首先要抓住成立国家应急管理部的有利契机，根据《安全生产法》和《突发事件应对法》的规定，制定《安全生产应急管理条例》。应急管理须明确政府、部门、生产经营单位及其主要负责人职责，《安全生产法实施条例》将应急管理目标考核纳入安全生产考核评价范围，并建立工作责任体系。《安全生产法实施条例》应构建由政府、生产经营单位、民间力量组成的安全生产应急救援组织体系，为民间力量建设救援队伍、参与事故处置预留空间。《安全生产法实施条例》应对政府、部门、生产经营单位的培训对象和内容，特别是对地方政府有关负责人参加安全生产应急管理培训，做出制度上的安排。同时，按照应急处置与救援的一般规律，需要从制度层面明晰各地区、各部门、各单位在落实应急处置与救援责任的程序、内容和方法。《安全生产法实施条例》对应急处置与救援行动进行规范，明确现场指挥部的建立时机、人员组成及其职权、责任、指挥权移交规则，从制度上规避现场多头指挥、低效率指挥、谁职务高谁指挥等不良现象的发生，建立应急救援现场指挥制度。为改进应急准备、提升应急救援能力，《安全生产法实施条例》还应确立安全生产应急管理评估制度。②

　　（二）制定安全生产事故责任追究专项法律，修订相关条例

　　2016 年，习近平总书记在中共中央政治局常委会会议上发表重要讲话时强调指出，必须坚持安全发展，扎实落实安全生产责任制。要强化"党政同责，一岗双责，失职追责"，必须强化依法治理，用法治思维和法治手段解决安全生产问题，加快安全生产相关法律法规制定修订，着力提高安全生产法治化水平。这为完善安全生产特别是能源安全生产法律责任体系提出了明确的方向和要求。

　　① 邬燕云：《安全生产立法展望》，《劳动保护》2016 年第 2 期。
　　② 同上。

1. 制定安全生产事故责任追究的专项法律

一是要立法强化能源安全生产事故的刑事和民事责任追究。如前文所述，长期以来，中国的安全生产法律责任实现方式过于片面，注重追究违法行为的行政责任，部分追究其刑事责任，鲜有民事法律责任的用武之地。随着社会权利的觉醒和人权保障意识的提高，在近年来发生的安全生产责任事故中，人们逐渐认识到，安全生产不仅仅是从国家层面提出的要求，更是个体劳动者的强烈呼吁。能源安全生产事故责任追究"作为一个完整的安全责任制度体系，除了行政责任，还应有相应的民事和刑事责任"。[①] 只有将民事责任逐步充实到安全生产法律责任制度当中去，发挥民事责任补偿损失，弥补受损的社会关系的作用，才能减小安全生产事故造成的恶劣影响。同时应对安全生产的行政责任进行科学设置，明确刑事责任与行政责任的界限，并根据经济社会的发展调整追究刑事责任的标准。

二是要立法强化查处安全生产事故中的职务犯罪。安全生产事故中的职务犯罪不能得到及时查处，既不能威慑渎职失职等职务犯罪的继续发生，也会对安全生产事故中追究其他人的犯罪产生负面影响。因此，必须严厉查处安全生产事故中国家机关工作人员的滥用职权的行为、玩忽职守的行为、索贿受贿的行为，妥善查处安全生产事故中的职务犯罪。

三是要强化追究安全责任事故中经营单位主要负责人的法律责任。安全生产事故发生的直接原因是生产经营单位主要负责人片面追求经济利益，错误指挥决策，埋下安全隐患，最终酿成重大事故。因此，必须依法严厉追究生产经营单位负责人的法律责任，要防止以追究行政责任和经济责任代替刑事责任，应冲破地方保护主义，加大对安全生产事故中经营单位负责人的处罚力度，威慑预防安全生产事故，推动安全生产形势好转。[②]

2. 修订《生产安全事故报告和调查处理条例》

应当总结多年来事故调查处理工作的经验和教训，从以下几个方面

---

① 陈国华、张玲：《国外安全生产事故独立调查机制对我国的启示》，《中国安全生产科学技术》2009 年第 2 期。

② 袁庆丽：《安全生产过程中的法律问题及对策研究》，《法制博览》2016 年第 20 期。

对 2007 年颁布的《生产安全事故报告和调查处理条例》进行修订。一是调整一般事故的起点。现行的条例规定，造成直接经济损失 1000 万元以下的都是一般事故，这一规定不符合基层和企业的实际情况，可操作性不强。二是明确生产经营活动和生产安全事故的概念和外延。宜结合实际工作中的疑难案例加以准确界定。例如，非法盗采发生的事故、农民自建房屋发生的事故、农民收费摆渡发生的事故、企业生活服务设施发生的事故等。事故赔偿应区分从业人员和第三人，分别指引当事人通过工伤保险或者民事侵权损害赔偿予以解决。三是明确事故调查报告及其批复在事故责任追究中的法律地位，维护政府批复的事故调查报告的公信力和权威性，进一步规范事故调查处理的程序内容，保证事故调查处理的公正、公开，强化防范措施的监督落实。四是对有关事故责任单位及其主要负责人的行政处罚进行修改，与新《安全生产法》相互衔接。[①]

（三）明确应急管理部作为能源安全生产的监管主体，集中统一监管

1. 明确应急管理部的能源安全生产监管主体地位

所有安全生产的监管职能，包括能源安全生产的监管职能或事权都应属于国家安全生产监管部门。鉴于国务院新近成立的应急管理部整合进了原国家安监总局的职责，因此，应当明确应急管理部作为能源安全生产监管的主体地位：应急管理部负有直接监管能源企业安全生产的职能，也负有监管各能源行业的行业监管者（如国家能源局）落实安全生产政策或监管指令的职权。也就是说，从安全生产监管意义上讲，应急管理部既是能源企业的监管者，又是能源行业监管者的监管者。应急管理部直接归国务院领导，是全国安全生产的最高监管机构，既对国务院负责，也对全国人大负责。

应急管理部有权直接对企业发布监管指令，也有权调查处罚企业安全生产不良行为。有权就安全生产问题对能源行业监管者发布监管指令，有权调查处罚（以提请并通过国务院安全生产委员会等方式）能源行业监管者或者个人的怠政、失职、过错等不良行为。对构成犯罪的，应急管理部有权提请并协助司法部门介入追究法律责任。

国务院安全生产委员会作为国务院常设的权威协调性机构，与原国

---

① 邬燕云：《安全生产立法展望》，《劳动保护》2016 年第 2 期。

家安监总局是合署办公的。组建应急管理部后，应当继续发挥国务院安全生产委员会的作用。国务院总理按惯例担任国务院安全生产委员会主任，应急管理部负责人担任国务院安全生产委员会办公室主任甚至委员会副主任，以增强应急管理部的监管权威性。

2. 借助应急管理部组建契机，集中能源安全生产的监管事权

应当借助组建应急管理部的有利契机，逐步将分散于原国家安监总局、国家能源局和住房和城乡建设部等部门的能源安全生产的监管职能（权力责任）全部归并应急管理部，集中能源安全生产的监管事权。其一，将国家能源局目前承担的全部电力生产安全监管职能剥离，并归入应急管理部。其二，将国家能源局现有承担的部分石油、天然气安全生产的监管职能明确划归应急管理部。其三，将住房和城乡建设部当前承担的城镇燃气安全生产监管职能剥离并归入应急管理部。

根据国务院安全生产和委员会印发的《国务院安全生产委员会成员单位安全生产工作职责分工的通知》中"负有行业领域管理职责的国务院有关部门要将安全生产工作作为行业领域管理工作的重要内容，切实承担起指导安全管理的职责，指导督促生产经营单位做好安全生产工作"的精神①，应当将分散于各部门的能源行业的行业监管职能，全部明确归并于国家能源局，让国家能源局成为纯正的能源行业监管者，对于能源企业的安全管理仅仅承担指导督促职责，且这种指导督促行为将接受应急管理部的监管。为此，其一，将包括煤炭（包括煤矿）、石油、天然气、电力（包括核电）等能源行业监管职能，全部明确归并国家能源局。其二，将住房和城乡建设部的城镇燃气行业监管职能剥离并入国家能源局，让住房和城乡建设部不再承担城镇燃气行业的监管职能。

（四）完善能源安全生产的监管体系，加强监管力量

1. 建立"政府监管、行业管理、企业负责、公众参与、社会监督"的监管体系

安全生产从本质上讲是企业的责任。但是，由于市场失灵和企业"二重性"的交互作用，落实企业的安全生产主体责任不能完全依靠企

① 国务院安全生产委员会：《国务院安全生产委员会成员单位安全生产工作职责分工的通知》（安委〔2015〕5号），2015年1月7日。

业自律和自觉。作为市场规则和社会规则的制定者、监护者，政府必须切实承担起安全生产的监管者责任，着力加强对企业的安全监管。① 如前所述，现有能源安全生产的监管体系的问题之一是监管主体分散、职能条块分割，监管力量严重不足。为此，应当建立"政府监管、行业管理、企业负责、公众参与、社会监督"的监管体系。政府监管就是让新成立的整合了原国家安监总局职责的应急管理部作为能源安全生产的政府监管部门，既直接监管能源企业的安全生产行为，也直接监管能源行业的管理者——国家能源局——对能源企业安全生产行为的指导督促之责，而国务院安全生产委员会作为国务院常设的安全生产的权威协调性机构。行业管理就是让国家能源局成为真正的能源行业管理者，负责行业发展规划，承担能源企业的市场行为监管、能源市场监管、能源价格监管等非安全领域的行业监管职能，而对安全生产仅仅承担指导督促之责。企业负责就是落实能源安全生产的企业主体责任。纠正企业以部门监管代替企业自我管理的错误观念，明确企业主体责任与部门监管责任边界，强化企业安全生产主体责任意识。

2. 优化监管层级结构，加强监管机构的执法力量，提升监管能力

在全国范围内，要以新成立的应急管理部为龙头，自上而下，建立健全地方监管机构，延伸监管网络，建立和优化能源安全生产的监管层级结构。鉴于大区一级原安监机构没有相应一级的地方政府及安全生产委员会与之对应可供其依托，因此作用不大，可以考虑撤销。建议重点充实强化省、市两级安全生产监管机构，建立"应急管理部—省应急管理厅—市应急管理局"的垂直三级式的安全生产监管层级结构。

应当加快推进能源安全生产监管人员的培养充实，解决目前在基层监管力量和安全生产专业监管能力均严重不足的问题。还要加快引进和运用能源安全生产监管技术装备，采用现代化、信息化的监管监测手段，如石油天然气管道泄漏监测与定位技术。应有机整合多种泄漏监测手段，可以采用虚拟仪器技术，开发不同的测试与分析软件模块，利用滤波方法与信号识别、提取、分析技术，构成集测试、信号转换、数据

---

① 杨占科：《我国安全生产政府监管体系问题研究》，《调查研究》2011 年第 13 期。

分析以及网络通信为一体的计算机综合性监测系统等。① 同时，也可以考虑通过政府向专业机构购买服务等方式增强监管能力和执法水平。

3. 建立社会力量参与能源安全生产的监管机制

公众、专家智库和非政府组织等社会力量是能源安全生产监管不可或缺的参与力量，它们对于深入监管领域、弥补政府失灵、节约政府监管成本、促进监管创新和提高政府监管能力有重要作用，因此，应当探索建立公众、专家智库和非政府组织等社会力量参与能源安全生产监管的有效机制。一是实施安全生产执法信息公示，落实公众、专家智库和非政府组织等社会力量在安全行政处罚中的公众参与机会。例如，现有的《安全生产执法程序规定》生产是原国家安监总局在新时期、新的安全生产工作形势下对国家安全生产监管工作提出的统一、细化和严格的执法要求。《安全生产执法程序规定》对安全生产执法信息公示、安全许可、安全行政处罚中的公众参与做了一定的明确和要求，基本构建了安全生产行政监管程序法制，将民主精神和基本制度统一嵌入安全生产监管执法程序之中，值得肯定。但是，该规定略显粗疏，需要在一般安全许可影响信息公示、安全许可听证法定情形判定标准以及严重安全违法行为判定标准方面进行完善。② 二是完善社会力量参与监管的相关制度、机制，扩大安全监管范围，建立公众参与监管的奖励机制，降低公众监管成本，调动公众参与热情。三是借助专家智库支持，提升公众专业知识，提高公众参与效能。四是健全法律法规，为非政府组织参与安全生产监管的功能发挥提供法律保障。五是加强非政府组织之间、政府与非政府组织之间的合作，建立政府同非政府组织间的良好关系，提高监管效率。

此外，报刊、电视、广播等媒体在中国能源安全生产监管中起着不可或缺的重要作用。媒体参与监管不仅能够促进安全生产、维护社会利益，而且能够发挥舆论监督和引导作用，利用舆论压力督促政府、企业履行职责，因此，应当探索建立媒体参与能源安全生产监管的有效机制。为此，一是要正确引导舆论，利用媒体参与，消除安全事故发生后

---

① 梁泉水、朱赟：《石油天然气管道安全管理存在的问题及对策》，《中小企业管理与科技》2017 年第 11 期。

② 肖强、王海龙：《安全生产执法的信息公示与公众参与——评〈安全生产执法程序规定〉》，《天津法学》2017 年第 3 期。

的大众恐慌心理；二是要培养记者科学素养，倡导新闻报道科学精神，及时揭露不法行为，提高舆论监督的有效性；三是要建立舆论安全保障机制，保障记者发声的权利，减少政府干预，让媒体真正承担起参与能源安全生产监管的责任。

第二节　能源环境监管政策优化

　　能源的生产和消费是导致环境污染和气候变化的一大源头。随着环境污染的加剧和全球气候的变暖，能源环境监管也愈加重要。在能源各个行业，如石油行业，重点监管防止石油泄漏导致的环境污染；煤炭行业，监管防止固体废弃物、煤尘污染、地面下沉和温室气体的排放；电力行业，尤其火电行业，监管防止温室气体及其他有毒物质的排放；核能领域，重点监管核辐射和核废料的处理问题等。通过能源环境监管，尽可能地减少能源生产消费导致的环境污染，让能源生产和消费更清洁、更健康。但是，从监管的效果来看，中国能源环境监管还有待于进一步加强。本节将分析中国能源环境监管的现状、当前能源环境监管中存在的主要问题以及产生这些问题的深层次原因，在此基础上，提出优化中国能源环境监管的政策建议。

一　中国能源环境监管的现状

（一）初步建立能源环境监管的法规政策体系

　　中国环境监管的法规政策体系是由环境法律法规、环境标准、环境政策、环境管理制度、环境公约等构成。自20世纪70年代以来，国家先后制定、修改了《宪法》《刑法》《环境保护法》，颁布了《大气污染防治法》《水污染防治法》《电力法》《火电行业环境监测管理规定》《矿产资源法》《放射性污染防治法》《石油炼制工业污染物排放标准》等各种法律法规以及管理条例，已建立了相对完善的环境法律体系。中国环境监管制度包括环境标准制度、环境监测和报告制度、环境资源规划制度、环境保护目标责任制度和城市环境综合整治定量考核制度、环境影响评价制度、总量控制制度、"三同时"制度、排污许可证制度、排污收费制度和排污权交易制度等，以上这些制度的制定、实施和逐步改进，使中国的能源环境监管制度趋于全面化。

　　同时，环境司法开始介入环境监管，如环境法庭、环保检察处、环保警察等。新《环境保护法》①设立了环保公益诉讼制度，明确了可以提起环境民事公益诉讼的主体，大大推动了环境司法化的进程。进一步地，为细化环境民事公益诉讼制度，2015 年 1 月最高法院下发的《关于审理环境民事公益诉讼案件适用法律若干问题的解释》（法释〔2015〕1 号)②，以及与民政部、环境保护部联合制定的《关于贯彻实施环境民事公益诉讼制度的通知》（法〔2014〕352 号)③ 中，从四个方面对环境民事公益诉讼做了相关规定：社会组织可以提起环境民事公益诉讼，环境民事公益诉讼案件可以跨行政区划管辖，同一污染环境行为的私益诉讼可以搭公益诉讼"便车"，减轻原告诉讼费用负担。

（二）统一污染排放监管与行政执法职责

　　2018 年生态环境部成立以前，中国环境监管统管部门与行业主管部门之间存在职能交叉、多头管理现状，且缺乏制度化、程序化、规范化的沟通协调机制，导致环境监管实际工作中常出现互相推诿或扯皮现象，难以实现有效的统一监管。如火电排污监管，环境保护部负责火电厂环保规划制定以及污染物排放标准制定和监测；国家发展和改革委员会拥有火电项目规划和审批、电价管理、电力处罚的权力；国家电力监督管理委员会发挥其监督管理职责，而火电厂所属地方政府也对其有一定的约束和管制。作为电力监管的专业机构，国家电力监督管理委员会对火电厂排污只有监管责任，而没有监管实权。既缺乏电价制定和市场准入的绝对决定权，也没有对电力规划建设的审批核准权，更不享有电力投资、财务管理、技术质量检测及电力行政处罚等事前监管和事后调节职权，无法发挥其对火电厂污染物排放的实质性管理作用。又如污水防治监管，环保监管相关职责分布在多个机构。地下水环保监管归国土资源部负责，河流湖泊水环保监管归环境保护部负责，排污口设置监管又由水利部管理，农业面源污染又归农业部治理，海水环保监管则由国家海洋局负责。

　　为了改变长期以来中国生态环保领域体制机制方面存在的职责交叉

---

① 《环境保护法》，2014 年 4 月 24 日修订。

② 《最高人民法院关于审理环境民事公益诉讼案件适用法律若干问题的解释》（法释〔2015〕1 号)，2014 年 12 月 8 日最高人民法院审判委员会第 1631 次会议通过。

③ 《最高人民法院、民政部、环境保护部关于贯彻实施环境民事公益诉讼制度的通知》（法〔2014〕352 号)，2014 年 12 月 26 日。

重复等突出问题，整合分散的生态环境保护职责，统一行使生态和城乡各类污染排放监管与行政执法职责，加强环境污染治理，十三届全国人大一次会议表决通过了关于国务院机构改革方案的决定，批准成立中华人民共和国生态环境部。将环境保护部的职责、国家发展和改革委员会的应对气候变化和减排职责，国土资源部的监督防止地下水污染职责，水利部的编制水功能区划、排污口设置管理、流域水环境保护职责，农业部的监督指导农业面源污染治理职责，国家海洋局的海洋环境保护职责，国务院南水北调工程建设委员会办公室的南水北调工程项目区环境保护职责整合，组建生态环境部，作为国务院组成部门。制定并组织实施生态环境政策、规划和标准，统一负责生态环境监测和执法工作，监督管理污染防治、核与辐射安全，组织开展中央环境保护督察等。

（三）初步构建中国能源环境监管的多元监管体系

能源环境监管主体是政府及其下设各机构，既包括各级人民政府等政策、相关法律法规、环境标准等诸多问题的制定者，又包括国家环保部及其领导下的各级环保局等具体实施部门，同时还包括环境监察、国土、水利、发展改革、科技、司法等能够确保环保局顺利运行和其工作准确执行的部门。2014年前，中国的环境监管基本依赖于政府。2014年新修订的《环境保护法》除规定政府是环境监管的责任主体，对辖区内的环境质量负有不可推卸的法定职责外，还同时赋予了公民、法人环境监督的权利，并要求政府和企业须公开环境信息，方便公民、法人和其他组织参与和监督环境保护。协会的发展壮大也成为政府与企业之间的连接纽带。电力行业中的各级行业协会，如中国电力企业联合会、中国电力行业协会、中国环境保护协会、国际节能环保协会等为中国能源环境监管体系的完善发挥了重要推动作用。这些都意味着中国已改变了环境监管单纯依靠政府部门单打独斗的状况，初步构建了政府监管、企业和公众监督的多元环境监管体系。

（四）能源环境污染惩罚机制日趋严厉

中国法律之前只授予环保部门项目审批、行政处罚、监督管理、排污收费等权力。就环境监察机构来说，主要任务包括污染源监察、生态环境监察和排污收费等。一直以来，环境监察队伍没有执法权，没有经费保障，面对违法排污企业无权处罚。即使环保部门在行使行政处罚权时，但受立法的限制，面对着"企业守法成本高、违法成本低的"困扰，无法通过相应行政处罚来达到对企业环境违法行为的威慑作用。

为克服上述环境执法软弱问题，2014 年新修订的《环境保护法》不仅新增了"按日计罚"制度，还授予了各级政府、环保部门查封扣押、责令限产、停产整治等新的监管权力，以及对"建设项目未依法进行环境影响评价，被责令停止建设"等情况的强制措施，强化了环境执法效力。同时赋予了环境监察队伍的现场检查执法权，明确了环境监察队伍的法律地位。实现了环境监察由"管理"向"监管"的转变，强化了环境监管的作用。

新修订的《环境保护法》有效地解决了以往环保违法成本低、惩罚手段弱等问题，环境违法企业将在经济上彻底无利可图。例如，湖北省武汉市环保局对武汉高新热电有限公司废气超标排放拒不改正问题实施按日连续处罚，罚款金额为 210 万元。① 在罚无上限的压力下，面对高昂的罚单，能源类企业积极落实整改措施，主动加大环保投入，加快对环境违法问题的整改进度，以执法逼转型，以守法促升级。

（五）推广网格化环境监管方式

随着信息化、网络化的发展，环境监管方式兴起网格化监管，旨在通过"属地管理、分级负责、全面覆盖、责任到人"，建立"横向到边、纵向到底"的网格化环境监管体系，实现全方位、全覆盖、无缝隙的环境监管。各个省份也都相继出台完善网格化环境监管体系建设工作方案，梳理污染源清单，完善网格化监管内容，修正各级网格编码，并将污染源按其地域属性细化到三级网格监管之中。建设网格化环境监管信息平台，组建专业队伍，充实人员，确保网格化环境监管落实。但从目前的实施过程看，各地网格划分过于简单、条块分割，各区域之间未能协同合作，监管成本过高。从实施效果来看，成效并不显著，监管"碎片化"特征尚未得到根本性改变。这些问题的最主要根源一方面在于对环境信息的掌握不齐全、利用程度不高；另一方面则是不同网格之间缺乏联系和沟通。可见，环境信息的协同采集、分析、挖掘和应用对网格化监管模式的顺利推行起到了至关重要的作用。

二　中国当前能源环境监管存在的主要问题

从前文分析可知，中国能源环境监管的法规政策体系已初步建立，

---

① 《环境保护部通报新环保法及配套办法执行情况》（索引号：000014672/2015—00594），
2015 年 6 月 15 日。

环境监管司法开始介入。随着生态环境部的成立，污染排放监管与行政执法职责已得到统一行使。政府监管、企业和公众监督的多元监管体系已初步构建。能源环境污染惩罚机制日趋严厉，网格化环境监管方式正在推广。但是，就目前能源的环境污染数据看，污染程度还比较严重，环境污染范围也比较广，当前的监管尚存在不少问题，中国能源环境监管力度还须进一步加强。

（一）中国能源环境监管的成效还有待提高

尽管中国日益重视环境保护问题，对环境监管也不断加强，但能源方面的环境污染问题还是较为严重。污染较重的能源行业主要有煤炭开采和洗选业、石油加工、炼焦和核燃料加工业以及电力、热力生产和供应业。根据原环境保护部发布的《2015 年中国环境统计年报》数据[①]，在各污染物的排放中，排放量居于前 4 位的工业行业中都有相应的能源行业，而且其排放量占所有行业的排放量比例较高。具体如表8 – 2 所示。

表8 – 2　能源行业各污染物排放量占调查工业行业污染物排放量的百分比

单位：%

污染物排放类别	煤炭开采和洗选业	石油加工、炼焦和核燃料加工业	电力、热力生产和供应业废气污染物排放占比
废水排放量占比	8.2	—	—
氨氮排放量占比	—	7.6	—
石油类污染物排放量占比	11.6	18.3	—
挥发酚排放量占比	—	81.3	—
氰化物排放量占比	—	39.8	—
二氧化硫排放量占比	—	—	36.1
氮氧化物排放量占比	—	—	45.7
烟（粉）尘排放量占比	—	—	20.5
工业固体废物产生量占比	12.6	—	19.2

注：表8 – 2 中的百分比数据表示，在调查统计的 41 个工业行业中，各污染物排放量位于前 4 位的行业中涉及能源行业的对应排放量占比。横线格表示对应的能源行业并不属于该污染物排放量的前 4 位行业，所以没有对应的统计数据。

资料来源：环境保护部：《2015 年环境统计年报》，2017 年 2 月 23 日。

---

① 环境保护部：《2015 年环境统计年报》，2017 年 2 月 23 日，http://www.zhb.gov.cn/gzfw_ 13107/hjtj/hjtjnb/。

从污染物排放类别来看，据中国环境统计年报数据，在 2015 年调查统计的 41 个工业行业中，煤炭开采和洗选业 2015 年废水排放量为 14.8 亿吨，占调查统计的 41 个工业行业总排放量的 8.2%。

废气中的氨氮排放量方面，石油加工、炼焦和核燃料加工业 2015 年氨氮排放量为 1.5 万吨，占调查统计的 41 个工业行业总排放量的 7.6%。石油类污染物排放量方面，石油加工、炼焦和核燃料加工业占调查统计的 41 个工业行业总排放量的 18.3%。煤炭开采和洗选业排放量占调查统计的 41 个工业行业总排放量的 11.6%。挥发酚排放量最大的行业为石油加工、炼焦和核燃料加工业，排放量为 790.8 吨，占重点调查工业企业挥发酚排放量的 81.3%。氰化物排放量方面，石油加工、炼焦和核燃料加工业占调查统计的 41 个工业行业总排放量的 39.8%。2015 年，电力、热力生产和供应业调查企业 10685 家，占重点调查工业企业的 6.6%，全年二氧化硫排放量为 505.8 万吨，占重点调查工业企业的 36.1%；氮氧化物排放量为 497.6 万吨，占重点调查工业企业的 45.7%；烟（粉）尘排放量为 227.7 万吨，占重点调查工业企业的 20.5%。

工业固体废物产生量方面，电力、热力生产和供应业固体废物产生量为 6.0 亿吨，煤炭开采和洗选业 3.9 亿吨，分别占重点调查工业企业固体废物产生量的 19.2%、12.6%。

（二）能源环境监管属地监管执行不力，垂直监督力量薄弱

在属地监管模式下，地方政府是环境监管的责任主体，负责本行政区域的环境质量。各级地方政府在环保部门设立省环境监察总队（局）、市环境监察支队和县环境监察大队，负责具体执行环境监管。各级地方政府领导着各级环保局等机构并负责其财政、人事等各项事务。随着地方间竞争日益激烈，地方政府为谋求区域竞争优势、发展经济、不断突破中央政府的政策底线，弱化环境监管职能，属地监管执行不力。

为了帮助监管机构摆脱地方政府利益动机的干扰，强化中央政令的执行，中国同时采取了垂直监督。原环境保护部在全国范围内设立了六个区域派出机构——华东、华南、华北、东北、西北和西南环境保护督察中心，通过派出机构监督地方的环境监管工作。但中国环境监督派出机构人数少、力量弱，缺乏地方配合难以开展工作，对地方政府的环境监管缺乏控制。从环保部门来看，地方环保部门既受国家环境保护部门

的领导，也听命于地方政府机构。但地方各级环境行政主管部门的人事任免和财权都在同级党委和政府手中，地方环保机构往往由于缺乏独立性而无法有效严格执行排污监管职责。而上级环境保护部门仅仅作为专业指导和监督部门，也难以有更大的约束和监督手段，从而导致垂直监督力量薄弱。

（三）环境监管设备和人员配比不足，信息资源配置不合理

就目前中国的环境监测与治理设备、技术来看，中国的监测设备相对较为落后，受客观条件的限制，环境监测的滞后性比较严重，监测的频率也比较低。实践中，通常采用抽样检测的方法，通过抽样数据对整个地区环境进行评价。由于抽样数据与抽样地点、抽样频率有关，从而导致环境监测数据不够准确。另外，中国的环境监测和治理工作的重点主要侧重于各种单项污染指标的检测。由于生产技术的不断更新以及各种新产品种类的出现，新的污染物种类也在变化，但治理技术和标准却难以跟上，无论是检测结果还是检测过程都相对落后。相比之下，检测结果缺乏精确性、高效性、及时性和稳定性，直接影响环境监管的效率。从环境监管队伍人员来看，目前中国的监测队伍人员缺乏，在编人员严重不足，混岗严重。不少省级监测站都是通过自筹经费临时外聘工作人员来缓解人手不足的现实矛盾。环境监测人员的综合专业水准达不到国家环保境保护部的统招标准，难以跟上日益增长的环境监测工作量的需要，许多环境监测工作都只是浮在皮毛而没有深入开展，大大降低了环境监测发展的后劲，弱化整体监管能力，与国际上发达国家存在较大差距。

随着技术发展，环境信息资源量呈爆炸式增长，尽管中国环境监管创新模式，实行网格化管理，但环境监测数据较为封闭垄断，网络信息资源配置不合理。中国各省份环保信息化项目多由各部门自行建设，建设中资源配置未能全盘统筹考虑。时间上的配置不能对信息资源在过去、现在和将来三种时态上进行统筹规划；信息资源在不同部门、不同地区之间的空间配置也未能全面总体考虑。各领域数据单一、封闭，且被少数部门独自垄断，而未能互联互通，发挥应有的价值。

（四）跨区域能源环境监管法规不完备，缺乏纠纷解决机制

中国的环境监督管理制度，都是以行政区域来划分设置的，各部门根据要素设置进行相应管理，比如林业、矿产、土地等部门。这种划分

方式不适应环境保护的实际情况，容易产生统管部门与分管部门之间关系的紊乱，使监管过程中发生互相推诿的局面。在实际的执法过程中，没有协调性的组织和机构，也不利于跨区域环境保护。

随着能源污染的跨区化，迫切需要国家根据环境的自然形态进行管理范围划分，实施跨区域能源环境监管。2014 年中国修订《环境保护法》，对跨区域环境污染和生态破坏问题进行了一些原则性的规定。《水法》①《水污染防治法》② 等相关法律对水资源保护按照自然流域进行综合管理。2015 年修订的《大气污染防治法》③ 专章规定了"重点区域大气污染联合防治"。现有的关于跨区域能源环境监管方面的法律规定并不多，通常零散地规定在一些法律文件中，没有形成一部完善系统的专门立法。这就使在执行跨区域能源环境监管过程中缺少规范性和程序性的执法规定。此外，目前中国法律规定的关于跨区域环境监管的适用范围并不全面，大多数是针对水资源和大气污染方面的，还有很多其他类型的环境污染缺乏专门的规定，而且缺乏纠纷解决程序。

（五）对环境监管者监督不严，缺乏严肃有效的责任追究制

中国环境保护法律法规设定的环境监管行政责任条款对于环境监管行政责任的追究者或者监督者的责任设定空白。除《北京市水污染防治条例》做出了对环境行政违法的国家工作人员由"任免机关或者监察机关"给予行政处分的规定之外，其他法律法规并没有对环境监管行政责任追究主体做出更加具体、明确的规定。对于环境监管行政责任的形式，法律法规多采用"依法给予行政处分"这样高度概括的格式化规定，并没有对行政处分责任追究主体明确化、具体化，更没有具体规定对何种监管违法行为应当给予何种具体的行政处分。从中国环境监管的实际情况看，之所以不少环境监管主体对环境违法行为视而不见、听之任之，甚至给予庇护，与有关监督机关疏于监督、不及时依法追究监管者法律责任不无关系。这就需要建立严肃有效的责任追究制，设定责任追究者或者监督者的相应法律责任，提高对环境监管者的监管力度，督促其切实履行监管职责。

① 《中华人民共和国水法》，2016 年 7 月 2 日修订。
② 《中华人民共和国水污染防治法》，2017 年 6 月 27 日修订。
③ 《中华人民共和国大气污染防治法》，2015 年 8 月 29 日修订。

立法上对环境监管失职罪的犯罪构成要求较高，环境监管失职罪针对的只是重大污染事故，适用范围稍窄。根据《刑法》第四百零八条的规定，环境监管失职罪只有在"负有环境监管职责的国家工作人员严重不负责任，导致发生重大环境污染事故，致使公私财产遭受重大损失或造成人员伤亡的严重后果"时才负刑事责任。这样，虽然有环境监管失职行为的存在，甚至发生环境污染事故，但只要不是重大污染事故且造成人员伤亡或使公私财产遭受重大损失，在《刑法》上对环境监管失职行为的评价就没有法律依据，更不能以犯罪来追究行为人的责任。

三　中国当前能源环境监管问题的深层次原因

上述中国当前能源环境监管存在的主要问题，有其深层次原因。如果从制度层面分析，那么能源环境监管问题的深层次原因主要在于地方政府不合理的政绩考核体制和不合理的财税体制，导致政府与企业"合谋"追逐经济利益最大化。

（一）不合理的政绩考核体制导致地方政府偏重 GDP

不合理、不全面的政绩考核制度，使地方政府 GDP 至上发展观"盛行"。在对地方党政领导班子实绩考核中，年度目标相关数据内容尽管将地方政府的经济发展、社会发展、可持续发展纳入考评体系，但是，从考核评价内容看，经济指标还是排在第一位。在实际运行的考核中，GDP 仍然是决定地方政府官员实绩的最主要考核内容。从考核的目的和结果看，目前的考核是单一的自上而下的以政府部门为主导的评价。上级政府更多关注下级政府的经济绩效，以此为依据来评价地方官员。从考核的程序和主体看，是上级政府对下级政府的内部考核，既缺乏政府外部的国家机关的有效制衡，又缺乏信息公开和公众参与。

为转变地方政府"唯 GDP"的政绩观，2013 年 12 月，中共中央组织部印发了《关于改进地方党政领导班子和领导干部政绩考核工作的通知》，提出不能仅仅把地区生产总值及增长率作为考核评价政绩的主要指标，加大了资源消耗、环境保护、消化产能过剩、安全生产等指标的权重。但这些指标偏向于定性，难以量化，受生态资本评估、自然资源资产负债表、政府官员离任生态审计难度大的限制，考核中很难建立起真正的"绿色 GDP"考核体系。而且，由于这仅仅只是一个通知，不具有法律约束力，所以，在实践中大多数地方政府将"绿色 GDP"考核，停留在了"口号"层面。

（二）不合理的财税体制导致政府与企业"合谋"追逐经济利益最大化

中国从 1994 年开始实施了分税制改革，地方政府的收入相对减少，而需要承担的公共职责越来越多。根据统计，地方政府支出约占全国支出的 70%，收入约占 50%，许多财政收入较少的地方政府没有足够的财力来完成环境保护职责。[①] 在面临着巨大的财政压力、财政饥渴的情况下，许多基层政府不得不更加关注地方经济的发展。因此，如果说现行的政府官员单一的考评机制只是引导基层政府官员重视 GDP 指标，而地方政府的财政饥渴则促使了政府与企业"合谋"追逐经济利益最大化。对于能给地方做出巨大产值和财政贡献的企业，地方政府往往在项目审批和环境执法上予以宽松的环境，如在环境影响评价上给予放行。为追求经济发展，一些地方政府对自然资源进行掠夺式开发，把环境保护抛置脑后，造成生态环境破坏严重。有些地方政府甚至充当企业的"保护伞"，为污染行为大开绿灯，阻挠环保部门的整治工作，把国家明令禁止的产业、项目，作为重点企业、重点项目享受政府的优惠政策。

一方面法律上对监管者监督不严，另一方面社会监督体制也存在严重不足，公众的知情权、参与权、监督权及相关基本权利处于虚置状态。因此，在体制内外两种监督机制均存在严重缺陷的背景下，一些地方官员与"企业"合谋权力"寻租"。例如，2013 年安徽省查办环保系统腐败案件，有 16 个市的环保局涉案，主动帮企业造假，套取国家环保项目资金。[②] 最高人民检察院调查和统计发现，相当多危害生态环境安全重大事件、重大案件，是以"公开和合法"的面目出现的。

四 中国能源环境监管政策优化的对策

（一）改变不合理的政绩考核机制和税收机制，从根本上破解环境保护与经济发展的利益矛盾

改变不合理的政绩考核机制和税收机制，从根本上破解环境保护与经济发展的利益矛盾，激励地方政府发挥能动性。传统的以 GDP 为主要考核指标的政绩考核机制，其优点在于重点考察了对于民众福

---

① 钱翌、刘峥延：《我国环境监管体系存在的问题及改善建议》，《青岛科技大学学报》（社会科学版）2009 年第 3 期。

② 康京涛：《环境监管失灵的制度根源及法律进化——浅析新〈环境保护法〉对环境监管失灵的回应》，《理论月刊》2016 年第 1 期。

利具有重要影响的经济发展状况。但它难以反映财富取得的环境代价。目前学界和政界都已经意识到这个问题，提出用绿色 GDP 取代传统意义上的 GDP。但实践中绿色 GDP 难以客观、准确地计算环境损失和代价，难以反映财富分配、闲暇时间等对于提高公民生活质量极为重要的指标考核的情况。有学者提出，将人及其需求置于发展的中心，建议用人类发展指数，即人均 GDP、人均教育水平和平均寿命三方面的评分代替 GDP，作为行政考核机制的主要指标，以弱化经济指标对政府官员的政绩考核。

政绩考核制度的改革，必然要求相应的财税体制的改革。保证基层政府财力和事权相匹配，解决基层政府的财政饥渴问题，不仅有助于责任政府的建设，而且，对于基层政府扭转 GDP 至上的发展观以及强化环境监管均具有重要意义。合理划分中央与地方间的财权与事权，减轻地方政府尤其是基层政府对预算外收入的依赖，克服环境与经济的对立，鼓励地方发展环保产业，带动地方 GDP 增长并增加就业。

（二）强化垂直监管，真正实现能源环境保护的独立化监管

完善立法，授予环保机构法律地位和环境监管执法权，强化垂直监督管理。环保机构可以依照法律独立履行职责，依法拥有现场检查、监测、抽样、取证、索取文件资料和对违法行为处以罚款的权力。为此，中共中央办公厅、国务院办公厅于 2016 年 9 月 22 日正式印发《关于省以下环保机构监测监察执法垂直管理制度改革试点工作的指导意见》（中开发〔2017〕63 号），积极推进省以下环保机构监测监察执法垂直管理。此外，强化垂直监管，地方环保部门的财政开支、人事调动、任免应由上级环境保护部门垂直领导，行政和业务与地方政府剥离，全部经费来自中央政府拨款。环保机构的垂直管理不仅有助于监管机构摆脱地方政府利益动机的干扰，解决地方保护主义对环境执法的干预，强化中央政令的执行，真正实现环境保护的独立化监管；减少环保机构因受制于地方政府、权力不完整而导致的监管受阻，提高环保部门对当地政府和污染企业的约束和监管。还有助于统筹解决跨区域、跨流域的环境问题，为解决污染物的跨境污染问题创造机制条件。

（三）全面实施行政执法与刑事司法联动，提高环境违法的处罚力度

各级环境保护部门和公安机关要克服有案不移、有案难移、以罚代

刑现象，完善案件移送、联合调查、信息共享和奖惩机制，实现行政处罚和刑事处罚无缝对接。移送和立案工作要接受人民检察院法律监督。发生重大环境污染事件等紧急情况时，要迅速启动联合调查程序，防止证据灭失。公安机关要明确相应机构和人员负责查处环境犯罪，对涉嫌构成环境犯罪的，要及时依法立案侦查。人民法院在审理环境资源案件中，需要环境保护技术协助的，各级环境保护部门应给予必要支持。

通过法律形式对违法行为、处罚范围和力度做出规定，监管机构依法对污染企业执行处罚，以制衡地方保护的干预。强化依法处罚和问责力度，提高环境违法的处罚力度。罚款数额应使环境成本等量地体现在个体的成本中，从而制约个体的排污行为。对偷排偷放、非法排放有毒有害污染物、非法处置危险废物、伪造或篡改环境监测数据等恶意违法行为，依法严厉处罚；对拒不改正的，依法予以行政拘留；对涉嫌犯罪的，一律迅速移送司法机关。对负有连带责任的环境服务第三方机构，应予以追责。严重的环境违法行为可动用刑法裁决，除罚款之外，还可以判刑，惩罚对象可以具体到个人或针对整个城市。建立环境信用评价制度和环境公益诉讼制度，鼓励社会组织、公民依法提起公益诉讼和民事诉讼。

（四）加大监管资源向基层的倾斜力度，加强能源环境监测管理

加大对基层监管的转移支付力度，加大资金投入，采取专项经费垂直保障，加强环境监测管理。一方面，完善监测设备。监测设备的更新与完善，既需要加大科研速度和力度又需要拥有充足的资金，对于监测设备的购进也应有专门的财政款项支持，从而保障环境监测的硬件条件完善。另一方面，大力引进人才，加强环境监测队伍建设。环境监测人员的工作能力和素质直接决定环境监测质量，由于所监测对象范围广泛，监测内容繁杂，以至于对监测人员的知识储备和操作能力要求极高，现有环境监测人员很难完成，这就需要人才引进和对现有人员的培训提升，以掌握监测程序、监测技术、监测方法和设备使用等工作技能。同时增加监测网点数量，扩大监测站覆盖范围，从偶然性监测转变到常态下监测。针对目前乡镇级监测站较少问题，地方政府应扩建现有乡镇环境监测站，同时新建环境监测网点，最终达到全国性的环境监测无死角。

（五）强化监管责任追究，加强对能源环境监管者的监督

当前的环境监管失职罪针对的只是重大污染事故，适用范围狭窄，不利于发挥刑罚保护环境的功能。对于赋有环境监管职责的国家工作人员，对环境监管不履职的，发现环境违法行为或者接到环境违法行为举报后查处不及时的，不依法对环境违法行为实施处罚的，对涉嫌犯罪案件不移送、不受理或推诿执法等监管不作为行为，一律应以环境监管失职罪追究其刑事法律责任。严密法网，提高环境监管失职罪的实际处罚率，加大行为人的预期刑罚成本，有效地预防环境监管失职犯罪的发生。进一步完善法律制度，统一执法标准，强化对环境监管失职罪等渎职犯罪的打击力度，发挥刑罚在保护生态环境资源中的特殊作用。

公安机关应成立专门负责侦查破坏环境资源犯罪案件的机构，检察机关相应成立专门负责审查破坏环境资源犯罪案件批准逮捕、起诉等的机构，审判机关相应成立专门负责审理破坏环境资源犯罪案件的法庭。此外，检察机关还肩负着侦查包括环境监管失职罪在内的涉及环境保护方面的职务犯罪案件。建立和完善渎职犯罪线索移送制度，对渎职犯罪线索及时移送和依法查处，形成惩治环境渎职犯罪的工作合力，有效地打击环境渎职犯罪。

（六）建立公众参与的全面保障机制，提高能源环境监管的公众参与度

赋予公民相应权利，提高环境监管的公众参与度，以补充政府监管力量的不足，减少监管机构被排污企业"俘获"的可能性。环境决策对环境可能造成的影响与公众息息相关，地方政府应在环境影响评价、环境规划、环境行政许可中引导公众参与，在重大决策前期引入公众参与，强化参与者之间的协商和讨论，搭建"政府—公众"互动交流平台，由决策的"官控"变为"民动"，在制度设计上，确保公众能与政府展开平等对话，明确政府和公众参与者的权利配置。健全公众参与环境执法机制，法律应明确规定公众可以采取适当的形式表达对环境执法的意见和建议；明确在环境检查、调查、证据审查、申辩和听证等阶段，公众可以以个人或者代表的名义参加环境保护部门的行动；明确公众对环境执法效果的评价和反馈途径，使环境执法集中民智、体察民意，尽可能做到公正、公开，提高环境执法效率。加

强公众问责，简化公民环境问责程序，保证公众可以通过参与环境监管主体的工作评价、举报控告、行政诉讼等方式，监督和追究政府环境监管责任。通过法律的明确规定来保障公众参与权利，提高环境监管的公众参与度，全面建立公众参与环境决策、环境执法和环境问责的保障机制。

（七）构建能源环境监管大数据管理平台，实现由传统监管向智能监管的转变

整合环境信息，构建统一的能源环境监管大数据管理平台。使分析大数据渗透到生态环境保护工作，特别是以提高生态环境质量为核心的工作链的各个环节，生态环境大数据凭借其特有的数据体量大、结构类型多、价值密度低、处理速度快等特点，整合来自不同主体的客观数据和主观数据，将环境保护的各个利益相关者紧密联系起来，打造不同主体之间信息共享、行为协同、监督互促的数据平台。考虑到不同地区政府之间的整体协作有限，同级政府各部门也缺乏有效协同，在实践中，存在"争权夺利、推诿责任、利益博弈"等现象，在建设环境大数据中心时，有必要由生态环境部直接出面，打破部门利益的樊篱，构建统一的环境监管大数据管理平台。生态环境部环境监管大数据运营中心围绕环境信息不断积累、变化的动态过程，指导、帮助下级政府构建统一的环境监管大数据管理云平台，统筹协调各级地方政府及相关职能部门、第三方治理机构参与并制定统一的平台框架、任务、数据标准和运营管理机制，建立起跨层级、跨区域、跨部门、跨系统的互联互通的协同型环境信息化监管体系，变自上而下的管制型监管为自上而下与自下而上相统一的协同型监管，打破监管过程中数据共享与协调难以形成的僵局。

公开数据信息，各级政府可以依托环境监管大数据管理平台，开设面向公众的环境数据开放窗口，公众可以利用该平台进行查询、申请和询问，该平台还应开设政府与公众间交流的模块，提高政府环境信息公开的互动性。政府还可通过政府门户网站、移动政务，以及政府微博、微信等形式以统一的数据口径、发布格式、质量标准和相关原则直观展现动态化的环境信息，缩小公众与政府间的信息鸿沟，延伸环境监管时空范围。此外，政府应通过对公众信息查询关键词、评论热点和服务申请情况等进行深度挖掘并可视化展现，进而主动提供专业化、个性化服

务，提高公众对政府环境信息服务的满意度。因此，政府对环境大数据开放，不仅需要保证公众对环境信息获取的全面性、及时性和准确性，还应当实现双方在内容理解上的一致性和互动性。通过数据公开使数据获取使用的全过程由封闭独享转变为开放共享，由权力集中化转向主体多元化，由线性过程转变为网络过程，由自上而下的单向管治转变为平等协调的双向互动共治。

（八）在强化外部能源环境监管的同时提升企业的自律性

依靠政府及环保部门的监管，这属于外部环境监管模式，其效果只能在一定程度上相对提高环境质量。要从根源上彻底解决环境污染问题，还需提升企业对环境保护的自律性。即对可能导致环境污染的企业加强自我约束和控制，提高相关污染企业的环境保护意识，预防和主动解决可能存在的环境污染问题。

2015 年，中国各级环保系统共建成环境教育基地 2345 个，组织开展社会环境宣传教育活动 12175 次，参与社会环境宣传教育活动的人数达到 3035.5 万人。① 但是，目前中国在节能减排方面的宣传教育还较为薄弱，对火电厂的排污监管大多都是强制性外部措施，还没有建立起系统的节能减排宣传教育体系，这会造成电厂减排的被动，从而影响污染物控制和减少的成效。

因此，关键是要完善能源环保法制宣传制度，政府及各级环保部门应大力加强能源环境保护的宣传工作，推进能源环境法律知识的普及工作，提高企业和社会公众的环保法制观念和知法守法的自觉性，在外部环境监管模式下，逐步提升企业、民众对环境保护的自律性，促进全社会共同参与环境保护。

第三节　新能源行业鼓励与监管政策优化

新能源对于优化能源结构、保障能源安全、改善生态环境具有重要意义。新能源的生产成本较高、用能的基础设施薄弱，在与火电等

---

① 环境保护部：《2015 年环境统计年报》，2017 年 2 月 23 日，http：//www. zhb. gov. cn/gzfw_ 13107/hjtj/hjtjnb/。

传统能源的竞争中处于劣势，需要政府对新能源发展投入资源加以鼓励。本节在梳理中国新能源产业发展必要性的基础上，对鼓励政策的成效和问题进行总结与分析，并结合中国实际，提出相应的政策优化措施。

一　中国发展新能源的必要性及主要目标

新能源主要指的是以风能、太阳能、地热能等为代表，正处于开发利用或正在积极研究、有待推广的能源。新能源是相对于煤炭、石油、天然气等传统能源而提出的宽泛概念，包含太阳能、风能、地热能、潮汐能、可燃冰、生物质能源等众多品类，为了分析的严谨性和科学性，以及政策效果的可观察性，本节主要针对太阳能、风能展开研究。新能源的研究开发与推广应用在能源安全、环境保护、能源产业发展等方面具有重大意义。

（一）保障能源安全

中国是世界上最大的能源消费国，2016 年，中国占全球能源消费量的 23%，全球能源消费增长的 27%。[①] 中国经济还处于快速增长中，对于能源需求依然处于增长阶段。2016 年，全年能源消费总量 43.6 亿吨标准煤，其中煤炭、石油分别占 62%、18.3%，天然气、风电、核电、水电等其他能源占 19.7%。[②] 中国能源资源禀赋具有"富煤、贫油、少气"的基本特征，决定了石油、天然气具有较高的对外依存度。2017 年，中国石油表观消费量达到 5.9 亿吨，增幅 5.9%，全年进口原油 3.96 亿吨，增长 10.8%；对外依存度达到 67.4%，增速较 2016 年提高 3 个百分点。[③] 近年来，天然气消费量快速增长，对外依存度显著提高。2017 年，中国天然气总消费量为 2407.3 亿立方米，产量为 1479.6 亿立方米，对外依存度已经达到 39%。在可预见的未来，在降低煤炭消费比例的背景下，石油、天然气的消费量还将进一步增长，必然带动对外依存度的提升，这对于中国能源安全造成巨大挑战。显然，有效地提高太阳能、风能等新能源的占比，是应对能源对外依存度过高、保障中国能源安全的有效途径。

[①] 英国石油公司（BP）：《世界能源统计年鉴（2017）》（中文版），2017 年。
[②] 国家统计局：《中国统计年鉴（2017）》，中国统计出版社 2017 年版。
[③] 中国石油集团经济技术研究院：《2017 年国内外油气行业发展报告》，2018 年 1 月 16 日。

（二）改善生态环境

煤炭、石油等传统化石能源是造成空气污染的重要源头，化石能源的使用会产生大量二氧化碳等温室气体以及二氧化硫、氮氧化物等污染物。在全球由燃料燃烧所产生的二氧化硫排放中，约有60%来自煤炭燃烧。交通运输燃料产生的氮氧化物，占全球氮氧化物排放的一半以上，其中最主要的是柴油。[①] 当前国际能源治理的主流价值观已经逐步从能源安全转向节能减排，尤其是温室气体排放。美国、欧盟相继制定了限制温室气体排放的法律，这些法律赋予政府在一定的时点后（如2020年）对进口商品征收"碳关税"。2015年6月底，在正式向联合国气候变化框架公约秘书处提交的应对气候变化国家自主贡献文件《强化应对气候变化行动——中国国家自主贡献》中，中国政府承诺：到2030年，单位国内生产总值二氧化碳排放比2005年下降60%—65%；到2020年，非化石能源占一次能源消费比重达到15%；2030年提高到20%。显然，不论是污染物减排还是碳减排，都需要减少化石能源的比例，增加太阳能、风能等清洁能源的比例。

（三）促进能源产业发展

新能源是中国2010年在《关于加快培育和发展战略性新兴产业的决定》（国发〔2010〕32号）中确定的今后重点发展的七大战略性新兴产业之一。战略性新兴产业的提出不仅是保障宏观经济健康发展的重大决策，更重要的是，中国产业结构、消费结构转型升级以及经济社会发展过程中积累的诸如环境、民生等问题的解决都将有待于战略性新兴产业的发展。战略性新兴产业能否迅速而稳定发展，对于今后较长时期内中国经济社会协调发展与国际竞争优势的提升至关重要。太阳能、风能的开发与利用，促进了光伏、风电的全产业链发展，形成了新的产业部门，是国民经济的新增长点。另外，光伏发电等新能源的开发利用也促进了新型农业、新能源汽车等关联产业的发展。

新能源在保护生态环境、维护能源安全等方面的优势，得到了世界各国的重视，德国、丹麦等发达国家都把发展新能源作为国家能源战略的重要内容。如德国目前的风电、光电占比已经达到了40%，2030年更是要达到80%。中国自2005年颁布《可再生能源法》以来，积极鼓

---

① 国际能源署（IEA）：《2016世界能源展望：能源与空气质量特别报告》，2016年6月29日。

励扶持新能源的发展。根据国际能源署的预测，2020年，世界光伏发电的发电量将占总发电量的2%，2040年则会占20%—28%，光伏、风电等新能源产业在未来无疑会成为影响中国国际竞争力和影响力的战略性产业。中国对新能源产业制定了明确的发展规划，2007年，国家发展和改革委员会发布的《可再生能源中长期发展规划》（发改能源〔2007〕2174号）提出，2020年，光伏发电总装机容量要达到180万千瓦，风电总装机容量到2020年要达到3000万千瓦，建成新疆达坂城、甘肃玉门等6个百万千瓦级大型风电基地，并建成100万千瓦海上风电。在《可再生能源发展"十三五"规划》（发改能源〔2016〕2619号）中规定，到2020年，中国风电装机规模被提高至2.1亿千瓦以上，同时实现风电与煤电上网电价基本相当，风电装备技术创新能力达到国际先进水平；到2020年年底，全国太阳能发电并网装机确保实现1.1亿千瓦以上。

二 中国新能源产业的鼓励政策及其成效

光伏和风电等新能源产业具有科技含量高、资金投入大、产业培育期长、投资风险高、技术溢出性强等特征，在市场发展初期，存在较为严重的外部性和协调失灵，需要国家出台相关政策予以鼓励支持。

（一）2005年以来新能源产业的主要政策

2005年以来，各级政府对风能、太阳能等新能源的开发利用日益重视，从鼓励项目投资、电力收购等方面制定了较为全面的鼓励扶持政策体系。

1. 出台体系化的新能源项目建设鼓励政策

2005年2月，全国人大通过了《可再生能源法》，明确提出，促进发展包括太阳能、风能在内的新能源，实行可再生能源发电全额保障性收购、征收可再生能源电价附加补偿、设立可再生能源发展基金等激励制度。2009年7月，财政部、科技部和国家能源局联合出台了《关于实施金太阳示范工程的通知》（财建〔2009〕397号），明确要求，对并网光伏发电项目，按光伏发电系统及其配套输配电工程总投资的50%补助；偏远无电地区的独立光伏系统按总投资的70%补助。2013年7月，国务院出台了《关于促进光伏产业健康发展的若干意见》（国发〔2013〕24号），要求2013—2015年年均新增光伏发电装机容量1000万千瓦左右，到2015年，总装机容量达到3500万千瓦以上；要求加大财政、金融支持力度，完善电价补贴政策。2013 年 8 月，国家发展和改革委员会发布《关于发挥价格杠杆作用促进光伏产业健康发展的通知》（发改价格〔2013〕1638 号），将全国划分为三类太阳能资源区，根据当地建设成本和资源条件，制定了光伏地面集中式电站的标杆上网电价分别为 0.9 元/千瓦时和 0.95 元/千瓦时、1 元/千瓦时，同时还明确了分布式光伏发电项目的全电量补贴政策并将补贴标准定为 0.42 元/千瓦时，为了长效激励分布式光伏市场，并保障市场的稳定性，将补贴政策的期限定为 20 年。除此以外，全国的省、市级政府也制定了相应的补贴政策，省、市甚至县级都确定了分布式光伏发电的补贴额度，时间期限从 3—5 年不等。随着光伏市场不断扩张，在已经形成一定规模的条件下，国家开始实施补贴退坡机制。2015 年 12 月，国家发展和改革委员会发布《关于完善陆上风电光伏发电上网标杆电价政策的通知》（发改价格〔2015〕3044 号），规定一类至三类资源区新建光伏电站的标杆上网电价从 2016 年开始分别调整为每千瓦时 0.8 元、0.88 元和 0.98 元。2016 年 12 月，国家发展和改革委员会又发布《关于调整光伏发电陆上风电标杆上网电价的通知》（发改价格〔2016〕2729 号），规定一类至三类资源区新建光伏电站的标杆上网电价从 2017 年开始分别调整为每千瓦时 0.65 元、0.75 元、0.85 元，同时明确提出，今后光伏标杆电价根据成本变化情况每年调整一次，而分布式光伏发电的补贴电价直到 2018 年 5 月都没有变化。此外，国家为了推动国内光伏企业的技术创新，2015 年 6 月，国家能源局、工业和信息化部、证监委联合公布《关于促进先进光伏技术产品应用和产业升级的意见》（国能新能〔2015〕194 号），每年安排专门的市场规模实施"领跑者计划"，通过建设先进技术光伏发电示范基地、新技术应用示范工程等方式实施。2017 年 9 月，国家能源局出台了《关于推进光伏发电"领跑者"计划实施和 2017 年领跑基地建设有关要求的通知》（国能发新能〔2017〕54 号），其目的是获得立项的技术领跑基地通过给光伏制造企业自主创新研发、可推广应用但尚未批量制造的前沿技术和突破性技术产品提供试验示范和依托工程，以加速科技研发成果应用转化，带动和引领光伏发电技术进步和市场应用。2017 年 10 月底，国家发展和改革委员会、国家能源局印发《关于开展分布式发电市场化交易试点的通知》（发改能源〔2017〕1901 号），提出分布式发电项目可参与市场化交易，将电卖给配电网内就近的电力用户，即俗称的"隔墙售电"。2017 年 11 月，国家发展和改革委员会、国家能源局印发《解决弃水弃风弃光问题实施方案》（发改能源〔2017〕1942 号），明确可再生能源配额制。在经历了多年的强力扶持，光伏行业迎来了政策性大调整。2018 年 5 月底，国家发展和改革委员会、财政部、国家能源局下发《关于 2018 年光伏发电有关事项的通知》（发改能源〔2018〕823 号），明确光伏补贴普降 0.05 元/千瓦时，2018 年不安排有补贴的普通光伏电站建设指标，年内安排分布式光伏项目的指标为 10GW，仅有 5 月 31 日及以前并网的分布式光伏电项目可纳入中央财政补贴范围。上述政策调整被光伏业内称为"5·31 新策"，光伏政策的调整将对我国光伏行业发展产生显著影响。

风电产业是中国另一重要的战略性新能源产业。中国从 1996 年开始，启动"乘风工程""双加工程"等一系列项目支持风电的发展。2009 年 7 月，国家发展和改革委员会发布《关于完善风力发电上网电价政策的通知》（发改价格〔2009〕1906 号），将全国划分为四类风力资源区，分别规定了每千瓦时 0.51 元、0.54 元、0.58 元和 0.61 元标杆上网电价；海上风电上网电价按照审批电价和招标电价结合的方式，价格区间规定为 0.62—0.97 元/千瓦时。2014 年 6 月，国家发展和改革委员会发布的《关于海上风电上网电价政策的通知》（发改价格〔2014〕1216 号）规定，2017 年以前投运的潮间带风电项目上网电价为每千瓦时 0.75 元，近海风电项目上网电价为每千瓦时 0.85 元。之后国家发展和改革委员会分别于 2015 年和 2016 年发布文件对一类至四类资源区陆上风力发电标杆上网电价进行了适当下调，在补贴退坡机制下，进一步激励风电产业发展。

2. 制定与实施新能源电力消纳收购政策

电力上网销售是促进新能源开发利用的重要环节，电力上网不畅将构成严重"瓶颈"。2005 年实施的《可再生能源法》，明确提出，实行可再生能源发电全额保障性收购制度。2007 年 9 月 1 日起开始实施的《电网企业全额收购可再生能源电量监管办法》（国家电力监督管理委员会令第 25 号）要求电网企业应当全额收购其电网覆盖范围内可再生能源并网发电项目的上网电量。电网企业应当与按照可再生能源开发利用规划建设，依法取得行政许可或者报送备案的可再生能源发电企业签订并网协议，全额收购其电网覆盖范围内符合并网技术标准的可再生能源并网发电项目的上网电量。2012 年 9 月，国家能源局又发布了《光伏发电运营监管暂行办法》（国能监管〔2017〕59 号），规定电网企业应当全额收购其电网覆盖范围内光伏发电项目的上网电量，应当为分布式光伏发电接入提供便利条件，在并网全过程服务中，简化办理程序，分布式光伏发电项目免收系统备用容量费和相关服务费用。

（二）中国新能源产业鼓励政策的成效

在国家扶持政策激励下，中国的风能、太阳能等新能源产业发展迅猛，取得了巨大成绩。

1. 新能源发电装机容量快速增长

风电产业自 2006 年开始快速增长，根据《风电产业发展报告（2007）》，当年中国新增风电机组 1454 台，装机容量 133.7 万千瓦，增长率超过 100%。[①] 2009 年，中国以 2580 万千瓦的总累计装机容量超过德国，成为世界第二位；2010 年，中国风电继承了上一年的发展态势，总装机增长约 62%，超过美国，跃居世界第一位。[②] 2010 年之后，中国风电产业继续高速发展，几乎每年的新增风电装机容量都位居世界首位。根据全球风能理事会（GWEC）的数据，2016 年，全球风电累计装机容量中国排名第一，占全球风电累计装机容量的 34.7%，排名第二的美国装机容量为 0.82 亿千瓦，占 16.9%。[③] 2017 年，中国风电装机容量累计达到 1.64 亿千瓦，占发电装机容量的 9.21%，成为继火电、水电之后的第三大电源。中国光伏发电装机容量从 2011 年突破 100 万千瓦后规模快速扩大，并于 2015 年年底成为全球光伏发电装机容量最大的国家。[④] 2017 年，中国新增光伏装机超过 5306 万千瓦，累计装机超过 1.3 亿千瓦，占发电装机容量的 7.33%，列火电、水电、风电后的第四位（见表 8-3 和表 8-4）。

---

① 李俊峰：《中国风电发展报告（2007）》，中国环境科学出版社 2007 年版，第 20 页。

② 中新网：《中国风电装机容量世界第一》，2011 年 1 月 14 日，http：//www. chinanews. com/ny/2011/01-14/2787791. shtml。

③ 北极星风力发电网：《2016 年全球风电累计装机容量 Top10 国家》，2017 年 2 月 28 日，http：//news. bjx. com. cn/html/20170228/811008. shtml。

④ 数据酷：《2005—2015 年中国光伏装机容量统计解析》，2015 年 12 月 1 日，https：//www. qianzhan. com/qzdata/detail/149/151201-17a5b97b. html。

表 8 – 3　　　　　　　2010—2017 年中国风电装机容量发展情况

年份	新增装机容量 （万千瓦）	累计装机容量 （万千瓦）	年发电量 （亿千瓦时）	占全部发电量 比例（％）
2010	—	—	446.2	1.06
2011	—	—	703.3	1.49
2012	1482	6266	1008	2.09
2013	1449	7716	1349	2.57
2014	1981	9637	1534	2.78
2015	3297	12900	1863	3.30
2016	1917	14817	2410	4.10
2017	1550	16367	3057	4.76

资料来源：笔者根据国家能源局、中国电力联合会公布的数据整理。

表 8 – 4　　　　　　　2013—2017 年中国光伏装机容量发展情况

年份	新增装机容量 （万千瓦）	累计装机容量 （万千瓦）	光伏电站 （万千瓦）	分布式电站 （万千瓦）	年发电量 （亿千瓦时）	占全部发电量 比例（％）
2013	1292	1943	1632	310	90	0.17
2014	1060	2805	2338	467	250	0.46
2015	1513	4318	3712	606	392	0.69
2016	3454	7742	6710	1032	662	1.13
2017	5306	13025	3362	1944	1182	1.84

资料来源：笔者根据国家能源局、中国电力联合会公布的数据整理。

2. 电源结构进一步凸显环境友好特征

至 2017 年年底，中国风电、光电合并装机容量 2.94 亿千瓦，占电力装机总容量的 16.54％，加上水电装机比例为 19.20％，可再生能源装机容量占 35.74％。中国风力发电量从 2010 年的 446.2 亿千瓦时增长到 2017 年的 3057 亿瓦万时，占总发电量的比例从 1.06％上升到 4.76％；2013—2017 年，中国光伏发电量从 90 亿千瓦时飙升至 1182 亿千瓦时，占发电量的比例从 0.17％上升至 1.84％。风电、光电的装机容量占比和发电量占比都显示，中国电源结构的环境友好特征已经获得进一步彰显。

3. 推动了新能源装备制造产业发展与技术进步

2006 年全球 250 万千瓦的太阳能电池产量中，中国太阳能电池产量近 37 万千瓦，占全球产量比例超过 14％。[①] 2007 年，中国超过日本

---

① 李虎军：《中国太阳能发电为何有产业无市场?》，2007 年 9 月 19 日，http：//www. caijing. com. cn/2007 – 09 – 19/100030716. html。

成为全球最大光伏产品制造国。2010年，中国光伏太阳能电池产量达到800万千瓦，占世界生产总量的一半。2017年，受国内光伏分布式市场加速扩大和国外新兴市场快速崛起双重因素影响，中国光伏产业持续健康发展，产业规模稳步增长。2017年，中国多晶硅产量24.2万吨，同比增长24.7%；硅片产量87GW，同比增长34.3%；电池片产量68GW，同比增长33.3%；组件产量76GW，同比增长31.7%。产业链各环节生产规模占全球的50%以上，继续保持全球首位。风电、光伏产业的技术水平自2009年以来也有了长足的进步，风电产业的工程单位造价由2009年的每千瓦超过1万元降低至7500元左右。"十一五"规划以来，光伏组件价格平均每年下降25%，从2006年的30—35元/瓦，降至2012年的5—6元/瓦。[1] 在技术进步及生产自动化、智能化改造的共同推动下，中国领先企业的多晶硅生产成本降至6万元/吨，组件生产成本降至2元/瓦以下，光伏发电系统投资成本降至5元/瓦左右，电力成本降至0.5—0.7元/千瓦时。[2]

三 中国新能源产业发展存在的问题及原因分析

尽管中国新能源产业获得了长足进步，但也应清醒地看到，中国新能源产业发展中存在诸多问题，需要进行梳理并分析深层原因。

（一）存在较为严重的"弃风弃光"现象

随着新能源产业的快速发展，新能源发电装机规模明显增长。然而，不容忽视的是，自2012年年来，新能源电力遭遇较为严重的"弃风弃光"问题（见表8-5）。

表8-5　　　　2011—2017年中国"弃风弃光"情况

年份	2011	2012	2013	2014	2015	2016	2017
全国风机利用小时数	1875	1929	2080	1893	1728	1742	1948
全国光伏设备利用小时数	1229	1395	1368	1255	1224	1125	1133
弃风率（%）	16.23	17	11	8	15	17	12
弃光率（%）	—	—	—	14	12.6	10.3	6

资料来源：根据国家能源局公布的相关数据整理。

---

① 范必：《中国能源市场化改革》，中信出版社2018年版，第219页。
② 根据工业和信息化部网站相关资料整理。

"弃风弃光"现象的主要原因主要有以下几个方面。

首先，调峰能力不足导致严重的"弃风弃光"现象。风能、太阳能等新能源密集的中国"三北"地区（华北、西北、东北）电源结构多以传统煤电为主，抽水蓄能等调峰能力比重极低。特别是在冬季，由于供热机组比重大，为了满足供热需求，供热机组调峰能力有限。新疆、内蒙古等地区拥有大量不参与系统调峰的自备电厂，进一步弱化整体的调峰能力。目前，中国还没有建立调峰与辅助服务的市场化机制和补贴机制，使火电企业缺乏主动调峰的积极性。

其次，配套电网规划建设滞后，省份间和网间外送消纳受限。风电、光电的生产区域集中在"三北"地区，能源消耗区域却集中在东部沿海城市，这就要求地区间建设远距离的大容量输电系统。电网和新能源企业一直寄望于建设跨区域大功率电力输送通道，将风电等新能源送到需求地来实现消纳。2015年，国家电网公司开工建设蒙西—天津南、酒泉—湖南、锡盟—江苏、上海庙—山东4个主要用于新能源输送的跨省份跨区特高压输电工程。由于风电、光伏的波动特性，特高压并不能单独用来输送新能源，必须采用与煤电捆绑的方式来输送，技术和经济性决定特高压能输送的新能源十分有限。①

（二）新能源开发利用的技术还较为薄弱

首先，国内储能技术仍有待突破。在大量的小型分布式光伏并网存在困难的情况下，用户安装设备的目的主要是"自发自用"，但是，光伏发电的不稳定性，要求用户必须配套安装高水准的储能设备，以达到削峰填谷的目的，而国内的锂离子储能电池仍未达到市场化应用的标准。

其次，中国新能源产业核心技术水平需要提升。虽然中国涌现了一大批像协鑫、金风这样的新能源500强企业，但涉及新能源产品研发和国外相比仍然有很大的差距。以光伏产业为例，在核心光伏装备领域，新型薄膜和异质结构等技术路线方面仍然有很大提升空间。中国很多企业的产品还停留在多晶硅电池，而对于未来主流的CdTe和CIGS薄膜太阳能电池技术的研究还有待于产业化。

---

① 袁家海、罗国亮：《张家口的风电为啥送不进北京》，《中国改革》2017年第6期。

（三）存在较为严重的补贴拖欠问题

近年来，在鼓励政策的强力刺激与乐观的市场预期推动下，新能源项目争相上马，国家补贴资金与实际应补贴金额之间的缺口越来越大，欠补问题已成行业的痛点。补贴下发采取分批方式，补贴拖欠周期基本在两年以上。截至 2017 年年底，包括光伏、风电在内的补贴拖欠款项已超过 1100 多亿元。下游光伏发电环节的补贴拖欠加剧了上游多晶硅、组件等环节的资金拖欠。同时，补贴资金不能及时到位使光伏行业的估值普遍过低，光伏企业失去了应有的融资能力。[①]

四　新能源产业发展的国际经验与启示

在新能源产业发展的起步阶段，生产成本要远高于传统能源发电。考虑到新能源在节能、环保领域的前景，许多国家提供了不同形式的激励手段以刺激新能源产业的发展，其中典型案例有德国的光伏发电和丹麦的风电。

（一）德国发展光伏发电的经验与启示

德国是全球分布式光伏发电最成功的国家，在 2015 年以前，也是全球光伏装机容量最大的国家。在德国，有上百万的用户安装了屋顶光伏系统，占据德国 1/3 的家庭，分布式光伏发电约占德国全年发电量的 8%。相比之下，中国的分布式光伏发电量占比却不到 1%。[②]

德国最早在 1997 年即推出"10 万太阳屋顶计划"。在 20 世纪，德国就已经确定国家新能源产业应该走分布式道路。2000 年颁布实行了《可再生能源法案》，并根据新能源市场规模、生产技术水平等因素每隔两三年调整一次法案细则，保证新能源产业的走向不偏离政府期望。《可再生能源法案》是德国能源转型启动的一大标志，德国政府在 2000年颁布的法令将补贴时限原则上定为 20 年，给投资者一个稳定的市场预期，刺激大量资本流入这个产业；征收高额可再生能源附加费，将新能源补贴的成本均摊，由全部电力消费者承担；帮助民众树立环保理念，培育新能源产品市场的消费需求；在 2004 年法案中，开始采取补贴退坡机制，鼓励投资者提前进入市场，激励企业技术创新，降低发电

① 罗国平：《光伏狂欢之后》，《财新周刊》2018 年第 7 期。
② 电缆网：《德国如此青睐分布式光伏发电　中国市场为何不温不火？》，2017 年 4 月 10日，https://news.solarbe.com/201704/10/111462.html。

成本；针对不同地点、容量规模、技术复杂度来差异化补贴电价，激励企业在技术创新上的研发投入。

虽然德国政府已经出台法令对原电网进行技术升级，但大量分散的小规模电源对电网仍旧带来巨大消化压力，为此，德国政府强力激励居民的自发自用行为。在 2010 年法案中增加了"自有消费奖励"；2013年，德国分布式光伏政策从仅补贴发电单元扩大到了补贴保障光伏发电的储能单元，认为分布式光伏和储能的叠加将是未来的一个重要发展方向，而在最新出台的 2017 年法案中增加了"租户用电模式"，为分布式电力的就地消纳提供了激励。

从德国的新能源产业政策我们可以得到以下启示：首先，尽可能地缩小新能源电力和一般电力的价格差。从居民电价来看，德国的光伏发电成本一直都在下降，但是，居民电费却并没有减轻，大部分原因在于政府征收可再生能源附加费。德国政府又对分布式光伏进行补贴，通过这种方式，激励居民开始接受和使用分布式光伏设备。其次，补贴范围应拓展到储能设施建设。国家不仅仅应该对电价补贴，还应该补贴光伏设备和储能设备，降低投资者的投资成本，并且缩短投资回收期。因为储能设备能够解决光伏的发电不稳定问题，通过从需求侧补贴，能够更好地激励企业进行技术研发。

（二）丹麦发展风电的经验与启示

丹麦是全世界风电产业领跑国，风力发电量已经占丹麦总电力消费的 42% 左右，并计划在 2020 年将这一数据提升到 50%。在拥有全球最高风电比例的同时，丹麦的弃风率却仅仅只有 0.2%。[①]

风电虽然具有成本优势，但稳定性差，如果大比例依靠风电，容易影响到全国用户正常的生产生活。丹麦新能源产业的成功依赖于欧洲输电网运营商联盟，通过这个市场交易平台，在风电供应不足的时候，丹麦可以灵活地通过从邻国购买电力来满足本国的电力需求；反过来，在电力过剩时也能够作为供给方在平台上找到相应的消纳方。同时，为了实现跨国电力的自由配送，丹麦政府十分注意相关基础配套设施的建设，例如，丹麦与德国之间有总容量高达 2680 兆瓦的 5 条交流输电线路，一条直流海底电缆，与瑞典有总容量 2750 兆瓦的 2 条直流海底电

---

① 刘一格：《热电联产技术对丹麦零弃风的贡献》，《财经》2017 年第 21 期。

缆和 4 交流输电线路。[①] 同时，丹麦国内的火电和热电联产机组还分别有 430 万千瓦和 250 万千瓦[②]，为稳定电网稳定奠定了坚实的基础。目前，丹麦在原有传输能力完备的电网基础上，还在进一步扩建与荷兰的输电线路。

丹麦风能在拥有高发电比例的同时弃风率仅为 0.2%，其中的原因在于热电联产技术升级取得了成功。[③] 丹麦的地理位置决定了热力供应对国民生活的重要性。热力供应长期被作为一项公共福利，传统热电联产的技术要求供热和化石燃料发电必须同时产生。由于热力供应的优先性，限制了风电的接入。不同于国内常采取的强制性法规，丹麦采取的是诱导性激励政策，将热电厂的电力生产引入竞争性市场机制当中，而热力部分仍作为公共服务受到政府监管。由于厂商在热力部分只能收回部分成本，电价在低电价时段和高电价时段间的波动，决定了热电厂必须灵活地调整他们的运营和改造热电联产设备，才能确保边际收益等于边际成本，实现自身利益的最大化。丹麦政府正是通过市场这只"看不见的手"，利用价格信号，激励厂商调整现有模式来实现自己的目标。

丹麦在使用备用电源和激励手段等方面值得中国借鉴。一方面，建立完善的区域电力交易市场具有重大意义。从整个欧洲的地域来看，西欧国家通过建立电力市场交易平台，完成了各国之间的电力配送，弥补了新能源的不稳定性缺陷，在保障新能源发展的同时，解决了稳定供电的要求。中国也应该建立并完善区域性电力市场，破除省份之间的壁垒，解决地方保护主义，实现自由的跨区域电力交易。另一方面，在电力体制方面，丹麦放开了发电和配售电环节，电网公司仅仅是一个输电网运营商，这就形成了供应方和需求方的一个多买多卖的完全竞争格局，电价转变为由市场需求和市场供给决定，激励热电厂的运营水平提升和技术创新。

五　中国新能源产业鼓励与监管政策优化

在国家的大力扶持下，新能源产业已经取得了较为瞩目的成效，但

---

① 车巍：《"零碳"并非丹麦童话》，《中国改革》2017 年第 5 期。
② 同上。
③ 刘一格：《热电联产技术对丹麦零弃风的贡献》，《财经》2017 年第 21 期。

时，在高速发展的光环下也存在一系列问题，需要从政策和制度上加以优化完善。

（一）大力加强电网及其辅助服务市场建设，切实提高新能源电力上网消纳能力

风能发电、光伏发电具有典型随机性、间歇性特征，大规模接入对电网主频率和电压等参数有较大影响，对电网安全运行造成冲击。从丹麦等国的实践经验看，建立完备的具有高度灵活性的输配电网系统至关重要。一是调整风电、光电发展思路，大力发展小规模、低电压、近消纳、直接接入配电网系统的分布式发电项目，加强配电网系统建设①；二是建设以现代互联网为代表的信息和控制技术为基础的智能电网，提高电网消纳能力，减少可再生能源不稳定性对电网的冲击，容纳更多的可再生能源上网；三是出台相应的财政、土地、金融等引导政策，吸引社会资本投资，促进调峰、调频、储能配套能力设施建设，培育和扩大电网辅助服务市场；四是建立新能源电力预测体系，制定新能源电力并网技术标准；五是加强产业联动，结合新能源汽车产业发展，把新能源汽车作为分布式发电设施的重要储能支撑点；六是坚持绿色、节能、经济导向，切实改变按照机组"户头"不加区分地平均分配发电计划的传统做法，积极落实 2007 年 8 月国务院颁布的《节能发电调度办法（试行）》（国办发〔2007〕53 号），在调度时，优先安排风能、光能等可再生能源电力上网，从供给侧形成促进新能源开发的有力支撑。

（二）加强传统能源的环境监管，缩小新能源电力的成本劣势

对传统能源发电站加强监管力度，通过环境成本相对提升光电和风电的环保价值。对于光伏和风电的上网问题，症结在于太阳能、风能的发电成本仍然高于传统煤炭发电，加重国家电网的消化压力。如何缩小火力发电成本与新能源发电成本，是缓解弃风弃光问题，提升新能源发电占比的关键。事实上，传统能源发电一直涉及负外部性问题，煤炭发电不仅排放大量温室气体，甚至包括二氧化硫和氮氧化物等污染性气体，加剧中国亟待解决的气候问题。政府的环保部门可以采取加强监管的方式，通过征收环境保护税等措施提高火力发电站的

---

① 范必：《中国能源市场化改革》，中信出版社 2018 年版，第 221 页。

发电成本，调整其与新能源发电的比价关系，进一步增强国家电网在现有体制下的购买新能源的意愿。

（三）优化电力交易方式和需求结构，提升新能源电力消纳能力

中国的风力、光伏发电站集中在"三北"地区，电源点与电力消费市场呈现"逆向"空间分布结构，这是造成新能源电力消纳不足而形成"弃风弃光"的重要原因。从国际经验来看，建立完备的区域性电力市场并通过跨区域电网将多余电力输送到其他省份，消纳新能源电力的良好策略。目前，省级电力交易中心几乎覆盖了全国所有省份，在电力供应相对过剩的条件下，地方政府更倾向于先消纳本省份电力，这不利于新能源电力的需求提升。因此，必须强力推进跨省份的区域性电力市场建设，有效地解决省际交易壁垒和行政干预问题，实现光电、风电自由跨省区流通。对传统发电企业来说[1]，新能源电力的边际成本处于极低水平，如能大力推进供需双方见面的直购电交易，必然能够让新能源企业在竞价上网环节处于有利地位，从而有效地刺激新能源电力的销售。

不容忽视的是，中国长期实施"以省为主体"的电力发展体制，各省份都积累了相当数量的传统电力机组，国有资产的保值增值需要决定了地方政府更倾向于收购使用煤电等传统电力。因此，有必要制定强制措施，增加省级政府对新能源电力的消纳水平。近期，可借鉴先进国家经验，尽快推出和落实可再生能源配额制度，明确制度适用主体和奖惩措施，切实提升新能源电力消纳能力。

（四）促进新能源补贴政策的科学化，切实提升财政资金的引导效率

对可再生能源发电提供补贴是鼓励新能源产业的国际通行做法。但是，从国际实践角度看，设计科学合理的补贴政策至关重要。中国可在以下四个方面优化当前的新能源补贴政策：一是根据实际经济发展水平和可靠资金来源，确定合理的新能源补贴能力，测算理想的装机规模，形成与补贴能力相适应的补贴装机容量上限；二是借鉴德国"发展总量与上网电价下降速度相关联"、意大利"补贴资金封顶"等国际经验，建立补贴强度与经济社会承受水平、新能源发展规模与速度相一致

----

[1]　对一个燃煤电厂来说，超过七成的发电成本是燃料成本。因此，煤电具有较为明显的边际成本。

的补贴政策，继续实施合理的补贴"退坡机制"；三是改变补贴方式，从补贴装机改为补贴发电量，从补贴发电端改为补贴用电端，加强工商业用电单位建设新能源项目的补贴比例，增强单位补贴杠杆作用；四是加强科研环节的支持力度，鼓励企业研发先进技术，进一步降低新能源发电成本。

参考文献

[1] 包国宪等：《第三方政府绩效评价的实践探索与理论研究——甘肃模式的解析》，《行政论坛》2010 年第 4 期。

[2] 鲍国友：《加强权力运行监督体系建设》，《理论建设》2008 年第 2 期。

[3] 蔡定剑：《国家监督制度》，中国法制出版社 1991 年版。

[4] 曾国安：《管制、政府管制与经济管制》，《经济评论》2004 年第 1 期。

[5] 车巍：《"零碳"并非丹麦童话》，《中国改革》2017 年第 5 期。

[6] 陈富良：《放松规制与强化规制》，上海三联书店 2001 年版。

[7] 陈国华、张玲：《国外安全生产事故独立调查机制对我国的启示》，《中国安全生产科学技术》2009 年第 2 期。

[8] 陈金钊：《法治与改革的关系及改革顶层设计》，《法学》2014 年第 8 期。

[9] 陈书全、张慧颖：《海域资源征收中公共利益界定的立法路径选择》，《中国人口·资源与环境》2014 年第 5 期。

[10] 陈小钢、夏洪胜：《标杆管理方法在政府管理中的运用——以广州市黄埔区政府为例》，《开放导报》2005 年第 3 期。

[11] 仇保兴、王俊豪等：《市政公用事业监管体制与激励性监管政策研究》，中国社会科学出版社 2009 年版。

[12] 邓恩：《公共政策分析导论》，谢明译，中国人民大学出版社 2002 年版。

[13] 邓海峰、赵明：《能源立法模式与核心制度选择》，《政法论丛》2011 年第 2 期。

[14] 邓频声等：《中国特色社会主义权力监督体系研究》，时事出版社 2011 年版。

[15] 邓奇根、张赛、刘明举：《2006—2015 年我国煤矿安全形势好转原因分析及建议》，《煤炭工程》2016 年第 12 期。

[16] 范必：《供给侧全产业链改革根治周期性"气荒"》，《宏观经济管理》2018 年第 2 期。

[17] 范必：《中国能源市场化改革》，中信出版社 2018 年版。

[18] 付子堂、胡夏枫：《立法与改革：以法律修改为重心的考察》，《法学研究》2014 年第 6 期。

[19] 郭剑鸣等：《中国城市公用事业政府监管监督体系研究》，中国社会科学出版社 2015 年版。

[20] 韩健、孙飞：《能源行业"放管服"改革：进展、问题与出路》，《理论探索》2018 年第 1 期。

[21] 郝春旭、翁俊豪、董战峰：《基于主成分分析的中国省级环境绩效评估》，《资源开发与市场》2016 年第 6 期。

[22] 何文盛等：《政府绩效管理：通向可持续性发展的创新路径》，《中国行政管理》2012 年第 4 期。

[23] 何颖、李思然：《新公共管理理论方法论评析》，《中国行政管理》2014 年第 11 期。

[24] 胡德胜：《论我国能源监管的架构：混合经济的视角》，《西安交通大学学报》（社会科学版）2014 年第 4 期。

[25] 胡德胜：《关于拟制定〈能源法〉的定性定位问题》，《江西理工大学学报》2015 年第 6 期。

[26] 黄雄、杨解君：《统一能源法典：基于现行能源立法的检讨》，《上海政法学院学报》（法治论丛）2011 年第 1 期。

[27] 江山：《政策融合视野下中国能源行业管制与竞争的法律建构——以石油行业为中心》，《当代法学》2014 年第 6 期。

[28] 金云、费华伟：《中国炼油工业现状与发展趋势》，《国际石油经济》2015 年第 5 期。

[29] 卡罗尔·哈洛、理查德·罗林斯：《法律与行政》，商务印书馆 2004 年版。

[30] 康京涛：《环境监管失灵的制度根源及法律进化——浅析新〈环境保护法〉对环境监管失灵的回应》，《理论月刊》2016 年第 1 期。

[31] 李春杰、程艳丛、赵会茹：《基于效用函数的电力普遍服务综合效用评价》，《电力系统自动化》2012 年第 22 期。

[32] 李洪雷：《深化改革与依法行政关系之再认识》，《法商研究》2014 年第 2 期。

[33] 李俊峰：《中国风电发展报告（2007）》，中国环境科学出版社2007 年版。

[34] 李乐：《美国公用事业政府监管绩效评价体系研究》，《中国行政管理》2014 年第 6 期。

[35] 李响、陈熹、彭亮：《能源法学》，山西经济出版社 2016 年版。

[36] 李艳芳、张忠利：《二氧化碳的法律定位及其排放规制立法路径选择》，《社会科学研究》2015 年第 2 期。

[37] 李长健等：《中国食品安全监管绩效分析——基于 BSC 分析路径》，《江西社会科学》2017 年第 5 期。

[38] 梁俊红、念沛豪、樊芳：《基于效用函数综合评价法的乡镇级土地利用总体规划成果质量评价研究》，《国土与自然资源研究》2012 年第 1 期。

[39] 林伯海：《我国监督体系与运行机制的缺陷分析》，《理论与改革》2002 年第 4 期。

[40] 林承铎：《我国可再生能源立法的构建与完善》，《华北电力大学学报》（社会科学版）2010 年第 2 期。

[41] 刘华涛：《我国激励性管制改革对管制体制的需求》，《经济体制改革》2010 年第 1 期。

[42] 刘戒骄：《我国公用事业运营和监管改革研究》，《中国工业经济》2006 年第 9 期。

[43] 刘进才：《公共政策评估的模糊数学方法》，《中共中央党校学报》2001 年第 1 期。

[44] 刘满平：《能源行业应实行市场准入"负面清单"制度》，《宏观经济管理》2015 年第 2 期。

[45] 刘瑞明、赵仁杰：《国家高新区推动了地区经济发展吗？——基于双重差分方法的验证》，《管理世界》2015 年第 8 期。

[46] 刘松山：《当代中国处理立法与改革关系的策略》，《法学》2014 年第 1 期。

[47] 刘武、朱晓楠：《地方政府行政服务大厅顾客满意度指数模型的实证研究》，《中国行政管理》2006 年第 12 期。

[48] 刘一格：《热电联产技术对丹麦零弃风的贡献》，《财经》2017 年第 21 期。

[49] 刘玉姿、刘连泰：《老路还是新路：政府购买公共服务的立法路径》，《中国行政管理》2016 年第 3 期。

[50] 卢现祥：《论政府在我国基础设施领域促进竞争及反垄断中的"诺思悖论"》，《管理世界》2002 年第 2 期。

[51] 罗国平：《光伏狂欢之后》，《财新周刊》2018 年第 7 期。

[52] 吕振勇：《能源法导论》，中国电力出版社 2014 年版。

[53] 孟庆国、刘翔宇：《地方政府绩效管理工具运用机制对政府绩效的影响——基于我国地级市层面的实证研究》，《中国行政管理》2017 年第 5 期。

[54] 浦湜：《我国行政自由裁量权监督制度研究》，《东北师范大学学报》2009 年第 3 期。

[55] 戚聿东：《中国经济运行中的垄断与竞争》，人民出版社 2004 年版。

[56] 戚聿东、范合君：《放松规制：中国垄断行业改革的方向》，《中国工业经济》2009 年第 4 期。

[57] 钱翌、刘峥延：《我国环境监管体系存在的问题及改善建议》，《青岛科技大学学报》（社会科学版）2009 年第 3 期。

[58] 乔治·J. 施蒂格勒：《产业组织和政府管制》，潘振民译，上海三联书店 1989 年版。

[59] 秦虹、盛洪：《市政公用事业监管的国际经验及对中国的借鉴》，《城市发展研究》2006 年第 1 期。

[60] 史丹：《中国能源效率的地区差异与节能潜力分析》，《中国工业经济》2006 年第 10 期。

[61] 斯蒂格勒：《产业组织与政府管制》，上海三联书店 1989 年版。

[62] 苏为华：《我国多指标综合评价技术与应用研究的回顾与认识》，《统计研究》2012 年第 8 期。

[63] 苏为华、赵丽莉、于俊：《我国城市公用事业政府监管绩效评价研究：综述和建议》，《财经论丛》2015 年第 4 期。

[64] 谭荣尧:《国家电力监督管理委员会十年概览》,中国电力出版社 2014 年版。

[65] 谭荣尧、赵国宏等:《中国能源监管探索与实践》,人民出版社 2016 年版。

[66] 田浩、张义平、严鸿海等:《"十二五"期间我国煤矿安全生产状况及对策研究》,《煤矿安全》2017 年第 10 期。

[67] 托梅因、卡达希:《能源法精要》,万少延、张利宾、顾伟译,南开大学出版社 2016 年版。

[68] 王俊豪:《中国基础设施产业政府管制体制改革的若干思考》,《经济研究》1997 年第 10 期。

[69] 王俊豪:《英国政府管制体制改革研究》,上海三联书店 1998 年版。

[70] 王俊豪:《论自然垄断产业的有效竞争》,《经济研究》1998 年第 8 期。

[71] 王俊豪主编:《中国政府管制体制改革研究》,上海三联书店 1999 年版。

[72] 王俊豪:《区域间比较竞争理论与其应用》,《数量经济技术经济研究》1999 年第 1 期。

[73] 王俊豪等:《中国自然垄断经营产品管制价格形成机制研究》,中国经济出版社 2000 年版。

[74] 王俊豪:《政府管制经济学导论——基本理论及其在政府管制实践中的应用》,商务印书馆 2001 年版。

[75] 王俊豪:《A—J 效应与自然垄断产业的价格管制模型》,《中国工业经济》2001 年第 10 期。

[76] 王俊豪:《特许投标理论及其应用》,《数量经济技术经济研究》2003 年第 1 期。

[77] 王俊豪等:《中国垄断性产业的结构重组、分类管制与协调政策》,商务印书馆 2005 年版。

[78] 王俊豪:《中国垄断性产业管制机构改革》,《中国工业经济》2005 年第 1 期。

[79] 王俊豪、肖兴志、唐要家:《中国垄断性产业管理机构的设立与运行机制》,商务印书馆 2008 年版。

[80] 王俊豪、周小梅：《大部制背景下垄断性产业的管制机构改革》，《中国工业经济》2008 年第 7 期。

[81] 王俊豪等：《中国城市公用事业民营化绩效评价与管制政策研究》，中国社会科学出版社 2013 年版。

[82] 王俊豪主编：《管制经济学原理》，高等教育出版社 2014 年版。

[83] 王俊豪、穆秀珍：《中国石油产业市场结构重组与分类管制政策》，《财贸经济》2015 年第 5 期。

[84] 王俊豪、穆秀珍：《中国石油行业的现代监管体系建设探析》，《中国行政管理》2015 年第 8 期。

[85] 王俊豪等：《中国城市公用事业政府监管体系创新研究》，中国社会科学出版社 2016 年版。

[86] 王俊豪、程肖君：《网络瓶颈、策略性行为与管网公平开放——基于油气产业的研究》，《中国工业经济》2017 年第 1 期。

[87] 王瑞祥：《政策评估的理论、模型和方法》，《预测》2003 年第 3 期。

[88] 王臻荣：《行政监督概论》，高等教育出版社 2009 年版。

[89] 魏来：《美国标杆管理法成功经验对我国政府绩效评估的启示》，《青春岁月》2013 年第 15 期。

[90] 邬燕云：《安全生产立法展望》，《劳动保护》2016 年第 2 期。

[91] 吴钟瑚、吕振勇：《中国能源法体系建设》，北京科学技术出版社 1992 年版。

[92] 吴钟瑚：《经验与启示：中国能源法制建设 30 年》，《郑州大学学报》（哲学社会科学版）2009 年第 3 期。

[93] 肖国兴：《论能源法律制度结构的形成与形态》，《郑州大学学报》（哲学社会科学版）2008 年第 6 期。

[94] 肖国兴：《〈能源法〉与中国能源法律制度结构》，《中州学刊》2010 年第 6 期。

[95] 肖乾刚、肖国兴：《能源法》，法律出版社 1996 年版。

[96] 肖强、王海龙：《安全生产执法的信息公示与公众参与——评〈安全生产执法程序规定〉》，《天津法学》2017 年第 3 期。

[97] 肖兴志：《自然垄断产业规制改革模式研究》，东北财经大学出版社 2003 年版。

［98］肖兴志：《我国垄断行业规制效果评价体系探讨》，《财政研究》2008 年第 12 期。

［99］谢国荣、王迟、黄子杰、徐琼：《基于数据挖掘的能源监管系统研发》，《国外电子测量技术》2018 年第 4 期。

［100］杨占科：《我国安全生产政府监管体系问题研究》，《调查研究》2011 年第 13 期。

［101］杨中东：《中国制造业能源效率的影响因素：经济周期和重化工工业化》，《统计研究》2010 年第 10 期。

［102］叶荣泗、吴钟瑚：《中国能源法律体系研究》，中国电力出版社 2006 年版。

［103］尹亚军：《"问题导向式立法"：一个经济法立法趋势》，《法制与社会发展》2017 年第 1 期。

［104］于良春：《论自然垄断与自然垄断产业的政府规制》，《中国工业经济》2004 年第 2 期。

［105］于文轩：《石油天然气法研究——以应对气候变化为背景》，中国政法大学出版社 2014 年版。

［106］余晖：《管制的经济理论与过程分析》，《经济研究》1994 年第 5 期。

［107］余晖：《政府与企业：从宏观管理到微观管制》，福建人民出版社 1997 年版。

［108］袁家海、罗国亮：《张家口的风电为啥送不进北京》，《中国改革》2017 年第 6 期。

［109］袁庆丽：《安全生产过程中的法律问题及对策研究》，《法制博览》2016 年第 20 期。

［110］张畅、王召同、杨得玉等：《煤矿安全生产事故原因分析研究》，《煤炭技术》2016 年第 6 期。

［111］张定安：《平衡计分卡与公共部门绩效管理》，《中国行政管理》2004 年第 6 期。

［112］张定安：《政府监管职能需要加强和整合》，《中国行政管理》2008 年第 4 期。

［113］张金马：《公共政策分析：概念、过程、方法》，人民出版社 2004 年版。

[114] 张璐:《论我国能源法律体系的应然构建与完善发展》,《北京理工大学学报》(社会科学版) 2011 年第 5 期。

[115] 张锐、李华:《中国电力产业激励性价格规制的比较分析与选择》,《社会科学辑刊》2005 年第 5 期。

[116] 张守文:《论"发展导向型"的税收立法》,《法学杂志》2016 年第 7 期。

[117] 张小亮:《基于主成分分析法的政府绩效数据处理研究》,《财会研究》2010 年第 4 期。

[118] 张昕竹、Laffont、Estache:《网络产业:规制与竞争理论》,社会科学文献出版社 2000 年版。

[119] 赵光萍、普兴林、陈玉明等:《矿山企业安全生产责权清单建立存在的问题及对策分析》,《黄金》2017 年第 6 期。

[120] 赵会茹:《电力产业管制与竞争的经济学分析》,中国电力出版社 2007 年版。

[121] 郑方辉、王珺:《地方政府整体绩效评价中的公众满意度研究——以 2007 年广东 21 个地级以上市为例》,《广东社会科学》2008 年第 1 期。

[122] 植草益:《微观规制经济学》,朱绍文等译,中国发展出版社 1992 年版。

[123] 周汉华:《行业监管机构的行政程序研究:以电力行业为例》,《经济社会体制比较》2004 年第 2 期。

[124] 周耀东:《不对称信息与激励性管制选择》,《经济评论》2004 年第 2 期。

[125] 周志华:《机器学习》,清华大学出版社 2016 年版。

[126] 周志忍:《政府绩效评估中的公民参与:我国的实践历程与前景》,《中国行政管理》2008 年第 1 期。

[127] 周志忍:《论宏观/微观职责在部门间的合理配置》,《公共行政评论》2011 年第 4 期。

[128] 卓越:《政府绩效评估指标设计的类型和方法》,《中国行政管理》2007 年第 2 期。

[129] Averch, H. and Johnson, L., "Behavior of the Firm under Regulatory Constraint", *American Economic Review*, No. 52, 1962.

[130] Alfon, I. and Andrews, P., "Cost – benefit analysis in financial regulation: How to do it and how it adds value", *Journal of Financial Regulation & Compliance*, Vol. 7, No. 4, 1999.

[131] Abrardi, L. and Cambini, C., "Tariff regulation with energy efficiency goals", *Energy Economics*, Vol. 49, No. 35, 2015.

[132] Ashenfelter, O. and Card, D., "Using the Longitudinal Structure of Earnings to Estimate the Effect of Training Programs", *Review of Economics & Statistics*, Vol. 67, No. 4, 1985.

[133] Shleifler, A., "A Theory of Yardstick Competition", *The Rand Journal of Economics*, No. 16, 1958.

[134] Bradshaw, A., "Regulatory change and innovation in Latin America: The case of renewable energy in Brazil", *Utilities Policy*, Vol. 49, 2017.

[135] Borenstein, Bushnell and Lewis, "Market Power in California's Gasoline Market", *Center for the Study of Energy Markets Working Paper*, University of California Energy Institute, 2004.

[136] Breiman, L., "Stacked regressions", *Machine Learning*, No. 24, 1996.

[137] Barrera, Osorio F., Olivera, M. and Ospino, C., "Does Society Win or Lose as a Result of Privatization? The Case of Water Sector Privatization in Colombia", *Economica*, No. 76, 2009.

[138] British Petroleum, *BP Statistical Review of World Energy* 2017, BP, London, 2017.

[139] British Petroleum, *BP Technology Outlook*, BP, London, 2016.

[140] British Petroleum, *BP World Energy Outlook* 2017, BP, London, 2017.

[141] Banker, R. D., Charnes, A. and Cooper, W. W., "Some models for estimating technological and scale inefficiencies in Data Envelopment Analysis", *Journal of Economics*, No. 9, 1984.

[142] Bolze, R. S., Peirce, J. C. and Walsh, L. L., "Antitrust Law Regulation: A New Focus for a Competitive Energy Industry", *Energy Law Journal*, Vol. 21, 2000.

[143] Charnes, A. , Cooper, W. W. and Rhodes, E. , "Measuring the efficiency of decision making units", *European Journal of Operations Research*, No. 2, 1978.

[144] Chomakhidze, D. and Tskhakaia, K. et al. , *Twenty Years, Experience of the Regulation of Energy in Georgia*, Energy Procedia, 2017.

[145] Cai, W. , Liu, F. , Xie, J. and Zhou, X. N. , "An energy management approach for the mechanical manufacturing industry through developping a multi – objective energy benchmark", *Energy Conversion & Management*, Vol. 132, 2017.

[146] Chi Zhang and Thomas C. Heller, "Carbon intensity of electricity generation and CDM baseline: Case studies of three Chinese provinces", *Energy Policy*, Vol. 33, No. 4, 2005.

[147] Dasgupta, S. and Spulber, D. , "Managing procurement Auctions", *Information Economics and Policy*, No. 4, 1990.

[148] Fabrizio Gilardi, *Evaluating Independent Regulators*, OECD Proceedings of an Expert Meeting in London, UK, 2005.

[149] Graeme A. Hodge, *Privatization: An International Review of Performance*, Boulder, CO: Westview Press, 2000.

[150] Guimarães, B. , Simões, P. and Marques, R. C. , "Does performance evaluation help public managers? A Balanced Scorecard approach in urban waste services", *Journal of Environmental Management*, Vol. 91, No. 12, 2010.

[151] George J. Stigler, Claire Friedland, "What Can Regulators Regulate? The Case of Electricity", *Journal of Law and Economics*, Vol. 5, 1962.

[152] Guo, X. L. and Yang, H. , "Analysis of a Build – Operate – Transfer Scheme for Road Franchising", *International Journal of Sustainable Transportation*, Vol. 3, No. 5, 2009.

[153] Harold Demsetz, "Why Regulate Utilities?", *Journal of Law and Economics*, Vol. 11, No. 1, 1968.

[154] Hemming, R. and A. M. Mansoor, *Privatization and Public Enterprises*, Washington D. C. : International Monetary Fund, 1988.

[155] IEA, Energy Efficiency, *Organization for Economic Cooperation and Development*, OECD, 2017.

[156] IEA, *World Energy Outlook* 2017, Organization for Economic Co - operation and Development, OECD, 2017.

[157] IEA, *World Energy Technology Outlook* 2017, Organization for Economic Cooperation and Development, OECD, 2017.

[158] Jacobs, C. , *Improving the Quality of Regulatory Impact Assessment in the UK*, Centre on Regulation & Competition Working Papers, 2005.

[159] Ju, K. , Su, B. , Zhou, D. and Wu, J. , "Does energy - price regulation benefit China's economy and environment? Evidence from energy - price distortions", *Energy Policy*, Vol. 105, 2017.

[160] Joseph P. Tomain and Sidney A. Shapiro, "Analyzing Government Regulation", *Administrative Law Review*, Vol. 49, 1997.

[161] Joseph P. Tomain, "The Past and Future of Electricity Regulation", *Environmental Law*, Vol. 32, No. 2, 2002.

[162] Karlpearson, F. R. S. , "On lines and planes of closest fit to systems of points in space", *Philosophical Magazine*, Vol. 2, No. 11, 1901.

[163] Kwoka, John Jr. , "Implementing Price Caps in Telecommunications", *Journal of Policy Analysis and Management*, Vol. 12, 1993.

[164] Laffont, "An Economic Theory of Club", *Economics*, Vol. 32, No. 125, 1985.

[165] Laidler, D. , "The Consumer Finance Industry: Its Costs and Regulation", by John M. Chapman, Robert P. Shay, *Economica*, Vol. 35, No. 140, 1968.

[166] Lafontaine, F. , "Agency Theory and Franchising: Some Empirical Results", *Rand Journal of Economics*, Vol. 23, No. 2, 1992.

[167] Laffont, J. and Tirole, J. , *A Theory of Incentive in Procurement and Regulation*, MIT Press, 1993.

[168] Laffont, J. - J. and J. Tirole, "Repeated Auctions of Incentive Contracts, Investment and Takeovers", *Rand Journal of Economics*, No. 19, 1988.

[169] Leeflang, P. S. , Wittink, D. R. , Wedel, M. and Naert, P. ,

Building Models for Marketing Decisions, Boston: Kluwer Academic Publishers, 2000.

[170] M. A. Crew and P. R. Kleindorfer, "Incentive Regulation in United Kingdom and the United States: Lessons", *Journal of Regulatory Economics*, No. 3, 1996.

[171] Marver H. Bernstein, *Regulatory Business by Independent Commission*, Princeton University Press, 1995.

[172] Meier, K. J., *Regulation: Politics, Bureaucracy, and Economics*, New York: St. Martins Press, 1985.

[173] McAfee, R. P. and McMillan, J., "Auctions and bidding", *Journal of Economic Literature*, No. 25, 1987.

[174] Matsumura, T. and Yamagishi, A., "Long – run welfare effect of energy conservation regulation", *Economics Letters*, Vol. 154, 2017.

[175] OECD, *Competition in Road Fuel, Competition Policy Roundtables*, November 21, Paris, France, 2013.

[176] OECD, *Restructuring Public Utilities for Competition: Competition and Regulatory Reform*, Organization for Economic Cooperation and Development, 2001.

[177] Pollitt, Michael G., "The role of policy in energy transitions: Lessons from the energy liberalization era", *Energy Policy*, Vol. 50, 2012.

[178] Posner, R. A., "Natural Monopoly and Its Regulation", *Stanford Law Review*, No. 21, 1969.

[179] Qiu, W. H., "*Management Decision and Applied Entropy*", Chinese Machine Press, 2002.

[180] Richard J. Pierce Jr., "The Past, Present, and Future of Energy Regulation", *Utah Environmental Law Review*, Vol. 31, No. 2, 2011.

[181] Shleifer, "A Theory of Yardstick Competition", *Rand Journal of Economics*, No. 16, 1985.

[182] Stephen A. Vishny, "The Economic Theory of Agency: The Principal's Problem", *American Economic Review*, Vol. 62, No. 2, 1973.

[183] Spulber, D. F., "Bargaining and Regulation with Asymmetric Information about Demand and Supply", *Journal of Economic Theory*,

No. 44, 1988.

[184] Stigler, "The Theory of Regulation", *Journal of Economics and Management Science*, Vol. 1, 1971.

[185] Scholz Ulrich and Stephan Purps, "The application of EC competition law in the energy sector", *Journal of European Competition Law & Practice*, Vol. 1, No. 1, 2009.

[186] Sharkey, W. W. , *The Theory of Natural Monopoly*, Cambridge: Cambridge University Press, 1982.

[187] Shi, X. and Sun, S. , "Energy price, regulatory price distortion and economic growth: A case study of China", *Energy Economics*, Vol. 63, 2017.

[188] Tooraj Jamasb, Michael Pollitt, "Benchmarking and Regulation of Electricity Transmission and Distribution Utilities: Lessons from International Experience", *Department of Applied Economics*, University of Cambridge, Vol. 12, 2000.

[189] Tone, K. , "A slacks – based measure of efficiency in data envelopment analysis", *European Journal of Operational Research*, Vol. 130, No. 3, 2001.

[190] Talus, K. , "Long – term Natural Gas Contracts and Antitrust Law in the European Union and the United States", *Journal of World Energy Law and Business*, Vol. 4, No. 3, 2011.

[191] Thamae, L. Z. , Thamae, R. I. and Thamae, T. M. , "Assessing a decade of regulatory performance for the Lesotho electricity industry", *Utilities Policy*, Vol. 35, 2015.

[192] Tsangaris Panagiotis, *Capacity Withdrawals in the Electricity Wholesale Market*, Springer, 2017.

[193] Twomey, P. , Green, R. , Neuhoff, K. et al. , "*A Review of the Monitoring of Market power: The Possible Roles of TSOs in Monitoring for Market Power Issues in Congested Transmission Systems*", Research Paper, MIT Center for Energy and Environmental Policy Research, 2005.

[194] Ugland, T. and Veggeland, F. , *The European Commission and the Integration of Food Safety Policies across Levels*, Palgrave Macmillan

UK: Multilevel Union Administration, 2006.

[195] Vickers, J. S. and G. K. Yarrow, *Privatization: An Economic Analysis*, Cambridge: The MIT Press, 1988.

[196] Von Ungern – Sternberg, T. , "Quality incentives in auctions for construction contract", *International Journal of Industrial Organization*, No. 2, 1994.

[197] Viscusi, W. K. , J. M. Vernon and J. E. Harrington Jr. , *Economics of Regulation and Antitrust*, Cambridge: The MIT Press, 2005.

[198] Wierenga, B. , "Review of: D. I. Padberg, C. Ritson and L. M. Albisu (eds.): Agro Food Marketing", *Erim Article*, Vol. 25, 1998.

[199] Wolpert, D. H. , "Stacked generalization", *Neural Networks*, No. 5, 1992.

[200] Waterson, M. , *Regulation of the Firm and Natural Monopoly*, Wiley – Blackwell, 1988.

[201] You, P. , Guo, S. , Zhao, H. and Zhao, H. , "Operation Performance Evaluation of Power Grid Enterprise Using a Hybrid BWM – TOPSIS Method", *Sustainability*, Vol. 9, No. 12, 2017.

[202] Zhao, X. and Luo, D. , "Driving force of rising renewable energy in China: Environment, regulation and employment", *Renewable & Sustainable Energy Reviews*, No. 68, 2017.